Manfred Görtemaker
Kristina Hübener (Hrsg.)

Schwert der Justiz

Das Gerichtsvollzieherwesen in Deutschland
von 1800 bis zur Gegenwart

Einzelveröffentlichungen der Brandenburgischen
Historischen Kommission e. V., Bd. XXI

Bibliografische Information der Deutschen Nationalbibliothek
Die Deutsche Nationalbibliothek verzeichnet diese Publikation
in der Deutschen Nationalbibliografie; detaillierte bibliografische
Daten sind im Internet über http://dnb.d-nb.de abrufbar.

Alle Rechte vorbehalten.
Dieses Werk, einschließlich aller seiner Teile, ist urheberrechtlich geschützt.
Jede Verwertung außerhalb der engen Grenzen des Urheberrechtsgesetzes ist
ohne Zustimmung des Verlages unzulässig und strafbar. Das gilt insbesondere
für Vervielfältigungen, Übersetzungen, Mikroverfilmungen, Verfilmungen und
die Einspeicherung und Verarbeitung auf DVDs, CD-ROMs, CDs, Videos, in
weiteren elektronischen Systemen sowie für Internet-Plattformen.

© be.bra wissenschaft verlag GmbH
Berlin-Brandenburg, 2019
KulturBrauerei Haus 2
Schönhauser Allee 37, 10435 Berlin
post@bebraverlag.de
Lektorat: Katrin Endres, Berlin
Umschlag und Satz: typegerecht, Berlin
Schrift: DTL Paradox
Druck und Bindung: Finidr, Český Těšín
ISBN 978-3-95410-242-6

www.bebra-wissenschaft.de

Inhalt

Manfred Görtemaker
Vorwort — 7

Wolfgang Rose
Gerichtsvollzieher in Deutschland 1800–1933 — 11

Naghme Zare-Hamedani
Gerichtsvollzieher im »Dritten Reich« — 59

Jeremias Weigle
Die Organisation des Gerichtsvollzieherwesens 1945–1949 — 101

Kristina Hübener
Vollstreckungsrechtlicher Erziehungsauftrag in der DDR 1949 bis 1989/90 — 129

Theo Seip
Die Entwicklung des Gerichtsvollzieherwesens in der Bundesrepublik Deutschland — 143

Walter Gietmann | Horst Hesterberg
Das deutsche Gerichtsvollzieherwesen nach 1990 — 169

Theo Seip
Zeittafel — 199

Anhang

Anmerkungen — 219
Quellen- und Literaturverzeichnis (Auswahl) — 246
Abbildungsnachweis — 253
Abkürzungsverzeichnis — 254
Die Autorinnen und Autoren — 256

Vorwort

MANFRED GÖRTEMAKER

Beim traditionellen Neujahrsempfang des Bundesministers der Justiz im Februar 2014 stellte mir der Leiter des Referats Zwangsvollstreckung im BMJ, Ministerialrat Detlef Wasser, den Bundesvorsitzenden des Deutschen Gerichtsvollzieher Bundes e.V., Walter Gietmann, vor. Gemeinsam mit dem Marburger Strafrechtler Christoph Safferling leitete ich damals die »Unabhängige Wissenschaftliche Kommission beim Bundesministerium der Justiz zur Aufarbeitung der NS-Vergangenheit«, wie der offizielle Titel etwas umständlich hieß, – also das »Rosenburg-Projekt«, bei dem es um die Frage ging, wie man in der Bundesrepublik und besonders im Bundesjustizministerium nach 1949 mit dem NS-Erbe umgegangen war. Walter Gietmann, der seine Tätigkeit als Gerichtsvollzieher – seit 1986 als Obergerichtsvollzieher – bis 2018 unter anderem beim Amtsgericht Krefeld ausübte, war vom Rosenburg-Projekt offenbar derart angetan, dass er die Hoffnung äußerte, dass »etwas Ähnliches« auch über den Berufsstand der Gerichtsvollzieher zustande kommen werde.

Anknüpfungspunkt für die Verbindung zwischen dem Rosenburg-Projekt und einer möglichen Untersuchung zur Geschichte der Gerichtsvollzieher in Deutschland war natürlich deren Rolle im »Dritten Reich«, insbesondere bei der sogenannten »Arisierung« jüdischen Vermögens beziehungsweise der Enteignung und Ausplünderung von Juden im Zuge des Holocaust. Zwar handeln Gerichtsvollzieher nicht in eigener Machtvollkommenheit, auch wenn sie als Beamte des mittleren oder gehobenen Dienstes einen eigenen Geschäftsbetrieb mit eigenem Geschäftszimmer und Büroangestellten führen. Aber als Organe der Rechtspflege, denen die Aufgabe zukommt, Schriftstücke zuzustellen sowie Urteile und andere Titel zwangsweise zu vollstrecken, üben sie in eigener Verantwortung öffentliche Gewalt aus. Damit können sie sich auch von der Mitverantwortung an Verbrechen, die von dem Staat, dem sie dienen, begangen werden, nicht freisprechen. Nicht zuletzt gilt dies für die Zeit des diktatorischen NS-Regimes.

Wie die Verwaltungspraxis des »legalisierten Raubs« im nationalsozialistischen Staat aussah und welche Rolle in diesem Zusammenhang die Finanzverwaltung insbesondere bei der Vertreibung, Verfolgung und Vernichtung der deutschen und europäischen Juden spielte, ist in zahlreichen Einzeluntersuchungen bereits detailliert nachzulesen. Die Rolle der Gerichtsvollzieher als »Schwert der Justiz« wurde bisher allerdings kaum behandelt. Bei den Vorgesprächen zu dem vorliegenden Band wurde jedoch rasch deutlich, dass es nicht ausreichen würde, sich nur mit der NS-Zeit zu beschäftigen. Vielmehr musste die Geschichte der Gerichtsvollzieher in Deutschland insgesamt nachgezeichnet werden, um ein grundsätzliches Verständnis für deren Rolle bei der Vollstreckung justizieller Entscheidungen zu gewinnen. Neben den Quellen, die in zahlreichen Archiven eingesehen wurden, waren dabei vor allem die Beiträge der *Deutschen Gerichtsvollzieher Zeitung* (DGVZ) hilfreich, deren erste Ausgabe bereits 1881 erschien und die – mit wechselnden Untertiteln und zeitweilig in Konkurrenz zur *Zeitschrift für Gerichtsvollzieher* (ZfGV) – bis heute besteht. Da die DGVZ neben der Veröffentlichung strikt fachbezogener Ausführungen immer wieder auch Standortbestimmungen zur Verbandsgeschichte vornahm, bieten ihre Artikel einen guten Einblick in das jeweilige Denken der Gerichtsvollzieher sowie ihrer Verbandsvertreter und publizistischen Exponenten.

Die ersten beiden Kapitel des vorliegenden Bandes sind somit der Zeit vor 1945 gewidmet. Wolfgang Rose befasst sich mit der Entstehung des Gerichtsvollzieheramtes in Deutschland unter dem Einfluss der französischen Huissiers nach der Revolution von 1789 und seiner Entwicklung bis 1933. Naghme Zare-Hamedani beschreibt die Situation im »Dritten Reich« und geht dabei sowohl auf die Reichsarbeitsgemeinschaft der Gerichtsvollzieher in der Deutschen Rechtsfront und die Ordnung der Gerichtsvollzieherausbildung von 1938 als auch auf die Rolle der Gerichtsvollzieher bei der Enteignung der Juden ein. Im Hinblick auf die Zeit nach 1945 behandelt Jeremias Weigle zunächst die Organisation des Gerichtsvollzieherwesens während der alliierten Besatzungsherrschaft bis 1949. Danach untersucht Kristina Hübener das Gerichtssystem der DDR, während Theo Seip die Entwicklung in der Bundesrepublik von 1949 bis 1989/90 darstellt. Walter Gietmann und Horst Hesterberg betrachten schließlich das deutsche Gerichtsvollzieherwesen nach der deutschen Wiedervereinigung, wobei sie auch die Anforderungen einbeziehen, die sich für den Berufsstand durch die zunehmende Europäisierung im Rahmen der Europäischen Union ergeben. Der Band schließt mit einer ausführlichen Chronologie, die noch einmal einen Überblick über die einzelnen Stationen des Gerichtsvollzieherwesens in Deutschland von 1800 bis zur Gegenwart bietet.

Mein Dank gilt in erster Linie meiner Mitherausgeberin, Frau Dr. Kristina Hübener, die in gewohnt engagierter Weise die Publikation dieses Bandes vorbereitet und vorangetrieben hat, den Autoren, die mit ihren Beiträgen diese quellenbasierte Gesamtdarstellung ermöglicht haben, sowie Kai Rehbaum und Christian Fuchs, die den Band Korrektur gelesen haben. Die Idee zu diesem Buch stammt allerdings von Walter Gietmann, der als Bundesvorsitzender des DGVB innerhalb seines Verbandes hartnäckig für das Vorhaben geworben und dessen Finanzierung durch den Deutschen Gerichtsvollzieher Bund e.V. und die DGVZ gesichert hat. Wertvolle Hinweise verdanken wir den Zeitzeugen, die sich für Interviews zur Verfügung gestellt haben. Zu danken haben wir auch den Archiven, die uns Einblick in ihre Bestände gewährten und deren Mitarbeiterinnen und Mitarbeiter uns jederzeit hilfreich zur Verfügung standen: dem Bundesarchiv Berlin, dem Bayerischen Hauptstaatsarchiv, dem Staatsarchiv München, dem Staatsarchiv Hamburg, dem Hessischen Staatsarchiv in Darmstadt, dem Landesarchiv Nordrhein-Westfalen in Münster, dem Brandenburgischen Landeshauptarchiv und nicht zuletzt dem Archiv des DGVB. Den Bildleihgebern danken wir dafür, dass der Band in der gewünschten Weise illustriert werden konnte. Und schließlich danken wir der Brandenburgischen Historischen Kommission e.V., dass sie den Band in ihre Schriftenreihe aufgenommen hat, sowie dem be.bra wissenschaft verlag und seiner Lektorin Katrin Endres für die umsichtige Betreuung des Bandes.

Potsdam, im Mai 2019

Gerichtsvollzieher klebt Pfandsiegel, um 1890.

Gerichtsvollzieher in Deutschland 1800–1933

WOLFGANG ROSE

Bis 1800 wurde das Zivilverfahren in Deutschland von zwei Rechtsgruppen bestimmt, die teilweise im Gegensatz zueinanderstanden: dem so genannten gemeinen Recht, das eine Form des römischen Rechts darstellte, durch den Kaiser auf das Reich wirkte und als einziges in allen deutschen Ländern galt; sowie dem jeweiligen Landesrecht, das meist bis in das Mittelalter zurückreichte und aus einzelnen, später »germanisch« genannten Rechtsfamilien bestand, wie dem Recht des *Sachsenspiegel* oder verschiedenen Stadtrechten. Während der allgemeine Prozess als reiner Aktenprozess geführt wurde, fanden die alten Landesrechte in mündlichen Verfahren ihre Anwendung, da ursprünglich auch die Rechtskundigen des Lesens und Schreibens zumeist nicht mächtig waren. In allen Zivilverfahren aber spielte der »Fronbote« (vrone bode, bodel, budellus, büttel, praeco usw.) – der Vorläufer des heutigen Gerichtsvollziehers – eine wichtige Rolle. Seit dem Mittelalter war er zunächst der Vollstreckungsbeamte eines Grafen. Später wurde er als Gerichtsdiener (Büttel, Weibel) für die Durchsetzung der Gerichtsurteile zuständig. Fronboten konnten zudem mit Verwaltungsaufgaben, wie der Einziehung von Steuern, betraut werden. In einer Reihe von Städten fungierten sie auch als Richter in Bagatellsachen und beaufsichtigten mitunter im Rahmen der »Guten Policey« sogar die städtischen Dirnen (›Hurenvogt‹; horenvaget). Die Aufgabenstellungen variierten jedoch sehr stark – zwischen verschiedenen Landesteilen, ja sogar zwischen Städten innerhalb einer Landschaft.

Zwangsvollstreckungspersonen in Deutschland um das Jahr 1800 – Das Beispiel Preußen

Am Ende des 18. Jahrhunderts führte der Prozess der Staatsverdichtung im Zeitalter des Absolutismus zu Bestrebungen, das Recht landesweit zu vereinheitlichen und zu kodifizieren.[1] In Preußen gehörte dazu 1793 als prozessrechtliches Gegenstück zum Allgemeinen Landrecht (ALR) der Erlass der Allgemeinen Gerichtsordnung für die preußischen Staaten (AGO). Mit der Exekution der Gerichtsurteile und den dazu erforderlichen Vollstreckungspersonen beschäftigte sich die AGO in ihrem 24. Titel.[2] Darin wurde zwischen »Gerichtsboten« und »Exekutoren« unterschieden. Während die Gerichtsboten für die Zustellung der Urteile zuständig waren, bildete der Exekutor den tatsächlich handelnden Arm des Gerichts, der die Zwangsvollstreckung in das bewegliche Vermögen durchführte. Die Gerichtsboten hatten die förmliche Vorladung zu überbringen und darüber einen Bericht anzufertigen; überwacht wurden ihre Amtsgeschäfte durch den Botenmeister. Die Exekutoren waren in ihrem Handeln strikt an die Vollstreckungsverfügung des Exekutionsgerichts gebunden. Lediglich bei der Beurteilung des gesicherten Notbedarfs des Schuldners erfolgte eine eigenständige Prüfung und Entscheidung durch den Exekutor. Alle veränderten Umstände oder Widrigkeiten, die dem Exekutor bei der Vollstreckung begegneten, waren sofort dem Vollstreckungsgericht zur Entscheidung mitzuteilen; der Exekutor selbst hatte bis zum Eintreffen neuer Anweisungen abzuwarten.

In Bezug auf die Art und Weise der Durchsetzung von Gerichtsurteilen trug die altpreußische Exekution noch Spuren früherer Traditionen, wie die der »Zehrperson«. So konnte der Exekutor angewiesen werden, drei bis acht Tage in den Wohnsitz eines Verurteilten einzuziehen, wenn dieser dazu verurteilt worden war, »eine gewisse Arbeit zu verfertigen oder ein Geschäft zu verrichten«, um ihn »zur Befolgung des Urteils anzuhalten«. Wenn dieses Mittel nicht fruchtete, war der Exekutor wie in allen anderen Misserfolgsfällen gehalten, sich »nach Verlauf der bestimmten Zeit« zurückzuziehen und dem Gericht Mitteilung zu machen (§ 48). Widerstand gegen die Vollstreckung war verboten. Niemand sollte »den Exekutor mit Schimpfworten, viel weniger mit Thätlichkeiten, zu behandeln sich unterfangen« (§ 148). Geschah dies doch, drohte eine Strafe nach dem Allgemeinen Landrecht für die preußischen Staaten (ALR, T. 2, Tit. XX, § 166). Zur Brechung des Widerstandes gemäß der AGO war der Exekutor jedoch auf die weitere Veranlassung des örtlich zuständigen Gerichts angewiesen, das ihm »durch seinen Gerichtsdiener, nöthigenfalls auch durch aufgebotene Bürger oder Bauern, die erforderliche Assistenz zu leisten schuldig« (§ 149) war. Die mögliche Hilfe reichte bis zur Einschaltung des Militärs. Dafür war allerdings der Dienstweg bis zu den höchsten Instanzen einzuhalten, denn letztlich konnte die Anordnung dazu nur am Königshof getroffen werden (§ 150). Die Zuständigkeit des Exekutors endete in der Regel mit der Pfändung. Zwar hatte er auch das Recht, Auktionen durchzuführen. Dies galt allerdings nur, wenn die beizutreibende Summe 50 Taler nicht überstieg. Für darüber hinausgehende Beträge fanden Versteigerungen durch beauftragte Beamte statt. In größeren Städten schloss man dazu eigens einen Vertrag mit einem sogenannten Auktionskommissar.

Angesichts der geringen Selbständigkeit der Vollstreckungspersonen und ihrer strikten Verpflichtung, den Anweisungen des zuständigen Gerichts zu folgen, ist es nicht verwunderlich, dass die notwendigen Berufsvoraussetzungen als äußerst gering angesehen wurden. Auf einer Tagung der Justizverwaltungen der Länder in Dresden im September 1928 schilderte Baptist Lentz anhand einer preußischen Quelle, welche Anforderungen an künftige Vollstreckungspersonen gestellt wurden: »Boten und Exekutoren waren aus den Invaliden zu entnehmen, mußten zu ihrem Amt annoch hinlängliche Munterkeit und Kräfte besitzen und durften des Lesens und Schreibens nicht ganz unkundig sein; darüber hinaus sollte der Exekutor auch einige Kenntnis und Übung im Rechnen erlangt haben.«[3] Die Tatsache, dass die Vollstreckungspersonen reine Vollzugsorgane der jeweilgen Gerichte waren, entsprach dem Geist des maßgeblich von Friedrich II. angestoßenen Allgemeinen Landrechts und der dazugehörigen Allgemeinen Gerichtsordnung für die preußischen Staaten. Durch sie war die preußische Justiz in den Bahnen des aufgeklärten Absolutismus weiterentwickelt worden. Materielles und prozessuales Recht wurden zwar nach Vernunft und Ordnungssinn reformiert. Nichts durfte jedoch die unangefochtene Hoheit des Königs und seiner Behörden in Frage stellen. Zugleich dehnte der werdende moderne Staat seine Kontrollsphäre in zuvor private, nicht regulierte Bereiche aus. Individuelle Verantwortung oder gar Selbstverwaltung, wie sie das Bürgertum forderte, waren den wohlgeordneten Kommandorängen Preußens fremd. Das galt sowohl für Beamte als auch für Richter. Ein Beispiel dafür war die Abschaffung der freien Advokatur, an deren Stelle ein staatliches Amt trat.[4]

Die Entstehung des Gerichtsvollzieheramtes unter dem Einfluss des französischen Huissiers 1801 bis 1815

Etwa zur gleichen Zeit, als in Preußen das Landesrecht vereinheitlicht und kodifiziert wurde, geschah dies auch in Frankreich – allerdings unter grundlegend anderen gesellschaftspolitischen Bedingungen. Mit der Französischen Revolution von 1789 bis 1795 war das absolutistische Ancien Régime beseitigt worden. Die neue Rechtsordnung, an der verschiedene Revolutionsregierungen gearbeitet hatten und die schließlich unter Napoleon Bonaparte endgültig eingeführt wurde, entsprach den Bedürfnissen der neuen bürgerlichen Gesellschaft. Unter dem Code civil, der auch als »Code Napoleon« bezeichnet wurde, waren die männlichen Bürger freie und gleichrangige Rechtssubjekte und verfügten über gewisse Abwehrrechte gegenüber dem Staat.

Trotz seiner revolutionären Neuerungen knüpfte aber auch das französische Recht um 1800 in großen Teilen an alte Traditionen an. Dies galt insbesondere für den Bereich der Vollstreckungspersonen.[5] Anders als in Deutschland hatte sich in Frankreich, ausgehend von mittelalterlichen Ursprüngen und gefördert durch die zunehmende Macht der politischen Zentralgewalt des Königs, die Institution des »Huissiers de justice« entwickelt und landesweit durchgesetzt. Ausgangspunkt der Entwicklung war, wie in Deutschland, das Prinzip der Privatvollstreckung, das sowohl das Recht der germanischen Stämme als auch das im Hochmittelalter zunehmend rezipierte römische Recht bestimmte. Mit der Ausweitung der Königsherrschaft und deren zentraler Verwaltung entstanden so im Frankreich des 13. und 14. Jahrhunderts vielfältige Ämter für Justizpersonen mit verschiedensten Aufgabenbereichen. Parallel dazu wurden Gerichtsprozesse im Zuge der Rezeption des römischen Rechts zunehmend verschriftlicht. Angesichts des immer noch verbreiteten Analphabetismus waren dafür von der Abfassung von Streitschriften bis zum Urteil schriftkundige und rechtsgelehrte Hilfspersonen erforderlich.[6]

Der Huissier (Türsteher) ist wohl nach der ursprünglichen Funktion des Amtes benannt, den Zugang zum Gericht zu regeln.[7] Aus demselben Wortstamm entstand auch die heute gebräuchliche englische Bezeichnung *court usher* für die Wachtmeister bei Gericht. Neben den Greffiers (Gerichtsschreiber), deren wichtige Funktion im Prozess derjenigen der späteren Huissiers ähnelte, waren die Huissiers zunächst Gerichtsdiener in 47 verschiedenen Ausprägungen.[8] Zudem wurden sie an den Bailliagen (Amt und Bezirk eines feudalen Beamten) und niederen Gerichten »Sergent« genannt. Neben der ursprünglichen Funktion als Sitzungspolizei (*huissier audiencier*) waren diese frühen Beamten auch mit der Zwangsvollstreckung betraut und trugen als Zeichen ihrer Amtsmacht einen Stab – *la verge* –, durch dessen Berührung, auf königlichen Befehl, jeder zur Mithilfe an ihren Amtshandlungen verpflichtet werden konnte.[9]

Der Huissier stand in Bezug auf seine Herkunft zwar dem Fronboten nahe, hatte im französischen Prozessrecht jedoch Funktionen, die weit darüber hinausgingen. Insbesondere unterschied er sich von den Vollstreckungspersonen im deutschen Recht, die Vollzugsorgane der jeweiligen Gerichte waren, durch seine Stellung als vom Gericht unabhängiger selbständiger Beamter. Seine relativ hohe gesellschaftliche Stellung wurde unter anderem dadurch unterstrichen, dass jeder Huissier vor Amtsantritt eine Kaution zu hinterlegen hatte, wozu Angehörige unterer Bevölkerungsschichten nicht in der Lage waren. An dieser Position änderte sich auch durch die Revolution von 1789 nichts Wesentliches.[10] Durch Regierungserlass vom 10. August 1800 wurden die Ernennung, die Hinterlegung der Kaution und die Amtsbefugnisse des Huissiers vorläufig und schließlich 1804 und 1806 durch das im Code civil und im Code de procédure civil festgeschriebene Zivil- und Zivilprozessrecht grundsätzlich geregelt.

Im Gefolge der Französischen Revolution kam die Institution des Huissiers ebenfalls nach Deutschland. Bereits 1794 waren im Zuge revolutionärer Erhebungen bzw. des

Huissier à verge (XVᵉ s.).

Huissier.

Huissier (l.), 16. Jahrhundert, Bote (m.) und Huissier (r.), um 1810.

Einmarsches der Revolutionsarmee einige linksrheinische Gebiete Deutschlands unter französischen Einfluss geraten. Diese Tendenz verstärkte sich zwischen 1797 und 1811, insbesondere nach der Machtübernahme Napoleons. Die Annexion aller Territorien westlich des Rheins sowie Nordwestdeutschlands folgte nunmehr zwar weniger einer revolutionären als einer imperialen Logik. Trotzdem brachte sie für einen Teil dieser Gebiete, die im Wesentlichen das französische Recht übernahmen, einige revolutionäre Errungenschaften mit sich. Vor allem zählte dazu der Erlass von Verfassungen, in denen die rechtliche Gleichheit der Bürger garantiert wurde, unter anderem durch die Aufhebung der Leibeigenschaft und die Abschaffung von Adelsprivilegien.

Die Verbreitung des französischen Modells des Huissiers fand in drei Phasen statt: 1801 durch die Eingliederung der linksrheinischen Gebiete, 1806 mit der Gründung des Rheinbunds und der am französischen Rechtssystem orientierten sogenannten Modellstaaten und schließlich 1811 durch die Annexion Nordwestdeutschlands.[11] Im Frieden von Lunéville erreichte Napoleon 1801 die Annexion der deutschen Gebiete links des Rheins, die schon 1794 von den revolutionären Armeen Frankreichs besetzt worden waren. Auf dem nunmehr französischen Staatsgebiet galt französisches Recht. Am 4. Juni 1803 wurde daher auf Beschluss der Regierung der Republik in den Departements

Roer, Saar, Rhein-Mosel und Berg der seit drei Jahren geltende Regierungserlass über die Ernennung und den Dienst des Huissiers übernommen. Nicht zu Unrecht wurde dieser Beschluss einer französischen Regierung als »Geburtsurkunde des deutschen Gerichtsvollziehers« bezeichnet.[12]

Ab 1806 erreichte der Huissier dann auch deutsche Territorien, die zumindest formell selbstständig waren. Die sogenannten Modellstaaten Westfalen, Berg und Frankfurt übernahmen französische Staatselemente. Insbesondere erlangte in ihnen das französische Zivilrecht Geltung. Im Königreich Westfalen wurde der Code Napoléon bereits durch die Verfassung Napoleons zum 1. Januar 1808 für Recht erklärt.[13] In der Zivilprozessordnung Westfalens von 1810, die dem Code de procédure nachgeformt war, fand sich folglich auch der Huissier. Im Großherzogtum Berg wurde mit der Übernahme der französischen Gerichtsorganisation um 1810 der Huissier eingeführt. Gegen die Einführung des französischen Modells wurde häufig vorgebracht, dass nicht genug qualifiziertes Personal verfügbar sei, wie im Großherzogtum Frankfurt oder in den Herzogtümern Nassau und Anhalt-Köthen. Somit kam es in den mit Frankreich verbündeten Rheinbundstaaten zwar teilweise ebenfalls zur Angleichung des Zivilrechts an den Code civil, allerdings oft nicht zur Übernahme der prozessrechtlichen, also auch vollstreckungsrechtlichen Regelungen des Code de procédure. Der Huissier wurde hier, etwa im rechtsrheinischen Bayern, also nicht Bestandteil des Rechtssystems. Anders in Nordwestdeutschland: In den ab dem 1. Januar 1811 vom französischen Staat annektierten Territorien – den sogenannten Hanseatischen Departements – wurde der Huissier, wie zuvor in den linksrheinischen Gebieten, überall eingeführt, so dass das Amt formal auch in dem großen Raum nördlich der Lippe über das Emsland, Oldenburg, Bremen und Hamburg bis nach Lübeck und an die Ostsee existierte. Allerdings ist fraglich, ob es angesichts der relativ bald folgenden militärischen Niederlage Napoleons noch eine praktische Relevanz erlangte.

Mit all seiner Modernität traf das neue französische System in Deutschland auf eine Justiz, die noch immer hierarchisch und absolutistisch orientiert war. Dennoch schien das Amt des Huissiers zunächst nicht im Gegensatz zu den bereits beschriebenen preußischen Rechtsvorstellungen zu stehen. So nahm der Huissier, ähnlich einer erweiterten Geschäftsstelle des Gerichts, auch Klagen zu Protokoll, und die Vornahme der Zwangsvollstreckung anstelle der früheren Parteivollstreckung bedeutete wie in Preußen eine Ausweitung der staatlichen Sphäre. Was den Huissier jedoch grundsätzlich vom preußischen Exekutor unterschied, war die Tatsache, dass er nicht weisungsgebunden war und nur der Rechtsaufsicht unterlag. Verfahrensmäßig stand der Huissier im französischen Recht sogar auf einer Stufe mit dem entscheidenden Richter.

Die Entwicklung des Gerichtsvollzieheramtes in den deutschen Ländern 1815 bis 1874

Als Napoleon 1815 endgültig militärisch gescheitert war, verblieb das französische Recht links des Rheins und im jetzt als Generalgouvernement preußisch verwalteten Berg in Kraft. Obwohl es in diesen Gebieten im Höchstfall erst zwanzig Jahre lang galt, hatte es sich bereits fest als Norm etabliert und war in der Gesellschaft verwurzelt. Anfängliche Versuche, hier das Allgemeine Landrecht Preußens zu oktroyieren, scheiterten daher am Widerstand rheinischer Juristen.[14] Das ursprünglich französische System blieb als »Rheinisches Recht« bestehen und wurde nun in das preußische Justizwesen eingegliedert. So gab es ab 1819 in Berlin den Rheinischen Revisions- und Kassationshof als Obergericht für die neu gegründete Rheinprovinz, dessen Zuständigkeit mit der Schaffung des Preußischen Obertribunals einem Senat dieses höchsten preußischen Gerichts übertragen wurde.[15]

Auch in der linksrheinischen bayerischen Pfalz sowie in Rheinhessen galt weiterhin der Code civil. Und im Badischen Landrecht, einer modifizierten Version des Code civil von 1810, blieb der französische Einfluss ebenfalls erhalten. Die französische Sprache in den Gesetzen wurde jedoch bald durch das Deutsche ersetzt. Schon 1813 bezeichnete man, erstmals in Deutschland, in dem rechtlich noch bestehenden niederrheinischen Großherzogtum Berg den Huissier als »Gerichtsvollzieher« – ein Begriff, der ab 1814 auch für die Huissiers im gesamten, von Preußen verwalteten Generalgouvernement Mittel- und Niederrhein eingeführt wurde, als diese Gebiete durch Artikel XXIV der Hauptakte des Wiener Kongresses Preußen zufielen, das daraus mit den anderen preußischen Besitzungen auf dem linken und rechten Rheinufer die Provinz Jülich-Kleve-Berg mit Verwaltungssitz in Köln bildete. In der Umgangssprache lebte die französische Bezeichnung – in der Volkssprache als »hüschë«, in der Pfalz als »hússjee« und »hussjeh« oder abgekürzt als »huss« – aber fort.[16]

Die weitere Existenz des Huissier- bzw. Gerichtsvollzieheramtes in Deutschland ging also auf die Fortgeltung des französischen Rechts in einigen seiner Territorien zurück.[17] An eine Ausdehnung seines Einflussbereichs war in den Jahrzehnten der politischen Restauration nach dem Ende der napoleonischen Kriege jedoch zunächst nicht zu denken. Es zeigte sich im Gegenteil, dass der Bezug auf eine deutschrechtliche Tradition der Vollstreckungspersonen selbst dann möglich war, wenn eine Variante des französischen Zivilrechts galt, wie im Großherzogtum Baden. So führte die Badische Zivilprozessordnung von 1831 einen »Exequenten« als Vollstreckungsperson ein, der mit einer Novelle von 1851 ebenfalls zum »Gerichtsvollzieher« wurde. Dieses Amt verfügte jedoch nicht über die Selbstständigkeit des Huissiers.[18] Erst mit der bürgerlichen Revolution

Pfändung, um 1830.

von 1848/49 erhielt die Idee des selbstständigen Gerichtsvollziehers nach französischem Muster neuen Schwung. Im Herzogtum Nassau gab es bereits im Revolutionsjahr 1848 das Amt des Gerichtsvollziehers, das im Wesentlichen dem Huissier nachgeformt war. Noch deutlicher wird der Wandel am Beispiel des Königreichs Hannover. In der 1847 erlassenen Allgemeinen Bürgerlichen Prozessordnung war die Vollstreckungsperson – »Exekutor« genannt – noch ein unselbstständiger Diener des vollstreckenden Gerichts, dem detailliert vorgeschrieben wurde, »was und wie viel er von dem Beurtheilten beitreiben oder wozu er ihn anhalten, welche Executionsart eintreten, an wen und wohin er das Beizutreibende liefern, binnen welcher Frist er mit der Vollziehung anfangen und binnen welcher er die Erledigung des Auftrags dem Gerichte anzeigen« solle.[19] Drei Jahre später wurde der »Exekutor« in der Bürgerlichen Prozessordnung für das Königreich Hannover von 1850 nicht nur in »Gerichtsvoigt« umbenannt, sondern es gab auch völlig neue Verfahrensregeln. So bestimmte § 531 der Prozessordnung: »Das Zwangsvollstreckungsverfahren ist den Gerichtsvoigten überwiesen. Der richterlichen Mitwirkung bedarf es dabei nur insoweit, als solche bei einzelnen Arten der Zwangsvollstreckung ausdrücklich vorgeschrieben ist.« In § 532 über die Legitimation des Gerichtsvoigts wurden dessen Aufgaben näher beschrieben: »Der vom Gläubiger beauftragte Gerichtsvoigt wird durch Einhändigung der vollstreckbaren Ausfertigung ermächtigt, die ganze Zwangsvollstreckung vorzunehmen, die vom Schuldner etwa geleisteten Zahlungen in Empfang zu nehmen, gültig darüber zu quittiren und die vollstreckbare Ausfertigung, falls deren Inhalte vollständig genügt worden, dem Schuldner auszuliefern.«[20]

Auch wenn die Bezeichnung »Gerichtsvoigt« selbst offenbar den Eindruck des Anknüpfens an traditionelle Rechtsmodelle vermitteln sollte, zeugte dessen Einführung von dem zunehmenden Modernisierungsdruck, der Mitte des 19. Jahrhunderts im deutschen Rechtswesen entstanden war. Die beginnende Industrialisierung und die Ausbreitung der bürgerlich-kapitalistischen Gesellschaft erforderten neue, effektivere Formen der Rechtsvollstreckung.

Von Bedeutung für die weitere Entwicklung in ganz Deutschland waren die neuen Ausformungen des Gerichtsvollzieheramtes in Nassau und Hannover auch deshalb, weil sowohl das Herzogtum Nassau als auch das Königreich Hannover 1866 von Preußen annektiert wurden, nachdem sie im Krieg zwischen Preußen und den mit Österreich verbündeten Staaten des Deutschen Bundes unterlegen waren. Wie schon im Fall des Rheinischen Rechts galten auch in diesen neuen Provinzen der preußischen Monarchie die vorherigen Rechtsbestimmungen fort. Somit vergrößerte sich ebenfalls der Anteil des preußischen Territoriums, in dem ein dem Huissier ähnliches Amt existierte – eine Tatsache, die nicht ohne Auswirkungen für die Zukunft blieb.

Zunächst war es jedoch das Königreich Bayern, das 1869 als nächster (und bedeutender) deutscher Teilstaat die stärkste Ausformung des Gerichtsvollzieher-Amtes nach französischem Vorbild verwirklichte.[21] Ähnlich wie in Preußen galt hier in einem Teil des Staatsgebiets seit der »Franzosenzeit« der Code civil. So waren Gerichtsvollzieher nach dem Vorbild des Huissiers in der linksrheinischen Pfalz ein normaler Bestandteil der Rechtspolitik und insbesondere der Vollstreckungspraxis. Die positiven Erfahrungen, die man damit gemacht hatte, waren nun für die bayerische Justizverwaltung offenbar Grund genug, das System im Zuge der Einführung eines neuen Zivilprozessrechts auf das gesamte Königreich zu übertragen.[22]

Unmittelbar im Vorfeld der Entscheidung über die neue Zivilprozessordnung erschien über das »Gerichtsvollzieher-Institut« eine Schrift, die den Justizkreisen im bayerischen Kernland das dort bisher nicht existierende Amt vorstellen sollte. Der unbekannte Autor zeigte sich darin über den bis Ende Dezember 1868 erreichten Stand des Gesetzgebungsprozesses und die zu erwartenden weitreichenden Änderungen gut informiert. Die Vermutung, dass er seine Arbeit mit Billigung, wenn nicht gar mit Unterstützung der Justizbehörden veröffentlichte, liegt daher nahe. Jedoch wollte der Autor, der sich selbst als »Praktiker« bezeichnete, anscheinend signalisieren, dass hier nicht ein Angehöriger der Behörden schrieb, und vermittelte zusammen mit der weiteren

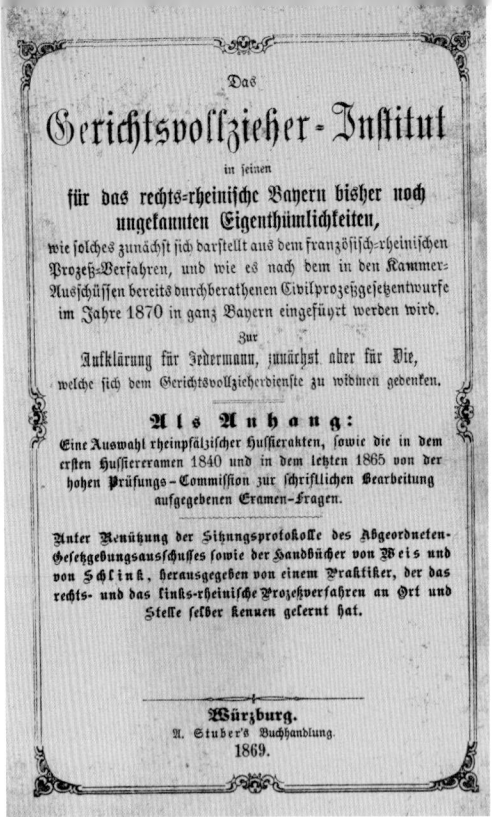

Schrift »Das Gerichtsvollzieher-Institut«, in Vorbereitung auf die neue bayerische Zivilprozessordnung vom 1. Juli 1870, erschienen 1869.

Selbstbezeichnung als »rechtsrheinischer Bayer« den Eindruck, dass er sich aus eigenem Antrieb mit dem ihm bisher unbekannten Gerichtsvollzieher-Amt beschäftigt hatte und nun der interessierten Öffentlichkeit seine Erfahrungen mitteilen will. Er sei, so der Verfasser, mit dem rechtsrheinischen bayerischen Prozessrecht vertraut und habe außerdem »eine einjährige Praxis bei einem Pfälzer Huissier« absolviert, um »einen weiteren Gesichtskreis sich zu eigen« zu machen. Nach der Einführung des Gerichtsvollziehers in ganz Bayern beabsichtigte er nunmehr, »selber diesem Dienste sich zu widmen«.[23]

Danach wies der Verfasser darauf hin, dass die Umsetzung der geplanten Änderungen wohl nicht ohne Schwierigkeiten funktionieren werde. Tatsächlich stelle sich »für den rechtsrheinischen Deutschen das aus dem Französischen herübergekommene neue System so fremdartig dar, daß die am Althergebrachten so gern hängende deutsche Natur nur schwer und langsam in die Neuerungen sich hineinfinden« werde.[24] Diese Warnung zielte aber offenbar nicht so sehr auf individuelle Charaktereigenschaften als vielmehr auf die Schwerfälligkeit und Innovationsfeindlichkeit der Behördenbürokratie. Denn der Gerichtsvollzieher selbst werde »bald lernen, ohne Beihilfe Rechtskundiger selbstständig außerhalb des Gerichts die Proceßthätigkeit der Parteien mit sicherer Hand zu regulieren und die erzielten Urtheilssprüche für die siegende Partei zu verwerthen; er wird mit einem Worte das Ansehen eines Juristen bekommen.«[25] Die »einmal constant gewordene Praxis« werde den Gerichtsvollzieher somit »bald nicht mehr als bloßen mechanischen Vollstrecker der ihm von Partei oder öffentlichem Ministerium [...] gewordenen Aufträge erscheinen lassen«. Allerdings werde es dem Gerichtsvollzieher »nicht leicht gelingen«, »von seiner Erscheinung den Eindruck des Schergen, Häschers und Blutsaugers fern zu halten«.[26] Daher müssten für das Amt ausschließlich integre Personen ausgewählt werden: »Leute wenn auch nicht von juristischer Durchbildung, doch aber von allgemeinen Rechtskenntnissen, sowie Leute von selbstständigem und gediegenem, einem öffentlichen Beamten anstehendem Charakter, nicht aber gewöhnliche, bloß nach der Schablone ohne Herz und Kopf arbeitende Brodmenschen, die durch Einseitigkeit das ganze Institut nur in Mißkredit zu bringen im Stande sind.«[27]

Tatsächlich versah die Bayerische Civil-Prozess-Ordnung, die noch im Jahr des Erscheinens der Informationsschrift über das »Gerichtsvollzieher-Institut« am 29. April 1869 verabschiedet wurde, die Gerichtsvollzieher mit weitreichenden Vollmachten und übertrug ihnen die Verantwortung für die Vornahme und die richtige Auswahl der Vollstreckungs- und Zustellungshandlungen. Sie erhielten ihre Aufträge direkt von den Gläubigern und wurden nicht mehr von den Gerichten beauftragt. Das bayerische Staatsministerium selbst gab dazu eine Broschüre mit Erläuterungen zur Stellung des Gerichtsvollziehers in dem neuen System heraus, in der es folgerichtig hieß, dem Gerichtsvollzieher stünden Handlungen zu, die »bisher den Gerichten und Advokaten oblagen«.[28]

Bayern gelang damit noch vor der Reichseinigung und fast zehn Jahre vor der Verabschiedung der gesamtdeutschen Zivilprozessordnung, die den Gerichtsvollzieher reichsweit einführte, ein entscheidender Schritt zur Modernisierung seines Rechtswesens. Im Königreich Preußen, der treibenden Kraft der politischen Vereinigung Deutschlands, existierten dagegen bis 1879 fortschrittliche Zivil- und Zivilprozessrechtssysteme nur in den linksrheinisch-hessischen Gebieten und in der Provinz Hannover, während im weitaus größeren Teil der Monarchie weiterhin das absolutistische Allgemeine Landrecht galt.

Reichsgesetzliche Regelungen und deren Umsetzung in einzelnen deutschen Ländern 1877–1900

Die Vereinigung der deutschen Staaten und die Gründung des Deutschen Reiches unter Ausschluss Österreichs 1871 schufen grundlegend neue Bedingungen für die Gestaltung der Rechtspraxis. Wollte das Reich als modernes Staatswesen in der Mächteordnung des ausgehenden 19. Jahrhunderts bestehen, musste die im deutsch-französischen Krieg vorrangig auf militärischem Gebiet hergestellte Einheit zumindest bis zu einem gewissen Grad auch auf Politik, Wirtschaft und Gesellschaft und nicht zuletzt auf die Rechtsprechung und Rechtsausübung ausgedehnt werden. Im juristischen Bereich stellte das Inkrafttreten einer reichsweiten Zivilprozessordnung (ZPO) zusammen mit dem Gerichtsverfassungsgesetz (GVG) als Teil der Reichsjustizgesetze am 1. Oktober 1879 einen der wichtigsten Schritte dar.[29] Denn damit wurden wesentliche Voraussetzungen geschaffen, dass alle Bürger des Reiches und dessen Rechtsorgane zivilrechtlich auf der Grundlage einheitlicher Standards agieren konnten.

Auch das Gerichtsvollzieheramt erhielt durch die ZPO und das GVG deutschlandweit eine einheitliche Rechtsgrundlage. Rechtshistorisch gesehen bedeutete die Reichszivilprozessordnung von 1879, dass sich nun in ganz Deutschland endgültig das aus dem Huissier des französischen Rechts hervorgegangene Modell des Gerichtsvollziehers gegenüber den deutschen Rechtstraditionen unterschiedlicher Vollzugspersonen durchgesetzt hatte. Angesichts der wesentlich durch den Krieg gegen Frankreich hergestellten deutschen Einheit kann diese Entwicklung durchaus als Ironie der Geschichte angesehen werden, die den zeitgenössischen Akteuren sehr wohl bewusst war.[30]

Erklärbar wird dieser scheinbare Widerspruch durch den Aufstieg des Liberalismus im Deutschland des 19. Jahrhunderts.[31] Zwar war das Bürgertum als Hauptträger dieser politischen Idee auf revolutionärem Wege 1848/49 gescheitert. Nach 1866 und insbesondere nach 1870/71 arrangierte es sich jedoch mit dem deutschen Obrigkeitsstaat, indem es darauf verzichtete, die Machtfrage zu stellen, und sich stattdessen über Bildung und wirtschaftlichen Erfolg definierte. Für eine erfolgreiche Wirtschaft wiederum waren ein modernes Rechtswesen und insbesondere ein funktionierendes bürgerliches Zivilrecht wichtige Voraussetzungen. Bildung hingegen war nicht nur eine Grundbedingung, um die Rechte als Bürger und Unternehmer überhaupt wahrnehmen zu können, sondern eröffnete auch die Möglichkeit, sich eine bürgerliche Existenz aufzubauen und innerhalb des Justizapparates Positionen zu besetzen. Liberale Ideen fanden damit auch in der Rechtspraxis ihren Platz, solange sie die bestehenden Herrschaftsverhältnisse nicht fundamental in Frage stellten.

ZPO und GVG waren bereits mehr als zwei Jahre vor ihrem Inkrafttreten beschlossen worden, um den Ländern Gelegenheit zu geben, entsprechende Ausführungsgesetze zu erlassen.[32] Mit Blick auf die Ausgestaltung des Gerichtsvollzieheramtes wurde dazu etwa in Preußen 1878 eine Kommission von Praktikern eingesetzt, die im Auftrag der Justizverwaltung detaillierte Bestimmungen erarbeitete. Hier hatten bis dahin drei unterschiedliche Systeme des Vollstreckungswesens existiert: neben den altpreußischen Gerichtsboten und Exekutoren noch die rheinischen Gerichtsvollzieher und die hannoverschen Gerichtsvögte. Die Rechtsvereinheitlichung bedeutete nun einerseits die landesweite Annäherung an das rheinische Modell, brachte andererseits aber auch Abstriche an dessen sachlicher Zuständigkeit mit sich, weil die Gerichtsvollzieher nach der ZPO nur noch die Zustellungen im Parteibetrieb zu erledigen hatten, während für die Zustellung von Amts wegen Gerichts- und Postboten zuständig wurden.[33]

Im Einzelnen sahen die Bestimmungen der Kommission folgende Hauptpunkte vor[34]:

– Die Gebühren der Vollstreckungshandlungen wurden vollständig dem Gerichtsvollzieher überlassen. Davon versprach man sich einen leistungssteigernden Effekt für die Tätigkeit dieser Personengruppe, da jeder Einzelne es selbst in der Hand hatte, sein Einkommen zu erhöhen. Zugleich hatte der Staat bei der Besoldung nur relativ geringe Ausgaben, da er den Gerichtsvollziehern lediglich Gebühren in Höhe von 1.800 Mark jährlich garantierte.

– Obwohl sie also ihr Einkommen weitgehend selbst erarbeiten mussten, blieben Gerichtsvollzieher Justizbeamte. Sie wurden in die Klasse der Subalternbeamten eingeordnet, wodurch man ihre Bedeutung als Gehilfe des Richters betonen wollte. Zugleich wurde durch diese Eingruppierung die Höhe des Wohnungsgeldzuschusses und der Umzugskosten festgelegt.

– Das Gerichtsvollzieheramt wurde den Amtsgerichten angegliedert. Gab es mehrere Gerichtsvollzieherstellen an einem Gericht, wurden für die Durchführung amtlicher Aufträge Gerichtsvollzieherbezirke eingerichtet, für die jeweils ein Beamter zuständig war. Bei reinen Parteiensachen war die Wahl des Gerichtsvollziehers innerhalb eines Landgerichtsbezirks frei; der Aktionsradius eines Gerichtsvollziehers konnte also das Gebiet des Amtsgerichts, dem er zugeordnet war, überschreiten.

– Wer die Laufbahn eines Gerichtsvollziehers einschlagen wollte, musste Militäranwärter sein, das heißt eine bestimmte Zeit als Unteroffizier im Heer oder in der Marine gedient haben, oder durfte für den Militärdienst nicht mehr tauglich sein. Diesen Personenkreis hielt man für besonders geeignet, die Aufgaben im Vollstreckungswesen zu erledigen.

– Unmittelbar damit war die Ausbildungsfrage verbunden. Da Militäranwärter während der Ausbildung zum Gerichtsvollzieher nur über ihre geringen militärischen Bezüge zum Lebensunterhalt verfügten, wurde die Dauer der Ausbildung auf Drängen des Kriegsministers auf lediglich ein halbes Jahr begrenzt. Den Abschluss bildete die Prüfung vor einer Kommission aus zwei Richtern oder Staatsanwälten. Obwohl man den praktischen Gewinn sah, den die Einbeziehung eines erfahrenen Gerichtsvollziehers in die Prüfungskommission gehabt hätte, sah man davon ab, »weil man gegen dessen Gleichstellung mit höheren Beamten in der Abstimmung Bedenken hatte«.[35] Hier zeigten sich im Standesdenken des obrigkeitsstaatlichen deutschen Kaiserreichs die Grenzen der Modernität, für die das Gerichtsvollzieheramt eigentlich ein Beispiel darstellte.

– Abschließend wurde bestimmt, dass bei Antritt des Amtes eine Kaution von 600 Mark zu hinterlegen war und dass während des Dienstes eine Dienstuniform getragen werden musste. Während die rheinischen Gerichtsvollzieher und die hannoverschen Gerichtsvögte in das neue System übernommen wurden, mussten die Exekutoren im bisherigen Wirkungsgebiet der Allgemeinen Gerichtsordnung Preußens sich vor ihrer Eingliederung noch einmal einer Prüfung unterziehen.

Die Regelungen, die in anderen deutschen Ländern in Ausführung der ZPO und des GVG getroffen wurden, unterschieden sich von den preußischen Bestimmungen nur graduell. So wurde die in Bayern bereits 1870 erlassene Gerichtsvollzieherordnung an die reichsgesetzlichen Bestimmungen lediglich angepasst.[36] Die Bezirksgerichte, denen die Gerichtsvollzieher bisher zugeordnet waren, wurden zum größten Teil in Landgerichte umgewandelt. Anstelle der bisherigen Stadt- und Landgerichte fungierten darunter nun als erste Instanz die Amtsgerichte, denen auch das Gerichtsvollzieheramt angegliedert war.

Die wichtigsten Unterschiede bei der Organisation des Vollstreckungswesens auf Länderebene betrafen die Finanzierung und die Frage der örtlichen Zuständigkeit. Während die Finanzierung der Vollstreckungsbeamten in Bayern aus den Gebühren ihrer Tätigkeit erfolgte, entschieden sich Hamburg, Sachsen, Oldenburg und Baden für die Leitung des Vollstreckungswesens durch eine staatliche Behörde in Form von Gerichtsvollzieherämtern. Die Entgegennahme und Zuweisung der Vollstreckungsaufträge erfolgten hier durch das Gerichtsvollzieheramt. Der Staat stellte den Gerichtsvollziehern Geschäftsräume und Büromaterial zur Verfügung und bezahlte ihnen ein Gehalt. Im Gegenzug mussten die Gerichtsvollzieher die von ihnen erhobenen Gebühren an die Staatskasse abführen.[37]

Die Ausführungsgesetze der Länder traten zeitgleich mit der ZPO und dem GVG am 1. Oktober 1879 in Kraft. Der Gerichtsvollzieher nach Zuschnitt der ZPO war somit von seinem Typus her ein Amt, das sich zwischen den subalternen Exekutoren des Allgemeinen Landrechts und den studierten Juristen befand, wobei seine Befugnisse aus eigenem Recht ursprünglich dem Vollstreckungsgericht, also dem Aufgabenkreis von Juristen, entstammten. Verbunden wurden seine Entscheidungsbefugnisse mit den tatsächlichen Handlungen, die bereits den Exekutoren oblagen.

Preußischer Unteroffizier in Ausgehuniform, um 1890.

Auswirkungen der freien Wahl des Gerichtsvollziehers

Die deutschlandweite Einführung des Gerichtsvollziehers als selbstständiges Organ der Zwangsvollstreckung war in den meisten Ländern juristisches Neuland. Insofern ist es nicht erstaunlich, dass die gefundene Organisationsform nicht zur allseitigen Zufriedenheit funktionierte. Als Hauptproblem erwies sich das ausschließlich durch Gebühren finanzierte Einkommen der Gerichtsvollzieher in Kombination mit dem Prinzip der freien Wahl des Vollstreckungsbeamten durch die Gläubiger. Hier verband sich das Bestreben des Gerichtsvollziehers nach möglichst hohen Einnahmen mit dem Interesse der Gläubiger, ihre Ansprüche schnell und in gewünschtem Umfang durchsetzen zu lassen und damit den erfolgreichsten Vollstrecker zu beauftragen. Die Folge war ein oftmals sehr hartes Vorgehen gegen Schuldner und führte zu Unruhe in der Öffentlichkeit sowie zu Forderungen, die Leitung des Vollstreckungswesens und die Bezahlung der dort Tätigen dem »unparteiischen« Staat zu übertragen.[38]

Selbst Reichskanzler Otto von Bismarck war mit diesem Problem befasst. Er sah die Ursache dafür in der Tatsache, dass die Leitung der Vollstreckung in den Händen der Anwälte und Gerichtsvollzieher lag und nicht, wie zuvor in Preußen, bei den Gerichten.[39] Der liberale preußische Justizminister Heinrich von Friedberg, der 1868 bereits die Strafprozessordnung des Norddeutschen Bundes und 1873 als Unterstaatssekretär im preußischen Staats- und Justizministerium auch die deutsche Strafprozessordnung (StPO) entworfen hatte, die am 1. Oktober 1879 als Teil der Reichsjustizgesetze in Kraft trat, reagierte auf Bismarcks Anregung, den alten Zustand wiederherzustellen, allerdings zurückhaltend. Trotzdem wurde im preußischen Justizministerium auf Anordnung Bismarcks ein Entwurf zur ZPO-Reform verfasst, der vorsah, die Zwangsvollstreckung wieder in die Leitung der Gerichte zu stellen.[40] Friedberg kommentierte den Entwurf seines eigenen Ministeriums mit den Worten, durch die vorgesehenen Änderungen würde man die Gerichtsvollzieher ungerecht behandeln – nicht nur, dass ihnen durch die dann amtliche Zustellung eine wichtige Einnahmequelle entfiele, man würde sie auch persönlich benachteiligen. Denn die Gerichtsvollzieher gehörten »geistig« zu den »hervorragenden Personen, welche aus den früheren Subalternbeamten entnommen oder sonst durch Intelligenz ausgezeichnet sind«. Sie würden sich daher nur schwer in die Rolle eines untergeordneten Beamten hineinfinden. Daraus aber werde nicht nur eine »schwer zu bewältigende« Unzufriedenheit der Gerichtsvollzieher resultieren, sondern es könne auch eine »politisch nicht ungefährliche« Lage entstehen, »da diese Beamten nothwendig in engster täglicher Berührung mit der bedürftigen Klasse des Volkes verbleiben.«.[41]

Ob der Einfluss der Gerichtsvollzieher auf die unteren Volksschichten tatsächlich so groß war wie von Friedberg behauptet, darf indessen bezweifelt werden. Vermutlich handelte es sich um ein – aus der am Ende des 19. Jahrhunderts verbreiteten Furcht vor den Umsturzabsichten der besitzlosen Volksmasse gespeistes – Argument, mit dem er seiner Ablehnung der geplanten ZPO-Novelle gegenüber Bismarck politischen Nachdruck verleihen wollte. Von preußischen Beamten, auch von den weitgehend selbstständig tätigen Gerichtsvollziehern, die einer in Gehorsam geschulten, subalternen Beamtenschicht entstammten, ging tatsächlich keine revolutionäre Gefahr aus. Nach der Entlassung Bismarcks 1890 äußerte Friedberg daher weitaus prosaischer, die Institution der Gerichtsvollzieher habe sich bewährt und stehe nun kaum noch zur Diskussion.[42]

Allerdings spiegelte diese Aussage keineswegs die reale Situation wider. Denn außer der harten Schuldnerbehandlung traten, wie das Beispiel Preußens zeigt, weitere »Nebenwirkungen« des unbeschränkten Wettbewerbs unter den Gerichtsvollziehern auf. Eine davon war die Tatsache, dass viele von ihnen nicht einmal das Existenzminimum verdienten und der Staat deshalb erhebliche Zuschüsse zahlen musste, um das garantierte Jahreseinkommen von 1.800 Mark zu erreichen. Einige Gerichtsvollzieher erzielten dagegen Einnahmen, die an die Gehälter höchster Staatsbeamter heranreichten.[43] Die Differenz zwischen den niedrigsten und höchsten Einkommen betrug nahezu 20.000 Mark. Wie sich bei Überprüfungen durch die Justizverwaltung herausstellte, war dies jedoch nicht in jedem Fall das Ergebnis eines Wettbewerbs unter den Gerichtsvollziehern, in dem die besten das meiste verdienten. Vielmehr war die Praxis verbreitet, dass Gerichtsvollzieher mit den Bürovorstehern von Rechtsanwaltskanzleien die Zuweisung von Aufträgen gegen ein Bestechungsgeld vereinbarten, dessen Höhe teilweise 20 bis 40 Prozent der Gebühreneinnahmen ausmachte. Auch Geschenke in Form von Zigarren, Wein und Geld für erteilte Aufträge waren üblich.[44] Mit anderen Worten: Im Vollstreckungswesen blühte die Korruption – ein Zustand, der im Zusammenhang mit preußischen Beamten, wie sie die Gerichtsvollzieher ja darstellten, bis dahin für undenkbar gehalten worden war. Rundverfügungen der Justizverwaltung von 1883 und 1896 änderten daran nichts oder schufen zumindest keine Abhilfe.

Der zeitliche Abstand zwischen den beiden Erlassen zeigt vielmehr, dass sich das Problem über Jahre hinweg fortsetzte. Letztlich konnten verwaltungsinterne Maßnahmen auch keine effektive Lösung darstellen, solange der Fehler im System lag. Eine Neujustierung des Vollstreckungswesens bedurfte jedoch einer politischen Entscheidung. Obwohl darüber sowohl im preußischen Abgeordnetenhaus als auch im Reichstag mehrmals debattiert wurde, dauerte es 21 Jahre, bis schließlich eine neue Gerichtsvollzieherordnung verabschiedet wurde. Warum die Neufassung eine derart lange Zeit in Anspruch nahm, ist nicht klar ersichtlich. Die Vermutung, interessierte Lobbygruppen, insbesondere aus Anwaltskreisen, hätten besonders stark gegen eine Änderung gearbeitet, lässt sich durch die Quellen nicht belegen. Auch die Annahme, Widerstände aus den Reihen der Gerichtsvollzieher selbst hätten die Entscheidung immer wieder verzögert, lässt sich nicht abschließend belegen. Sicher wurden einige der entsprechenden Argumente auch von den politischen Entscheidungsträgern geteilt, etwa der Hinweis, das Vollstreckungswesen sei am effektivsten, wenn der Gerichtsvollzieher durch eigene Arbeitsleistung sein Einkommen deutlich verbessern könne.[45] Aber die Rücksicht auf das »Publikum«, die »öffentliche Meinung«, die dem Wirken der Gerichtsvollzieher kritisch gegenüberstand, musste schwerer wiegen als die Einwände einer relativ kleinen und lange Zeit nur regional organisierten Gruppe von mittleren Justizbeamten.

Die preußische Justizverwaltung, die den Entwurf vorgelegt hatte, begründete die lange Dauer mit notwendigen »Vorarbeiten und eingehenden Studien in anderen deutschen Ländern«.[46] Möglicherweise wurde das Thema nur als ein – und nicht einmal besonders wichtiges – Problem unter den vielen Herausforderungen wahrgenommen, die mit den tiefgreifenden Transformationsprozessen in der deutschen Gesellschaft am Ende des 19. Jahrhunderts einhergingen, die heute unter dem Begriff der »Modernisierung« zusammengefasst werden.[47] Immerhin sah die reformierte preußische Gerichtsvollzieherordnung, die am 31. März 1900 schließlich in Kraft trat, einen grundlegenden Systemwechsel vor, indem sie die freie Wahl des Gerichtsvollziehers einschränkte. Dies wurde durch die Begrenzung der örtlichen Geschäftsbereiche der Vollstreckungsbeam-

Postzustellurkunde für einen vom Gerichtsvollzieher mit Dienstsiegel versehenen Brief, 1880.

ten durch Gerichtsvollzieherbezirke erreicht. Gläubiger konnten also nur noch den in ihrem Bezirk tätigen Gerichtsvollzieher beauftragen. Außerdem waren feste Gehälter für die Beamten vorgesehen, während von den erhobenen Gebühren nur noch ein kleiner Anteil als Aufwandsentschädigung an den Gerichtsvollzieher floss.[48]

Ähnliche Regelungen wie in Preußen wurden auch in den meisten anderen Ländern erlassen. In Hamburg, Sachsen und Baden, wo entsprechende Bestimmungen bereits galten, wurde das bisherige Amtssystem fortgeführt. In Lübeck, Württemberg und Bayern wurde es erst jetzt eingeführt. Nur Hessen und Mecklenburg-Strelitz blieben bei der Kombination von Gebührenfinanzierung und freier Wählbarkeit des Gerichtsvollziehers.[49]

Professionspolitik – Fachzeitschriften und berufsständische Vereine 1879 bis 1909

Die Einführung des Gerichtsvollzieheramtes durch die Zivilprozessordnung von 1879 ließ im gesamten Deutschen Reich eine eigene Berufsgruppe entstehen, die es bisher nur in den Gebieten gegeben hatte, deren Zivilrecht in irgendeiner Form auf das französische Rechtssystem zurückzuführen war. Zusammen mit der territorialen Ausdehnung der neuen Rechtsverhältnisse wuchs diese Personengruppe stark an. Da die konkrete Ausgestaltung des Amtes den einzelnen Bundesstaaten überlassen blieb, war die Situation der Beamten jedoch keineswegs einheitlich, so dass die Bildung einer reichsweiten Interessenvertretung erschwert wurde. Aber auch die Konkurrenz unter den Gerichtsvollziehern, die wegen der in Preußen und den meisten anderen Bundesstaaten praktizierten freien Wählbarkeit durch die Gläubiger bestand, behinderte zunächst die Bildung von Berufsvereinigungen. Andererseits bedeutete das starke Anwachsen der Gerichtsvollzieherzahl nach 1879 in Verbindung mit der Tatsache, dass viele Beamte neu in dieser Tätigkeit waren, dass es eine hinreichend große Zahl von Personen gab, die an fachlichen Informationen zur besseren Ausübung ihres Berufs interessiert waren. Dieser Umstand begünstigte die Gründung von Fachzeitschriften für Gerichtsvollzieher.

Fachzeitschriften als erste professionspolitische Organe

Das erste Periodikum, das sich diesem Themenfeld widmete, war die *Deutsche Gerichtsvollzieher Zeitung* (DGVZ). Mit dem Untertitel »Organ für Gerichtsvollzieher und Gerichtsvollzieher-Anwärter Deutschlands« erschien die erste Ausgabe bereits 1881, also kaum zwei Jahre nach Inkrafttreten der ZPO. Herausgeber und Redakteur war der frühere Gerichtsassessor Friedrich Büttner aus Charlottenburg.[50]

Sechs Jahre später entstand die *Zeitschrift für Gerichtsvollzieher – Spezialorgan über Vollstreckungsrecht und Zustellungswesen* (ZfGV), die der Rechtsanwalt und Notar a. D. Heinrich Walter herausgab. Von Walter war bereits 1885 ein Handbuch für die preußischen Gerichtsvollzieher und Gerichtsvollzieher-Anwärter erschienen, in dem er alle relevanten reichs- und landesrechtlichen Gesetze und Ausführungsbestimmungen zum Gerichtsvollzieheramt in Preußen zusammengefasst und mit Erläuterungen versehen hatte.[51]

Pikant war dabei, dass Walter die DGVZ als »Fundgrube« für sein Buch gewürdigt und sein Verleger Franz Siemenroth das Werk mehrmals in der Zeitschrift beworben hatte. Die Tatsache, dass Siemenroth und Walter mit der *Zeitschrift für Gerichtsvollzieher* nunmehr ein Konkurrenzblatt zur DGVZ gründeten, musste deren Herausgeber Büttner zutiefst treffen, zumal es nicht ausgemacht war, ob der letztlich begrenzte Markt für zwei Fachzeitschriften groß genug war.[52] Offenbar war dies aber der Fall, denn in den folgenden 18 Jahren existierten die beiden Zeitschriften nebeneinander, nicht ohne sich immer wieder in Artikeln zu bekämpfen.[53] Allerdings wechselte das jüngere der beiden Blätter mehrfach den Verlag und den Titel. So erschien die frühere ZfGV von 1894 bis 1899 unter dem Titel *Zeitschrift über Vollstreckungsrecht und Zustellungswesen*, die wiederum 1900 in *Zeitschrift für Vollstreckungs-, Zustellungs- und Kostenwesen* (ZVZK) umbenannt wurde. Zwei Jahre später gab es auch bei der DGVZ eine Veränderung, als der seit ihrer Gründung als Herausgeber und Redakteur tätige Friedrich Büttner verstarb. Dessen Tätigkeit bei der DGVZ wurde nun vom Charlottenburger Rechtsanwalt Dr. jur. Simon Hirsekorn übernommen. Die ZVZK wiederum erschien seit 1902 im Verlag von Reinhold Kühn in Berlin und führte außerdem ab diesem Jahr den neuen Untertitel »Organ des Preußischen Gerichtsvollzieher-Verbandes«.[54] Damit deutete sich bereits an, dass die weitere Geschichte der beiden Gerichtsvollzieherzeitschriften zunehmend von den nach und nach entstehenden Berufsvereinigungen bestimmt wurde.

Bevor es dazu kam, waren es jedoch die Fachblätter, die de facto die Rolle einer Interessenvertretung für die Gerichtsvollzieher spielten. Denn die Zeitschriften beschränkten sich nicht allein auf die Weiterbildung und Schulung ihrer Leser durch die Auslegung von Rechtsvorschriften, die das Gerichtsvollzieheramt betrafen, oder die Erörterung praktischer Probleme, die in seiner Ausübung auftraten. Vielmehr verstanden sie sich ebenfalls als Sprachrohr der gesamten Berufsgruppe sowie ihrer beruflichen und sozialen Stellung in der Gesellschaft und etablierten damit eine Form von Standespolitik. Angesichts der Tatsache, dass die Aufgaben des Gerichtsvollzieherdienstes ein hohes Maß an Selbstständigkeit und juristischen Kenntnissen voraussetzten und daher als

Kopf der DGVZ vom 15. Oktober 1884.

anspruchsvoll gelten mussten und die Vollstreckungsmaßnahmen nicht selten auf eine Wirklichkeit trafen, die komplizierter war, als sie sich in den Gerichtssälen darstellte, forderten die Autoren der standespolitischen Artikel ein größeres Maß an Würdigung der Arbeit seitens des Staates. Dabei ging es in erster Linie um konkrete Verbesserungen in rechtlicher, finanzieller oder inhaltlicher Hinsicht, wie die höhere Einstufung der Gerichtsvollzieher in der Beamtenhierarchie, Gehalts- und Pensionserhöhungen oder die Ablehnung von Tätigkeiten, die als unterqualifiziert angesehen wurden.[55] Gegenstand der Artikel waren aber auch Statussymbole, die für die wilhelminische Gesellschaft typisch waren, wie die im Dienst zu tragende Uniform, die Befürworter und Gegner hatte und letztlich 1905 abgeschafft wurde,[56] oder Schwierigkeiten und Gefahren des Gerichtsvollzieherdienstes, wie die lebensgefährliche Verletzung eines Kollegen durch einen Schuldner.[57]

Immer wieder waren die Fachzeitschriften aber auch Multiplikatoren kollektiver Meinungsäußerungen von Gerichtsvollziehern. Das Mittel der Wahl waren dabei vor allem Petitionen an die höchsten Dienstvorgesetzten oder die gesetzgebenden Organe des Reiches und der Bundesstaaten, die zuerst in der DGVZ oder in der ZfGV veröffentlicht wurden, um sie in der gesamten Berufsgruppe bekannt zu machen und die Unterstützung der Kollegen für das jeweilige Anliegen zu gewinnen.[58] Beispielhaft lässt sich dieses Vorgehen an Hand eines Gesetzänderungsantrags des nationalliberalen Reichstagsabgeordneten Wilhelm Kulemann zeigen.[59] Der Oberamtsrichter aus Braunschweig hatte im Dezember 1888 verschiedene Änderungen des Gerichtsverfassungsgesetzes und der Zivilprozessordnung beantragt, die den Gerichtsvollzieherdienst betrafen. Hintergrund war die bereits erwähnte öffentliche Diskussion über die negativen Auswirkungen, die das in den meisten Bundesstaaten noch immer geltende System der freien Wählbarkeit des Gerichtsvollziehers in Kombination mit dessen gebührenfinanziertem Einkommen mit sich brachte.

Das zentrale Anliegen von Kulemanns Antrag, dem sich mehrere nationalliberale und konservative Abgeordnete angeschlossen hatten, war daher die Änderung des Paragraphen 155 des GVG, in dem es fortan heißen sollte: »Die Gerichtsvollzieher beziehen ein festes Gehalt mit Ausschluß von Gebühren.«[60] Gegen diese Forderung regte sich unter den Gerichtsvollziehern schnell Widerstand, der sich zunächst in Meinungsbeiträgen äußerte, in denen gegen die »Fixierung« der Gerichtsvollzieher Stellung bezogen wurde, wobei vor allem das Argument der effektiveren Rechtsvollstreckung bei materieller Interessiertheit der Vollstreckungsperson angeführt wurde.[61] Schließlich folgte der Aufruf des Vereins der Gerichtsvollzieher im Bezirk des Oberlandesgerichts Naumburg, eine Petition an den Reichstag zu unterstützen, in der die Argumente gegen eine Änderung des bisherigen Systems wiederholt und die Abgeordneten gebeten wurden, dem Antrag Kulemanns ihre Zustimmung zu versagen.[62]

Die Fachzeitschriften veröffentlichten jedoch nicht nur ablehnende Stellungnahmen zu Kulemanns Antrag. An ebenso prominenter Stelle wie die entsprechenden Beiträge in den vorangegangenen Nummern druckte die ZfGV einen Artikel, der unter dem Motto »Auditur et altera pars« (Gehört werde auch der andere Teil) eine zumindest teilweise Zustimmung für den Antrag zum Ausdruck brachte, wobei der Autor ein festes Gehalt für die Gerichtsvollzieher bei gleichzeitiger Beibehaltung ihrer selbstständigen Arbeitsweise befürwortete.[63] In der DGVZ wurde neben der Kritik an Kulemanns Hauptanliegen vor allem Zustimmung zu seiner Forderung geäußert, die »Rechtseinheit« für Gerichtsvollzieher in ganz Deutschland herzustellen, also die großen Unterschiede bei den Arbeitsbedingungen und sozialen Verhältnissen zwischen den einzelnen Bundesstaaten zu beseitigen.[64]

Ob das Scheitern des Änderungsantrages von Kulemann in einer eigens gegründeten Reichstagskommission im März 1889 auch auf die über die Fachzeitschriften vollzogene »Lobbyarbeit« der Gerichtsvollzieher zurückzuführen ist, lässt sich nicht eindeutig belegen.[65] Eher scheint es so, als ob für die politischen Entscheidungsträger die Vorteile des bisherigen Systems überwogen und der Druck der öffentlichen Meinung bezüglich seiner negativen Auswirkungen noch nicht groß genug war. Nicht zu vernachlässigen ist, dass Otto von Bismarck als einflussreichster Befürworter einer stärkeren Reglementierung des Gerichtsvollzieherwesens sich zu diesem Zeitpunkt mitten in der politischen Auseinandersetzung mit dem neuen Kaiser Wilhelm II. befand, die wenig später seine Karriere als Reichskanzler beenden sollte.[66] Seine Aufmerksamkeit war daher sicher nicht auf das vergleichsweise marginale Problem fokussiert, wie das Einkommen und die Zustellungsbefugnisse der Gerichtsvollzieher neu gestaltet werden könnten.

Letztlich wurde das Vollzugswesen mit der Reform des Jahres 1900 in Preußen und anderen Bundesstaaten trotz der Vorbehalte vonseiten der Gerichtsvollzieher jedoch auf eine neue Grundlage gestellt, die die Kritik der vorangegangenen zwei Jahrzehnte teilweise aufnahm. Tatsächlich arrangierten sich die Gerichtsvollzieher schnell mit dem neuen System der Beschränkung auf einen bestimmten Bezirk in Verbindung mit einem festen Gehalt und stark reduzierten Gebührenanteilen, zumal sich für die meisten von ihnen, die nicht zu den Spitzenverdienern gehört hatten, die materiellen Verhältnisse dadurch nicht verschlechterten.

Trotzdem gab es weiterhin Anlass zur Kritik. So wurde beispielsweise der als ungenügend empfundene Ausbildungsstandard der Gerichtsvollzieher als »Wurzel des Übels« und als wesentliche Ursache für die Klagen über die gesamte Institution angesehen.[67] Dies hing unmittelbar mit der Geschichte ihrer deutschlandweiten Einführung 1879 zusammen, denn die ersten Inhaber des Gerichtsvollzieheramts waren Angehörige des mittleren Justizbeamtendienstes, die über keine ausgeprägten juristischen Fachkenntnisse verfügten und diese auch nicht in einer beruflichen Fortbildung erwerben mussten. Daran änderte sich in den folgenden Jahren zunächst nichts, da die Ausbildungszeit der zur Wahl des Gerichtsvollzieherberufs berechtigten Militäranwärter nur kurz war und in der Ausbildung vor allem das praktische Erlernen der Tätigkeit im Vordergrund stand.[68] Dies war nicht zuletzt eine Folge des beibehaltenen subalternen Status' der Gerichtsvollzieher in der Justizhierarchie, so dass eine dienstrechtliche Höherstellung Hauptgegenstand professionspolitischer Forderungen blieb, wie es ein Autor der DGVZ formulierte: »Was dem gebildeten Mann hier wie überall widerstrebt, das ist eine Stellung, die ihm Verrichtungen des niederen Dienstpersonals aufzwingt; eine Laufbahn an deren Ende das Allgemeine Ehrenzeichen als ›Auszeichnung‹ winkt; ein Amt endlich, dessen Inhaber die Zugehörigkeit zu den gebildeten Berufskreisen verloren hat.«[69] Ebenso standen die Verbesserung der Einkommens- und Pensionsverhältnisse auf der Agenda, die zum Teil mit einer Statuserhöhung in Zusammenhang standen, aber auch unabhängig davon gefordert wurden.[70]

Auffallend ist, dass sich kritische Beiträge in der Fachpresse für Gerichtsvollzieher in genau dem Jahr häuften, als die parallele Existenz von zwei Zeitschriften beendet wurde. Reinhold Kühn, Verleger der zuletzt unter dem Titel *Zeitschrift für den Preußischen Gerichtsvollzieher-Verband* erschienenen Publikation, hatte auf Anregung des Verbandsvorsitzenden Otto Gamm die DGVZ von den Erben ihres früheren Herausgebers Friedrich Büttner erworben.[71] Mit Beginn des Jahrgangs 1905 gab es damit nur noch eine Fachzeitschrift, die unter dem traditionsreichen Namen des älteren Blattes *Deutsche Gerichtsvollzieher-Zeitung* mit dem Untertitel »Zeitschrift für Vollstreckungs-, Zustellungs- und Kostenwesen« fortgeführt wurde. Der Herausgeber und Redakteur der alten DGVZ, Simon Hirsekorn, behielt seine Position.[72] Verleger Kühn kündigte in der ersten Nummer der vereinigten Zeitschrift an, dass die DGVZ für die »Erfüllung der berechtigten Wünsche« der Gerichtsvollzieher »auf Hebung des Standes und Besserung der Einkommensverhältnisse« wirken wolle. Tatsächlich wurde in der Folge offenbar versucht, dieses Versprechen durch eine Reihe kritischer Artikel in die Wirklichkeit umzusetzen.[73]

Die Antwort auf den kämpferischen Ton in der nunmehr zum einzigen Sprachrohr für die dienstlichen und sozialen Belange der gesamten Berufsgruppe gewordenen DGVZ ließ nicht lange auf sich warten und verrät einiges über das vorherrschende hierarchische Rollenverständnis im Justizapparat des wilhelminischen Deutschlands. Sie kam von Dr. Felix Vierhaus, Präsident des Oberlandesgerichts Breslau und Mitherausgeber der renommierten *Zeitschrift für deutschen Zivilprozess*, der auch als Verfasser der Preußischen Gerichtsvollzieherordnung vom 31. März 1900 galt.[74] In einem Beitrag für die von ihm herausgegebene Zeitschrift rezensierte Vierhaus Literatur zum Gerichtsvollzieherwesen, darunter auch die DGVZ als Fachorgan.[75] Dass eine derart anerkannte Autorität wie Vierhaus sich mit ihr beschäftigte, war der *Gerichtsvollzieher-Zeitung* wiederum einen längeren Beitrag wert, dessen Inhalt im Wesentlichen darin besteht, dass Passagen aus Vierhaus' Artikel zitiert und in umfangreichen Fußnoten von Redakteur Hirsekorn kommentiert werden.

In Bezug auf die professionspolitischen Beiträge in der DGVZ hatte Vierhaus, der zunächst einige lobende Worte über deren Rolle bei der fachlichen Weiterbildung der Gerichtsvollzieher gefunden hatte, geschrieben: »Schlechthin ablehnen müssen wir aber die Stellung, welche die Zeitschrift in der Erörterung der Dienstverhältnisse der Gerichtsvollzieher einnimmt. […] Die agitatorische, einseitige und übertriebene Art, in der viele jener Erörterungen gehalten sind, verdient schärfsten Tadel. […] Es werden dadurch Auffassungen und Anschauungen in die zu einer selbständigen Kritik nicht immer befähigten oder geneigten Gerichtsvollzieherkreise hinausgetragen, die nur irreführend über ihre Rechte und Pflichten wirken können. […] Solange die Gerichtsvollzieher-Zeitung Abhandlungen der gekennzeichneten Art breiten Raum gewährt, kann sie […] nicht empfohlen werden. Sache der Redaktion wird es sein, hier Wandel

Teilnehmer des 6. Ordentlichen Verbandstages der Preußischen Gerichtsvollzieher in Berlin, 16.–18. August 1906.

zu schaffen.«[76] Hier sprach also nicht nur eine fachliche Autorität, sondern auch der hohe preußische Justizbeamte, der sich des Standesunterschiedes zu den Gerichtvollziehern bewusst war, ihn für berechtigt und die selbstständige Interessenvertretung dieser Berufsgruppe für unangemessen hielt.

Hirsekorn, dessen Anmerkungen durchweg in einem respektvollen, ja ehrerbietigen Ton gegenüber Vierhaus gehalten sind, antwortete auf dessen letzte Forderung: »Die Redaktion ist gern bereit, Wandel zu schaffen, ohne ihren Mitarbeitern die Diskussionsfreiheit zu beschränken. Daß die Erörterung der Standes- und Berufsinteressen, die Aeußerung von Wünschen, die Kritik bestehender Einrichtungen mit Freimut, aber auch mit Mäßigung zu erfolgen hat, ist die Meinung aller, die an der DGVollz.Z arbeiten.«[77] Durchaus selbstbewusst wies Hirsekorn damit die längst nicht mehr zeitgemäße Forderung nach einer Beschränkung der Meinungsfreiheit auf Wunsch gesellschaftlich höher gestellter Kreise zurück. Aber auch im Hinblick auf eine selbstorganisierte Interessenvertretung der Gerichtsvollzieher waren die Auffassungen von Vierhaus, wie Hirsekorn in seiner Replik deutlich machte, inzwischen mehr als überholt.

Das Vereinswesen der Gerichtsvollzieher

Noch vor der reichsweiten Einführung des Gerichtsvollzieheramtes erschien 1878 eine Denkschrift der Gerichtsvollzieher Bayerns mit dem Titel »Ueber die künftige Gestaltung des Gerichtsvollzieher-Instituts in Bayern«. Thema der Broschüre war die materielle Sicherstellung der Gerichtsvollzieher als »Hauptmoment zur Begründung, Erhaltung und Festigung der Achtung und des Vertrauens« in das Amt.[78] Da abzusehen war, dass in Bayern, wie in den meisten anderen Bundesstaaten des Deutschen Reiches, das Einkommen der Gerichtsvollzieher künftig über Gebühren finanziert werden sollte, wurden auf den wenigen Seiten des Heftes die gesetzlich geregelten gebührenpflichtigen Amtshandlungen erläutert. Zudem wurde in kurzen Bemerkungen darauf hingewiesen, dass die Höhe der Gebühren nicht zu gering ausfallen dürfe, um den Gerichtsvollziehern ein angemessenes Einkommen zu ermöglichen.

Bemerkenswert an diesem Dokument ist vor allem seine Urheberschaft, da sich darin, wie der Untertitel suggeriert, die bayerischen Gerichtsvollzieher selbst äußerten.[79] Anders als in den meisten Gebieten Preußens gab es im Königreich Bayern bereits seit der Einführung der Civil-Process-Ordnung 1870 das Amt des Gerichtsvollziehers. Über irgendeine Form der berufsständischen Vereinigung unter ihnen zu diesem frühen Zeitpunkt ist jedoch nichts bekannt. Insofern dürfte es sich bei der Denkschrift um das Werk eines oder einiger Autoren handeln, wobei der Argumentation durch die Behauptung, für die ganze Berufsgruppe zu sprechen, offenbar größeres Gewicht verliehen werden sollte. Die Bezugnahme auf eine Gruppierung, die bestimmte Forderungen erhebt, findet sich im Text selbst nicht und dürfte wahrscheinlich auch absichtlich vermieden worden sein, da sie in organisierter Form augenscheinlich noch nicht existierte. Dennoch ist dieses Heft eines der frühesten Dokumente, in dem der Anspruch einer eigenständigen Interessenvertretung der Gerichtsvollzieher erhoben wurde.

Für Preußen lässt sich ein ähnliches Dokument erst 1884 nachweisen. Zumindest deuten der Bezug auf die »Reichs- und Preußischen Landesgesetze« und der Erscheinungsort Hanau auf einen preußischen Verfasser hin.[80] Zwar wurde die Denkschrift über »Die Wirksamkeit des Gerichts-Vollzieher-Instituts« nicht wie im bayerischen Fall im Namen der gesamten Berufsgruppe herausgegeben, sondern von einem anonymen Autor, der sich selbst nur als »Justizbeamter« bezeichnete. Aber im Vorwort wird deutlich ein Gruppeninteresse angesprochen. Denn dort heißt es: »Indem wir daher hiermit die Resultate einer mehrjährigen dienstlichen Erfahrung« der Beurteilung durch den Gesetzgeber übergeben, »sprechen wir die Ueberzeugung aus, daß durch die Erfüllung unserer Wünsche nicht nur unsere eigenen Standesinteressen gefördert, sondern zugleich auch auf dem Gebiete der Rechtspflege, speciell des Zwangsvollstreckungsverfahrens […], ein tüchtiger Schritt zum Besseren gethan werde.«[81] Die Vermutung liegt also nahe, dass entweder mehrere Personen an dem Werk beteiligt waren oder dass zumindest andere Gerichtsvollzieher den Text des Verfassers kannten und die darin enthaltenen Aussagen und Forderungen billigten.

Beide Schriften zeigen, dass es schon früh eine Vorstellung über bestimmte gemeinsame Interessen der Gerichtsvollzieher gab, die aus ihrer beruflichen und sozialen Stellung resultierten und die sie auch gemeinsam vertreten sollten. Wie bereits gezeigt wurde, waren es zunächst die Fachzeitschriften, die diese Idee in die Öffentlichkeit trugen. Die Mobilisierung der Gerichtsvorsteher, für ihre eigenen Interessen einzustehen, hatte auf diesem Weg aber in der Regel nur einen zeitweiligen Charakter, etwa in Form der schon erwähnten Petitionskampagnen. Hinzu kam, dass es Dienstvorgesetzten relativ leicht fiel, unliebsame Initiativen zu unterbinden. So wurde 1898 ein Versuch gemeinsamer Standespolitik der Gerichtsvollzieher in Preußen zugleich über die *Zeitschrift für Vollstreckungsrecht und Zustellungswesen* und die *Deutsche Gerichtsvollzieher Zeitung* unternommen. In einem Aufruf des Gerichtsvollziehers Ernst Theinert aus Berlin wurden die Gerichtsvollzieher aufgefordert, eine den Zeitschriften beiliegende Karte mit der Zustimmung zu einer Petition zur »Verbesserung ihrer wirtschaftlichen Lage und ihrer dienstlichen Stellung« zurückzusenden. Diese Petition war auf einer Gerichtsvollzieher-Versammlung am 16. Oktober 1898 beschlossen worden, an der »Delegierte« aus den Oberlandesgerichtsbezirken Breslau, Hamm, Königsberg, Naumburg, Stettin und Köln teilgenommen hatten. Der Aufruf wurde zum Politikum, da der Kammergerichtspräsident in Berlin »im Auftrag des Justizministers« den Gerichtsvollziehern seines Gerichtbezirks eine Beteiligung an dieser Petition mit Schreiben vom 30. November 1898 untersagte.[82] Zur Begründung führte er an, Inhalt und Form der Petition seien »derartig, daß die Beteiligung an ihr als für einen Beamten angemessen nicht erscheinen kann.« Demzufolge untersage er »im Auftrage des Herrn Justizministers den sämmtlichen Gerichtsvollziehern des Kammergerichtsbezirks diese Betheiligung bei Vermeidung disziplinarischer Maßregeln.« Anschließend folgte noch der Hinweis, dass das »verfassungsmäßig zustehende Petitionsrecht« gewährt bleibe, jedoch nur bei »Einzeleingaben«, nicht bei einer Sammelpetition.[83]

Hintergrund für den Gebrauch des Mittels der Petition war, dass grundsätzliche Entscheidungen zum Gerichtsvollzieherwesen, beispielsweise in Einkommensfragen oder in Hinblick auf den beamtenrechtlichen Status der Gerichtsvollzieher, nur auf Länder- bzw. Reichsebene durch die obersten Justizbehörden oder die legislativen Organe getroffen werden konnten. An diese waren daher auch die Petitionen gerichtet. Die relativ häufige Anwendung dieses Mittels zeigt, dass es durchaus übergreifende Probleme gab, die die Gerichtsvollzieher in ihrer Gesamtheit betrafen. Zugleich hatten Petitionen

Das Haus Schillerplatz Nr. 4 in Frankfurt am Main, Gründungsort des DGVB am 15. Januar 1909.

Erinnerungsfoto anlässlich der Gründung des Deutschen Gerichtsvollzieher Bundes, 16. Januar 1909.

aber nur eine begrenzte Wirkung, da sie sich in der Regel auf konkrete Verwaltungs- oder Gesetzgebungsvorhaben bezogen und unterbunden werden konnten, wenn es um allgemeine Forderungen zur beruflichen und sozialen Situation der Gerichtsvollzieher ging. Daher bedurfte die offensive und effektive Vertretung solcher übergreifenden Interessen einer dauerhaften professionspolitischen Organisation.

Die Behauptung, die Konkurrenz unter den Gerichtsvollziehern, die bis 1900 durch das Prinzip der freien Gerichtsvollzieherwahl herrschte, habe einen Zusammenschluss verhindert, erscheint deshalb wenig plausibel.[84] Sie wird auch durch die Tatsache in Frage gestellt, dass bereits vor dem Systemwechsel des Jahres 1900 im Rahmen der Gerichtsbezirke von Land- und Oberlandesgerichten eine Reihe von Gerichtsvollzieher-Zusammenschlüssen existierte. Für Preußen wird beispielsweise schon 1884 von der Gründung eines Gerichtsvollzieher-Vereins im Bezirk des Landgerichts Altona berichtet.[85] 1889 existierte ein solcher Verein auch im Bezirk des Oberlandesgerichts Naumburg,[86] 1896 wurde der Verein der Gerichtsvollzieher des Oberlandesgerichtsbezirks Hamm in Westfalen gegründet,[87] 1898 folgte die Bildung mehrerer Vereine im OLG-Bezirk Breslau 1898,[88] und 1900 die Gründung des Verbandes der Gerichtsvollzieher im OLG-Bezirk Köln.[89] Das waren genau die Bereiche, in denen die Gerichtsvollzieher der dazugehörigen Amtsgerichte direkt miteinander konkurrierten. Dem Konkurrenzargument zufolge wäre aber ein landes- oder reichsweiter Zusammenschluss logischer gewesen, weil beispielsweise ein schlesischer und ein westfälischer Gerichtsvollzieher ihre gemeinsamen Interessen in den Vordergrund hätten stellen können, da sich ihre unmittelbaren Arbeitsfelder nicht überschnitten. Genau diesen umfassenden Zusammenschluss aber gab es zunächst nicht.

Doch was führte schließlich zur Gründung eines solchen Verbandes? Ein Grund dafür dürfte zweifelsohne die Einführung der Gerichtsvollzieherbezirke und eines festen Gehalts durch die Reform von 1900 sein, die zu einer gewissen Nivellierung der bisherigen Einkommensunterschiede zwischen den Gerichtsvollziehern und zum Rückgang der geschäftlichen Konkurrenz unter ihnen beitrug. Die 1901 erfolgte Gründung des Preußischen Gerichtsvollzieher-Verbandes steht sicher im Zusammenhang mit dieser Entwicklung. Aber es ist wahrscheinlich nur einer von mehreren Faktoren, die zur Bildung einer landesweiten Organisation im größten deutschen Teilstaat gerade zu diesem Zeitpunkt führten. Ein weiterer Grund dürfte die bis dahin schon gewonnene Erfahrung bei der Selbstorganisation auf lokaler und regionaler Ebene gewesen sein. Das schnelle Wachstum des Preußischen Verbandes, der 1905 schon mehr als 1.500 Mitglieder hatte und damit die überwiegende Mehrheit der Gerichtsvollzieher des Königreichs vertrat, zeugt jedenfalls von dem großen Bedürfnis nach einer eigenen Berufsorganisation.[90]

Mit der Gründung des Verbandes begann sich auch das Verhältnis zu den Fachzeitschriften zu verändern, die innerhalb weniger Jahre von den Gerichtsvollzieherverbänden übernommen wurden. Dies betraf zunächst die *Zeitschrift für Vollstreckungs-, Zustellungs- und Kostenwesen*, die unmittelbar nach Gründung des preußischen Landesverbandes dessen Verbandsorgan wurde. Für den Verlag Reinhold Kühn war diese Entwicklung durchaus positiv. Die Zeitschrift wurde nun obligatorisch von jedem Verbandsmitglied bezogen, so dass ihre Herausgabe auf einer soliden finanziellen Grundlage stand, die es Kühn erlaubte, 1905 die *Deutsche Gerichtsvollzieher Zeitung* zu übernehmen und mit der ZVZK zu vereinigen. Der zweite Untertitel der neuen DGVZ lautete nun »Publikationsorgan für den Preußischen Gerichtsvollzieher-Verband und für andere Gerichtsvollzieher-Verbände«.[91]

Inzwischen waren auch in anderen deutschen Bundesstaaten landesweite Berufsvereinigungen entstanden, so in Hamburg und in Bayern, wo am 25. August 1904 der Verein der Gerichtsvollzieher Bayerns unter seinem Vorsitzenden Prössl gegründet wurde.[92] Damit wuchs zugleich das Bedürfnis, einen reichsweiten Dachverband zu schaffen, der sich für die reichsgesetzlich zu regelnden Belange der Gerichtsvollzieher einsetzen konnte. Nach Lage der Dinge war der preußische Landesverband als mitglieder- und ressourcenstärkster Verein mit direktem Einfluss auf die *Deutsche Gerichtsvollzieher Zeitung* dazu prädestiniert, die Initiative zu übernehmen. Andererseits mussten jedoch die wahrscheinlich vorhandenen Befürchtungen in den anderen Landesverbänden vor einer Übermacht Preußens berücksichtigt werden, dessen Verband allein weit mehr als die Hälfte aller deutschen Gerichtsvollzieher vertrat. Das Verfahren zur Einberufung einer Gründungsversammlung wurde daher nur indirekt durch den preußischen Verband gesteuert.[93] Auf seinem Verbandstag vom 13. bis 15. August 1908 in Berlin wurde sogar der Beschluss gefasst, den Hamburger Gerichtsvollzieherverein zu bitten, den Gründungsaufruf für einen Reichszusammenschluss zu verfassen. Dieser erschien ab November 1908 dreimal in der DGVZ. Der Hamburger Verein war also offiziell Einladender der Gründungsversammlung, die aber im preußischen Frankfurt am Main stattfand. Die Wahl einer Stadt im Westen des Reiches als Veranstaltungsort sollte den Vertretern aus anderen Bundesstaaten wohl zusätzlich die Teilnahme erleichtern. Zudem hatte Frankfurt aufgrund seiner Geschichte, die eng mit Ereignissen und Institutionen des Heiligen Römischen Reiches Deutscher Nation assoziiert war, eine hohe symbolische Bedeutung für die angestrebte Schaffung eines reichsweiten Dachverbandes.

Die Organisation des Treffens teilten sich der Hamburger Verein, der mit Unterstützung eines Kollegen aus dem nahe gelegenen (preußischen) Altona für den Ablauf der Verhandlungen zuständig war, und der Frankfurter Zweigverein des preußischen Landesverbandes, der die Unterbringung, Versorgung und kulturelle Betreuung der Delegierten verantwortete.⁹⁴ Am 14. Januar 1909 reisten 16 Delegierte aus dem gesamten Reichsgebiet, mit Ausnahme Sachsens, in Frankfurt an und begannen noch am Abend mit ihren Beratungen. Dabei vertraten die Delegierten Landesverbände mit höchst unterschiedlichen Mitgliederzahlen: Während die drei preußischen Delegierten für 1.778 Mitglieder sprechen konnten, repräsentierten die übrigen 13 Teilnehmer des Treffens neun Landesverbände mit zusammen nicht mehr als 775 Mitgliedern.⁹⁵ Schon an diesen Zahlen wird deutlich, dass weiterhin versucht wurde, jeden Eindruck einer preußischen Dominanz zu vermeiden. Möglicherweise gehörte auch die Nicht-Teilnahme des preußischen Verbandsvorsitzenden Otto Gamm zu dieser Strategie, während sein bayerischer Kollege Prössl selbstverständlich anwesend war.

Am 15. Januar berieten die Delegierten den vom Hamburger Verein vorgelegten Satzungsentwurf, der mit geringen Änderungen angenommen wurde. Auf Antrag der badischen Delegation beschlossen sie darüber hinaus einen Mitgliedsbeitrag von einer Mark pro Jahr und wählten den Vorstand des neuen Dachverbandes. Danach erklärte der Versammlungsleiter, der junge Hamburger Gerichtsvollzieher Christian Koch, den »Deutschen Gerichtsvollzieherbund« (DGVB) für konstituiert. Koch prägte die Gründungsversammlung auch sonst wesentlich mit: Er war Vorsitzender des Vorbereitungskomitees, hielt eines der beiden Grundsatzreferate (»Über die Wichtigkeit des Gerichtsvollzieheramtes in volkswirtschaftlicher Bedeutung«) und leitete den überwiegenden Teil der Beratungen. Es scheint, als ob ursprünglich vorgesehen war, ihn zum 1. Vorsitzenden des DGVB zu wählen; die Hamburger Delegierten lehnten jedoch »für dieses Jahr aus bestimmten Gründen eine Wahl in den Bundesvorstand« ab.⁹⁶ Die Wahl des preußischen Gerichtsvollziehers Peter Arens (Düsseldorf), der bisher dem Gerichtsvollzieherverein im OLG-Bezirk Köln vorgestanden hatte, zum 1. Vorsitzenden des DGVB war deshalb offenbar nur eine Interimslösung.⁹⁷

Zum Abschluss der Gründungsversammlung wurde beschlossen, die nächste Ordentliche Bundestagung im September 1910 in Hamburg abzuhalten, allerdings unter dem Vorbehalt, »nötigenfalls« noch 1909 eine Außerordentliche Versammlung einzuberufen. Tatsächlich fand die nächste Bundestagung des DGVB bereits vom 18. bis 20. September 1909 in Hamburg statt, wo der erst 29-jährige Christian Koch zum neuen 1. Vorsitzenden gewählt wurde.⁹⁸ Die Gründe, die ihn im Januar noch an einer Kandidatur gehindert hatten, waren inzwischen offenbar entfallen. Die Tagung in Hamburg stellte auch die Weichen für die Umwandlung der *Deutschen Gerichtsvollzieher Zeitung* in ein Verbandsorgan des DGVB. Entsprechende Anträge des preußischen und des Hamburger Mitgliedsverbandes wurden beschlossen und im Einvernehmen mit dem Verleger der DGVZ, Reinhold Kühn, umgesetzt. Bezeichnenderweise wurden diese Beschlüsse der Versammlung vom preußischen Landesvorsitzenden Gamm verkündet, auf dessen Initi-

Deckblatt der Schrift »Der Offenbarungseid nach dem neuen Recht«, 1913.

ative hin schon die früheren Schritte zur Anbindung der Fachpresse an die berufsständischen Organisationsstrukturen der Gerichtsvollzieher vollzogen worden waren und der nunmehr auch auf Bundesebene anwesend war.[99] Die Redaktion der DGVZ übernahm ab der Januar-Ausgabe 1910 der Presseausschuss des DGVB, Schriftleiter der Zeitung wurde der Bundesvorsitzende Koch.[100]

Damit war die Konstituierung des Deutschen Gerichtsvollzieherbundes im Wesentlichen abgeschlossen, so dass nunmehr eine Berufsorganisation bestand, die sich auf Reichsebene für die professionspolitischen Forderungen der Gerichtsvollzieher einsetzen konnte.[101] Nur auf dieser Ebene konnten letztlich die Vereinheitlichung der rechtlichen Grundlagen für die Tätigkeit der Gerichtsvollzieher und die Angleichung ihrer sozialen Verhältnisse durchgesetzt werden, die nach wie vor von großen Unterschieden zwischen den deutschen Bundesstaaten geprägt waren.

Das Gerichtsvollzieherwesen und der Deutsche Gerichtsvollzieherbund 1914–1933

Gerichtsvollzieher im Ersten Weltkrieg

Vom Ausbruch des Ersten Weltkrieges am 1. August 1914 war auch die Arbeit des Deutschen Gerichtsvollzieherbundes direkt betroffen. Eine für den 14. bis 16. August in Braunschweig geplante Bundestagung wurde verschoben, der Bundesvorsitzende Christian Koch, wie zahlreiche andere Gerichtsvollzieher, zum Wehrdienst eingezogen.[102] Die Kriegsbegeisterung der ersten Wochen teilten vermutlich die meisten von ihnen. Die deutschen Kriegsziele wurden von ihrer Berufsorganisation ausdrücklich unterstützt, so dass auch in der DGVZ nun Artikel breiten Raum einnahmen, die sich nicht mit professionspolitischen oder fachlichen Aspekten beschäftigten, sondern nationalistisch gefärbte Erörterungen darüber enthielten, warum Deutschland den Krieg gewinnen würde. Daneben häuften sich Todesanzeigen von Gerichtsvollziehern, die als Soldaten den »Heldentod fürs Vaterland« erlitten hatten.[103]

Eine erste Auswirkung des Krieges auf die praktische Arbeit der in der Heimat gebliebenen Kollegen bestand darin, dass ihre Bezirke mit denen einberufener Gerichtsvollzieher zusammengelegt wurden.[104] Dadurch vergrößerten sich die im Dienst zurückgelegten Wegstrecken erheblich. Da der Krieg außerdem zu einer erheblichen Verteuerung des Lebensunterhalts führte, wurde die Pfändbarkeit von Lohn und Gehalt eingeschränkt – entsprechend dem Grundsatz, dass dem Schuldner »ein bestimmter Mindestbetrag zur Bestreitung seiner dringendsten Bedürfnisse belassen« werden musste.[105] Mit dieser Maßnahme sollte wohl auch Unruhen in der Bevölkerung wegen zu harter Schuldnerbehandlung vorgebeugt werden. Weiterhin durften bestimmte, als kriegswichtig angesehene Gegenstände, die von Gerichtsvollziehern beschlagnahmt worden waren – zum Beispiel Getreide, Metalle, Viehhäute oder Autoreifen –, nicht mehr versteigert werden.[106] Ab 1916 konnten Gerichtsvollzieher dann verpflichtet werden, einer anderen Tätigkeit im Justizdienst im Umfang der »Geschäfte eines vollbeschäftigten Bureauhilfsarbeiters […] unter Entbindung von ihren Gerichtsvollziehergeschäften« nachzugehen.[107]

Alle diese Maßnahmen führten zu einer erhöhten Arbeitsbelastung der Gerichtsvollzieher bei stagnierenden bzw. real sinkenden Einkommen. Wie für die Masse der Bevölkerung brachte der andauernde Krieg somit auch für die Gerichtsvollzieher eine Verschlechterung der Lebenssituation mit sich. Seit Beginn des letzten Kriegsjahres fand die zunehmende Unzufriedenheit auch einen Widerhall in der bis dahin vorbehaltlos den deutschen Kriegskurs unterstützenden DGVZ, indem dort Klage über die eingetretene Teuerung und die unzureichende Abgeltung der Bürokosten geführt wurde.[108]

Revolution und Demokratisierung

Der mit der Beendigung des Krieges verbundene Sturz der Monarchie und die Öffnung von Regierung und Justiz für eine demokratische Gestaltung fand – wie allgemein in der Beamtenschaft – auch unter den Gerichtsvollziehern vermutlich keine breite Zustimmung. Bemerkenswert ist jedoch, dass der oberste Repräsentant ihres reichsweiten Berufsverbandes sich von Anfang an mit großem Einsatz für die Gestaltung des ersten demokratischen deutschen Staates engagierte. Christian Koch, nach wie vor 1. Vorsitzender des Deutschen Gerichtsvollzieherbundes, war Mitbegründer und Abgeordneter der Deutschen Demokratischen Partei (DDP) in der verfassunggebenden Weimarer Nationalversammlung. Die DDP gehörte gemeinsam mit der SPD und der katholischen Zentrumspartei zur sogenannten »Weimarer Koalition«, die auf Reichsebene 1919/20 und 1921/22, in Preußen von 1919 bis 1921 und von 1925 bis 1932 sowie in Baden von 1919 bis 1931 regierte und deshalb, auch wenn sie nicht die häufigste Koalition im Reich darstellte, zumindest symbolisch die neue republikanische Staatsform repräsentierte und verteidigte. Im Herbst 1919 übernahm Koch die Führung des Gerichtsvollzieheramtes in Hamburg und im darauffolgenden Jahr die Leitung der Hamburger Gefängnisse, wo er als erstes körperliche Züchtigungen und das Sprechverbot aufhob.[109]

Aufgrund der beruflichen Umorientierung Kochs musste der Vorsitz des DGVB nun neu geregelt werden. Auf der Bundestagung vom 23. bis 25. Juli 1920 in Gera wurde Otto Gamm, der seit dessen Gründung Vorsitzender des Preußischen Gerichtsvollzieherverbandes gewesen war, zum neuen 1. Vorsitzenden des DGVB gewählt. Damit fand die faktische Dominanz des preußischen Landesverbandes auch im Führungsgremium der reichsweiten Berufsorganisation ihre organisatorische Entsprechung. Inzwischen war zugleich klar geworden, dass die bisherigen Rechtsgrundlagen des Gerichtsvollzieherwesens in Form der ZPO und des Bürgerlichen Gesetzbuches durch die Republik nicht, wie in der unmittelbaren Revolutionszeit vielfach befürchtet, in Frage gestellt wurden. Im Gegenteil: Die neuen demokratischen Verhältnisse erlaubten sogar eine direkte Mitwirkung der professionspolitischen Interessenvertretungen an der Gestaltung der rechtlichen Grundlagen des Gerichtsvollzieherdienstes. So war der Verein der Gerichtsvollzieher Bayerns an der Neufassung der Gerichtsvollzieherordnung beteiligt. Hier zeigte sich, welche Bedeutung bestimmte Forderungen, die schon im Kaiserreich erhoben worden waren, tatsächlich hatten. Im Bericht einer Kommission des Verbandes, die alle Vorschläge der bayerischen Vollstreckungsbeamten sammelte und zusammenfasste, wird ausdrücklich betont, in sämtlichen Vorschlägen sei die Forderung nach »Beseitigung jener Bestimmungen, nach welchen von verschiedenen Amtsvorständen vom Gerichtsvollzieher die Verrichtung untergeordneter Dienste verlangt wurde, enthalten«. Die Kommission mache sich

*Christian Koch (1878–1955) prägte die
Entwicklung des DGVB nachhaltig.*

diese Vorschlägen zu eigen, richte aber darüber hinaus an »das Staatsministerium noch ausdrücklich die Bitte [...], diesem Antrage stattzugeben, damit jene das Ehrgefühl der Gerichtsvollzieher verletzenden Bestimmungen in Wegfall kommen und die jahrzehntelangen Klagen der Gerichtsvollzieher verstummen.«[110]

Tatsächlich wurde in den neuen Regelungen des Gerichtsvollzieherdienstes einem Teil der professionspolitischen Forderungen entsprochen, insbesondere in Besoldungs- und Statusfragen. In der neuen bayerischen Besoldungsordnung wurden die Gerichtsvollzieher den Sekretären gleichgestellt und hießen fortan »Vollstreckungssekretäre«. In Preußen wurden aus ihnen »Obergerichtsvollzieher« – im Unterschied zu Beamten, die nur teilweise in Zustellungs- oder Vollstreckungssachen tätig waren und als »Gerichtsvollzieher kraft Amtes« (Gerichtsvollzieher kr. A.) bezeichnet wurden. Die neuen Bezeichnungen spiegelten sich in den Namen der entsprechenden Berufsverbände wider.[111] Welche Bedeutung der eigenen Dienstbezeichnung beigemessen wurde zeigte sich einige Jahre später, als der DGVB forderte, aus Gerichtsvollziehern »Gerichtskommissare« zu machen.[112]

Die der Novemberrevolution folgende Demokratisierung brachte 1919 auch die Einführung des Frauenwahlrechts. Die politische Gleichstellung zog eine entsprechende Tendenz auf rechtlicher Ebene nach sich, ohne dass der Prozess in der Weimarer Republik bereits zum Abschluss kam. Dennoch öffneten sich für Frauen gerade im öffentlichen Dienst allmählich neue Möglichkeiten beruflicher Entwicklung. Das Justizwesen war davon nicht ausgenommen. Durch Reichsgesetz vom 11. Juli 1922 wurden Frauen zu den Ämtern und Berufen der Rechtspflege zugelassen, darunter auch zum Gerichtsvollzieherdienst.[113] Das war für die Mehrheit der Gerichtsvollzieher und ihre Funktionäre unvorstellbar. Ihre Argumentation gegen die neue Entwicklung war dabei von männlichem Überlegenheitsdenken geprägt, das zum Teil in spöttisch-herablassender Form zum Ausdruck kam und genau jene Klischees bediente, die das Bild der Gerichtsvollzieher in der Öffentlichkeit bestimmten, von den Berufsverbänden aber bekämpft wurden. So hieß es etwa mit Verweis auf die Tatsache, dass in den meisten deutschen Ländern ein absolvierter Militärdienst noch die Voraussetzung für den Eintritt in den Gerichtsvollzieherberuf war, dieser Weg wäre für Frauen »wohl möglich, da die Militärlaufbahn zweifellos leichter und nicht so unangenehm ist als der Dienst der GV. und außerdem das Soldatenleben in der Garnison manch' heitere Abwechslung bietet.« Die männlichen Gerichtsvollzieher als »zweifellos die einzigen Sachverständigen auf diesem Gebiete« müssten die Eignung von Frauen für diesen Dienst aber bezweifeln, der zudem »mit der Frauenwürde unvereinbar« sei: »Wir schätzen unsere Frauen zu hoch und können uns gar nicht vorstellen, daß sie so herz- und gemütlos sein können, wie viele Dienstgeschäfte des GV. es erfordern«, hieß es beispielsweise in der DGVZ.[114] Möglicherweise spielte bei dieser Haltung allerdings auch die Furcht eine Rolle, das begrenzte Berufsfeld des Gerichtsvollziehers nun auch noch mit Frauen teilen zu müssen.

Nachkriegskrise in der Weimarer Republik

Die ersten Jahre der Weimarer Republik waren jedoch nicht nur eine Zeit demokratischer Fortschritte. Ein großer Teil der zeitgenössischen Wahrnehmung war vielmehr von der Erfahrung des verlorenen Krieges geprägt. Unmittelbar mit der militärischen Niederlage hingen auch die im Versailler Vertrag bestimmten Gebietsabtretungen Deutschlands an den wiedergegründeten polnischen Staat zusammen. Für die Gerichtsvollzieher aus großen Teilen der ehemaligen preußischen Provinzen Posen und Westpreußen sowie aus Oberschlesien und wahrscheinlich auch aus dem wieder an Frankreich gefallenen Elsass-Lothringen bedeutete das den Verlust ihrer Existenzgrundlage. Da der Staat für sie als Beamte eine Fürsorgepflicht hatte, wurden sie nun in anderen Teilen Deutschlands eingesetzt, in Preußen etwa im Bezirk des Oberlandesgerichts Hamm. Der zuständige Verein der Gerichtsvollzieher des OLG-Bezirks Hamm und des LG-Bezirks Duisburg war natürlich daran interessiert, diese Kollegen in seinem Wirkungsbereich zu kennen und möglichst als Mitglieder zu gewinnen. Offenbar ging die Interpretation der neuen Mitwirkungsrechte der Berufsvertretung durch das Oberlandesgericht aber nicht so weit, dass der Verein automatisch über die aus den »Abtretungsgebieten« versetzten und neu

Pfandsiegel, unter anderem aus Lübeck, Hannover und Bautzen, um 1910.

im Bezirk angestellten Gerichtsvollzieher informiert wurde. Vereinsvorsitzender Brink bat daher den OLG-Präsidenten um die Erlaubnis, dass ein Kollege im Präsidialbüro ein umfassendes Verzeichnis aller Gerichtsvollzieher im Bezirk anfertigen durfte.[115]

Für die Mehrheit der Bevölkerung waren die Gebietsverluste zwar eine ungerechtfertigte Maßnahme und wurden insbesondere von der extremen Rechten immer wieder für ihre politischen Zwecke instrumentalisiert. Doch abgesehen von den Bewohnern der betroffenen Territorien spielte das Problem im Alltag der Menschen keine große Rolle. Gravierender war eine andere Folge des Krieges: der Zusammenbruch der Wirtschaft und des Finanzsystems, der nach einem kurzen konjunkturellen »Friedensaufschwung« zu bürgerkriegsähnlichen Verhältnissen führte. Die hohen Reparationszahlungen, die Deutschland von den Siegermächten im Versailler Vertrag auferlegt worden waren, mögen sich dabei krisenverschärfend ausgewirkt haben. Die eigentliche Ursache für den Zusammenbruch lag jedoch darin, dass der Krieg über riesige Anleihen finanziert worden war, deren Deckung letztlich auf der Annahme eines deutschen Sieges oder zumindest eines gleichberechtigten Friedensschlusses beruht hatte.[116] Nach der Niederlage saß das Deutsche Reich daher auf einem Schuldenberg, den es nicht abtragen konnte.

Rasanter Wertverlust der Währung in den Inflationsjahren 1921 bis 1923.

Letztendlich entlud sich die dramatische finanzielle Schieflage in einer zum Teil von der Reichsregierung forcierten galoppierenden Geldentwertung und einer bis dahin nicht gekannten Teuerung, die große Teile der Bevölkerung in Armut stürzte. Die Gerichtsvollzieher waren davon auf doppelte Weise betroffen: Zum einen verloren ihr Gehalt, die Gebührenanteile und Rückzahlungen für getätigte Auslagen innerhalb kürzester Zeit an Wert, zum anderen konnten sich zumindest die Gerichtsvollzieher in Ländern ohne Amtssystem ein eigenes Büro, das sie benötigten, um ihre Arbeit zu verrichten, immer weniger leisten. Eine Übersicht aus dem Sommer 1922, noch vor der im folgenden Jahr einsetzenden Hyperinflation, listet die Entwicklung des Gesamteinkommens eines ledigen Beamten innerhalb von zwei Monaten auf: In der untersten Gehaltsklasse stieg es von 34.610 Mark am 1. Juni 1922 auf 45.970 Mark am 1. August 1922; der Zuwachs betrug also 11.360 Mark.[117] Der rapide Anstieg dieser Beträge war jedoch nicht die Folge einer besonders günstigen finanziellen Entwicklung, sondern Ausdruck des inzwischen erreichten Teuerungsgrades. Angesichts der Notlage, in die viele Gerichtsvollzieher durch die »enorme Steigerung der Papierpreise, der Kohlen, des Lichts und der Mieten« gerieten, sahen sich beispielsweise westfälische Gerichtsvollzieher gezwungen, höhere Zuschüsse zu den Bürokosten zu beantragen.[118] Erst mit der Einführung der

Rentenmark am 15. November 1923 wurde schließlich die Hyperinflation beendet und mit der Einführung der Reichsmark im darauffolgenden Jahr wuchs auch das Vertrauen in die neue Währung, das zu einem Aufschwung und einer kurzen Blütephase der Weimarer Republik führte, die bis 1929 anhielt.

Zwischen Überlastung und Motorisierung

Die heutige Einschätzung, dass mit dem Ende der Inflation eine politische und wirtschaftliche Stabilisierungsphase der Weimarer Republik begann, schlägt sich nicht unbedingt in der zeitgenössischen Selbstwahrnehmung der Gerichtsvollzieher und ihrer Berufsverbände nieder. In einem Artikel der Verbandszeitung zum Neuen Jahr 1926 wird über die Arbeitsüberlastung geklagt, die die Gerichtsvollzieher zwinge, alle notwendigen Tätigkeiten »in einem rasenden Tempo vorzunehmen«, das zu Versehen führe, die wiederum Regressansprüche nach sich zögen. Die Überlastung wurde immer noch auf die beständig schlechte Wirtschaftslage zurückgeführt und werde, sollte sich diese nicht bessern, weiter zunehmen und die körperlichen Kräfte der Gerichtsvollzieher »in einem ganz erheblichen Maße verbrauchen«. Der Begriff »Burn-Out« war zu diesem Zeitpunkt noch nicht gebräuchlich, doch der Autor beendete seine Einschätzung mit dem warnenden Hinweis, »in letzter Zeit« wiederholten sich »die Fälle, in denen die GV infolge der Überlastung Zusammenbrüche ihrer Gesundheit erlitten haben«.[119] Inwieweit diese Aussage zutraf, ist nicht zu verifizieren, so dass durchaus die Möglichkeit besteht, dass hier ein Verbandsfunktionär im Interesse seiner Klientel ein überspitztes Bild zeichnete. Der Verdacht einer rhetorischen Figur verstärkt sich noch dadurch, dass der Beitrag im Folgenden die »Angriffe aus allen Berufskreisen« auf die Gerichtsvollzieher thematisierte, um schließlich mit dem Aufruf zur Geschlossenheit innerhalb der gemeinsamen Berufsorganisation und zur Unterstützung der Organisationsleitung zu enden.[120] Andererseits gibt es durchaus Hinweise, dass das Arbeitspensum der Gerichtsvollzieher in dieser Zeit enorm war. So spricht ein Nürnberger Beamter 1928 wegen »der gegenwärtigen schlechten Wirtschaftslage« von 40 bis 50 Pfändungsaufträgen pro Gerichtsvollzieher und Tag.[121]

Eine andere Möglichkeit, um Aussagen über die berufliche Situation, die wirtschaftliche und soziale Lage der Gerichtsvollzieher Mitte der 1920er Jahre treffen zu können, bietet eine Entwicklung, die sich als »Motorisierung des Vollstreckungswesens« bezeichnen lässt. So richtete der Vollstreckungssekretär Wilhelm König aus Laufen am 15. Dezember 1927 ein Gesuch an das bayerische Justizministerium, in dem er um die Bewilligung eines Besoldungsvorschusses zur Anschaffung eines Kleinautos

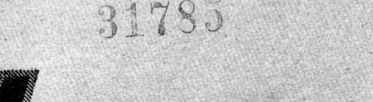

DKW-Preisliste

Frontantriebwagen

DKW-Frontantrieb, 2-Sitzer, 500 ccm Motor,
Holzkarosserie, offen, mit Allwetterverdeck, Schwingachsen, Dreiganggetriebe, Armaturenbrett, Boschausrüstung, 5-fach bereift, Anlasser (Dyna-Start), 90 Watt-Licht-Anlage, Horn, Tachometer, Zeituhr.

Kassapreis ab Werk RM 1685.—

Ratenbedingungen:	6 Mon.	9 Mon.	12 Mon.
Anzahlung:	420.—	420.—	420.—
6 Wechsel à RM 237.—	1422.—		
9 Wechsel à RM 161.—		1449.—	
12 Wechsel à RM 123.—			1476.—
Ratenpr. einschl. Teilkasko u. Haftpfl.-Versich.	1842.—	1869.—	1896.—

DKW-Frontantrieb, 2-Sitzer, 600 ccm Motor,
Ausführung wie vorstehend.

Kassapreis ab Werk RM 1750.—

Ratenbedingungen:	6 Mon.	9 Mon.	12 Mon.
Anzahlung:	430.—	430.—	430.—
6 Wechsel à RM 246.—	1476.—		
9 Wechsel à RM 168.—		1512.—	
12 Wechsel à RM 128.—			1536.—
Ratenpr. einschl. Teilkasko u. Haftpfl.-Versich.	1906.—	1942.—	1966.—

DKW-Frontantrieb, 3-Sitzer, 500 ccm Motor,
Stahlkarosserie, offen, mit Allwetterverdeck, Schwingachsen, Dreiganggetriebe, Armaturenbrett, Boschausrüstung, 5-fach bereift, Anlasser (Dyna-Start), 90 Watt-Licht-Anlage, Horn, Tachometer, Zeituhr.

Kassapreis ab Werk RM 1785.—

Ratenbedingungen:	6 Mon.	9 Mon.	12 Mon.
Anzahlung:	445.—	445.—	445.—
6 Wechsel à RM 251.—	1506.—		
9 Wechsel à RM 170.—		1530.—	
12 Wechsel à RM 130.—			1560.—
Ratenpr. einschl. Teilkasko u. Haftpfl.-Versich.	1951.—	1975.—	2005.—

DKW-Frontantrieb, 3-Sitzer, 600 ccm Motor,
Ausführung wie vorstehend.

Kassapreis ab Werk RM 1825.—

Ratenbedingungen:	6 Mon.	9 Mon.	12 Mon.
Anzahlung:	455.—	455.—	455.—
6 Wechsel à RM 255.—	1530.—		
9 Wechsel à RM 174.—		1566.—	
12 Wechsel à RM 133.—			1596.—
Ratenpr. einschl. Teilkasko u. Haftpfl.-Versich.	1985.—	2021.—	2051.—

DKW-Preisliste, wie sie Gerichtsvollziehern zuging, um diese zum Kauf eines Autos zu motivieren, Mai 1931.

bat.[122] Er begründete sein Ersuchen mit der Ausdehnung von 35 Kilometern, die sein Bezirk habe, sowie mit dem unebenen Gelände und den schlechten Straßenverhältnissen. Außerdem seien die »Dienstesaufgaben [...] nicht weniger geworden«, zu denen 1928 noch die Beitreibungen der Geldstrafen hinzukämen. »In einem solchen Bezirk den ganzen gerichtlichen Zwangsvollstreckungsdienst mit Rad auszuführen, ist eine

DKW-Frontantrieb, Cabriolet, 4 Sitzer,
600 ccm Motor, Holzkarosserie, mit Schwingachsen, Dreiganggetriebe, Armaturenbrett, Boschausrüstung, 5-fach bereift, 2 Innensitze, 2 Notsitze, Anlasser (Dyna-Start), 90 Watt-Licht-Anlage, Horn, Tachometer, Zeituhr.

Kassapreis ab Werk RM 1985.—

Ratenbedingungen:	6 Mon.	9 Mon.	12 Mon.
Anzahlung:	500.—	500.—	500.—
6 Wechsel à RM 275.—	1650.—		
9 Wechsel à RM 187.—		1683.—	
12 Wechsel à RM 143.—			1716.—
Ratenpr. einschl. Teilkasko u. Haftpfl.-Versich.	2150.—	2183.—	2216.—

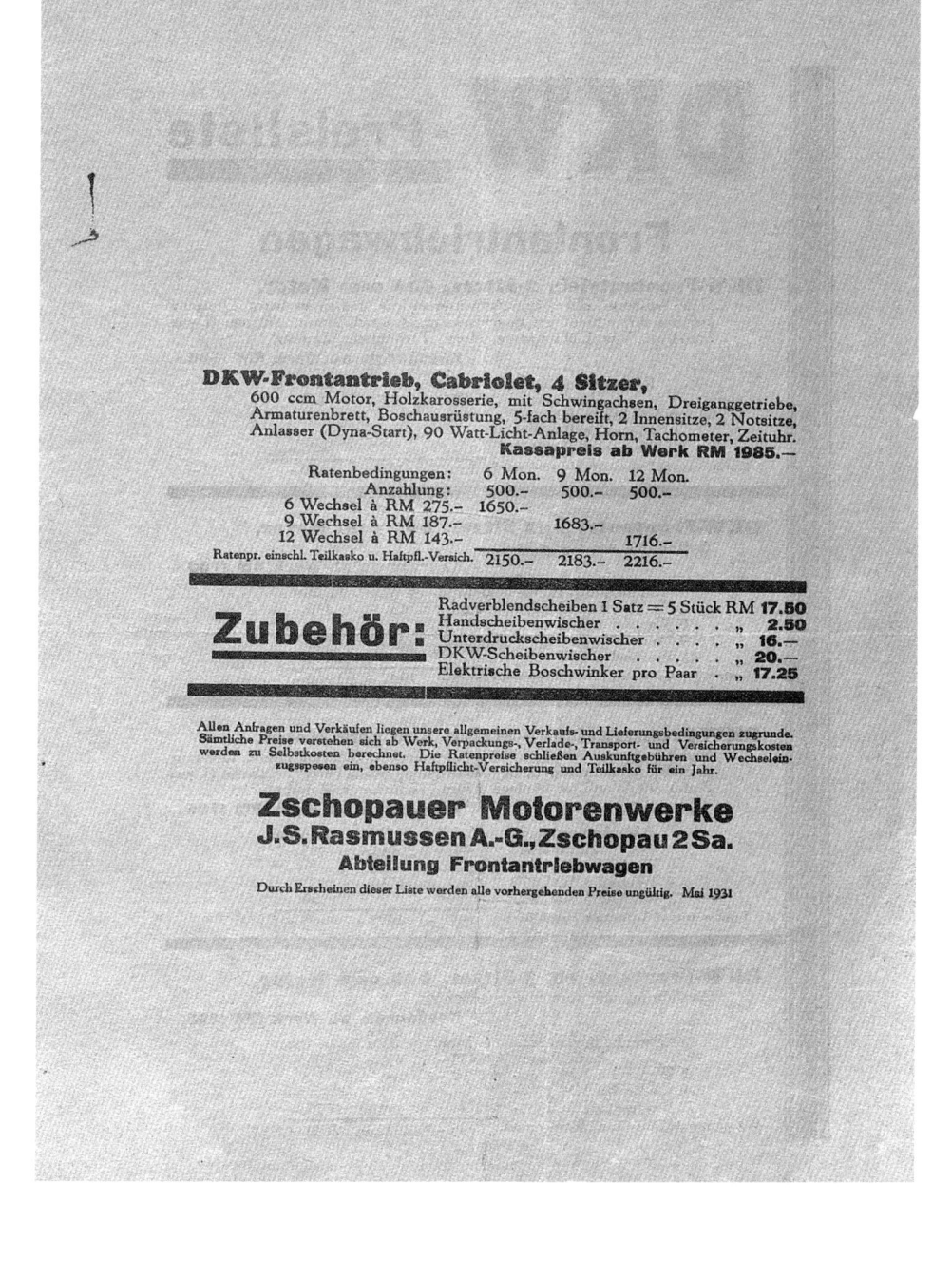

Zubehör:
- Radverblendscheiben 1 Satz = 5 Stück RM **17.50**
- Handscheibenwischer . . . . „ **2.50**
- Unterdruckscheibenwischer . . . . „ **16.—**
- DKW-Scheibenwischer . . . . . . „ **20.—**
- Elektrische Boschwinker pro Paar „ **17.25**

Allen Anfragen und Verkäufen liegen unsere allgemeinen Verkaufs- und Lieferungsbedingungen zugrunde. Sämtliche Preise verstehen sich ab Werk, Verpackungs-, Verlade-, Transport- und Versicherungskosten werden zu Selbstkosten berechnet. Die Ratenpreise schließen Auskunftgebühren und Wechseleinzugsspesen ein, ebenso Haftpflicht-Versicherung und Teilkasko für ein Jahr.

Zschopauer Motorenwerke
J. S. Rasmussen A.-G., Zschopau 2 Sa.
Abteilung Frontantriebwagen

Durch Erscheinen dieser Liste werden alle vorhergehenden Preise ungültig. Mai 1931

---

glatte Unmöglichkeit«, erklärte König. Auch ein Motorrad sei keine Lösung, denn dazu benötige man einen speziellen Anzug, der wegen des Straßenzustandes regelmäßig beschmutzt würde. Um das dienstliche Ansehen bei den Schuldnern nicht zu schädigen, müsse man den Motorradanzug also jedes Mal ausziehen, wenn man den Ort einer Vollstreckungshandlung erreiche. Dies bedeute einen erheblichen Zeitverlust. Im

Übrigen wolle er sich mit seinen 53 Jahren nicht mehr der Witterung und den schlechten Straßenverhältnissen auf einem Motorrad aussetzen. Auch wirke Motorradfahren »nach Aussage eines Fachmannes mit der Zeit sehr nervenerregend«. Ein geschlossenes Automobil sei daher die beste Lösung. Da der Staat jedoch grundsätzlich keine Autos für Gerichtsvollzieher zur Verfügung stelle, müsse er sich privat ein Automobil anschaffen, um seine Dienstaufgaben ordnungsgemäß erfüllen zu können. König hatte auch bereits ein bestimmtes Auto im Blick: einen Hanomag des Typs P mit 10 PS und einer Höchstgeschwindigkeit von 60 km/h für 2.450 Reichsmark. Für die Finanzierung bat König um einen Besoldungsvorschuss von 2.000 Mark, wobei er von seinem monatlichen Besoldungseinkommen in Höhe von 230 RM pro Monat 70 RM für die Rückzahlung des Kredits aufwenden wollte, ebenso die jährlich zu erwartenden 450 RM an Gebührenanteilen.

Die ausführliche Wiedergabe dieser Quelle zeigt zweierlei: Sie lässt zunächst erahnen, mit welchem Kraft- und Zeitaufwand der Gerichtsvollzieherdienst in einer Zeit des weitgehend noch nicht motorisierten Verkehrs verbunden war. Darüber hinaus bietet sie einen Einblick in die – vermutlich etwa dem Durchschnitt entsprechende – Einkommenssituation eines ländlichen bayerischen Gerichtsvollziehers Mitte der 1920er Jahre. Deutlich wird zugleich, dass mit einem solchen Einkommen der Erwerb eines Autos keine unrealistische Option darstellte, da zwar eine Kreditaufnahme nötig, eine Rückzahlung aber in einem überschaubaren Zeitraum möglich war. Zu einer ähnlichen Einschätzung kamen auch Königs Dienstvorgesetzte. Vom Amtsgericht Laufen über das Landgericht Traunstein bis zum Oberlandesgericht München wurde sein Gesuch bis zum Justizministerium befürwortend weitergereicht.[123]

Offenbar häuften sich entsprechende Gesuche jedoch derart, dass das bayerische Justizministerium sich gezwungen sah, Beschränkungen bei der Genehmigung vorzunehmen. So musste die Einsparung von Arbeitskräften durch Anschaffung eines Autos nachgewiesen werden, der Besoldungsvorschuss durfte nicht über 2.000 RM hinausgehen, die Rückzahlungszeit sollte 15, in begründeten Ausnahmefällen 18 Monate nicht überschreiten, und die Rückzahlungsrate musste mindestens 100 RM monatlich betragen. Außerdem hatten Vorschussempfänger eine Auto- und eine Haftpflichtversicherung abzuschließen.[124] Welchen Grad die Motorisierung der Gerichtsvollzieher bis zum Ende der Weimarer Republik erreichte, ließ sich für Bayern nicht ermitteln. Für Preußen ist die Angabe aus dem Jahr 1930 überliefert, dass bereits ein Drittel aller Gerichtsvollzieher über ein Motorrad oder ein Auto verfügte.[125] Das ist für diesen Zeitpunkt, als Kraftfahrzeuge noch keinesfalls eine Massenerscheinung waren, eine beachtliche Zahl, die für die Gesamtsituation der Gerichtsvollzieher in gewisser Hinsicht aussagekräftiger ist als die überlieferten Selbsteinschätzungen.

Allerdings lässt sich der Fall eines Gerichtsvollziehers in einem »Industrieort des Westens«, der in der Überlieferung von Justizkreisen verschiedener preußischer Provinzen auftaucht, sicher nicht verallgemeinern: dieser nutzte 1931, inmitten der Weltwirtschaftskrise, für seine Dienstfahrten eine gelb lackierte, viersitzige Mercedes-Benz-Limousine mit schwarzen Kotflügeln, die er gebraucht für 7.000 RM gekauft hatte.[126] Der Wagen erregte natürlich Aufsehen, und seine Verwendung durch einen Gerichtsvollzieher zog Beschwerden von Schuldnern, Behörden und Vertretungen von Handel und Industrie nach sich, die befürchteten, »daß die Verwendung des allgemein bekannten Wagens […] zu einer unmittelbaren Gefährdung des Kredits der Schuldner und zu ihrer Bloßstellung führen müsse«. Zudem wurde in der Presse über die Höhe der Gerichtsvollziehereinkommen im Vergleich zur wirtschaftlichen Notlage vieler Schuldner spekuliert. Der preußische Justizminister untersagte dem betreffenden Gerichtsvollzieher daher bis zur Änderung des auffälligen Anstrichs die Nutzung des Autos und verwies darauf, dass die deutsche Autoindustrie preiswertere und für den Gerichtsvollzieherdienst angemessenere Fahrzeuge produziere.

Gerichtsvollzieher in der Weltwirtschaftskrise

Am 15. September 1930, etwa ein halbes Jahrhundert nach ihrer gesamtdeutschen Etablierung im Rechtssystem, wurde die Figur des Gerichtsvollziehers auch Teil der deutschen Popkultur. An diesem Tag fand in Berlin die Uraufführung der musikalischen Filmkomödie »Die Drei von der Tankstelle« statt, in der Lilian Harvey neben Heinz Rühmann, Willy Fritsch und Oskar Karlweis die weibliche Hauptrolle spielte.[127] Gleich zu Beginn des Films wird das Eigentum der drei bankrotten Titelhelden (»Pleite? Pleite ist überhaupt gar kein Ausdruck. Pleitissimo!«) gepfändet. Eines der musikalischen Hauptstücke ist daher »Das Lied vom Kuckuck«, das auch unter seiner Anfangszeile »Lieber, guter Herr Gerichtsvollzieher« bekannt ist. Es ist sicher Zufall, dass ausgerechnet in einem der ersten erfolgreichen deutschen Tonfilme – einem frühen »Blockbuster« – ein Vollstreckungsbeamter zum Auslöser der Filmhandlung wurde. Weniger zufällig ist dagegen der Zeitpunkt, zu dem dies geschah. Denn spätestens seit dem New Yorker Börsencrash im Oktober 1929 befand sich die Weltwirtschaft in einer tiefen Krise.[128] Der Gerichtsvollzieher war daher *die* kulturelle Chiffre für den wirtschaftlichen Niedergang, der in Deutschland auf eine Gesellschaft traf, die immer noch unter den politischen, ökonomischen und sozialen Folgen des verlorenen Krieges litt.

Tatsächlich wurde die Zwangsvollstreckung für weite Teile der Bevölkerung jetzt zu einem Alltagsphänomen. In München zum Beispiel lag die Zahl der Vollstreckungsauf-

Tankstelle Kuckuck, aus dem Film »Die Drei von der Tankstelle«, 1930.

aufträge 1929 bei 165.000 und war damit mehr als sechsmal höher als 1923, im letzten Jahr der Nachkriegskrise. Dieser Trend setzte sich 1930 fort, als bis Ende Oktober bereits wieder 162.000 Vollstreckungsaufträge aufgelaufen waren, wobei 40 Prozent aller Pfändungen erfolglos blieben.[129] Der wesentliche Unterschied zwischen den beiden Wirtschaftskrisen am Anfang und am Ende der Weimarer Republik wurde auf diese Weise deutlich. Während die Inflation 1922 und 1923 nicht nur Geldvermögen vernichtet, sondern auch die Schulden in dramatischem Ausmaß reduziert hatte, so dass es für den Gerichtsvollzieher oft nichts mehr zu tun gab, war die Situation am Ende der 1920er und zu Beginn der 1930er Jahre gänzlich anders: Der krisenbedingte Abzug ausländischer, vor allem amerikanischer Kredite, auf denen die deutsche Wirtschaft ganz wesentlich basierte, führte zu Geldknappheit, die wiederum einen Produktionsrückgang, Entlassungen und Massenarbeitslosigkeit zur Folge hatte. Reichskanzler Heinrich Brüning, der einem Präsidialkabinett vorstand, das nicht auf einer parlamentarischen Mehrheit beruhte, sondern auf die Anwendung des Notverordnungsartikels 48 der Weimarer Verfassung durch Reichspräsident Paul von Hindenburg angewiesen war, setzte in dieser Lage auf einen strikten Sparkurs bei den Staatsausgaben und verschärfte damit die Probleme noch weiter, weil die Kürzung der Sozialausgaben den Absturz großer Bevölkerungsgruppen in Armut zur Folge hatte und viele Privathaushalte in eine Schuldenkrise stürzte. Auch der Anstieg des privaten Konsums während des leichten wirtschaftlichen Aufschwungs der Vorjahre war im Wesentlichen über Kredite finanziert worden, die nun nicht mehr bedient werden konnten und den Umfang von Gläubigerforderungen drastisch in die Höhe schnellen ließ.

Anders als in dem Traumwelt-Szenario der »Drei von der Tankstelle« war ein schneller persönlicher wirtschaftlicher Wiederaufstieg für die meisten Menschen nicht möglich. Dies wiederum begünstigte das Erstarken radikaler politischer Kräfte, die den etablierten Parteien und der Regierung wahlweise »nationalen Verrat« oder »Sozialfaschismus« vorwarfen. Diese Entwicklung fand ihren Niederschlag ausgerechnet am Tag vor der Uraufführung der UFA-Komödie, als die Reichstagswahlen vom 14. September 1930 zwei wesentliche Ergebnisse brachten: Erneut gab es keine parlamentarische Regierungsmehrheit zugunsten der Republik, so dass das »Präsidialkabinett« Brünings weiter amtieren musste, und der NSDAP gelang der Durchbruch zur Massenpartei, die nun die zweitstärkste Fraktion im Reichstag stellte. Auch die KPD gewann deutlich an Stimmen.

Die aufgeheizte und polarisierte Atmosphäre, die inzwischen in Deutschland wieder herrschte, bekamen auch die Gerichtsvollzieher zu spüren, die als Handlanger einer ungerechten, »volksfeindlichen« Politik angesehen wurden und während ihrer Tätigkeit häufig verbalen und körperlichen Angriffen ausgesetzt waren.[130] Die harmlos-freundliche Aufforderung Rühmanns und seiner Kollegen auf der Leinwand, »Lieber, guter Herr Gerichtsvollzieher geh'n se weg, Sie finden nichts bei mir«, hatte tatsächlich wenig mit der Realität zu tun. Die Vielzahl der Vollstreckungen erzeugte nicht nur Ablehnung und Verbitterung in der Bevölkerung, sondern brachte auch die Gerichtsvollzieher an die Grenze ihrer Leistungsfähigkeit, deren Mehrarbeit sich wegen der Austeritätspolitik der Regierung, die zu Gehaltskürzungen führte, noch nicht einmal finanziell auszahlte.[131] Zudem fanden sie selbst unter den Bedingungen von Massenarbeitslosigkeit und Massenarmut nur schwer Arbeitskräfte, die sie hätten unterstützen können. Beide Aspekte – die Sparpolitik und die ablehnende Stimmung gegenüber Zwangsvollstreckungsmaßnahmen in der Bevölkerung – kommen in einem Dokument aus dem westfälischen Hagen von 1932 zum Ausdruck: Der Präsident des zuständigen Oberlandesgerichts in Hamm hatte von dem ihm unterstellten Landgericht in Hagen einen Bericht über die geforderte Senkung des Auslagensatzes der Gerichtsvollzieher erbeten. Die Antwort des Hagener Landgerichtspräsidenten enthält eine Liste der in seinem Verantwortungsbereich üblichen Transportkosten und Auslagen für Arbeitsleistungen bei Zwangsvollstreckungen, zu der er bemerkte, dass »eine weitere Senkung […] sich kaum ermöglichen lassen« würde. »Bezüglich der Arbeitslöhne«, so der Berichterstatter, »ist zu bemerken,

Wahlplakat der NSDAP, 1932.

dass Leute nur schwerlich zu haben sind; sie lehnen derartige Arbeiten entschieden ab, besonders wenn es sich um Räumungen oder Wegnahmen handelt.«[132]

Das Spannungsfeld politischer und wirtschaftlicher Krisenerscheinungen verschärfte somit den ohnehin vorhandenen Konflikt zwischen Gläubigerinteressen und Schuldnerschutz, in dessen Mittelpunkt der Gerichtsvollzieher seit jeher stand, und bestimmte auch die Arbeit des Deutschen Gerichtsvollzieherbundes und seiner Landesverbände. Deren Forderungen zielten daher auf die Verbesserung der rechtlichen Möglichkeiten der Vollstreckungsbeamten, um sowohl die Gläubigerinteressen effektiv durchsetzen als auch die Verantwortung für den Schuldnerschutz wirksam wahrnehmen zu können.[133] In Bezug auf die Einkommenssituation ihrer Mitglieder vertraten der Gerichtsvollzieherbund und die Landesverbände im Einklang mit der Regierungspolitik allerdings die Position, vorläufig auf Verbesserungen zu verzichten, solange die Krise anhielt.[134]

Als sich vom 14. bis 16. Juli 1932 in Hamburg 39 Delegierte aus 16 Landesverbänden, die insgesamt 2.725 Mitglieder repräsentierten, zum 21. Bundestag des DGVB versammelten, ahnte wohl niemand von ihnen, dass dies die vorläufig letzte Tagung unter halbwegs demokratischen Rahmenbedingungen sein würde.[135] Schon vier Tage nach dem Ende der Beratungen wurde im sogenannten »Preußenschlag« die demokratisch gewählte Regierung des größten deutschen Teilstaates unter Ministerpräsident Otto Braun (SPD) entmachtet. Der Weg in die Diktatur, den die Politik der Präsidialkabinette der vorangegangenen Jahre geebnet hatte, wurde fortgesetzt und mündete in ein Bündnis der nationalkonservativen Eliten Deutschlands mit den Nationalsozialisten, das schließlich zur Errichtung des »Dritten Reiches« führte.[136] Die bewegte gesellschaftspolitische Lage spielte in den Beratungen des DGVB im Juli 1932 jedoch nur im Hintergrund eine Rolle. Denn vorrangig ging es um die noch vom Kabinett Brüning eingebrachte Novelle der Zivilprozessordnung, die einschneidende Veränderungen im Vollstreckungswesen vorsah und deren Abwehr das zentrale Anliegen der Interessenvertretung der Gerichtsvollzieher zu diesem Zeitpunkt war.[137] Wie die meisten berufsständischen Organisationen im Bereich der Rechtspflege enthielt sich auch der DGVB jeglicher Äußerung, die über professionspolitische Fragen hinausging, etwa zur Verteidigung von Demokratie und Rechtsstaatlichkeit. Dieses Schweigen sollte sich bald als schwerwiegender Fehler erweisen – nicht zuletzt für die Interessen der Gerichtsvollzieher selbst.

Der preußische Justizminister Hans Kerrl (im Vordergrund 3. v. l.) inmitten einer Gruppe von Ausbildern und Referendaren bei einem Gemeinschaftslager in Jüterbog, August 1933.

Gerichtsvollzieher im »Dritten Reich«

NAGHME ZARE-HAMEDANI

Mit der Ernennung Adolf Hitlers zum Reichskanzler am 30. Januar 1933 und der Machtübernahme der Nationalsozialistischen Deutschen Arbeiterpartei (NSDAP) in Deutschland kam es auch in den rechtspolitischen Strukturen zu radikalen Einschnitten.[1] Die in der Weimarer Verfassung garantierten demokratischen Grundrechte wurden schrittweise beseitigt, der Staat wurde in einen totalitären Machtapparat verwandelt. In den Untersuchungen über das »Dritte Reich« ist weitgehend anerkannt, dass sich die NS-Führung nahezu aller Berufsgruppen bediente, die für die Verfolgung und Erhaltung ihrer politischen Ziele von Bedeutung waren. Engagement und Expertise spielten dabei in der Zuweisung von Aufgaben und Pflichten eine wichtige Rolle, um die Umsetzung der nationalsozialistischen Weltanschauung zu verwirklichen.[2]

Der Berufsgruppe der Gerichtsvollzieher kam in diesem Zusammenhang eine besondere Bedeutung zu. Nach dem Ende des Ersten Weltkriegs stellten sie vor dem Hintergrund der katastrophalen wirtschaftlichen Entwicklung aufgrund ihrer Tätigkeit für weite Teile der Bevölkerung ein Feindbild dar. Denn sie mussten überall dort pfänden und beschlagnahmen, wo in den Augen der Menschen kaum noch »etwas zu holen« war. So schrieb der aufgebrachte Schuldner Hauesser im März 1922 an den Gerichtsvollzieher Gladel, dass »nicht die Franzosen, nicht England, nicht Amerika die Volksfeinde sind!!! Nein! Ihr! Ihr! Ihr!«[3] Dieser Briefauszug steht exemplarisch für viele Drohungen, die die Gerichtsvollzieher täglich erhielten, zu deren Arbeitsalltag auch Beleidigungen und sogar tätliche Angriffe gehörten, obwohl ihr Einsatz bis zur »Machtergreifung« der NSDAP ohne politische Hintergedanken und Urteile über die Person des Gläubigers oder Schuldners erfolgte. So war die Etablierung des Gerichtsvollzieherberufes in Deutschland aus dem Gedanken heraus entstanden, die Funktionsfähigkeit des Rechtssystems zu gewährleisten und gerichtliche Verfahren zu vereinfachen. Der Gerichtsvollzieher hatte als letztes Glied am Ende einer Kette rechtlicher Vorgänge die exekutive Position inne, mithilfe derer eine schnelle und erfolgversprechende Vollstreckung des erstrittenen Urteils garantiert werden sollte, um das Ansehen der Justiz zu wahren und aufzuwerten.

»Übernahme« des Landgerichts Dortmund durch die SA am 4. März 1933.

Während der nationalsozialistischen Herrschaft sollten sich die Gerichtsvollzieher jedoch Schritt für Schritt in eine andere Richtung begeben, um durch ihre Arbeit und in ihrem Charakter den liberalen Geist der Weimarer Republik zu verdrängen und durch ihr Tun den sozialen und nationalen Gedanken des Regimes zu fördern. Das Gerichtsvollzieherwesen wurde jetzt zum System der »helfenden Hände« umgeformt. Die Gerichtsvollzieher wurden politisiert, ihre Kompetenzen gleichgeschaltet und ihre Arbeit zur Umsetzung der nationalsozialistischen Weltanschauung radikalisiert. Sie wurden zu »Vollstreckern des Staates« – eines Unrechtsregimes, das sich, wie Götz Aly es formuliert hat, durch »Raub, Rassenkrieg und nationalen Sozialismus« auszeichnete.[4]

Politische und rechtliche Rahmenbedingungen

Bereits unmittelbar nach ihrer Machtübernahme begann die Führung der NSDAP damit, jene Organisationen auszuschalten, die sich ihrem Totalitätsanspruch zu widersetzen drohten. Es galt, die pluralistische Vielfalt der demokratischen Institutionen der Weimarer Republik zu ersetzen und alle staatlichen und gesellschaftlichen Einrichtungen an die politisch-ideologischen Ziele der NSDAP anzupassen oder in neu geschaffene NS-Struk-

Hans Frank (1900–1945), Hitlers Anwalt und Gründer der Deutschen Rechtsfront.

turen zu überführen. Der Begriff »Gleichschaltung« findet sich erstmals im März und April 1933 in zwei Gesetzen, mit denen die Länder ihre Eigenständigkeit verloren.[5] Unter dem Vorwand einer Vereinheitlichung des Reiches wurden zunächst nationalsozialistische Landesregierungen eingesetzt, ehe mit dem »Gesetz über den Neuaufbau des Reiches« vom 30. Januar 1934 sämtliche Hoheitsrechte auf den Zentralstaat übergingen. Mit dem »Ersten Gesetz zur Überleitung der Rechtspflege auf das Reich« vom Februar 1934 war die Gleichschaltung der Länder dann auch in juristischer Hinsicht abgeschlossen.[6]

Das »Gesetz zur Wiederherstellung des Beamtentums« vom 7. April 1933[7] lieferte zudem die Rechtfertigungsgrundlage zur Gleichschaltung aller im Öffentlichen Dienst ansässigen Berufsgruppen. Es erlaubte die Entlassung regimekritischer Beamter, führte zu einem personellen Wechsel zugunsten von Regimeanhängern und enthielt darüber hinaus den sogenannten »Arierparagraphen«, durch den die jüdischen Staatsbediensteten ihre Anstellung verloren. Demokratische Strukturen im Sinne des »Führerprinzips« wurden zerschlagen, antisemitische Grundsätze implementiert.[8] Auch die Parteien resignierten angesichts der erdrückenden Übermacht der NSDAP und des brutalen Straßenterrors der SA und lösten sich bis Anfang Juli 1933 selbst auf, nachdem die SPD bereits am 22. Juni verboten worden war. Im Sommer 1934 war der Gleichschaltungsprozess durch die Übernahme der wichtigsten Verbände in die Organisationsstruktur der NSDAP nahezu abgeschlossen. Die teils erzwungene, teils freiwillige Anpassung der Verbände und Institutionen ermöglichte der NSDAP nun eine vollständige Kontrolle aller gesellschaftlichen und politischen Bereiche – auch und vor allem in der Justiz.

Im Justizwesen war Dr. Hans Frank[9] der »Motor der Gleichschaltung«.[10] Er zerschlug alle bestehenden Juristenorganisationen und gliederte sie in den bereits 1928 gegründeten »Bund Nationalsozialistischer Deutscher Juristen« (BNSDJ) ein.[11] Im Mai 1933 erfolgte der Beitritt des Deutschen Richterbundes, des Deutschen Anwaltsvereins und der Deutschen Rechtspfleger.[12] In einem vorbereitenden Schreiben Hitlers vom 30. März 1933 an Frank heißt es dazu: »Alle mit dem Recht verwurzelten Berufsstände und Amtsträger werden daher in der Front des Deutschen Rechtes des Bundes Nationalsozialistischer Deutscher Juristen als Standesgruppe in den kommenden ständischen Aufbau überführt werden können. Ihre Ihnen diesbezüglich erteilten Vollmachten bestätige ich hiermit vollinhaltlich.«[13] Das Ziel dieses »ständischen Aufbaus« wurde in § 3 der Satzung des BNSDJ vom 4. Mai 1933 formuliert: »Zweck des BNSDJ ist die Verwirklichung des nationalsozialistischen Programms auf den gesamten Gebieten des Rechtslebens, insbesondere die Wiedererweckung und Neugestaltung eines Deutschen Rechts als Mittel zur Sicherung des nationalsozialistischen Staats-, Kultur- und Wirtschaftslebens«.[14]

Im Juni 1933 schuf Frank sodann mit der »Deutschen Rechtsfront«, deren organisatorischer Träger der BNSDJ war, eine erweiterte Zusammenfassung aller mit dem Recht zusammenhängender Berufe. Der Rechtsfront gehörten nicht nur Richter, Staatsanwälte, Rechtsanwälte und Notare sowie Hochschullehrer und Verwaltungs- und Wirtschaftsjuristen an, sondern auch sonstige »Diener des Rechts«, die mittelbar an der »Rechtswahrung« beteiligt waren.[15] Auf Anordnung Franks wurden nun sogar Buchprüfer, Dolmetscher, Friedensrichter, Sachverständige und schließlich auch die Gerichtsvollzieher als Mitglieder der deutschen »Rechtswahrergemeinschaft« aufgenommen und der Deutschen Rechtsfront untergeordnet. Grundgedanke hinter der Erweiterung der juristischen Berufszweige war die Idee der NS-Führung, »weder die Art der Berufsausübung noch irgendeine Berücksichtigung gewisser gesellschaftlicher Schichtung oder sonstwie gearteter Sonderinteressen« zum Kriterium der Mitgliedschaft zu machen, sondern die »Funktion des einzelnen, die Aufgabe, die dem einzelnen im Rahmen der Volksgesamtheit gestellt« sei, in den Mittelpunkt zu rücken.[16] Propagiert wurde also eine prinzipielle Gleichheit aller am Rechtsleben beteiligten Berufsgruppen – unabhängig von akademischer Vorbildung und sozialem Ansehen –, um ein Gemeinschaftsgefühl zu schaffen, das den einfachen Rechtsdiener mit dem vermeintlich Recht sprechenden Richter auf eine Stufe stellte. Ihre Zielvorgaben waren identisch: Beide hatten die Prinzipien der nationalsozialistischen Weltanschauung praktisch umzusetzen.

Gerichtsvollzieher als Untergruppe in der Gruppe Rechtspfleger im BNSDJ, Titelblatt der DGVZ vom 25. Januar 1934 mit der Ankündigung eines Preisausschreibens der Akademie für Deutsches Recht.

Der Gerichtsvollzieher als Rechtswahrer

Für den Gerichtsvollzieher bedeutete diese Entwicklung zunächst eine Stärkung seiner Stellung in der Volksgemeinschaft, die nur möglich war, weil das nationalsozialistische Regime ein völlig neues »völkisches Recht« zu etablieren suchte. So wies Hans Frank auf dem Deutschen Juristentag in Leipzig 1936 noch einmal ausdrücklich auf die Unterschiede hin, die zwischen der Weimarer Republik und dem NS-Staat in ihrem jeweiligen Rechtsdenken und Rechtswollen bestanden. Die nationalsozialistische Rechtsordnung, so Frank, sei nicht nur die jüngste, sondern auch die »fortgeschrittenste Rechtsordnung der Welt«.[17] Diese Tatsache erlege jedem »Diener der deutschen Rechtsordnung« bestimmte Verpflichtungen auf, um die Ziele des nationalsozialistischen Staates zu erreichen.[18]

Nicht zuletzt gelte dies für den Gerichtsvollzieher, der aufgrund seiner ausübenden Position »eine wichtige Stellung im Rechtsleben einnehme«, bemerkte dazu der Obergerichtsvollzieher und Leiter der Gauarbeitsgemeinschaft Köln, Hansen, 1936 in der DGVZ. In der »liberalistischen Zeit« vor der Machtübernahme der Nationalsozialisten habe man dem Gerichtsvollzieher als Organ der Rechtspflege die »Selbstständigkeit« entziehen wollen und weder die Tragweite der Tätigkeit des Gerichtsvollziehers geschätzt noch seine Stellung im Rechtsleben anerkannt. Auch der Referentenentwurf der Zivilprozessordnung von 1931 habe diese Selbstständigkeit einzuschränken gesucht, indem man dem Gerichtsvollzieher seine Rechte entzog und einem Vollstreckungsgericht übertrug. Erst durch die nationalsozialistische Gesetzgebung, »die den Schwerpunkt der Rechtsanwendung in der Erzielung praktischer Erfolge« sehe, habe »die Bedeutung der Persönlichkeit im Rechtsleben« eine wesentliche Stärkung erfahren.[19]

Diese Erkenntnis galt nach Auffassung der Autoren in der DGVZ vor allem für den Beruf des Gerichtsvollziehers, der in seiner Person die nationalsozialistische Ideologie am ehesten verkörpere, da er in erster Linie die Ansprüche des Staates und nicht, wie oft angenommen, die des Gläubigers durchsetze. Gemeint war damit, dass sich das private Forderungsrecht auf bloßes »Sollen« berufe, der Staat jedoch derjenige sei, der Zwang anordne und diesen durch die Gerichtsvollzieher durchsetzen lasse. Somit sei nur der Staat befugt, den Willen des Schuldners zu brechen, da dieser nur dem nationalsozialistischen Staat gegenüber in einem Unterwerfungsverhältnis stehe. Da das Privatrecht gegenüber dem nicht freiwillig leistenden Schuldner machtlos sei, greife in solchen Fällen die öffentliche Gewalt ein und verleihe dem privaten Anspruch des Gläubigers die staatliche Erzwingbarkeit.[20]

Die Vollstreckbarkeit erschien demnach als eine rein öffentlich-rechtliche Angelegenheit und bewegte sich allein in den Rechtsmaximen des Staates. Herausragende

Das propagierte Ideal der Volksgemeinschaft, um 1934.

Maxime war dabei die Idee der Volksgemeinschaft, so dass die Auffassung der privaten Zwangsgewalt mit der nationalsozialistischen Anschauung nicht vereinbar war. Der Gerichtsvollzieher sollte als »Vollstrecker des Staates« dafür Sorge tragen, dass der »egoistische Geist« der Weimarer Republik aus der Anwendung des Zwangsvollstreckungsrechts verschwinde.

Dem Gerichtsvollzieher wurde deshalb »eine Reihe wichtiger Aufgaben« übertragen, darunter auch die Mitwirkung bei der Durchführung des »Gesetzes zur Verhütung missbräuchlicher Ausnutzung von Vollstreckungsmöglichkeiten«.[21] Während die frühere Gesetzgebung und Rechtsprechung, so Obergerichtsvollzieher Hansen, es zugelassen habe, dass der Gläubiger sein »Recht« auch dann durchsetzen konnte, wenn es die völlige Vernichtung der Schuldnerexistenz bedeutete, so mache das nationalsozialistische Rechtsdenken »mit dieser verderblichen Ansicht« Schluss.[22]

Dem Gerichtsvollzieher kam daher im »Dritten Reich« auch auf prüfender Ebene eine entscheidende Rolle zu, um das nationalsozialistische Recht zu wahren. Denn ihm oblag nunmehr die Befugnis, innerhalb der Vollstreckung – selbst nach einem rechtskräftigen Urteil – seine Mitwirkung zu versagen, wenn die Ausübung des Gläubigers zum öffentlichen Unrecht wurde. Die Gerichtsvollzieher sahen in dieser Erweiterung ihrer

Befugnisse die Gelegenheit, nicht mehr als »bloßes Exekutivorgan, dessen Tätigkeit nur eine untergeordnete Bedeutung innerhalb der Rechtspflege zukomme«, wahrgenommen zu werden, sondern als »Schützer« der Volksgemeinschaft aufzutreten und damit ihren Stellenwert und ihren Ruf in der Gesellschaft zu verbessern.[23] Dem Gerichtsvollzieher war es deshalb jederzeit möglich, in den Ablauf eines Vollstreckungsverfahrens einzugreifen. Eine Pflicht zum Eingriff bestand immer dann, wenn es sich um einen Fall handelte, in dem die Vollstreckung gegen die »sozialen Anschauungen der Volksgemeinschaft« verstieß oder im Widerspruch zum »Rechtsempfinden des Volkes« stand.[24] In einem solchen Fall hatte der Gerichtsvollzieher die Vollstreckung abzubrechen oder gar nicht erst zu beginnen und den Fall an ein Volksgericht weiterzuleiten, das dann das Vollstreckungsurteil erneut auf Vereinbarkeit mit den nationalsozialistischen Prinzipien überprüfte.

Die Reichsarbeitsgemeinschaft der Gerichtsvollzieher in der Deutschen Rechtsfront

Am 25. Mai 1934 ordnete Frank in seiner Position als Reichsjustizkommissar die Gründung einer Reichsarbeitsgemeinschaft der Gerichtsvollzieher innerhalb der Deutschen Rechtsfront an, wie es in einem von Gaufachberater Restorff verfassten Rundschreiben heißt.[25] Aufgabe der Reichsarbeitsgemeinschaft sollte zunächst die Erfassung aller Gerichtsvollzieher zum Zwecke der »Mitarbeit an der Neugestaltung des Deutschen Rechts« sein.[26] Hierbei wurde vor allem auf die fachwissenschaftliche Erfahrung der Gerichtsvollzieher gesetzt. Innerhalb der Reichsarbeitsgemeinschaft sollte der Leiter im Einvernehmen mit der Reichsführung des BNSDJ Anweisungen für die besonderen Arbeitsgebiete und Arbeitsaufgaben des Gerichtsvollziehers entwickeln und diese anordnen. Für diese Zusammenarbeit zwischen den jeweiligen Arbeitsgemeinschaften und dem BNSDJ ist Ziffer 4 der Anordnung maßgebend: Die jeweiligen Leiter mussten die Zusammenarbeit mit den örtlichen Geschäftsstellen des BNDSJ herstellen und gewährleisten. Ganz im Sinne des »Führerprinzips« wurden die im Rahmen der Arbeitsausschüsse der Akademie für Deutsches Recht[27] und des BNDSJ tätigen Gerichtsvollzieher dem Leiter der Reichsarbeitergemeinschaft in Bezug auf die fachlichen Arbeitsaufgaben unterstellt und mussten seinen Anweisungen Folge leisten. Zur Förderung der fachwissenschaftlichen Arbeit wurden bei den Oberlandesgerichten die Obergerichtsvollzieher in Gauarbeitsgemeinschaften zusammengeführt, die einem Gaufachberater unterstellt wurden. Innerhalb eines Landgerichtsbezirkes bildeten die Obergerichtsvollzieher eine Bezirksarbeitergemeinschaft der Gerichtsvollzieher, die wiederum unter der Leitung

Gerichtsvollzieher als Arbeitsgemeinschaft in der Deutschen Rechtsfront, hier: DGVZ, 25. Mai 1934.

eines Bezirksfachberaters arbeitete. Alle innerhalb der zuständigen Bezirke ansässigen Obergerichtsvollzieher und geprüften Gerichtsvollzieher und sogar die pensionierten Gerichtsvollzieher waren zur Teilnahme an den Arbeitsgemeinschaften verpflichtet. Im Einvernehmen mit dem Leiter der Reichsarbeitsgemeinschaft waren die Gauleiter befugt, die für die fachwissenschaftliche Arbeit notwendigen Maßnahmen zu treffen. Zudem gehörte es zu den Pflichten des Gauleiters, die Tätigkeit der Bezirksarbeitsgemeinschaften zu überprüfen und die daraus gewonnenen Erkenntnisse unmittelbar an den Leiter der Reichsarbeitsgemeinschaft zu übermitteln. Der jeweilige Gauleiter sollte zudem für die ständige Schulung der Gerichtsvollzieher in allen Fachfragen zuständig sein.

Um sogenannte »Schulungsabende«, die das Fachwissen des Gerichtsvollziehers erweitern sollten, ging es auch in einem von der Reicharbeitergemeinschaft der Gerichtsvollzieher der Deutschen Rechtsfront am 26. Juli 1934 – also nur zwei Monate nach der Anordnung Franks – verfassten Rundschreiben.[28] Darin wurde auf die Dringlichkeit hingewiesen, an den Schulungsabenden verpflichtend teilzunehmen. Wörtlich hieß es darin: »Da die Überleitung zur Reichsverwaltung bevorsteht und die Neugestaltung des Zwangsvollstreckungsrechts die Aufgaben und Befugnisse des Gerichtsvollziehers erweitern soll, erlangt die Aufgabe der Arbeitsgemeinschaft ungeheuren Wert.«[29] Dabei sei »es nicht Angelegenheit des Einzelnen, wie er sich zur Arbeitsgemeinschaft einzustellen gewillt ist«. Vielmehr habe die Arbeitsgemeinschaft »ein Anrecht auf jeden deutschen Gerichtsvollzieher«.[30] Durch die Gründung der Reichsarbeitsgemeinschaft, der Bezirksarbeitsgemeinschaften und auch der Gauarbeitsgemeinschaften sollte somit sichergestellt werden, dass die Arbeit und die Person des Gerichtsvollziehers »im Dienst des Volkes« standen. So heißt es in einem weiteren Abschnitt des Rundschreibens, die Arbeit beginne »für den Einzelnen zunächst an sich selbst, um von innen heraus die geistigen und materiellen Voraussetzungen zu schaffen, die ihn erst für die Erfüllung seiner Aufgaben innerhalb der Volksgemeinschaft befähigen«.[31]

Wie ein solcher Schulungsabend ablief und wie er organisiert war, zeigt ein weiteres Schreiben des Gaufachberaters Restorff von der Gau- und Bezirksarbeitsgemeinschaft Hamburg der Gerichtsvollzieher in der Deutschen Rechtsfront an den Gauleiter des BNSDJ, Senator Dr. Rothenberger, vom 3. November 1934. Darin bat Restorff – unter Einhaltung der Hierarchie im Sinne des Führerprinzips – darum, »Vortrag und Plan einer Überprüfung unterziehen und genehmigen zu wollen«, und übersandte Rothenberger in der Anlage nicht nur das Schulungsprogramm, also eine Liste der einzelnen Themen, die behandelt werden sollten, sondern auch den exakten Text seiner Einführungsrede für den geplanten Schulungsabend. Restorff begann diese Rede mit einem Loblied auf die neue nationalsozialistische Führung, ohne die »eine solche Zusammenkunft der Gerichtsvollzieher« nicht möglich gewesen wäre: »Gestützt auf eine Staatsführung, von der jeder weiß, daß sie kraftvollen Worten der unbedingten Autorität gegebenenfalls Nachdruck zu verschaffen gewillt ist, können auch wir Gerichtsvollzieher nunmehr wieder unbelästigt unseren Dienst verrichten.«[32] Danach ging Restorff auf die vor der »Machtergreifung« der NSDAP bestehenden Umstände ein, die das Rechtsleben der Bevölkerung und die Arbeit des Gerichtsvollziehers erschwert hätten. So hätten die wirtschaftlichen Gegebenheiten insbesondere in der Nachkriegszeit dazu geführt, dass der Gerichtsvollzieher – als ungebetener, aber immer häufiger auftauchender Gast – bedroht und tätlich angegriffen worden sei. In einem Bericht Restorffs an den Oberregierungsrat Dr. Baritsch hieß es dazu: »In diesem Tohuwabohu stand einsam und allein der Gerichtsvollzieher, immer auf sich selbst angewiesen, der den Schutz der Polizei erst dann in Anspruch nehmen durfte, wenn tatsächlich Widerstand geleistet wurde, wenn er sich oft schon von hunderten Protestierender umringt sah.«[33]

Der Vorgang belegt, dass die Gerichtsvollzieher in der Machtübernahme der NSDAP die Chance sahen, sowohl ihre Stellung in der Gesellschaft als auch ihre Position innerhalb des juristischen Bereichs zu verbessern. So enthielt der von Restorff vorgelegte Schulungsplan neben der Ausarbeitung von Ideen zum Zwangsvollstreckungsverfahren und der Besprechung des am 24. Oktober 1934 geregelten Vollstreckungsschutzverfahrens vor allem auch Vorträge über spezielle Gebiete des Zivil- und Zivilprozessrechts. Vorrangig war jedoch die Behandlung eines Themas, das mit den bis dahin geltenden materiellen Grundlagen des Gerichtsvollzieherwesens kaum etwas zu tun hatte: »Der Gerichtsvollzieher im nationalsozialistischen Staate und seine Aufgaben im Verhältnis

Gründungskundgebung der Deutschen Rechtsfront in Hamburg am 1. Juni 1933.

zur Volksgemeinschaft, zum Richtertum, zur Anwaltschaft und zur Aufsichtsbehörde.« Darin wurde vermittelt, dass der nationalsozialistische Staat nur diejenigen Staatsdiener akzeptierte, die sich zur nationalsozialistischen Gesinnung bekannten und getreu nach ihr handelten.[34] Dabei sollten die Amtsträger die neue Ideologie nicht bloß akademisch erfassen. Vielmehr sollte die Bedeutung von Rasse, Volkstum, Führerprinzip und Gemeinschaft einen Weg in ihr Bewusstsein finden und von ihnen verinnerlicht werden. So sei es insbesondere für den Beamten wichtig, hieß es bereits 1933 in einem von Hans Fabricius verfassten Werk mit dem Titel *Der Beamte einst und im neuen Reich*, zu erkennen, dass das Judentum und der Marxismus die ewigen Feinde des Nationalsozialismus seien. Jeder Staatsbedienstete solle den »Nationalsozialismus im Herzen tragen« und ihn durch seine Handlungs- und Denkweise bestätigen.[35]

Eine zentrale Rolle bei der politischen und geistigen Umerziehung der Amtsträger nahm der Reichsbund Deutscher Beamter (RDB) ein.[36] Der RDB wurde am 15. Oktober 1933 gegründet und war ein der NSDAP angeschlossener berufsständischer Verband, der als Einheitsorganisation der Beamtenschaft die bisherigen Beamtenbünde ersetzte. Hauptaufgaben des Reichsbundes waren die »Erziehung der Mitglieder zu vorbildlichen Nationalsozialisten und die Durchdringung der gesamten Beamtenschaft mit

Gau- und Bezirksarbeitsgemeinschaft Hamburg der Gerichtsvollzieher in der deutschen Rechtsfront.

Schulungsplan.

1. Der Gerichtsvollzieher im nationalsozialistischen Staate und seine Aufgaben im Verhältnis zur Volksgemeinschaft, zum Richtertum, zur Anwaltschaft und zur Aufsichtbehörde. (Vortrag mit Besprechung).

2. Schulung und Findung neuer Ideen und Vorschläge zum Zwangsvollstreckungsverfahren unter Berücksichtigung der bereits vorliegende Anregungen und Arbeiten: Pfändung, Pfändung bei Dritten, vorläufige Beschlagnahme, Rückruf, Ermittelungsverfahren, Umtausch, Stundungsbefugnis, Sicherung und Übereignungsverträge, Einstellung und Intervention, Offenbarungsverfahren, Wahrheitspflicht, Strafbestimmungen, Übereignung, freiwillige Versteigerung und Pfandverkauf usw.
(Kommissionsarbeiten mit nachfolgender Besprechung.)

3. Das Vollstreckungsschutzverfahren unter Berücksichtigung des Gesetzes zur Änderung von Vorschriften über die Zwangsvollstreckung vom 24. Oktober 1934.
(Vortrag mit anschließender Aussprache.)

4. Handels- Wechsel- und Scheckrecht und die Bedeutung für den Gerichtsvollzieherdienst.
(Vortrag mit Aussprache.)

5. Konkurs- und Vergleichsverfahren und die Bedeutung für den Gerichtsvollzieherdienst.
(Vortrag mit Aussprache)

6. Erbhofrecht und Erbbaurecht, Umschuldungs- und Entschuldungsverfahren und die Bedeutung für den Gerichtsvollzieherdienst.
(Vortrag mit Aussprache)

7. Erforderlich werdende Vorträge und Aussprachen auf sonstigen Gebieten.

Schulungsplan der Gau- und Bezirksarbeitsgemeinschaft der Gerichtsvollzieher in der Deutschen Rechtsfront in Hamburg.

dem nationalsozialistischen Gedankengut«, wie es in § 5 der Satzung des RDB laute-te.[37] Wie wichtig die Mitgliedschaft im RDB für die Gerichtsvollzieher war, lässt sich aus dem Rundschreiben von Gaufachberater Restorff entnehmen, der alle deutschen Gerichtsvollzieher aufforderte, Mitglied des RDB zu werden. Die Mitgliedschaft sei eine »Ehrenpflicht«; eine Nicht-Mitgliedschaft könne dazu führen, dass die Person aus den Arbeitsgemeinschaften entlassen oder gar nicht erst aufgenommen werde. Zudem seien die Gerichtsvollzieher angehalten, so Restorff, an allen Veranstaltungen des RDB teilzu-nehmen, wobei den Leitern der einzelnen Arbeitsgemeinschaften eine besondere Rolle zukomme, denn diese hätten im stetigen Kontakt mit den Geschäftsstellen des RDB zu stehen und in ihrer Kontrollfunktion »ungeeignete Beamte« zu melden.[38]

Über die Termine der Schulungsabende und deren Ergebnisse berichtete auch die »Deutsche Gerichtsvollzieher Zeitung«, die nun zum Presseorgan der Reichsarbeits-gemeinschaft der Gerichtsvollzieher wurde.[39] Wie an anderer Stelle bereits bemerkt wurde, hatte die DGVZ als Fachzeitung schon vor der Machtübernahme der NSDAP Anerkennung gefunden.[40] Diesen Ruf galt es beizubehalten und dabei die Aufgaben der Fachzeitschrift zu erweitern: Jeder deutsche Gerichtsvollzieher hatte die monatlich erscheinende Zeitung zu erhalten, die ihn in allen Fragen unterrichtete, die den jewei-ligen Dienstbereich betrafen, und damit ein wichtiges Nachschlagewerk hinsichtlich juristischer Auskünfte auf dem Gebiet des Zwangsvollstreckungsrechts darstellte.[41] In seinem Rundschreiben wies Restorff deshalb noch einmal ausdrücklich darauf hin, dass es die Aufgabe jedes einzelnen Gerichtsvollziehers sei, »ständig darüber zu wachen, dass jeder Kollege diese Zeitung unmittelbar bezieht«.[42]

Die 1881 gegründete Zeitung hatte sich bis zur Machtübernahme der National-sozialisten auf materiell-rechtliche Aspekte des Gerichtsvollzieherwesens konzentriert, aber immer wieder ein Thema aufgegriffen, das für die Gerichtsvollzieher offenbar von besonderem Interesse war: die Erweiterung ihrer Befugnisse sowie die Reform des Zwangsvollstreckungsrechts und damit einhergehend die Etablierung des Berufsstan-des in der Gesellschaft. Vor 1933 hatten dabei Artikel dominiert, die das Justizwesen und insbesondere das Zwangsvollstreckungsrecht kritisiert hatten.[43] Ab 1934 wurde die Zeitung dann von den Nationalsozialisten als Sprachrohr genutzt, um ihre propagan-distischen Anforderungen an die Gerichtsvollzieher zu verbreiten. Bereits in der ersten Ausgabe des Jahres 1934 schlug die Zeitung einen ganz neuen Ton an: Die Titelseite zierte der Abdruck einer Rede Hans Franks, der unter der Überschrift »Deutsche Juris-ten« die Zusammenarbeit aller Juristen im Reich forderte und die nationalsozialistische Revolution proklamierte, mit deren Hilfe die angestrebte »Rechtserneuerung« stattfin-den sollte. Die folgenden Ausgaben beinhalteten weitere Reden und Stellungnahmen zu den gesetzlichen Neuregelungen, beispielsweise zum »Gesetz zur Wiederherstellung des Berufsbeamtentums«, und zu der Aufforderung, an der Neugestaltung des Rechtswesens aktiv teilzunehmen. Dazu wurde eigens ein Preisausschreiben veröffentlicht, das die Akademie für Deutsches Recht auslobte. Es wies vier Themenfelder aus, zu denen sich die Teilnehmer äußern sollten, um zu »ein(em) volkstümlichen deutschen Recht beizutragen und damit zur Verwirklichung der Ziele des nationalsozialistischen Staates wertvolle Beiträge zu gewinnen.«[44]

Ab April 1934 ging es schließlich explizit um die Rolle und die Stellung des Gerichtsvollziehers in der nationalsozialistischen Revolution. »Bund und Verbände sind aufgelöst – was nun?«, lautete etwa die Überschrift eines Artikels über das Ausscheiden der Gerichtsvollzieher aus dem Bund Nationalsozialistischer Deutscher Juristen, dem sich der DGVB seit dem 30. November 1933 zunächst hatte anschließen dürfen, der sich aber bereits kurze Zeit später, am 10. Februar 1934, erneut hatte umorientieren müssen, als er in die Deutsche Rechtsfront eingegliedert wurde.[45] Die Enttäuschung darüber war allgemein so groß, dass der Herausgeber der Deutschen Gerichtsvollzieher-Zeitung, Obergerichtsvollzieher Schneider, sich auf dem Außerordentlichen Bundestag des DGVB am 11. März 1934 in Berlin genötigt sah, die Mitglieder unmissverständlich darauf hinzuweisen, dass die Bekanntmachung im Einverständnis mit dem Führer ergangen sei und dass sich »im nationalsozialistischen Staat [...] jeder dem Befehl des Führers zu fügen« habe.[46]

Der Verfasser des »Was nun?«-Artikels hingegen, Obergerichtsvollzieher Hermann Schneemelcher, argumentierte in seinem Beitrag in der DGVZ rein inhaltlich und bemerkte, die »der Arbeitsgemeinschaft der deutschen Gerichtsvollzieher gestellten Aufgaben« ergäben sich »aus der evolutionären Entwicklung zur Gestaltung eines neuen deutschen Rechts«. Es gelte für die Gerichtsvollzieher nicht, als »Auchjuristen« Geltung zu finden, sondern in dem ihnen gestellten Rahmen »an der Lösung der Einzelaufgaben praktisch mitzuarbeiten«.[47]

Wie diese Mitarbeit konkret aussehen sollte, wurde schließlich in dem Artikel »Der Gerichtsvollzieher im Dritten Reich«[48] beschrieben. Dort hieß es, der Gerichtsvollzieher sei als das vollziehende Organ für die Neugestaltung des Vollstreckungsrechts zuständig und habe dies »an das Volk heranzutragen«. In einem weiteren Artikel, der sich dem Titel zufolge »Gedanken zur Neugestaltung des Vollstreckungsrechts« machte, ging es um die Frage, wie es zu erreichen sei, dass im Mittelpunkt des Vollstreckungsrechts nicht mehr »das eigennützige Interesse des Gläubigers, sondern das Interesse der Volksgemeinschaft an fachgemäßer Durchsetzung der Rechtsordnung stehen« könne«.[49] Ab Kriegsbeginn veröffentlichte die Zeitung dann zum größten Teil Verordnungsankündigungen hinsichtlich neuer Maßnahmen auf dem Gebiet des Zwangsvollstreckungsrechts sowie aktuelle Rechtsprechungsurteile.[50]

Der Gerichtsvollzieher im Zwangsvollstreckungsrecht der Zivilprozessordnung

Die 1877 verabschiedete und 1879 in Kraft getretene Zivilprozessordnung (ZPO) sollte das Ende einer langjährigen Entwicklungsgeschichte und den Beginn einer Vereinheitlichung des Rechtsgebietes darstellen. Die Entstehungsphase der ZPO im 19. Jahrhundert wurde dabei von zwei in Deutschland verankerten Vorstellungen geprägt: zum einen von der tradierten Vorstellung der Rechtsverwirklichung als Kampfmittel, zum anderen von der liberalistisch-individualistischen Geisteshaltung, welche die Durchsetzung des subjektiven Rechts und damit einhergehend die Wahrung des objektiven Rechts in die Hände des Einzelnen gelegt wissen wollte.[51] Der Einzelne wurde damit zum Bewahrer individueller Rechte und zugleich der Privatrechtsordnung erhoben.[52]

Die Zivilprozessordnung schuf zum ersten Mal für das gesamte Gebiet des Deutschen Reiches ein einheitliches Verfahrensrecht, das auf den Grundsätzen des Parteibetriebs, der Öffentlichkeit, der Mündlichkeit und der Unmittelbarkeit des Verfahrens aufgebaut war. Nach der ZPO von 1879 sollte die Einführung selbstständiger, von der Leitung der Gerichte unabhängiger Beamter die Schnelligkeit und den Erfolg der Vollstreckung sichern und damit das Ansehen der Justiz und das Vertrauen in die Rechtsordnung gewährleisten. Der Aufgabenbereich der Gerichtsvollzieher umfasste dabei das Tätigwerden nach den Prinzipien des Parteibetriebs. In § 753 Abs. 1 ZPO hieß es dazu: »Die Zwangsvollstreckung erfolgt, soweit sie nicht den Gerichten zugewiesen ist, durch Gerichtsvollzieher, welche dieselbe im Auftrage des Gläubigers zu bewirken haben.« Hierbei stand dem Gerichtsvollzieher jedoch keine Kompetenz zur Prüfung der Voraussetzungen von Zwangsvollstreckungen zu. Diese Prüfung war den Vollstreckungsgerichten vorbehalten, die auch bei Zwangsversteigerungen von Grundstücken oder Zwangsvollstreckungen in Forderungen und anderen Vermögensrechten tätig werden mussten.

Der § 155 GVG a. F. regelte indes den organisatorischen Aspekt des Gerichtsvollzieheramtes. Darin wurde festgehalten, dass die Dienst- und Geschäftsverhältnisse der Gerichtsvollzieher beim Reichsgericht durch den Reichskanzler und bei den Landesgerichten durch die Landesjustizverwaltung bestimmt würden. Diese Gestaltungsfreiheit führte zur Bildung dreier Systeme: dem System des Bezirksgerichtsvollziehers, dem System des frei wählbaren Gerichtsvollziehers und dem Amtssystem.[53] Die an das Gesetz gestellten Erwartungen konnten im Laufe der Zeit jedoch nicht erfüllt werden. Unter den schweren wirtschaftlichen Erschütterungen, die das Ende des Ersten Weltkrieges mit sich brachte, wurden die Stimmen im Volk laut, die ZPO und das Zwangsvollstreckungsrecht zu reformieren: Der Rechtsschutz sollte ausgebaut, die Stellung des Gerichtsvollziehers endgültig geregelt werden.[54] Wie bereits in Kapitel I dargestellt, wurden in dieser Zeit wirtschaftlicher Not immer mehr Gerichtsvollzieher Opfer körperlicher und beleidigender Straftaten, da die Gesellschaft in ihnen Feindbilder sah, die dort pfändeten, wo »sowieso nichts mehr zu holen« war. Die Reichsregierung berief daher 1920 im Reichsjustizministerium eine aus Vertretern der Wissenschaft und des Richter- und Anwaltstandes gebildete Kommission ein, die sich mit der grundlegenden Neugestaltung der ZPO beschäftigen sollte.[55] Die Ergebnisse wurden schließlich 1931 veröffentlicht und sahen eine radikale Änderung der ZPO und des darin enthaltenen Zwangsvollstreckungsrechts vor. So hieß es in § 769 des Entwurfs: »Konzentrierung der Zwangsvollstreckung bei einem Vollstreckungsgericht (Amtsgericht). Abschaffung des selbstständigen Gerichtsvollziehers, der vom Vollstreckungsgericht mit der Durchführung der Mobiliarvollstreckung beauftragt werden sollte. Der Gerichtsvollzieher sollte zwar weitgehend selbstständig handeln, Weisungen des Vollstreckungsgerichts sollten jedoch nicht ausgeschlossen sein.«[56]

Der Deutsche Gerichtsvollzieher Bund äußerte sich dazu ablehnend, weil die im Entwurf vorgesehene Einschränkung der Selbstständigkeit des Gerichtsvollziehers »eine unangebrachte Übertragung der staatlichen Fürsorge auf das Gebiet der Zwangsvollstreckung« bedeuten würde, das heißt »auf ein Gebiet, auf dem das Einzelinteresse des Gläubigers gegenüber dem Gesamtinteresse der Volksgemeinschaft offenbar weitaus überwiegt«.[57] Der Gerichtsvollzieherbund forderte daher sowohl die Beibehaltung der bisherigen Stellung des Gerichtsvollziehers als auch des Parteibetriebs. Die DGVZ veröffentlichte zu dem vorgelegten Entwurf 1932 ebenfalls mehrere Stellungnahmen, die allesamt die Herabstufung des Gerichtsvollziehers zu einem weisungsabhängigen Organ ablehnten.[58]

Ein Beispiel dafür war der Kommentar des Obergerichtsvollziehers Restorff, der in seinem Artikel bemerkte: »Der Gerichtsvollzieherdienst ist der Dienst des Persönlichen; dieser Dienst erfordert ganze Männer. Das erste Erfassen der Sachwerte, Kenntnis aller in Frage kommenden Gesetzesbestimmungen, Kenntnis der unendlich verschiedenartigen Pfandobjekte nach ihrer Bezeichnung und Bewertung, Energie, Kraft und Umsicht, ein stark ausgeprägtes Rechtsgefühl: das sind die Eigenschaften, die der Gerichtsvollzieher haben muß. Der Referentenentwurf sagt hierzu nichts, sondern nur kurz, daß die Tätigkeit des Gerichtsvollziehers allgemein dieselbe bleiben muß. Und doch will man diesen Dienst offenbar generell in ein nutzloses und schädliches Abhängigkeitsverhältnis bringen, in welchem man dem Gerichtsvollzieher schwerste Arbeit und alle Verantwortung auferlegt, die anordnende Stelle aber von aller Verantwortung befreit sein soll.«[59] Restorff fordert also entschieden, dass der Gerichtsvollzieher in seiner Tätigkeit und in seinem Ansehen entsprechend seiner verantwortungsvollen Arbeit gewürdigt werden solle.

Gaufachberater der Gerichtsvollzieher.

Bamberg	Vollstreckungsobersekretär Andreas Dusold, Bamberg.
Berlin	Obergerichtsvollzieher Karl Böttger, Berlin NW 21, Stephanstr. 46
Stellvertreter :	Obergerichtsvollzieher Engelmann, Berlin N., Carmen Sylva Str. 22
Braunschweig	Obergerichtsvollzieher Deutsch, Braunschweig, Fasanenstr. 29
Breslau	Obergerichtsvollzieher Handschuh, Breslau, Herbert Welkisch Str. 26
Celle	Obergerichtsvollzieher Pape, Hannover-Linden, Jacobstr. 5
Danzig	Obergerichtsvollzieher Dey, Danzig-Langfuhr, Rossbach Weg 14
Darmstadt	Obergerichtsvollzieher S t a n g, Gernsheim / Rhein.
Dresden	Gerichtsvollzieher K ö n i g, Dresden, Amtsgericht.
Düsseldorf	Obergerichtsvollzieher Remmers, Düsseldorf, Bilkerallee 28.
Frankfurt / M.	Obergerichtsvollzieher S p i e s s, Frankfurt / M. Karolinger Allee 28 a.
Hamburg	Vollstreckungsobersekretär Restorff, Hamburg, Gries - Str. 55.
Hamm	Obergerichtsvollzieher Clausen, Bochum, Kronenstr. 14.
Jena	Obergerichtsvollzieher Nündel, Weimar, Breitenstr. 3.
Karlsruhe	Gerichtsvollzieher Gruninger, Mannheim, Schwarzwaldstr. 4 a.
Kassel	Obergerichtsvollzieher Bührmann, Kassel, Möncheberg Str. 21 1/2.
Kiel	Obergerichtsvollzieher Sawall, Bargteheide / Holstein.
Köln	Obergerichtsvollzieher Hansen, Köln-Nippes, Krüthstr. 26.
Königsberg / Marienwerder	Obergerichtsvollzieher K r a c k, Königsberg / Pr., Tiergartenstr. 21.
Stellvertreter :	Obergerichtsvollzieher Konradt, Marienwerder.
München	Vollstreckungssekretär Ranetsberger, Rosenheim, Gabelsbergerstr. 6.

Liste der Gaufachberater der Gerichtsvollzieher.

Nach der Machtübernahme der NSDAP wurde die Diskussion über den Entwurf von 1931 und die Stellung des Gerichtsvollziehers im Rechtsleben fortgesetzt. Der Ausschuss für bürgerliche Rechtspflege der Akademie für Deutsches Recht befasste sich zwischen Sommer 1934 und Herbst 1937 ausführlich mit dem Entwurf und formulierte auch eigene Vorschläge[60]. Um zu veranschaulichen, was die Nationalsozialisten am Zwangsvollstreckungsrecht und der Stellung des Gerichtsvollziehers zu ändern beabsichtigten, ist ein Blick auf den »Fall Köppen« aus dem Jahr 1934 hilfreich, der in der DGVZ geschildert wurde: »Der Mieter S steht im Juni 1934 mit einem ›kleinen‹ Mietrestbetrag aus dem Vormonat in der Schuld seines Vermieters K. Da S die Miete nicht pünktlich zahlen konnte, möchte K eine Räumungsklage gegen ihn erwirken und stellt einen entsprechenden Antrag vor dem Zivilprozessgericht. Das zuständige Gericht beschließt daraufhin einen vollstreckbaren Vergleich zwischen den Parteien, aufgrund dessen die Schuld des S per Ratenzahlung abgetragen werden sollte. Damit strebte das Gericht an, die von K gewollte Räumungsklage zu vermeiden. Solange S die Raten pünktlich zahle, solle K von der Räumungsklage absehen. Als S im Oktober 1934, aufgrund familiärer und gesundheitlicher Probleme, abermals in Verzug der Ratenzahlung geriet, beantragte K die sofortige Räumung der Wohnung. K setzte S, samt seiner Familie, auf die Straße. Vor dem Jahre 1933 wäre das Verhalten des Vermieters K rechtlich einwandfrei gewesen. Dem K stand die Einsetzung der rechtlichen Mittel zu, den aus dem Mietverhältnis zustande gekommenen Vertrag aufzulösen, da S seiner Vertragsschuld nicht nachkam. Die Folge, die ein aufgelöster Mietvertrag mit sich zieht, besteht dabei in der Räumung der Mietsache. Ferner hätten dem K rechtliche Mittel zur Verfügung gestanden, gegen das Urteil des Zivilprozessgerichts Berufung einzulegen und den vollstreckbaren Vergleich nicht anzunehmen und somit die Vollstreckung ohne Verzögerung durchzusetzen.«[61]

Dieser Fall, der durch den *Völkischen Beobachter* bekannt wurde, macht deutlich, was die Nationalsozialisten am damaligen Zwangsvollstreckungsrecht kritisierten und was ihrer Ansicht nach geändert werden musste: »Der Hauseigentümer, der unbarmherzig und skrupellos arme Volksgenossen um Nichtigkeiten willen obdachlos macht, hat den Schutz des Staates in diesem seinem Treiben verwirkt, denn er verstößt gegen die Grundgesetze der Volksgemeinschaft, selbst wenn er in seinem Tun den Schein eines Gesetzesparagraphen für sich hat.« Diese Feststellung stammte aus einer Rede, die Hermann Göring, der damalige preußische Ministerpräsident und Reichskommissar für das preußische Innenministerium sowie Reichsminister für Luftfahrt, 1934 vor der Akademie für Deutsches Recht gehalten hatte, zu deren Gründungsmitgliedern er gehörte, und wurde am 25. November 1934 in einem Artikel der DGVZ zitiert.[62] Der gesamte Artikel mit dem Titel »Der Fall Köppen und seine Lehren« zeigt indessen, wie der Sachverhalt von den Nationalsozialisten genutzt wurde, um den vermeintlich allzu liberalen Tenor des Rechts und insbesondere des Zwangsvollstreckungsrechts anzuprangern: Das deutsche Recht sollte demnach den »unbarmherzigen und skrupellosen« Gläubiger nicht schützen dürfen, sondern den »armen Volksgenossen« vor etwaigem Missbrauch bewahren.[63] Denn das Recht, so Göring, diene dazu, dem »eigentlichen Grundgedanken und Grundzweck« zu dienen, der in der Wahrung der Volksgemeinschaft und nicht in der Befriedigung rechtlicher Ansprüche des Einzelnen bestehe. Den Vorschriften im »alten« Zwangsvollstreckungsrecht wurde dagegen vorgeworfen, den Parteien die Möglichkeit einzuräumen, ihr Eigeninteresse über die Interessen der Volksgemeinschaft zu stellen. Dies ermögliche vor allem der bis dahin geltende Parteibetrieb, der die Einleitung und Durchführung des Verfahrens in die Hände des Gläubigers lege. In einem Kommentar zum Gesetz zur Verhütung missbräuchlicher Ausnutzung von Vollstreckungsmöglichkeiten vom 18. Dezember 1934 bemerkte Erich Volkmar in der Zeitschrift *Deutsche Justiz, Rechtpflege und Rechtspolitik* noch Jahr 1934: »Nirgends wirkt sich die liberalistische Einstellung der alten ZPO verhängnisvoller aus als im Vollstreckungsrecht. Ein Recht, das die Vollstreckung als einen Kampf zwischen Gläubiger und Schuldner ansieht, bei dem der Staat lediglich die Grenzen der Befugnisse der beiden Streitteile absteckt und wahrt, im Übrigen aber den Parteien gestattet, innerhalb der gesetzlichen Grenzen ihre Rechte und Gegenrechte hemmungslos durchzusetzen, kann zu keinen befriedigenden Ergebnissen führen. Unter solchem Recht läuft die Vollstreckung auf einen Geschicklichkeitskampf zwischen Gläubiger und Schuldner hinaus, bei dem der Raffinierte und Skrupellose Sieger bleibt.«[64]

Aufgrund der Tatsache, dass die Durchführung der Vollstreckung eine Angelegenheit der Parteien war, waren die Rechte des Gläubigers und des Schuldners genau abgegrenzt. Das Gericht konnte demnach nur dann eingreifen, wenn eine Partei diese Rechte verletzte. Agierten die Parteien jedoch innerhalb ihrer Rechte, so konnte das Gericht nicht einschreiten, selbst wenn die Parteien »ihre Befugnisse rücksichtslos ausnützten, ohne dass das Gericht die Möglichkeit hatte, regelnd und ordnend einzugreifen«.[65]

So auch im Fall Köppen: Das Gericht musste die Entscheidung des Gläubigers hinnehmen, den Schuldner per Räumungsklage aus dem Wohnraum zu verweisen. Abhilfe gab es nur, wenn das Zwangsvollstreckungsrecht dermaßen neu konzipiert wurde, dass man »sich vom reinen Parteibetrieb des alten Rechts« löste und die Frage, ob »mit rücksichtsloser Strenge oder mit Nachsicht gegen den Schuldner vorgegangen« werden solle, nicht allein »der Einsicht des Gläubigers« überließ, sondern es vielmehr dem Gericht ermöglichte, »schon vom Beginn der Vollstreckung das Verfahren zu übersehen und zu überwachen«.[66]

Der Fall Köppen blieb demnach für die Zwangsvollstreckung und die Stellung des Gerichtsvollziehers nicht folgenlos, sondern wurde zum Anlass genommen, das schon erwähnte »Gesetz zur Verhütung missbräuchlicher Ausnutzung von Vollstreckungsmöglichkeiten« vom 18. Dezember 1934 zu verabschieden.[67] Das Gesetz bezog sich insbesondere auf Vollstreckungstitel, welche die Räumung von Wohnungen veranlassten. Das Vollstreckungsgericht konnte nun auf Antrag des Schuldners die Maßnahmen der Zwangsvollstreckung ganz oder teilweise aufheben.[68] Dies galt auch dann, wenn dem Gläubiger ein rechtlich einwandfreier Vollstreckungstitel zugegangen war. Insbesondere konnte das Gericht nun prüfen, ob das Vorgehen des Gläubigers gegen den Schuldner »eine gesundem Volksempfinden«[69] gröblich widersprechende Härte darstellte.[70] Der 2. Absatz des Gesetzes regelte auch die Befugnis des Gerichtsvollziehers in diesem Fall neu: War dem Schuldner die rechtzeitige Anrufung des Vollstreckungsgerichts nicht möglich, konnte der Gerichtsvollzieher die Zwangsvollstreckung bis zur Entscheidung des Vollstreckungsgerichts aufheben.[71] Zuvor, im Oktober 1934, war bereits eine weitere Regelung ergangen, die dem Schutz des Schuldners dienen sollte: die »Verordnung über Maßnahmen auf dem Gebiete der Zwangsvollstreckung vom 26. Mai 1933 in der Fassung vom 24. Oktober 1934«. Sie sah vor, dass ein kleiner Kreis unentbehrlicher Gegenstände dem Schuldner belassen werden musste und ein bestimmter Minimalbetrag des Arbeitslohnes oder Gehaltes der Pfändung entzogen war.[72]

Die Verordnung und das Gesetz zur Verhütung missbräuchlicher Ausnutzung von Vollstreckungsmöglichkeiten genügten den Nationalsozialisten jedoch nicht. Sie kritisierten, dass selbst wenn man die Grenzen des Schuldnerschutzes einhalte, die Gleichgültigkeit darüber, dass der Vollstreckungszugriff die etwaige Vernichtung der wirtschaftlichen Existenz des Schuldners bedeutete, das wahre Problem des Zwangsvollstreckungsrechts darstelle.[73] Die Änderung dieser Missstände könne man nur erreichen, wenn das Interesse der Volksgemeinschaft und der Rechtsschutzgedanke im Vordergrund stünden. Diese Ansicht vertrat nicht zuletzt Erich Volkmar, der im Herbst 1935 zum Vorsitzenden des Ausschusses für bürgerliche Rechtspflege der Akademie für Deutsches Recht ernannt wurde.[74] Volkmar forderte, dass die ZPO samt dem Zwangsvollstreckungsrecht »im Geiste nationalsozialistischer Rechtsauffassung« neu gestaltet werden sollte. Aus den Fehlern und den Unzulänglichkeiten der Nachkriegsjahre, in denen ohne Rücksicht gepfändet und vollstreckt worden sei, müsse gelernt werden; das Vollstreckungssystem solle sich einzig und allein »an die Volksbelange anpassen«.[75]

Im Mittelpunkt des Zwangsvollstreckungsrechts sollte künftig also nicht mehr das eigennützige Interesse des Gläubigers, sondern das Interesse der Volksgemeinschaft an der sachgemäßen Durchsetzung der Rechtsordnung stehen. Im Fall Köppen wäre der Anspruch des Vermieters gegen den Schuldner auf Räumung der Wohnung somit zwar rechtens gewesen. Aber zu einer Vollstreckung des Anspruches wäre es nicht gekommen. Eine solche Rechtsauslegung hätte sich allerdings vermutlich bereits nach dem »Gesetz zur Verhütung missbräuchlicher Ausnutzung von Vollstreckungsmöglichkeiten und der Verordnung über Maßnahmen auf dem Gebiete der Zwangsvollstreckung« ergeben, da der Vollstreckungsrichter wegen besonderer Härte wohl gegen eine Räumung entschieden hätte. Dennoch wurden nun in weiteren Verordnungen auch die Kompetenzen des Gerichtsvollziehers explizit erweitert, um Fälle wie die von Köppen zu vermeiden. So sollte der Gerichtsvollzieher künftig auf kontrollierender Ebene dafür Sorge tragen, dass kein Gläubiger mehr gegen den Willen und die Wahrung der Volksgemeinschaft agierte, selbst wenn seine Aktionen durch rechtlich einwandfreie Titel gerechtfertigt waren. Das nationalsozialistische Zwangsvollstreckungsrecht stattete die Gerichtsvollzieher daher mit Befugnissen aus, die sie dazu berechtigten, selbstständig Aufklärungen vom Schuldner abzuverlangen und gegebenenfalls unmittelbare Ermittlungen einzuleiten. Ferner wurde der Gerichtsvollzieher ermächtigt, »vom Schuldner Angaben über pfändbare Werte, und zwar gegebenenfalls auch über Werte, deren Beschlagnahme durch den Gerichtsvollzieher nicht erfolgen kann, einschließlich der anfechtbaren Rechtsgeschäfte und über etwaige Rechtshindernisse, die der Vollstreckung einzelner Gegenstände entgegenstehen, zu verlangen und hierüber ein Protokoll aufzunehmen«.[76]

Unpfändbare Gegenstände

Wie heute umfasste der § 811 der Zivilprozessordnung auch im »Dritten Reich« Gegenstände, die als unpfändbar gekennzeichnet sind. Diese dürfen von Gerichtsvollziehern unter keinen Umständen gepfändet werden, wenn die Pfändung die Existenzgrundlage des Schuldners gefährdet. In der heutigen Auslegung begründen teils sozialpolitische, teils grundrechtlich geschützte Rechte die Pfändungsverbote. Im NS-Staat wurde der § 811 ZPO ebenfalls als Pfändungsschützende Norm genutzt. § 811 Ziff. 1 ZPO umfasste dabei den Pfändungsschutz von Gegenständen, die für den Bedarf des Schuldners oder zur Erhaltung eines angemessenen Hausstandes unentbehrlich waren. Als Beispiele wurden hierbei Kleidungsstücke, Betten, Wäsche oder Haus- und Küchengeräte aufgezählt. In einer Urteilsbegründung stellte das Landgericht Berlin in diesem Zusammenhang am 16. Mai 1934 fest, dass die Frage, was für einen »angemessenen Hausstand« unentbehrlich sei, nicht für »alle Zeiten« festgelegt werden könne, sondern von den »jeweiligen gesellschaftlichen Anschauungen eines Volkes« abhängig sei.[77] So könne es sein, dass sich im Laufe der Zeit ein Wandel in der »Angemessenheit« und »Unentbehrlichkeit« ein- und desselben Gegenstandes beobachten lasse. Dieser Wandel bewirke dann zwar eine inhaltliche Änderung des Gesetzes, aber keine Änderung seines Wortlauts. Vielmehr umfasse das Gesetz dann Gegenstände, die in der Vergangenheit nicht tangiert worden seien.[78]

Rundfunkgeräte sind generell unpfändbar.

Dies galt auch im Fall des § 811 ZPO, der ab 1934 eine Erweiterung der pfändungsgeschützten Gegenstände vorsah, wie die Beispiele Volksempfänger, *Mein Kampf* und parteiamtliche Uniformen zeigen. Erstes Beispiel: Der sogenannte Volksempfänger stieg im »Dritten Reich« als das mächtigste Propagandainstrument auf, das zur Volksbeeinflussung genutzt wurde.[79] Das Radiogerät sollte die Volksgenossen an der »Schaffung der Einheit des deutschen Volkes durch die nationalsozialistische Staatsführung« teilhaben lassen.[80] Der nationalsozialistischen Führung wurde daher schnell klar, dass der § 811 ZPO erweiternd ausgelegt werden musste, damit dieses wichtige Propagandainstrument nicht pfändbar gemacht werden durfte – und zwar zunächst bei niemandem, so dass zu Beginn der NS-Zeit selbst Juden in den Genuss der Schutzvorschrift hinsichtlich des Volksempfängers kommen konnten. Erst im Laufe der Zeit trat hier ein Wandel ein. Da man die Begründung für den Pfändungsschutz darin sah, dass das Radio zur Schaffung der Einheit des deutschen Volks notwendig war und der politischen und kulturellen Unterrichtung diente, konnten Juden darin keine Begründung für den Pfändungsschutz mehr geltend machen, da sie nach nationalsozialistischer Auffassung nicht zum deutschen Volk gehörten.[81] Sie konnten sich daher nicht mehr auf den § 811 ZPO berufen. Am 20. September 1939 wurde das Problem schließlich irrelevant, weil es Juden jetzt generell verboten war, Rundfunkgeräte zu besitzen.

Zweites Beispiel: Ein am 6. Oktober 1939 vom damaligen Reichsleiter Dr. Hans Frank des Rechtsamtes der NSDAP an den Oberlandesgerichtspräsidenten gerichtete Verfügung befasste sich mit der Verwertung des Hitler-Buches *Mein Kampf* im Zwangsvollstreckungs- und Konkursverfahren.[82] Darin beklagte Frank, dass mehrere Einzelfälle bekannt geworden seien, in denen Gerichtsvollzieher »das Werk des Führers« als Versteigerungsgegenstand in Zeitungen angezeigt hätten. Frank sah darin einen Verstoß gegen § 811 ZPO. Tatsächlich bestimmte § 811 Nr. 10, dass diejenigen Bücher, die im Gebrauch des Schuldners und seiner Familie standen, regelmäßig von der Pfändung durch den Gerichtsvollzieher ausgeschlossen seien, wenn diese ihrem Zweck nach der nationalsozialistischen Erziehung dienten. Im genauen Wortlaut des § 811 Nr. 10 ZPO wurden dabei die Begriffe »Schule« und »Unterrichtsanstalt« benutzt. Diese Begrifflichkeiten, so ein Artikel in der *Deutschen Gerichtsvollzieher Zeitung*, müssten jedoch weit gefasst werden, denn zu ihnen müsse auch die Deutsche Arbeitsfront gerechnet werden, zu deren Aufgabenbereich die Erziehung der Mitglieder zum Nationalsozialismus gehöre. »Für die in dieser Millionenbewegung zusammengeschlossenen Volksgenossen«, so die DGVZ, greife daher § 811 Nr. 10 ZPO« insbesondere *dann*, wenn es um Hitlers *Mein Kampf* gehe. Dieses Werk sei ein »Schulungsbuch ersten Ranges«. Zu einer Pfändung und Verwertung von *Mein Kampf* dürfe es deshalb nur dann kommen, wenn in Buchhandlungen oder Leihbüchereien gepfändet werde. Der Zentralverlag der NSDAP, Franz Eher Nachf. GmbH, habe sich nach der Bekanntmachung der Einzelfälle bereit erklärt, die Werke, die als Pfandstücke versteigert worden wären, selbst zu erwerben.[83] Die Gerichtsvollzieher wurden daher aufgefordert, den Zentralverlag der NSDAP zu kontaktieren oder den Parteien im Vollstreckungsverfahren nahezulegen, selbst den Weg über den Zentralverlag zu gehen.

Drittes Beispiel: Der Reichsminister der Justiz bestimmte durch eine Allgemeine Verfügung vom 3. April 1935, wie mit der Verwertung parteiamtlicher Uniformen, Gewebe und Abzeichen im Vollstreckungsverfahren umzugehen war.[84] Nach § 5 Abs. 1 des »Gesetzes gegen heimtückische Angriffe auf Staat und Partei und zum Schutz der Parteiuniform« vom 20. Dezember 1934 durften parteiamtliche Uniformen, Fahnen oder Abzeichen der NSDAP, ihrer Gliederungen oder der ihr angeschlossenen Verbände nur mit Erlaubnis des Reichsschatzmeisters der NSDAP gewerbsmäßig hergestellt, vorrätig gehalten oder sonst in Verkehr gebracht werden. Dies galt auch bei der Vollstreckung durch den Gerichtsvollzieher, der daher die genannten Gegenstände aufgrund des Pfändungsschutzes nach § 811 Nr. 7 ZPO nicht pfänden durfte. Sollte es dennoch zu einer Vollstreckung und darauffolgenden Versteigerung parteiamtlicher Gegenstände kommen, etwa im Konkursfall, so wurde der Gerichtsvollzieher angewiesen, vor Erteilung des Zuschlags zu prüfen, ob der Bieter zum Besitz dieser Gegenstände berechtigt war. Zudem sollte der Gerichtsvollzieher dafür sorgen, dass diejenigen Gegenstände, für die sich kein berechtigter Bieter fand, an die Reichszeugmeisterei der NSDAP München übergeben wurden.

Die Gerichtsvollzieherausbildung von 1938

Mit größter Sorgfalt widmete sich die Justizverwaltung der Aus- und Fortbildung der Gerichtsvollzieher. In den Eingangsworten der »Allgemeinen Verfügung des Reichsjustizministers vom 28. April 1936 über die fachliche Schulung und Fortbildung der Gerichtsvollzieher« wird hervorgehoben, dass »der Gerichtsvollzieher im Außendienst eine entscheidende Tätigkeit« ausübe. In einem Aufsatz von Amtsrat Schröder über »Die fachliche Schulung und Fortbildung der Gerichtsvollzieher« wurden die Gerichtsvollzieher zudem als Teil der »Rechtswahrergruppe« bezeichnet, von deren »Können und Verhalten« nicht nur der Erfolg richterlicher Entscheidungen, sondern auch das Vertrauen des Volkes in die staatliche Zwangsgewalt und damit das Ansehen der Rechtspflege überhaupt abhänge. Das Handeln des Gerichtsvollziehers könne damit, so Schröder, Grundpfeiler eines neuen, in der Gesellschaft gewürdigten und respektierten Ansehens sein. Voraussetzung dafür sei jedoch, dass der Gerichtsvollzieher neben dem fachlichen Wissen auch eine einwandfreie Persönlichkeit besitzen müsse. Zudem müsse er den Nationalsozialismus verinnerlicht haben.[85]

Um diese Ziele zu erreichen, bedurfte es einer ausgewählten Personalpolitik. Die bereits tätigen Gerichtsvollzieher wurden daher in Schulungskursen fachlich fortgebildet; für den Gerichtsvollziehernachwuchs wurde eine neue Ausbildungsordnung erlassen, um ihn im nationalsozialistischen Sinne zu erziehen. Bereits im Dezember 1934 veröffentlichte die DGVZ dazu auf ihrer Titelseite eine Rede des damaligen Präsidenten der Akademie für Deutsches Recht und Reichsjuristenführers[86] Frank mit dem Titel: »Erhaltet die schöpferische Kraft unseres Nachwuchses!« Frank hatte diese Rede am 14. November 1934 auf der Tagung der Jungjuristen gehalten, wobei er mit »Nachwuchs« die künftigen »Erbe[n] und Träger dieses großen geistigen Ideengutes der Nation« meinte. Während »die Kräfte der Vergangenheit, Liberalismus und Marxismus«, so Frank in seiner Rede, die Zerstörung des deutschen Volkes bewirkt hätten, sei es nun Aufgabe der Nationalsozialisten, die neuen Traditionen »des Führers über die Generationen hinaus zu tragen«. Dies sei insbesondere die Aufgabe aller Berufsgruppen, die mit der Tätigkeit der Juristen in Kontakt stünden. Deren Position als Vermittler zwischen »Volk und Recht« sowie als »Schöpfer einer deutschen Rechtsordnung« sollte unbedingt gestärkt werden.[87]

Deutscher Juristentag in Leipzig, 16.–19. Mai 1936.

    Die neue Gerichtsvollzieherausbildung suchte vor allem der Vielfältigkeit des Berufes gerecht zu werden. Da die »Diensttätigkeit des Gerichtsvollziehers fast alle Rechtsgebiete« betreffe, müsse der Gerichtsvollzieher zunächst »eine gründliche Kenntnis des materiellen Rechts besitzen«. Dies umfasse neben dem bürgerlichen Recht und seinen üblichen Teilgebieten, wie dem Arbeits- und Handelsrecht, nun auch die »neuzeitlichen Materien des Devisen-, Erbhof- und Entschuldungsrechts«. Des Weiteren solle der Gerichtsvollzieher über Kenntnisse in der Waren- und Wirtschaftskunde verfügen. Doch auch wenn der künftige Gerichtsvollzieher das materielle Recht anwenden könne, sei er noch kein Gerichtsvollzieher, der den Anforderungen des nationalsozialistischen Staates genüge. Denn »die Verwirklichung des Rechts« werde »nicht aus der Abstraktheit formaler Gesetzesvorschriften gewonnen«, sondern hänge »in allererster Linie von den persönlichen und charakterlichen Eigenschaften des mit der Durchführung des Gesetzes betrauten Beamten ab«.[88]

    Nach nationalsozialistischer Auffassung kam dem Gerichtsvollzieher aufgrund seiner unmittelbaren Nähe zum Volk, die sich aus seiner Arbeit ergab, somit eine bedeutende Rolle zu. Er saß nicht nur im Büro, sondern war unmittelbar am Leben der »Volksgenossen« beteiligt und sollte dabei auch die ideellen Prinzipien des Staates verkörpern.

AusbO. f. d. GV.

Änderung Aa. 5. 11. 1955 Inf. v. 1717.

I. Teil.
Ordnung des Gerichtsvollzieherwesens.
1. Abschnitt. Ausbildung.
1. AB. d. RJM. v. 8. 7. 1938 (Dt. Just. S. 1089), betr. Ausbildungsordnung für die Gerichtsvollzieher.

Ziel der Ausbildung.

Wer als Organ der staatlichen Zwangsgewalt die richterliche Entscheidung vollziehen soll, muß die Gesetze und Dienstvorschriften beherrschen und imstande sein, sie verständnisvoll und sicher anzuwenden. Er muß über den Parteien stehen und ohne Eigennutz und unbestechlich dem Wohl des Volkes seine Kräfte widmen.

Sein Amt erfordert Nachdruck gegenüber dem böswilligen, Verständnis gegenüber dem zahlungswilligen, aber zahlungsunfähigen Schuldner.

Nur der gefestigten Persönlichkeit kann die staatliche Zwangsgewalt anvertraut werden. Die Geeigneten zu finden und zu fördern, ist eine der wichtigsten Aufgaben der Leiter der Behörden und der mit der Ausbildung der Gerichtsvollzieher betrauten Beamten.

§ 1. Voraussetzung der Ernennung zum Gerichtsvollzieher.

1. Zum Gerichtsvollzieher kann ernannt werden, wer
   a) einen Vorbereitungsdienst abgeleistet und die Gerichtsvollzieherprüfung bestanden hat,
   b) körperlich rüstig ist,
   c) in geordneten wirtschaftlichen Verhältnissen lebt.

2. Ausnahmsweise kann mit Zustimmung des Reichsministers der Justiz zum Gerichtsvollzieher ernannt werden, wer die Prüfung für den gehobenen ~~mittleren~~ Justizdienst bestanden hat und bereits mit Erfolg im Gerichtsvollzieherdienst verwendet worden ist.

§ 2. Zulassung zum Vorbereitungsdienst.

1. Zum Vorbereitungsdienst kann zugelassen werden, wer
   a) die Prüfung für den ~~einfachen~~ mittleren Justizdienst bestanden hat,
   b) nach seiner Persönlichkeit und seinen bisherigen Leistungen für den Gerichtsvollzieherdienst besonders geeignet erscheint,
   c) die Anforderungen zu § 1 Abs. 1 b und c erfüllt,
   d) die Gewähr bietet, daß er jederzeit rückhaltlos für den nationalsozialistischen Staat eintritt,
   e) das 40. Lebensjahr nicht überschritten hat.

2. Ausnahmsweise können auch Bewerber zugelassen werden, die die Prüfung für einen anderen Zweig des ~~einfachen~~ mittleren Dienstes bestanden haben.

Die neue Ausbildungsordnung für Gerichtsvollzieher, Juli 1938.

Daher war vor allem zu beachten, hieß es im Vorwort zur Gerichtsvollzieherausbildungsordnung vom 8. Juli 1938, dass der Gerichtsvollzieheranwärter verinnerliche, dass seine Handlungen und Entscheidungen über den Interessen der Parteien stehen müssten und er seine Kräfte »ohne Eigennutz und Unbestechlichkeit dem Wohl des Volkes [...] widmen« solle. Ziel der neuen Ausbildung sollte es deshalb sein, den Gerichtsvollziehernachwuchs darin zu schulen, den böswilligen Gläubiger ausfindig zu machen und gegenüber dem zahlungswilligen, aber zahlungsunfähigen Schuldner verständnisvoll zu sein.[89]

Zum Vorbereitungsdienst konnte nur zugelassen werden, wer die Prüfung für den einfachen mittleren Justizdienst bestanden und das 40. Lebensjahr noch nicht vollendet hatte; zudem mussten sich die Kandidaten durch »körperliche Tüchtigkeit, geordnete wirtschaftliche Verhältnisse und rückhaltloses Eintreten für den nationalsozialistischen Staat« auszeichnen.[90] Bei der Entscheidung über die Bewerber verfügte vor allem der zuständige Oberlandesgerichtspräsident über umfangreiche Befugnisse. Er wählte die Anwärter aus und berief sie zum Vorbereitungsdienst ein. Darüber hinaus war er ermächtigt, die Bewerber zur persönlichen Vorstellung zu bestellen und weitere Ermittlungen zu veranlassen, die Auskunft über die Eignung gaben. Dabei wurde in der Ausbildungsordnung ausdrücklich erwähnt, dass der Oberlandesgerichtspräsident diejenigen Bewerber bevorzugt berücksichtigen musste, »die ihre Einsatzbereitschaft für die nationalsozialistische Bewegung durch Mitarbeit in der Partei, ihren Gliederungen oder angeschlossenen Verbänden bewiesen haben«.[91]

Gemäß § 3 Abs. 1 der Ausbildungsordnung wurden die Bewerber in der Regel zum 1. April jährlich einberufen. Der Vorbereitungsdienst dauerte ein Jahr und war in drei Ausbildungsabschnitte eingeteilt.[92] Der erste Abschnitt umfasste fünf Monate und diente dazu, den Anwärter mit den für das Gerichtsvollzieherwesen in Betracht kommenden Gesetzen und Dienstvorschriften vertraut zu machen und sie in sämtliche Geschäfte des Gerichtsvollzieherwesens einzuführen. Dabei wurde der Anwärter zunächst mit einfachen administrativen Aufgaben betraut, wie Schreibarbeiten, der Führung von Büchern und Mitteilungen an einzelne Parteien. Sobald es der Stand der Ausbildung zuließ, wurde der Anwärter auch in den Außendienst mitgenommen. Ferner musste der Anwärter seinem Gerichtsvollzieherleiter jeden Monat mindestens eine schriftliche Arbeit aus dem für die Gerichtsvollziehertätigkeit in Frage kommenden Rechtsgebieten abnehmen und sie mit einer Stellungnahme an den Aufsichtsführenden Richter weiterleiten. Der zweite Abschnitt diente neben der theoretischen Vertiefung der Lehrinhalte vor allem der »Auslese der geeigneten Anwärter«, über die ein aus Richtern, Gerichtsvollziehern und Beamten des gehobenen mittleren Justizdienstes bestehender Lehrkörper entschied. Der Unterricht erfolgte dabei in Form von Vorlesungen, Vorträgen und Besprechungen, in denen es um Grundsätze des Staats- und Verwaltungsrechts, Beamtenrecht, Gebührenrecht, Erbhofrecht und Devisengesetzgebung ging. Der dritte und letzte Ausbildungsabschnitt dauerte vier Monate und wurde wieder bei einem praktizierenden Gerichtsvollzieher absolviert. Er diente vor allem der Förderung des Gerichtsvollziehers in der selbstständigen Anwendbarkeit der Gesetze und Dienstvorschriften, so dass der Anwärter nunmehr zur selbstständigen Entscheidungsfindung angeleitet wurde. Am Ende des Vorbereitungsdienstes musste schließlich eine Prüfung abgelegt werden, zu der in den Oberlandesgerichten entsprechende Prüfungsausschüsse gebildet wurden. Planmäßig als Gerichtsvollzieher angestellt wurde der Anwärter aber erst, nachdem er mindestens ein Jahr selbstständig als Gerichtsvollzieher tätig gewesen war.

Gerichtsvollzieher und Enteignung von Juden

Die Devisenstellen

Während der Regierungszeit von Reichskanzler Heinrich Brüning von März 1930 bis Mai 1932 erreichte die Weltwirtschaftskrise mit ihren schwerwiegenden Folgen auch in Deutschland ihren Höhepunkt. Brüning reagierte darauf mit einer Deflationspolitik, mit der er die Voraussetzungen für die Lösung der Reparationsfrage und die Bekämpfung der Arbeitslosigkeit schaffen wollte und die ihm in der Bevölkerung den Titel »Hungerkanzler« eintrug. Da er für diese Politik spätestens nach der Reichstagswahl vom 14. September 1930 keine parlamentarische Mehrheit mehr besaß, regierte er vornehmlich mit Notverordnungen gemäß Artikel 48 der Weimarer Verfassung, um seine wirtschaftspolitischen Maßnahmen durchsetzen zu können.[93] So erließ er mit der Notverordnung über die Devisenbewirtschaftung vom 1. August 1931 eine allgemeine Devisenablieferungspflicht und führte Devisenkontingente für Importe ein.[94] Die Landesfinanzämter erhielten damit die Befugnis, Devisenstellen einzurichten, um während der Weltwirtschaftskrise Kapital- und Steuerflucht aus Deutschland zu unterbinden und sogenannte Devisenkontrollen einzuführen.[95]

Was unter der Regierung Brüning nur zur Überwachung des Zahlungsverkehrs diente, wurde jedoch nach 1933 von den Nationalsozialisten genutzt, um eine Vielzahl wirtschaftlich diskriminierender Maßnahmen zu erlassen, insbesondere zur Umsetzung ihrer aggressiven Judenpolitik. Den Devisenbehörden kam dabei eine große Bedeutung zu. Denn sie konnten nun ihre umfangreichen Kompetenzen im Rahmen der Durchführung und Überwachung der bestehenden Außenhandels- und Devisenbestimmungen zur fiskalischen Beraubung und Vertreibung der jüdischen Bevölkerung nutzen.[96] Die

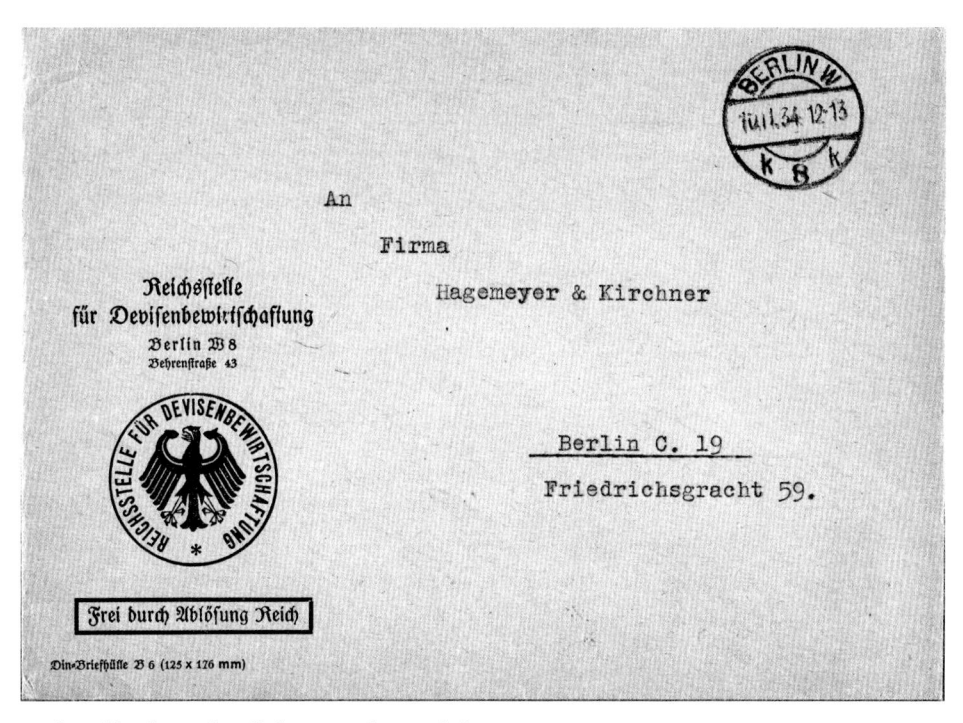

Briefumschlag der Reichsstelle für Devisenbewirtschaftung, 1934.

Gesetze und Verordnungen wurden dabei zwar im Wesentlichen vom Reichsfinanzministerium erlassen. Die konkrete Umsetzung lag indessen größtenteils in den Händen der regional tätigen Devisenstellen. Ab 1936 wurde die Überwachung der jüdischen Bevölkerung, der angesichts ihrer steigenden Verfolgung im Landesinneren eine »Auswanderungsabsicht« unterstellt wurde, sogar zur vordringlichsten Aufgabe der Devisenstellen. Die Nationalsozialisten warfen den Juden »Kapitalflucht« vor und schürten damit zusätzlich die bestehenden antisemitischen Vorurteile gegen die »kapitalistischen Juden« in der Öffentlichkeit. So sorgte nicht zuletzt die NS-Devisengesetzgebung dafür, dass große Teile des jüdischen Vermögens in die Hände des Staates gelangten. Um einen Überblick über den Wert des zu beraubenden Vermögens zu erhalten, wurde im Rahmen des 1936 beschlossenen nationalsozialistischen Vierjahresplans – ein Wirtschaftsprogramm, mit dem binnen vier Jahren die wirtschaftliche und militärische Kriegsfähigkeit Deutschlands erreicht werden sollte – eigens eine »Verordnung zur Anmeldung des Vermögens von Juden« erlassen, nach der jüdische Bürger ihr gesamtes Vermögen mittels eines Meldebogens anzuzeigen hatten, sofern der Gesamtwert 5000 Reichsmark überstieg. In diesen Zusammenhang fiel auch die sogenannte »Reichsfluchtsteuer«, für die sich wiederum schon bei Brüning eine Rechtsgrundlage fand, um Kapitalflucht einzudämmen: nämlich mit der »Vierten [Not-]Verordnung des Reichspräsidenten zur Sicherung von Wirtschaft und Finanzen und zum Schutze des inneren Friedens« vom 8. Dezember 1931.[97]

Bei Aufgabe des inländischen Wohnsitzes wurde die Steuer – bei einem Steuersatz von 25 Prozent – fällig, sofern das Vermögen 200.000 Reichsmark überstieg oder das Jahreseinkommen mehr als 20.000 RM betrug. Im »Dritten Reich« diente die Steuer dann allerdings nicht mehr dem ursprünglichen Zweck, vermögende Reichsbürger von einer Übersiedlung ins Ausland abzuhalten, sondern wurde als Instrument zur Ausplünderung jüdischer Bürger missbraucht, deren Auswanderung durch die Judenverfolgung forciert wurde.

All dies geschah unter dem Deckmantel eines vermeintlich ordentlichen Verwaltungssystems.[98] So konnten Verfügungen einer Devisenbewirtschaftungsstelle, die ihre Zuständigkeit überschritten hatte, zwar im Nachhinein im Rahmen eines ordentlichen Gerichtsverfahrens für null und nichtig erklärt werden. Die Handlungsspielräume der Devisenbewirtschaftungsstellen wurden jedoch durch den nationalsozialistischen Staat dermaßen erweitert, dass von normengebundenem Handeln nicht mehr gesprochen werden konnte und Überschreitungen als rechtmäßig angesehen wurden. Der am 1. Dezember 1936 in das Devisengesetz aufgenommene § 37a ermächtigte die Devisenstellen sogar schon bei vagem Verdacht der Kapitalflucht, sogenannte Sicherungsanordnungen zu erlassen, die dem Verdächtigten sämtliche Verfügungsrechte über sein Eigentum entzogen und an seiner Stelle Treuhänder einsetzten.[99] Den Gerichtsvollziehern kamen dabei in den Devisenstellen mehrere Aufgaben zu: Zum einen dienten sie als Sachverständige, um Anträge und Verzeichnisse zu prüfen, die bei den Devisenstellen eingingen. Beispielsweise musste das Umzugsgut vor der Auswanderung von Juden in der Wohnung des Auswanderers und in dessen Anwesenheit registriert und geschätzt werden, wobei die Gerichtsvollzieher auch die vorgelegten Rechnungen über die einzelnen Gegenstände einsahen und zwischen Gegenständen, die vor und nach 1933 gekauft worden waren, unterschieden. Nach Abschluss der Prüfung durch den Gerichtsvollzieher entschied dann die zuständige Devisenstelle, welche Güter mitgenommen werden durften und in welcher Höhe Abgaben an die Deutsche Golddiskontbank zu leisten waren. Die Kosten für die Prüfung und Schätzung des Umzugsgutes hatte der Auswanderer selbst zu tragen. Die Gebühren konnte der Gerichtsvollzieher nach Maßgabe der »Gebührenordnung für die Prüfung von Umzugsgut« erheben und entrichten lassen.[100]

Konnte der Auswanderer seine Steuern nicht zahlen oder war ihm die Flucht gelungen, so wurde das eingezogene Umzugsgut mit Hilfe von Gerichtsvollziehern vom Fiskus und der Geheimen Staatspolizei (Gestapo) versteigert. Die Gerichtsvollzieher wurden dann in ausgesuchten Auktionslokalen im Auftrag tätig und durften einen

Maßnahmen gegen Juden, April 1933.

bestimmten Prozentsatz des Gewinnes für sich verbuchen. Juden waren bei den Versteigerungen grundsätzlich ausgeschlossen, wie ein Schreiben des Steuersekretärs des Oberfinanzpräsidenten Kassel vom 27. September 1938 zeigt. Darin heißt es, dass bei Versteigerungen von »gepfändeten, beschlagnahmten oder eingezogenen Sachen das Mitbieten von Juden zu untersagen« sei. Darüber hinaus müsse sogar Vorsorge getroffen werden, »daß Arier, die sich im Auftrage von Juden an Versteigerungen beteiligen, vom Bieten ausgeschlossen werden«. Der Verfasser des Schreibens schlug daher vor, dass in den Versteigerungsorten künftig durch ein Schild mit der Aufschrift »Juden nicht zugelassen. Bieten im Auftrag von Juden verboten« auf die Anordnung aufmerksam gemacht werden sollte.[101]

Allerdings sollten nicht alle Gegenstände einer öffentlichen Versteigerung zugeführt werden, wie einer Verfügung des Oberfinanzpräsidenten Berlin vom November 1940 über das Vorgehen bei der Beschlagnahmung wertvoller Kunstschätze zu entnehmen ist.[102] Darin wurde angeordnet, dass künftig eine unmittelbare Berichterstattung zu erfolgen hatte, wenn ein Finanzamt, Gerichtsvollzieher oder Hauptzollamt wertvolle Kunstgegenstände beschlagnahmte. Diese Gegenstände durften erst dann versteigert werden, wenn die ausdrückliche Zustimmung des Oberfinanzpräsidenten vorlag.

»Aktion 3«

Unter der Tarnbezeichnung »Aktion 3« wies das Reichsfinanzministerium im November 1941 zudem an, wie bei der Deportation der deutschen Juden deren Vermögen einzuziehen sei.[103] Die »Aktion 3« steht dabei am Ende einer Reihe von Maßnahmen, mit denen die Juden ausgegrenzt, entrechtet, enteignet und verschleppt wurden. Bei der Deportation wurde die restliche Habe der Juden beschlagnahmt und zugunsten des Staates verwertet. Vermögensentzug und Verwertung geschahen in enger Zusammenarbeit zwischen Finanzbeamten und Gestapo und unter Mitwirkung von Stadtverwaltungen, Hausverwaltungen, Bankangestellten, Auktionatoren, Spediteuren und Gerichtsvollziehern. Die durch die »Aktion 3« erzielten Einnahmen, die aus der Verwertung des in den Wohnungen zurückgelassenen Inventars und dem Einzug des Restvermögens erzielt wurden, werden auf rund 778 Millionen Reichsmark beziffert.[104]

Rechtliche Grundlage der Vermögenseinziehung waren Gesetze und Verordnungen, die von der nationalsozialistischen Führung erlassen worden waren, etwa das »Gesetz zur Aberkennung der Staatsangehörigkeit« von 1933, die entzogen werden konnte, wenn ein Reichsangehöriger im Ausland »gegen die Pflicht zur Treue gegen Reich und Volk« verstoßen hatte. In der Folge konnte dann auch das Vermögen zugunsten des Reiches beschlagnahmt werden. Auf Initiative von Heinrich Himmler wurde das Gesetz 1937 dahingehend ausgedehnt, dass auch Steuerschulden oder eine »rasseschänderische Betätigung« bei jüdischen Emigranten als hinreichender Grund gelten konnten, um Zwangsversteigerungen von Immobilien vorzunehmen oder den Zugriff auf Sperrkonten zu verweigern.[105] Bereits 1940 entwickelten die Nationalsozialisten im Zuge der Massendeportationen bei der sogenannten »Wagner-Bürckel-Aktion« zudem einschlägige Verfahren, um das Vermögen der deportierten Personen durch formelle Verwaltungsakte einzuziehen, die von den zuständigen Beamten vorgenommen werden konnten. Zu den »zuständigen Beamten« gehörten dabei auch die Gerichtsvollzieher, die dem Ausgewiesenen gegen Quittung eine Verfügung aushändigten, die vom zuständigen Regierungspräsidenten unterzeichnet war und den Einzug des gesamten Vermögens zur Folge hatte.

Die Verfügungen bezogen sich dabei auf zwei Gesetze, die bereits 1933 erlassen worden waren mit dem ursprünglichen Ziel der Einziehung kommunistischen sowie »volks- und staatsfeindlichen Vermögens«. Eine dritte Rechtsgrundlage bildete der »Erlass des Führers und Reichskanzlers über die Verwertung des eingezogenen Vermögens von Reichsfeinden«.[106] In einer solchen Verfügung heißt es: »Auf Grund des § 1 des Gesetzes über den Einzug kommunistischen Vermögens vom 26. Mai 1933 – RGBl. S. 293 – in Verbindung mit dem Gesetz über den Einzug volks- und staatsfeindlichen Vermögens vom 14. Juli 1933 – RGBl. S. 479 – [...] wird in Verbindung mit dem Erlass des Führers und Reichskanzlers über die Verwertung des eingezogenen Vermögens von Reichsfeinden vom 29. Mai 1941 – RGBl. 1941 I, 303 – das gesamte Vermögen des/der […] zugunsten des Deutschen Reiches eingezogen.«[107]

Ein weiterer Hinweis auf die Beteiligung der Gerichtsvollzieher am Finanzvollzug, die ansonsten den Finanzbeamten oblag, ist ihre Heranziehung bei der Schätzung des übrig gebliebenen Inventars. Der Kölner Oberlandesgerichtspräsident schrieb hierzu: »In der Hauptsache wird die Tätigkeit der Gerichtsvollzieher in der Abschätzung des Hausgerätes bestehen. Die Vorbereitungsarbeiten, wie Bestandsaufnahme, Prüfung der Notwendigkeit der Entwesung [!], Kenntlichmachung der Gegenstände durch Anbringung der Karteinummer des früheren Eigentümers [!], beabsichtige ich, den Vollzugsbeamten der Finanzämter zu übertragen. Für die Abschätzung besitzen diese jedoch keine hinreichende Vorbildung und Erfahrung.«[108]

Letztlich erscheint es jedoch fraglich, inwieweit die Gerichtsvollzieher im Enteignungsregime nötig und gewollt waren. So bestand neben Gestapo, SA, SS und der gleichgeschalteten Polizei grundsätzlich kein Bedarf an einem weiteren Organ, das den tatsächlichen Zugriff auf das Vermögen übernahm. Nach einem Erlass des Reichsfinanzministeriums vom 4. November 1941 lag die Sicherstellung des Vermögens, die Erstellung von Vermögensverzeichnissen, die Versiegelung der Wohnung und die Hinterlegung des Wohnungsschlüssels im Aufgabenbereich der Gestapo.[109] Es ist daher anzunehmen, dass die Gerichtsvollzieher nur in den Fällen eingeschaltet wurden, in denen ein rechtsstaatliches Verfahren vorgetäuscht werden sollte. Dies wird durch das Beispiel der Familie Fenichel bestätigt, die im Dezember 1942 aus Berlin-Tempelhof deportiert wurde. Aus den dazu verfügbaren Unterlagen geht hervor, auf welche Weise Beamte und Angestellte der Vermögensverwertungsstelle des Oberfinanzpräsidenten Berlin-Brandenburg in den Ablauf der Deportationen und der Enteignung der Juden eingebunden waren. Teil dieses Systems waren auf den ersten Blick auch die Gerichtsvollzieher. So wird bei der Verfügungsurkunde, die der Gerichtsvollzieher der Familie Fenichel übergab, der Anschein erweckt, als habe er diese persönlich übergeben. Kurt Schilde, der in seinem Buch *Bürokratie des Todes* die »Akte Fenichel« näher untersucht hat, vermutet jedoch, dass die Zustellungsurkunde nicht bei Übergabe an den Betroffenen selbst erstellt wurde, sondern bei Abgabe im Sammellager, denn die abgedruckte Verfügung über den Vermögensentzug lässt keine Empfangsunterschrift erkennen; vielmehr findet sich dort lediglich die Unterschrift des Obergerichtsvollziehers Simon.[110]

Auch im Fall Fenichel wurde der Gerichtsvollzieher offenbar eingesetzt, um eine Bestandsliste aufzunehmen und das verbliebene Inventar zu schätzen. Während die Familie Fenichel in Auschwitz ermordet wurde, zogen die Berliner Beamten und Angestellten der Vermögensverwertungsstelle in gut funktionierender Zusammenarbeit mit den Gerichtsvollziehern deren zurückgelassenes Vermögen ein. Liest man nun die über 120 von Schilde präzise dargestellten Dokumente über den Ablauf der Verwertung der zurückgelassenen Habe der Familie Fenichel, so stellt man fest, dass die Vortäuschung eines rechtlich einwandfreien Verfahrens von großer Bedeutung war. Ob dies den zuständigen Gerichtsvollziehern im Fall Fenichel bekannt war, sei dahingestellt. Tatsache ist jedoch, wie Schilde abschließend feststellt, dass im Fall Fenichel insgesamt drei Gerichtsvollzieher an der »Ausplünderung dieser Verwandtschaft mitgewirkt und verdient« hätten.[111]

Der Gerichtsvollzieher in Kriegszeiten

Aufgrund der sogenannten »Verordnung über Maßnahmen auf dem Gebiete des bürgerlichen Streitverfahrens, der Zwangsvollstreckung, des Konkursrechts und des bürgerlichen Rechts« vom 1. September 1939 wurde schließlich ein Zwangsvollstreckungsnotrecht geschaffen, demzufolge mit Beginn des Zweiten Weltkrieges bei Einberufenen und deren Familien nicht mehr gepfändet werden durfte.[112] Sämtliche Verfahren »zum Zwecke der Zwangsversteigerung von Gegenständen des unbeweglichen Vermögens« waren danach »ohne Rücksicht darauf, ob die Zwangsversteigerung vor oder nach dem In-Kraft-Treten der Verordnung angeordnet war, kraft Gesetzes eingestellt bzw. aufgehoben«.[113] In einer Verfügung des Reichsjustizministeriums bemerkte Landgerichtsrat Dr. Merten dazu: »Aufgabe jeder verantwortungsbewußten Staatsführung ist es, die Auswirkungen besonderer politischer Lagen – insbesondere kriegerischer Verwicklungen – für die Betroffenen auf dasjenige Maß herabzumindern, das die Beachtung der Belange der Allgemeinheit noch eben zuläßt.«[114] Hierbei musste jedoch zwischen mehr und weniger vom Krieg tangierten Volksgenossen unterschieden werden. In erster Linie genossen daher die Kriegsteilnehmer, »die an der Front ihr Leben einsetzen und daher nicht in der Lage sind, ihre Belange in der Heimat wahrzunehmen«, besondere Rücksichtnahme. Auch hier erkennt man deutlich, dass der Schuldnerschutz die zentrale Aufgabe jedes einzelnen Gerichtsvollziehers war, um auf diese Weise »zum Siege unseres schwer um seine Existenz kämpfenden Volkes sein gewichtig Teil beizutragen«.[115] In einem Schreiben von Ministerialdirektor Sommer aus dem Stab der NSDAP unter dem Datum des 30. September 1939 hieß es dazu ergänzend, das Zwangsvollstreckungsnotrecht sei ausdrücklich deutschen Volksgenossen vorbehalten: »Mir ist berichtet worden, dass vielfach die Bestimmungen wegen Aussetzung der Zwangsvollstreckung und Zwangsversteigerung infolge des Krieges auch zugunsten von Juden angewandt werden. Das dürfte nicht Zweck dieser Maßnahmen sein.«[116]

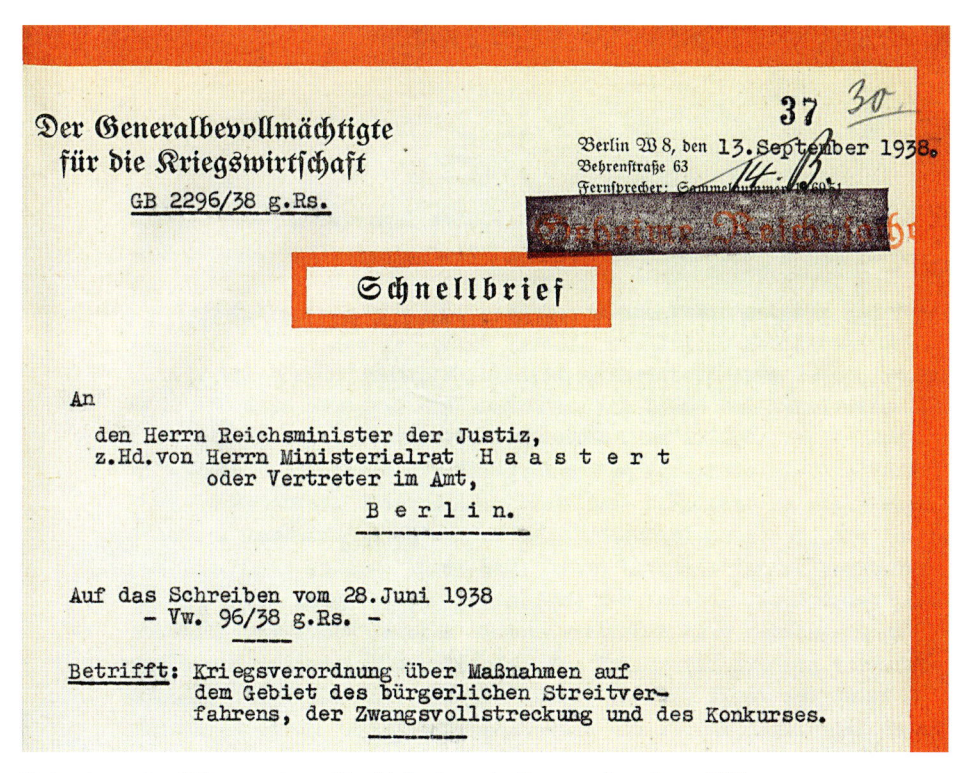

```
Der Generalbevollmächtigte
   für die Kriegswirtschaft         Berlin W 8, den 13. September 1938.
      GB 2296/38 g.Rs.              Behrenstraße 63
                                    Fernsprecher:

                    Schnellbrief

An
    den Herrn Reichsminister der Justiz,
    z.Hd. von Herrn Ministerialrat  H a a s t e r t
         oder Vertreter im Amt,
                   B e r l i n .

Auf das Schreiben vom 28. Juni 1938
    - Vw. 96/38 g.Rs. -

Betrifft: Kriegsverordnung über Maßnahmen auf
          dem Gebiet des bürgerlichen Streitver-
          fahrens, der Zwangsvollstreckung und des Konkurses.
```

Vorbereitung einer Kriegsverordnung über Maßnahmen der Zwangsvollstreckung, 1938.

Die Fälle, in denen Juden in den Genuss des Zwangsvollstreckungsnotrechts gekommen waren, bezogen sich auf Versteigerungen beweglicher Sachen, insbesondere von Grundstücken. Hierbei ging es jedoch weniger um Schuldnerschutzmaßnahmen hinsichtlich des jüdischen Teils der Bevölkerung, als vielmehr um den wirtschaftlichen Schutz des Staates. In einer Antwort an Ministerialdirektor Sommer vom 12. Oktober 1939 betonte ein Mitarbeiter des Reichsministers der Justiz, durch »die allgemein angeordneten Verwertungssperren für Liegenschaften und bewegliche Sachen« sei »dem Umstand Rechnung getragen, daß in der unmittelbar auf den Kriegsausbruch folgenden Zeit nicht ohne weiteres mit einem normalen Ablauf der Versteigerungen, insbesondere nicht mit dem Erscheinen genügend zahlreicher Bieter gerechnet werden konnte«.[117] Das Bestreben, unwirtschaftliche Zwangsversteigerungen zu verhindern, wurde demnach auch auf jüdisches Eigentum angewendet. Dies gelte jedoch nur für die »jetzige Übergangszeit«. Künftig werde einer Verwertung mit Beschlag belegter Grundstücke und beweglicher Sachen grundsätzlich kein Hindernis mehr entgegenstehen.[118] Nur in Ausnahmefällen konnte das Vollstreckungsgericht indessen die weitere Einstellung des Verwertungsverfahrens anordnen. Dabei wurden die Gerichte jedoch darauf hingewiesen, dass »bei einem Juden ein derartiger Ausnahmefall kaum jemals gegeben sein dürfte«[119].

Mitteilung zum Zwangsvollstreckungsnotrecht, 15. September 1939.

Die Schutzmaßnahmen des Zwangsvollstreckungsnotrechts hinsichtlich »Nichtdeutscher« war allerdings nicht nur der NSDAP ein Dorn im Auge. So richtete beispielsweise der Deutsche Sparkassen- und Giroverband am 6. Oktober 1939 ebenfalls ein Schreiben an den Reichsminister der Justiz, in dem um eine Lockerung der in Art. 6 Abs. 1 Ziff. 1 der Verordnung über Maßnahmen auf dem Gebiete des bürgerlichen Streitverfahrens, der Zwangsvollstreckung, des Konkursrechts und des bürgerlichen Rechts gebeten wurde.[120] Der Verfasser des Schreibens bemängelte, dass eine Unterscheidung zwischen einem gutwilligen und einem böswilligen Schuldner unmöglich sei. Mit den böswilligen Schuldnern gleichgestellt seien regelmäßig auch »nichtarische Grundstückseigentümer sowie ausländische Grundstückeigentümer, jedenfalls soweit sie den Feindstaaten angehören.« Diese sollten aber vom Schutz der Verordnung ausgenommen werden, da der »augenblickliche Rechtszustand« eine Überführung der Grundstücke in »arische Hände« verhindere.[121] Am 31. Oktober wurde deshalb die »Verordnung über weitere Maßnahmen auf dem Gebiete der Zwangsvollstreckung« – die sogenannte Lockerungsverordnung – erlassen, in der Ausnahmen und Verfahrensweisen bei Einzelfällen geregelt und einzelne Bestimmungen aus der Verordnung vom 1. September 1939 gänzlich aufgehoben wurden.[122] Diese betrafen jedoch nicht den

Grundtenor der ersten Verordnung: den Schutz der zum Krieg Einberufenen und von deren Familien.

Dieselbe Intention verfolgte auch die am 30. Oktober 1940 erlassene Lohnpfändungsverordnung, die den Schutz der Deutschen vor der Zwangsvollstreckung erweiterte. Darin wurde geregelt, dass ein Teil des Lohns für Überstunden, das Urlaubs- und Weihnachtsgeld sowie Kinderbeihilfen und Versehrtenrente als pfändungsfrei galten.[123] Die Verordnung legte hohe, erstmals auf den Netto- statt Bruttolohn bezogene pfändungsfreie Grundbeträge pro Person und Familienmitglied fest. Ferner wurde das aus frühbürgerlichen Zeiten stammende Privileg, das nur Beamte und Geistliche vor Pfändungen schützte, auf das gesamte deutsche Volk erweitert.[124]

Doch auch den Gerichtsvollziehern selbst wurde während der Kriegszeit unter die Arme gegriffen. So hieß es in einem Schreiben des Reichsjustizministeriums an sämtliche Oberlandesgerichtspräsidenten in Berlin, »die für die Reichsverteidigung zur Wehrmacht einberufenen Gerichtsvollzieher und die aufgrund der gegenwärtigen Verhältnisse vorübergehend im Innendienst verwendeten Gerichtsvollzieher« hätten vielfach auch weiterhin Aufwendungen im dienstlichen Interesse zu tragen. Für diese Aufwendungen können sie »bis auf weiteres […] entschädigt« werden.[125] Dabei besaßen diejenigen Gerichtsvollzieher einen Anspruch auf Entschädigung, die ein Geschäftszimmer und/oder ein Kraftfahrzeug samt Versicherungen unterhielten. Allerdings durften die Entschädigungen hinsichtlich des Geschäftszimmers den Betrag von jährlich 400 RM und die Entschädigung hinsichtlich des Kraftfahrzeugs 240 RM nicht übersteigen. Hierbei wurden auch etwaige Gehaltsvorschüsse berücksichtigt, die noch nicht getilgt wurden. Die Kosten wurden dann zunächst vom Staat getragen. Maßgebend für die Genehmigung der Entschädigung waren die Oberlandesgerichtspräsidenten.

Aufgrund der Einberufung eines großen Teils der Gerichtsvollzieheranwärter zum Wehrdienst stufte die »Änderung der Ausbildungsordnung für die Gerichtsvollzieher vom 3. November 1939«[126] zudem die in der Ausbildungsordnung vom 8. Juli 1938 festgelegten Anforderungen an die Vorbildung und die Laufbahn des Nachwuchses vom »mittleren« auf den »einfachen« Justizdienst herab. Als Gerichtsvollzieher konnten nunmehr auch Personen tätig werden, die noch keine Ausbildung begonnen und auch nie an einer teilgenommen hatten. So wurde in einem Schreiben des Oberlandesgerichts Hamm an den Reichsminister der Justiz vom 25. April 1940 die Einsetzung von Beamten empfohlen, »die sich nicht im Heeresdienst befinden«, aber »die besondere Eignung für den Vollstreckungsdienst besitzen«. Der Verfasser des Schreibens, Justizangestellter Schneider, erwähnte ausdrücklich zwei Bewerber, die zwar nicht die eigentlichen Voraussetzungen zum Gerichtsvollzieher erfüllten, aber dennoch geeignet seien, die Tätigkeit des Gerichtsvollziehers auszuüben. Schneider bezog sich in der Begründung seines Ersuchens um Einstellung der beiden Bewerber insbesondere auf deren Parteimitgliedschaft und bat um ihre Einsetzung in den Gerichtsvollzieherdienst.[127] Der damalige Staatssekretär im Reichsjustizministerium, Roland Freisler, verfügte zudem in einem Schreiben an die Oberlandespräsidenten in Berlin vom 13. Juni 1940, dass die im Einsatz der Wehrmacht abgegoltene Zeit an die vorgesehene Dienstzeit des Gerichtsvollziehers angerechnet werden müsse.

Fazit

Die Rolle des Gerichtsvollziehers im Nationalsozialismus stellt bisher ein Desiderat der Forschung dar. In der Forschungsliteratur zum »Dritten Reich« wird der Gerichtsvollzieher nur beiläufig erwähnt. Zwar wird er gelegentlich in Aufzählungen oder Anekdoten genannt, so dass man die tatsächliche Beteiligung des Gerichtsvollzieherwesens am nationalsozialistischen Unrecht leicht überlesen könnte. Doch es lässt sich erahnen, welche bedeutende Rolle diesem bei der Umsetzung der nationalsozialistischen Politik zukam. So heißt es, die Gerichtsvollzieher hätten einen »wichtigen Anteil an der Abwicklung der Enteignung« gehabt.[128] Nach Schließung der Verkaufsstellen in Frankfurt hätten »nur noch die Frankfurter Gerichtsvollzieher […] geraubte Gegenstände im Auftrag des Finanzamtes« verwertet.[129] Und die Devisenstellen hätten »die Anträge und Verzeichnisse im Allgemeinen an Gerichtsvollzieher als Sachverständige zur Prüfung weiterzuleiten« gehabt.[130]

Die Rolle und Funktion des Gerichtsvollziehers im Unrechtsapparat des NS-Regimes ist deshalb weitaus mehr als nur eine beiläufige Erwähnung wert. Sowohl die nationalsozialistische Führung als auch das Gerichtsvollzieherwesen selbst haben voneinander profitiert. Die NS-Führung nutzte den Gerichtsvollzieher und sein Rechtsgebiet, um die Loyalität und den Glauben an das nationalsozialistische System zu stärken. Hitler selbst hatte dazu früh die Maxime ausgegeben, Deutschland werde »dann am größten sein, wenn seine ärmsten seine treuesten Bürger sind«. Und Göring hatte hinzugefügt: »Der Hauseigentümer, der unbarmherzig und skrupellos arme Volksgenossen um Nichtigkeiten willen obdachlos macht, hat den Schutz des Staates in diesem seinen Treiben verwirkt.« Zu den ersten NS-Gesetzen gehörten daher solche, die die Rechte des Gläubigers zugunsten des Schuldners einschränkten. Darüber hinaus sollte die gesamte Zivilprozessordnung an die nationalsozialistische Weltanschauung angepasst werden – und der Gerichtsvollzieher sollte darin eine tragende Rolle spielen.

Da viele Führungskräfte der NSDAP aus Verhältnissen stammten, in denen sie selbst mit dem Berufsstand des Gerichtsvollziehers Bekanntschaft gemacht hatten, waren sie

*Pfandsiegel des Obergerichtsvollziehers
Mälzer beim Amtsgericht Berlin.*

bereits in den ersten Regierungswochen darum bemüht, die in der Weltwirtschaftskrise für die Mehrheit der Deutschen bedrohlichen Qualen des Pfändens und der Wohnungsexmittierung zu lindern.[131] Als »Rechtswahrer« sollte der Gerichtsvollzieher dafür sorgen, dass die Prinzipien der Volksgemeinschaft eingehalten wurden. Im Gerichtsvollzieher sah man eine Kraft, die ihre Arbeit in Volksnähe durchführte und dabei die nationalsozialistische Weltanschauung in die Tat umsetzte. Dafür überließ der Staat ihm die Befugnis, Vollstreckungen nicht durchzuführen, wenn sie vermeintlich gegen das »gesunde Volksempfinden« verstießen.

Die Gerichtsvollzieher führten ihre neu gewonnene Position in der Gesellschaft dankend aus, weil sie sich davon endlich die Anerkennung erhofften, nach der sie sich über Jahrzehnte hinweg gesehnt hatten. In einem Artikel der DGVZ von 1934 heißt es dazu: Nur »das persönlich ausübende Staatsorgan«, der Gerichtsvollzieher, könne eine unmittelbare und volksnahe Justiz auf dem Gebiete der Zwangsvollstreckung gewährleisten, nicht aber die »seelenlose Maschinerie einer bürokratisch arbeitenden Behörde«.[132] Die Reichsarbeitsgemeinschaft der Gerichtsvollzieher stellte im selben Jahr fest: »Eine Erweiterung der Aufgaben und Befugnisse des Gerichtsvollziehers gibt zudem die Möglichkeit, Zwangsvollstreckungen zugunsten des Gläubigers wirksam zu betreiben

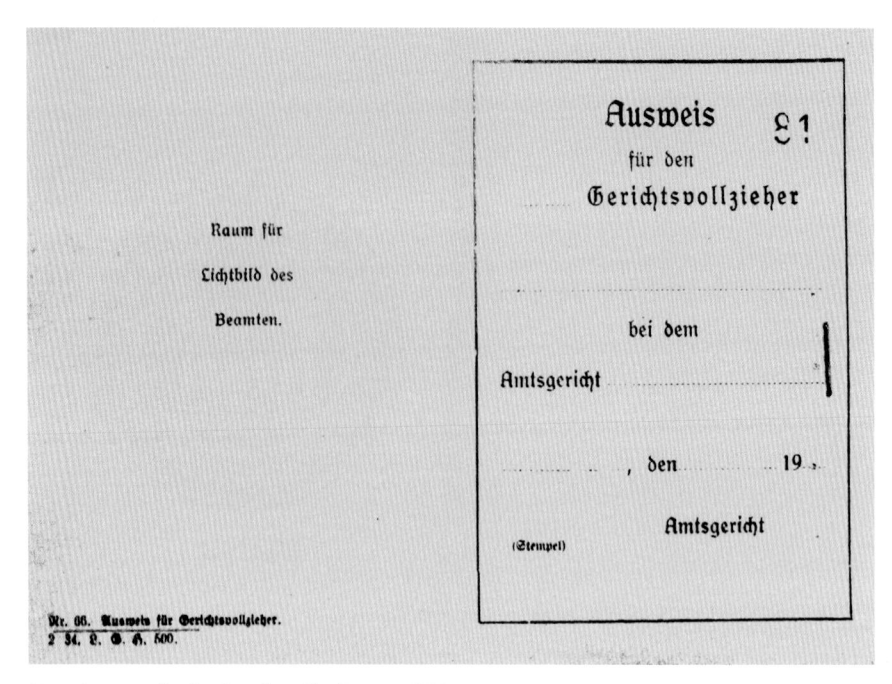

Neue Ausweise für die Gerichtsvollzieher, um 1938.

und gegenüber dem Schuldner Willkür und nutzlose Schädigung seiner Existenz zu unterbinden.«[133]

Die Gerichtsvollzieher nutzten also die nationalsozialistische Ideologie als Fundament der Durchsetzung ihrer eigenen Ziele. Zugleich lassen die Diskussionen um den Fall Köppen und die Folgen, die sich daraus ergaben, keinen Zweifel daran, dass der Gerichtsvollzieher eine der nationalsozialistischen Volksgemeinschaft dienende Funktion innehatte. Vor allem zwei Aspekte verdeutlichen, dass der Fall Köppen von der NS-Führung genutzt wurde, um die negativen Folgen der Umsetzung des »alten« Rechts aufzuzeigen: die Veröffentlichung des Sachverhaltes durch die Presse und die Offenlegung des Gläubiger-Namens. Köppen sollte stellvertretend als Beispiel dafür gesehen werden, was demjenigen blühte, der sich nicht für die Wahrung der Volksgemeinschaft einsetzte: Ausgrenzung und öffentliche Demütigung.

Die Idee der Volksgemeinschaft und des Führerprinzips spielte auch bei der inhaltlichen Änderung des § 811 ZPO eine Rolle, die den Volksempfänger als Instrument zur Ausstrahlung der NS-Propaganda, Hitlers Buch *Mein Kampf* sowie NSDAP-Abzeichen und Uniformen zu unpfändbaren Gegenständen erklärte. Die Gerichtsvollzieherausbildungsordnung von 1938 zeigt darüber hinaus, dass man die Erziehung der Anwärter nicht dem Zufall überlassen wollte, weil die NS-Führung schnell erkannt hatte, dass es galt, den »Nachwuchs« zu fördern, um die Ideen des Nationalsozialismus auch im Gerichtsvollzieherwesen zu verankern. Dies beweist etwa § 6 der Ausbildungsordnung, wonach diejenigen Anwärter bevorzugt behandelt werden sollten, die Mitglieder der NSDAP oder einer ihrer Gliederungen bzw. Verbände waren. Im zweiten Ausbildungsabschnitt wurde besonders das Führerprinzip betont, da die »Auslese der Anwärter« nun durch Personen erfolgte, die ihre Maßstäbe aus dem streng hierarchischen NS-System bezogen und die einzelnen Anwärter danach beurteilten.

Die Gerichtsvollzieher des »Dritten Reiches« waren auch eng in die Enteignung jüdischen Vermögens eingebunden. Als Sachverständige und Versteigerer verwerteten sie das Eigentum der jüdischen Bevölkerung und wurden so zu »Rädchen« im gigantischen Verwaltungsapparat des Nationalsozialismus, der die Vernichtung der europäischen Juden und die Durchführung aller damit einhergehenden Verordnungen und Bestimmungen erst möglich machte. Ihnen konnte dabei nicht entgehen, welches Schicksal den Juden ihres Bezirks beschieden war, die ihren gesamten Besitz in den Wohnungen zurücklassen mussten und mittellos deportiert wurden. Die Gerichtsvollzieher standen damit in einer Reihe mit anderen Berufsgruppen, die pflichtbewusst ihren Teil dazu beitrugen, dass der nationalsozialistische Unrechtsstaat bis 1945 funktionieren konnte.

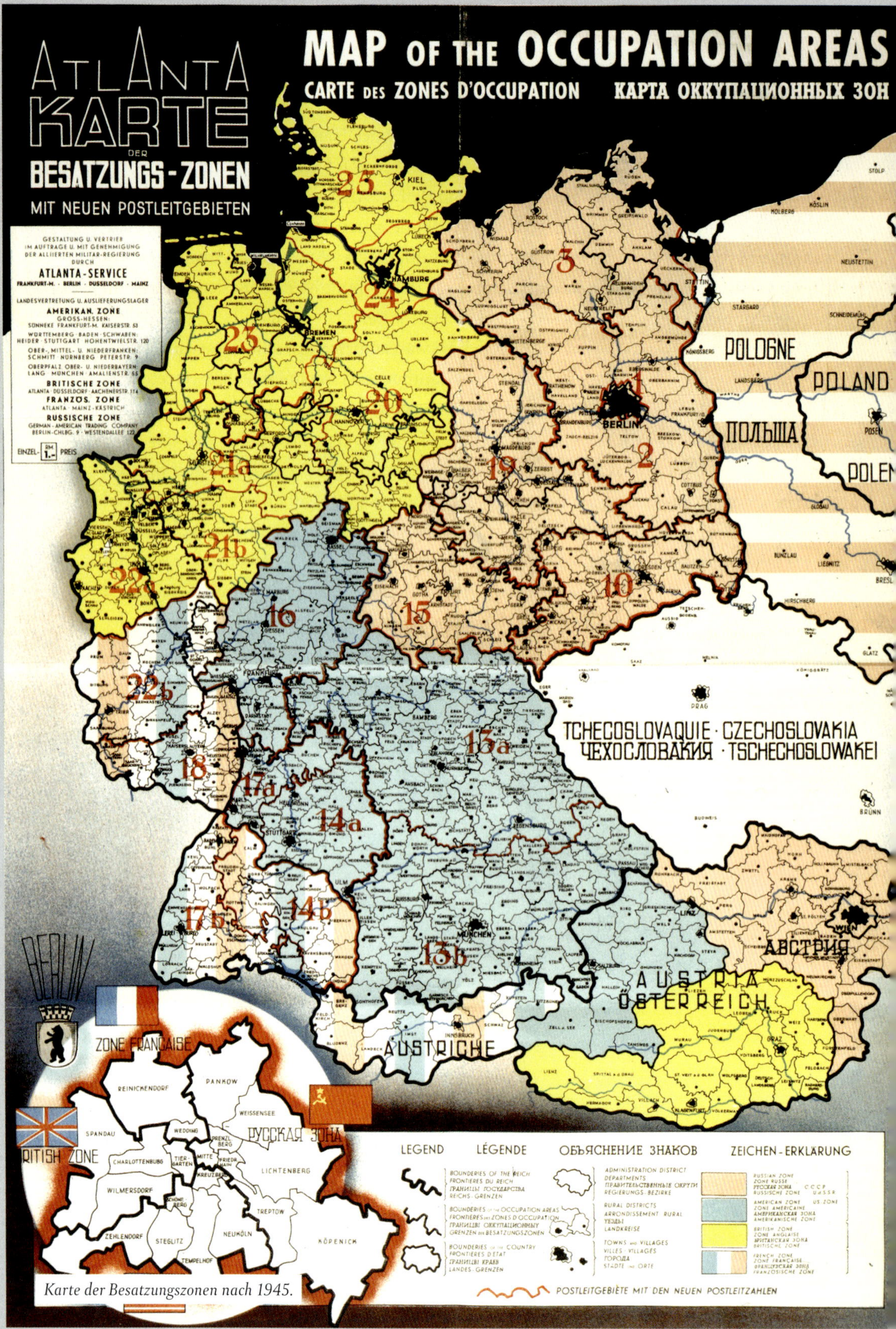

Karte der Besatzungszonen nach 1945.

Die Organisation des Gerichtsvollzieherwesens 1945–1949

JEREMIAS WEIGLE

Mit der bedingungslosen Kapitulation der deutschen Wehrmacht in Berlin-Karlshorst am 8./9. Mai 1945 ging der Zweite Weltkrieg in Europa zu Ende. Vier Wochen später übernahmen die USA, Großbritannien, Frankreich und die Sowjetunion mit der »Berliner Deklaration« vom 5. Juni 1945 auch formal die »oberste Regierungsgewalt« in Deutschland. Die Nachkriegszeit stand zunächst ganz im Zeichen der Vier-Mächte-Verwaltung.[1] Deutschland sollte durch Entnazifizierung, Entmilitarisierung, Demokratisierung und Dezentralisierung grundlegend umstrukturiert werden, um den »späteren Wiederaufbau des deutschen politischen Lebens auf demokratischer Grundlage und die spätere friedliche Mitarbeit Deutschlands im internationalen Leben vorzubereiten«, wie es im Potsdamer Abkommen vom 1. August 1945 hieß.[2]

Die Situation in der Nachkriegszeit

Nach dem Ende der NS-Diktatur waren die Verhältnisse in Deutschland allerdings zunächst von allgemeiner Instabilität und teilweise anarchischen Zuständen gekennzeichnet. Es kam zu einem signifikanten Anstieg der Kriminalität, die von »Kavaliersdelikten« wie Mundraub, aber auch von Diebstählen und Kapitalverbrechen wie Mord und Totschlag geprägt war. Ordnung, Sicherheit und Verantwortung schienen aufgelöst, zumal die deutschen Gerichte im Zuge der Entnazifizierung von den Alliierten geschlossen worden waren. Angehörige der Reichsgerichte, des Volksgerichtshofs, der Sondergerichte und der Parteigerichte waren aufgrund ihrer Mitgliedschaft in der NSDAP mit sofortiger Wirkung verhaftet oder entlassen worden. Mitarbeiter der Amts-, Land- und Oberlandesgerichte wurden aufgefordert, an ihren Plätzen zu bleiben, aber ohne weitere Lohnzahlung ihre jeweilige Tätigkeit einzustellen. Zudem waren viele leitende Angestellte und Beamte geflohen oder befanden sich im »Urlaub«. So hieß es in einem Bericht der amerikanischen Armee Ende April 1945, dass in einem Bremer Gerichtsgebäude keine Angehörigen des Gerichts mehr zu finden seien; nur der Hausmeister halte die Stellung.[3] Zu Beginn der Besatzungsherrschaft war somit ein »Stillstand der Rechtspflege« eingetreten, der indessen ein hohes Risiko darstellte, da er einen Zustand völliger Rechtsfreiheit bedeutete.

Der Aufbau eines neuen funktionsfähigen Justizwesens, in das die Bevölkerung wieder Vertrauen fassen konnte, besaß daher auch unter den Alliierten eine hohe Priorität. Wichtigstes gemeinsames Organ ihrer Herrschaftsausübung war bis 1948 der Alliierte Kontrollrat, der am 30. Juli 1945 zu seiner konstituierenden Sitzung zusammentrat. Das erste vom Kontrollrat erlassene Gesetz Nr. 1 vom 20. September 1945 betraf die Beseitigung von NS-Recht, wobei insgesamt 25 Gesetze und Verordnungen aufgehoben wurden. Drei Wochen später, am 10. Oktober 1945, folgte das Kontrollratsgesetz Nr. 2, mit dem man die NSDAP und weitere 61 Organisationen für »abgeschafft und […] ungesetzlich« erklärte.[4] Die Wiederherstellung der deutschen ordentlichen Gerichtsbarkeit erfolgte knapp zwanzig Tage später gemäß Artikel 1 im Gesetz Nr. 4 zur Umgestaltung des deutschen Gerichtswesens, das am 30. Oktober 1945 auf der Grundlage des Gerichtsverfassungsgesetzes (GVG) vom Januar 1877 in der Fassung vom 22. März 1924 erlassen worden war. Demzufolge konnten im Herbst 1945 in den Besatzungszonen die Amts-, Land- und Oberlandesgerichte wiedererrichtet werden, um das juristische Vakuum, das mit der Verhaftung der »Regierung Dönitz« am 23. Mai 1945 entstanden war, zu füllen. Nur das ehemalige Reichsgericht blieb davon ausgeschlossen.[5]

Hintergrund dieses überraschend schnellen Wiederaufbaus der deutschen Justiz war die Überzeugung der Alliierten, dass ungeachtet der engen Verflechtung zwischen Politik und Justiz im »Dritten Reich« allein die politischen Funktionseliten die »Verantwortung für die terroristische Struktur« der NS-Diktatur getragen hätten. Unter den deutschen Juristen war dies ohnehin die gängige Auffassung, wie es ein Bericht des deutschen Rechtswissenschaftlers Eberhard Schmidt über den Godesberger Juristentag 1947 deutlich macht, in dem erklärt wird, »nicht die Justiz, sondern ganz allein der Gesetzgeber« habe 1933 »die Fahne des Rechts verlassen«. Mit der Verantwortung für die Folgen dürften deshalb »heute weder Rechtslehre noch Justiz beladen werden, da diese ganz allein den um jeden rechtlichen Halt gekommenen Gesetzgeber trifft«.[6] Carl Ludwig Heyland, seit der Weimarer Republik einer der bekanntesten deutschen Staats- und Beamtenrechtler, der bis zu seinem Tod 1952 an der Universität Gießen lehrte, sprach sogar von einer »allgemeingültigen, unabhängigen Funktion des deutschen Beamtentums in seinen wechselnden Erscheinungsformen der jeweiligen politischen Kräfte seit dem Aufkommen der absoluten Monarchie in Deutschland«.[7]

Tatsächlich sind diese Aussagen zu relativieren. Denn Beamtentum und Justiz waren, wie Joachim Perels zu Recht betont hat, ein wesentlicher »Faktor für die Aufrechterhaltung der nationalsozialistischen Herrschaftsbeziehungen«.[8] Dass ausgerechnet Eberhard Schmidt und Carl Heyland in der unmittelbaren Nachkriegszeit gegenteilige Stellungnahmen abgaben, verwundert indessen nicht. Denn Schmidt war nach Professuren in Breslau und Kiel 1929 nach Hamburg berufen worden, wo er 1933/34 als Rektor bzw. Prorektor amtierte und am 11. November 1933 in einer Ansprache vor der Universität ein entschiedenes Bekenntnis zu Hitler und dem nationalsozialistischen Staat ablegte. Von 1935 bis 1945 lehrte er dann als ordentlicher Professor für Strafrecht, Strafprozessrecht, Rechtsphilosophie und Geschichte der deutschen Rechtswissenschaft an der Juristischen Fakultät der Universität Leipzig, wo er sich zwar auch gegen die Verletzung rechtsstaatlicher Prinzipien in der nationalsozialistischen Justiz, insbesondere der Wehrjustiz, wandte, was ihn aber nicht daran hinderte, an der *Zeitschrift für Wehrrecht* mitzuarbeiten und während des Zweiten Weltkrieges als Militärjurist tätig zu sein.[9] Nach 1945 konnte er seine Karriere bruchlos fortsetzen, erhielt Professuren in Göttingen und Heidelberg, wo er erneut auch zum Rektor gewählt wurde. Von 1947 bis 1949 war er zudem Leiter der Kommission für Wirtschaftsstrafrecht beim Wirtschaftsrat der Bizone und von 1954 bis 1959 Mitglied der Großen Strafrechtskommission, die sich um eine umfassende Strafrechtsreform der Bundesrepublik bemühte.[10] Heyland gehörte seit Mai 1933 der NSDAP an, fungierte ab 1933 als Schriftleiter der *Zeitschrift für Beamtenrecht* und 1936/37 als Chefredakteur der *Zeitschrift für Beamten- und Behördenangestelltenrecht*, ehe er seine Publikationstätigkeit einstellte und mehr Distanz zum NS-Regime hielt, so dass es 1948 im Spruchkammerverfahren, das gegen ihn in Gießen geführt wurde, hieß, er habe »nach Maß seiner Kräfte Widerstand geleistet«.[11]

Wie sehr die Beamtenschaft und insbesondere die Justiz im Rahmen der nationalsozialistischen Politik daran mitwirkten, politisch Missliebige aus allen wichtigen Positionen des Staates zu entfernen, die Demokratie zu beseitigen und eine systematische Entrechtung und Verfolgung von Juden und Minderheiten und schließlich sogar deren Ermordung vorzubereiten und durchzuführen, geht nicht zuletzt daraus hervor, dass das Oberkommando der Alliierten Streitkräfte (*Supreme Headquarters Allied Expeditionary Forces*, SHAEF) nach der Kapitulation der Wehrmacht 1945 bereits in seiner Proklamation Nr. 1 alle NS-Gesetze für ungültig erklärte, die zwischen 1933 und 1945 erlassen worden waren, und die Rückkehr zum Strafgesetzbuch vor 1933 anordnete. Das im Dezember 1943 gebildete SHAEF unter dem Supreme Commander General Dwight D. Eisenhower, das seinen Sitz zuletzt im Frankfurter I.G.-Farben-Haus hatte, wurde allerdings bereits am 14. Juli 1945 aufgelöst und durch das Hauptquartier *US Forces, European Theater* (USFET) ersetzt, das jedoch nur für die amerikanischen Streitkräfte zuständig war. Die weitere politische und rechtliche Entwicklung in Deutschland oblag danach in oberster Instanz dem Alliierten Kontrollrat, dem die Militärgouverneure der vier Besatzungsmächte angehörten und der am 30. Juli 1945 zu seiner konstituierenden Sitzung zusammentrat. Der Aufbau der Justizverwaltungen in den einzelnen Besatzungszonen vollzog sich indessen dezentral unter der Aufsicht der jeweiligen Besatzungsmacht.

Aufbau der Justizverwaltung in den Besatzungszonen

Schon am 14. November 1944 hatte die auf Botschafterebene in London tagende, mit Vertretern der USA, Großbritanniens und der Sowjetunion besetzte *European Advisory Commission (EAC)* ein Protokoll verabschiedet, in dem festgelegt wurde, wie Deutschland nach dem Krieg kontrolliert werden sollte. Demnach übten die Oberkommandierenden bzw. Militärgouverneure in ihrer Zone die oberste Macht aus. Gemeinsame Entscheidungen sollten vom Alliierten Kontrollrat, zu dem 1945 noch Frankreich hinzutrat, nur in den Fällen getroffen werden, die Deutschland als Ganzes betrafen.[12] Nachdem die Sowjetunion den Kontrollrat am 20. März 1948 verlassen hatte, als die Westmächte in ihren Zonen eine Währungsreform vorbereiteten, um deren Beteiligung am *European Recovery Program (ERP)*, dem sogenannten Marshall-Plan, zu ermöglichen, und die Gründung eines eigenen Weststaates, der Bundesrepublik Deutschland, anstrebten, kam die gemeinsame Deutschlandpolitik der Alliierten – soweit es diese je gegeben hatte – praktisch zum Erliegen. Wenig später, im Juni 1948, folgte auch der sowjetische Auszug aus der Alliierten Kommandantur in Berlin, so dass eine gemeinsame Entwicklung der Vier-Mächte-Stadt ebenfalls nicht mehr möglich war.[13]

Im Bereich der Justiz hingegen standen die Alliierten nach Kriegsende vor der schwierigen Situation, einerseits eine möglichst lückenlose Aufsicht und Kontrolle ausüben zu wollen, andererseits aber der deutschen Mitwirkung zu benötigen, um überhaupt eine flächendeckende Justiz aufbauen zu können und die Deutschen nach der NS-Diktatur wieder in die Lage zu versetzen, einen demokratischen Rechtsstaat zu gestalten.[14] Es galt also, das richtige Maß zwischen »maximaler Kontrolle [...] bei minimaler Einmischung« zu finden. Aus diesem Konflikt resultierte eine gewisse Strenge bei der Überwachung der deutschen Justiz, um die man sich seitens der Militärregierungen durch Anleitung und regelmäßige Inspektionen bemühte. Bei der hohen Anzahl an Amts-, Land- und Oberlandesgerichten war eine effektive Kontrolle bzw. Überwachung jedoch kaum möglich.

Für die Gerichtsvollzieher galten in dieser Zeit weiterhin die Dienstvorschriften vom 15. September 1938. In der dazu gedruckt vorliegenden Broschüre mit dem Titel *Dienstvorschriften für die Vollstreckungsbeamten der Reichsjustizverwaltung mit den gesetzlichen Vorschriften* wurden lediglich einzelne Paragraphen geschwärzt, die sich auf Institutionen oder Berufsbezeichnungen bezogen, die dem Nationalsozialismus zugeord-

34 Deutscher Gruß

kammern das nachstehende Schreiben vom 14. d. M. an die Industrie- und Handelskammern gerichtet, das ich hiermit zur Kenntnis bringe.

Abschrift.

Arbeitsgemeinschaft
der Industrie- und Handelskammern
in der Reichswirtschaftskammer. Berlin NW 7, 14. November 1936
Tgb.-Nr. I 1201/36 Neue Wilhelmstr. 9/11

Betrifft: Wirtschaftliche Schulung der Gerichtsvollzieher.

Der Herr Reichsminister der Justiz hat in der Allgemeinen Verfügung vom 28. April 1936 (Deutsche Justiz S. 702) Vorschriften über die sachliche Schulung und Fortbildung der Gerichtsvollzieher getroffen. Bei der Schulung und Fortbildung soll der Unterweisung der Beamten in der Waren- und Wirtschaftskunde besondere Beachtung geschenkt und die theoretische Ausbildung durch Besichtigung von Betrieben ergänzt werden. U. a. sind vorgesehen: Besichtigungen von Einzelhandelsbetrieben, Kauf- und Warenhäusern, Gewerbe-, Handels- und Industriemuseen, Fabrikbetrieben (Möbel-, Holzbearbeitungs-, Klavier-, Teppich-, Kraftwagenfabriken, Spinnereien, Webereien, Mühlen usw.), ferner Unterrichtung in der Waren- und Wirtschaftskunde. Vielfach ist bereits die Einrichtung derartiger Fortbildungslehrgänge neben anderen Kammern und Behörden auch durch die Industrie- und Handelskammern gefördert worden. In der Verfügung wird daher ausdrücklich empfohlen, sich mit diesen Stellen in Verbindung zu setzen.

Wir halten gerade die geplante wirtschaftliche Schulung und Fortbildung der Gerichtsvollzieher für sehr begrüßenswert, um eine lebensnahe und wirtschaftliche Vorgänge berücksichtigende Zwangsvollstreckung sicherzustellen. Wir bitten Sie daher, die Justizbehörden bei der Durchführung der Schulung und Fortbildung nach Lage der örtlichen Verhältnisse in geeigneter Weise weitgehend zu unterstützen.

Die Geschäftsführung.
Unterschrift.

An die Industrie- und Handelskammern.

Geschwärzte Seite in der Broschüre der Dienstvorschriften aus der NS-Zeit, 1947.

net wurden.[15] Natürlich galten auch die auf die NSDAP zugeschnittenen Abschnitte, wie der seinerzeit als »allgemeine Amtspflicht« eingeführte »Hitler-Gruß«, oder die Bestimmung, dass die angehenden Gerichtsvollzieher, die sich im Vorbereitungsdienst befanden, »jederzeit rückhaltlos für den nationalsozialistischen Staat« eintreten sollten, jetzt nicht mehr. Letztlich wurden aber nur die Anweisungen außer Kraft gesetzt, die im Wortlaut einen direkten Bezug zum Nationalsozialismus aufwiesen.[16] Da sich die Vorstellungen der einzelnen Besatzungsmächte stark voneinander unterschieden, kann von einer einheitlichen Vorgehensweise in den vier Besatzungszonen allerdings nicht gesprochen werden.[17] Vielmehr gab es in den besetzten Gebieten eine beinahe unüberschaubare Vielfalt gesetzgebungsbefugter Stellen, so dass den Juristen 1947 mehr als 40 verschiedene Verkündungsblätter der einzelnen Zonen einschließlich Berlin zur Verfügung standen. Wer den Aufbau der Justizverwaltungen zu beschreiben sucht, kommt deshalb nicht umhin, die Entwicklung in den einzelnen Zonen getrennt voneinander zu skizzieren.

Amerikanische Zone

Offiziell erlaubte die amerikanische Militärregierung schon im Frühsommer 1945 die Wiedereröffnung bereits existierender Amts- und Landgerichte. Darüber, was unter »Wiedereröffnung« zu verstehen war, herrschte zwischen der Militärregierung und der deutschen Justizverwaltung allerdings Uneinigkeit. Unstimmigkeiten bestanden besonders bei der Einrichtung der Oberlandesgerichte, da die örtlichen Militärregierungen jeweils nur für Stadt- und Landkreise zuständig waren, die Verantwortungsbereiche der Oberlandesgerichte jedoch über die Regierungsbezirke hinausreichten, so dass Komplikationen kaum ausbleiben konnten.

Ein Problem war auch der Mangel an geeignetem Personal. Da die amerikanischen Behörden sich in den ersten Wochen der Besatzungszeit auf die Entlassung der Verwaltungsspitzen wie Behördenleiter und Bürgermeister konzentriert hatten, kam es anfänglich zu Personalwechseln nach freiem Ermessen, augenscheinlich ohne erkennbares System. Viele Amtsgerichte verfügten daher nicht über eigene Richter, sondern waren auf die Hilfe benachbarter Amtsgerichte angewiesen. Erst ab Ende Juni wurde nach den ersten großen Entlassungswellen mit neuem Personal begonnen, wichtige Verwaltungsapparate – darunter auch das Justizwesen – wieder in Gang zu bringen. Charakteristisch für die amerikanische Zone war dabei, dass der Wiederaufbau auf der untersten Ebene begann. So wurden die Amtsgerichte häufig vor den Landgerichten und Oberlandesgerichten eröffnet. Zuständigkeitsbereiche wurden nicht durch ehemalige Gerichtsbezirke abgegrenzt, sondern durch die nach 1945 neu geschaffenen Länder. Auf die Errichtung einer zentralen Justizbehörde wurde gänzlich verzichtet. Stattdessen wurde ein Länderrat eingeführt, der in Stuttgart tagte. Dieser setzte sich aus den jeweiligen Ministerpräsidenten zusammen; Beschlüsse wurden einheitlich umgesetzt.[18]

Während im September 1945 bereits 377 Amts- und Landgerichte wieder tätig waren, galt der Aufbau der Oberlandesgerichte in der amerikanischen Zone erst im Frühjahr 1946 als abgeschlossen. Die Gerichte arbeiteten zunächst noch nicht mit voller Leistung, und einige Abteilungen blieben weiterhin geschlossen, da man sich vor allem auf die Strafkammern konzentrierte, in denen die Justizangestellten mit einem großen Berg unbearbeiteter Akten konfrontiert waren. Erschwerend kam hinzu, dass es an Gesetzestexten und Arbeitsmaterialien mangelte und dass mancher Richter sogar gezwungen war, beim Aufbau der Gerichtsgebäude persönlich Hand anzulegen.[19] Wie lange sich die vollständige Neuordnung hinauszögerte, konnte indessen nicht detailliert nachgewiesen werden.[20]

Britische Zone

Die britischen Besatzungsbehörden waren in Fragen der politischen Selbstverantwortung der Deutschen deutlich zögerlicher als die amerikanische Militärverwaltung. So wurden politische Parteien in der britischen Zone erst im September 1945 zugelassen; die erste Landtagswahl fand Ende April 1947 statt, ein halbes Jahr später als in der amerikanischen Zone. Auch der im Februar 1946 gegründete Zonenbeirat hatte eher eine beratende Funktion und besaß nicht annähernd die Machtfülle des Länderrats der US-Zone.[21] Weniger zaghaft war man jedoch in Bezug auf das Justizsystem, da der britischen Seite an einer schnellen Wiederherstellung des Justizwesens unter deutscher Führung gelegen war. Denn die Gerichte der Militärregierung waren personell aufwendig und überaus kostspielig. Deshalb begann man schon bald mit der Suche nach geeignetem Personal für den Wiederaufbau der Justiz. Von essentieller Bedeutung war auch eine ausreichende deutsche Polizeigewalt für Ermittlungen und Festnahmen. Gefängnisse zur Unterbringung von Straftätern wurden ebenfalls früh gefordert, um die Nachkriegskriminalität einzudämmen.

Mit den Aufgaben der früheren Obersten Reichsbehörden wurden bereits kurz nach der Kapitulation der Wehrmacht im Mai 1945 die Oberpräsidenten bzw. der Bürgermeister von Hamburg betraut. Dies galt auch für den Bereich des ehemaligen Reichsjustizministeriums, dessen Tätigkeit nun durch die Verwaltungsbehörden wahrgenommen wurde. Erst im September 1945 kam es zur Trennung von Justiz und Verwaltung, als die gesetzgebende Gewalt auf die OLG-Präsidenten übertragen wurde, die – insbesondere auch in allen Personalfragen im jeweiligen OLG-Bezirk – allein der regionalen Militärregierung gegenüber verantwortlich waren und keinerlei Anweisungen von deutschen Verwaltungsbehörden entgegennehmen sollten. Die neu ernannten Präsidenten der acht Oberlandesgerichte bildeten den Zentralen Rechtsausschuss mit Sitz in Hamburg, aus dem am 1. Oktober 1946 das Zentral-Justizamt (ZJA) für die gesamte britische Zone hervorging, das überwiegend damit beschäftigt war, die Gesetze von nationalsozialistischem Geist zu befreien und die Neufassung rechtsstaatlicher Verfahrensgrundsätze vorzunehmen. Ende 1946 entstanden dann im Zuge der Neugründung der Länder die ersten Landesjustizministerien, die bei der deutschen Justiz auf breite Zustimmung stießen, da sie einer »Rechtszersplitterung« innerhalb der britischen Zone entgegenwirkten und ihnen auch darüber hinaus eine wichtige Führungsrolle beigemessen wurde.[22]

Französische Zone

Die französische Besatzungspolitik war weitgehend improvisiert, da es – anders als beispielsweise in der amerikanischen Zone – weder in konzeptioneller noch in materieller Hinsicht nennenswerte Vorarbeiten gab. Beim französischen Vorgehen war vor allem das Machtkalkül unverkennbar, das sich vornehmlich auf zwei Schwerpunkte konzentrierte: den Wiederaufbau der kriegszerstörten Teile Frankreichs mit Hilfe deutscher Ressourcen und die Schwächung des ungeliebten und für gefährlich erachteten Nachbarn. Zwar war die 1. französische Armee der 6. amerikanischen Armeegruppe formal unterstellt, so dass die amerikanischen Direktiven auch für die französische Militärverwaltung galten. Aber Frankreich verfolgte in der praktischen Umsetzung von Beginn an eigene Interessen.[23] Maßgeblich verantwortlich für den Aufbau der französischen Besatzungsverwaltung war der Rechtsanwalt und Politiker Émile Laffon.[24] Als »Administrateur Général« achtete er auf ein genaues und gewissenhaftes Verfahren, das jedoch mit einer zwar unauffälligen und kaum merklichen, aber strikten Überwachung einherging. Verstöße gegen französische Interessen sollten direkt durch die deutschen Verwaltungsbehörden geahndet werden. Nur wenn es zu Versäumnissen kam, schaltete sich die Militärregierung direkt ein.[25]

Im Gegensatz zu den anderen drei Besatzungszonen verlief die Eröffnung der Gerichte eher langsam. Es gab nicht nur Unstimmigkeiten mit der amerikanischen Militärregierung hinsichtlich der Abgrenzung der Gerichtsbezirke in Baden und Württemberg, sondern auch einen Mangel an detaillierter Planung, wie das deutsche Justizwesen neu organisiert werden sollte. So verblieben die Gesetzgebung und der Erlass von Verordnungen zunächst allein in der Hand des Alliierten Kontrollrats bzw. der französischen Militärregierung – dem *Gouvernement Militaire de la Zone Francaise d'Occupation* (GMZFO) –, die in vier Generaldirektionen unterteilt war: Verwaltung, Wirtschaft und Finanzen, Sicherheit und Justiz. Die Justizabteilung wies wiederum vier Direktionen auf, die in den einzelnen Provinzen der französischen Besatzungszone ihren Sitz hatten: in (Süd-) Baden, Württemberg-Hohenzollern, der Pfalz und dem Rheinland. Hauptaufgaben der Justizabteilung waren die Wiedererrichtung des deutschen Justizwesens und die Überwachung des Justizpersonals, aber auch die Entwicklung einer neuen deutschen Gesetzgebung unter Wahrung alliierter Interessen.[26] Als wichtige Aufgabe des GMZFO wurde ebenfalls die Entnazifizierung betrachtet, wobei aber früh deutlich wurde, dass die französischen Behörden hier nicht als ausführende Organe tätig werden wollten, sondern lediglich darauf abzielten, die Kontrolle über die deutsche Selbstverwaltung auszuüben.

Sowjetische Zone

In der sowjetischen Besatzungszone (SBZ) wurden bereits kurz nach dem Wiedererstehen der Länder zwischen dem 4. bis 16. Juli 1945 in den Landes- und Provinzialverwaltungen auch Abteilungen für Justiz eingerichtet. Der Aufbau der mittleren und unteren Verwaltungsebenen erfolgte mit dem Befehl Nr. 5 der Sowjetischen Militäradministration in Deutschland (SMAD) vom 9. Juli 1945.[27] Schon im Juli bzw. August waren die ersten Abteilungen arbeitsfähig und übernahmen die Aufgaben der Justizverwaltung. Die Gerichte und Staatsanwaltschaften wurden nach sowjetischem Vorbild gestaltet, was unter anderem die Gesetzlichkeitskontrolle betraf, so dass ihnen auch Rechtssetzungsbefugnisse zugestanden wurden.

Um eine Vereinheitlichung der Verwaltung und eine engere Verbindung mit der SMAD herzustellen, wurden durch Befehl Nr. 17 der SMAD vom 17. Juli 1945 Zentralverwaltungen gebildet, darunter die »Deutsche Zentralverwaltung der Justiz« (DJV), die der SMAD gegenüber verantwortlich war, aber keine Gesetzgebungsbefugnisse besaß. Die DJV unterstand Dr. Eugen Schiffer, der ehemals der Deutschen Demokratischen Partei (DDP) angehört hatte und jetzt Mitglied der Liberaldemokratischen Partei Deutschlands (LDPD) in der SBZ war. Sie nahm hauptsächlich Anleitungs- und Kontrollaufgaben wahr. Ihr oblagen aber auch Personalentscheidungen. Obwohl die Parteigruppe der KPD/SED in der DJV anfangs zahlenmäßig klein war, gelang es ihr bis 1948, »rechte Sozialdemokraten und andere rückschrittliche Kräfte« zu verdrängen, so dass die Justiz in der sowjetischen Zone trotz ihres liberalen Präsidenten immer mehr unter kommunistischen Einfluss geriet.

B e f e h l
des Obersten Chef der Sowjet-Militär-Administration und des Oberkommandierenden der Gruppe der Sowjet-Besatzungstruppen in Deutschland

4. September 1945   Nr. 49   Stadt Berlin

Inhalt: Reorganisation deutscher Gerichte in den Provinzen der Sowjet-Besatzungszone in Deutschland.

Um das entstehende (anderen) Durcheinander in der Organisation des deutschen Gerichtsapparates in dem Gebiet der sowjetischen Besatzungszone in Deutschland zu beseitigen

b e f e h l e i c h :

1. Das System der deutschen Gerichte in sämtlichen Provinzen ist in Übereinstimmung mit der am 1.1.1933 gültig gewesenen Gesetzgebung zu reorganisieren.
   In den Provinzen ist folgendes Gerichtssystem (Gerichte) festzusetzen (einzuführen) Amtsgerichte in der Anzahl der vorhandenen Bezirke, Landgerichte und Oberlandesgerichte.

2. Der Direktor der Deutschen Zentralverwaltung für Justiz hat die Reorganisation des deutschen Gerichtswesens in der sowjetischen Besatzungszone in Deutschland bis zum 1.10. ds. Js. durchzuführen.
   Die Chefs der sowjetischen Militär-Administration in den Provinzen haben der Deutschen Zentralverwaltung für Justiz bei dieser Arbeit die erforderliche Unterstützung zu gewähren.

3. Bei der Durchführung der Reorganisation des Gerichtswesens sind aus dem Gerichtsapparat (Verwaltung) bezw. Staatsanwaltschaft die ehemaligen Mitglieder der NSDAP sowie Personen des ehemaligen Hitlerregimes, die unmittelbar die Strafvollzugspolitik durchgeführt haben, zu entfernen.

4. Die Kontrolle über die Durchführung dieses Befehles obliegt dem Chef der Rechtsabteilung der Sowjet-Militär-Administration Kurassoff.

Der oberste Chef der Sowjet-   Mitglied des Kriegsrates der
Militär-Administration und   Sowjet-Militär-Administration
der Oberkommandierende der   in Deutschland
Gruppe der Sowjet-Besatzungs-   Generalleutnant
truppen in Deutschland   F. B o k o f f
Marschall der Sowjetunion
G. S h u k o w

Chef des Stabes der Sowjet-
Militär-Administration
in Deutschland
Generaloberst
W. K u r a s o f f

Befehl der SMAD zur Reorganisation deutscher Gerichte in den Provinzen der SBZ, 4. September 1945.

Wichtige Reichsjustizgesetze, wie die Zentralprozessordnung (ZPO), die Strafprozessordnung (StPO) und die Konkursordnung von 1877 (KO), galten in der SBZ ebenfalls fort. Gesetzliche Grundlagen für die Einzelzwangsvollstreckung waren demzufolge das Achte Buch der ZPO von 1877 in der Fassung vom 8. November 1933 und das Gesetz über die Zwangsversteigerung und die Zwangsverwaltung (ZVG) vom 24. März 1897. Der für die SBZ/DDR maßgebliche Text wurde in einer amtlichen Ausgabe festgehalten. Als weiterhin anwendbar erachtet wurden aber auch einige Gesetze und Verordnungen vollstreckungsrechtlichen Inhalts aus der NS-Zeit, so die Lohnpfändungsverordnung vom 30. Oktober 1940 und die Schutzverordnung vom 4. Dezember 1943.[28]

Wie sehr im Bereich der Zwangsvollstreckung in allen Besatzungszonen anfangs improvisiert werden musste, weil es nicht nur an Personal, sondern auch an geordneten Strukturen mangelte, geht aus dem Bericht einer Inspektion des Amtsgerichts Naumburg (Hessen) am 31. August 1948 hervor. So fand der verantwortliche Rechtsoffizier bei einer Visite dort weder Möbel noch Schreibmaschinen vor, sondern »lediglich einen hilflos wirkenden Justizinspektor«, der mit einer Fülle an unbearbeiteten Akten völlig überfordert war und sich dennoch bemühte, ganz auf sich alleine gestellt, seinen Dienst gewissenhaft zu erledigen.[29]

Das Problem der Entnazifizierung

Neben der Entmilitarisierung gehörte die sogenannte Entnazifizierung Deutschlands zu den wichtigsten Zielen der Alliierten. Bereits auf der Konferenz von Jalta im Februar 1945 wurde dazu erklärt: »Es ist unser unbeugsamer Wille, den deutschen Militarismus und Nationalsozialismus zu zerstören und dafür Sorge zu tragen, dass Deutschland nie wieder imstande ist, den Weltfrieden zu stören. Wir sind entschlossen […], die Nationalsozialistische Partei, die nationalsozialistischen Gesetze, Organisationen und Einrichtungen zu beseitigen, alle nationalsozialistischen und militärischen Einflüsse aus den öffentlichen Dienststellen sowie dem kulturellen und wirtschaftlichen Leben des deutschen Volkes auszuschalten und in Übereinstimmung miteinander solche Maßnahmen in Deutschland zu ergreifen, die für den zukünftigen Frieden und die Sicherheit der Welt notwendig sind.«[30]

Auf der Potsdamer Konferenz vom 7. Juli bis 2. August 1945 ließen die Staats- und Regierungschefs der USA, Großbritanniens und der Sowjetunion ebenfalls keinen Zweifel daran, dass sie entschlossen waren, den Nationalsozialismus vollständig zu beseitigen. Sie sprachen sogar von »ausmerzen« und »zerstören«, um zu verhindern, dass nationalsozialistisches Gedankengut und NS-Organisationen jemals »wiederaufleben«

BEFEHL

des Obersten Chefs der Sowjetischen Militärverwaltung in
Nr. 204   Deutschland

<u>Betrifft:</u> Nichtzulassung ehemaliger Mitglieder der Nazi-Partei
und der ihr angeschlossenen Gliederungen sowie Personen, die während der Hitlerregimes unmittelbar die
Strafpraxis ausübten, als Richter und Staatsanwälte.

In Erfüllung der einstimmig angenommenen Beschlüsse des Aussenministerrates vom 23. April 1947

befehle ich:

1. Den Chef der Deutschen Justizverwaltung und die Justizminister der Länder zu verpflichten, keine ehemaligen Mitglieder der Nazipartei und der ihr angeschlossenen Gliederungen sowie auch Personen, die eine unmittelbare Strafpraxis während des Hitlerregimes ausgeübt haben, zur Tätigkeit als Richter und Staatsanwälte zuzulassen.

2. Punkt 3 des Befehls des Obersten Chefs der SMAD Nr. 49 vom 4. September 1945 aufzuheben.

3. Die Kontrolle über die Durchführung des vorstehenden Befehls ist von dem Chef der Verwaltung des Innern der SMAD-Generalmajor M a l k o w P.M. und dem Chef der Rechtsabteilung der SMAD - K a r a s s e w J.A. durchzuführen.

Gezeichnet:

Der Stellvertreter des Obersten Chef der Sowjetischen
Militärverwaltung in Deutschland

Generalleutnant M. D r a t w i n

Im Auftrage:

Der Chef des Stabes der Sowjetischen Militärverwaltung in
Deutschland
Generalleutnant D. S a m a r s k i j

Berlin, den 23. August 1947
Z/Schm

F.d.R.d.Ü.

Befehl Nr. 204 des Obersten Chefs der Sowjetischen Militärverwaltung in Deutschland über die Nichtzulassung ehemaliger Mitglieder der NSDAP und ihrer Organisationen, 23. August 1947.

Menschenschlange vor der Entnazifizierungskommission am Hermannplatz in Berlin-Kreuzberg, 1949.

konnten. Diese Sprache fand ihren Niederschlag auch in der Direktive Nr. 24 des Alliierten Kontrollrats.[31] Folgerichtig verkündete der deutsche Länderrat des amerikanischen Besatzungsgebiets am 5. März 1946 das Gesetz Nr. 104 zur Befreiung von Nationalsozialismus und Militarismus, das die Registrierung aller ehemaligen NSDAP-Mitglieder und deren Nebenorganisationen durch Meldebögen vorsah, die jeder Deutsche über 18 Jahren ausfüllen musste. Politik, Wirtschaft, Medien und vor allem die Justiz sollten von nationalsozialistischem Gedankengut befreit werden. Dies galt ebenfalls für das Berufsbeamtentum.[32]

Bei den Massenentlassungen im öffentlichen Dienst ging die amerikanische Besatzungsmacht besonders radikal vor. So wurden allein in ihrer Zone bis Ende März 1946 etwa 140.000 Beamte aus dem Dienst entfernt. Dies traf in vollem Umfang auch das Gerichtsvollzieherwesen. So wurden zum Beispiel am Landgericht Stuttgart auf einen Schlag alle Angehörigen des mittleren Dienstes entlassen. Mit der Wiedereröffnung der Gerichte musste deshalb händeringend nach neuem Personal gesucht werden, was sich als äußerst schwierig erwies. Neu eingestellt wurden nur »unbelastete« Personen, die jedoch in der Regel keinerlei fachliche Kompetenz für das Justizwesen besaßen. Um dem Fachkräftemangel entgegenzuwirken und den Betrieb überhaupt wieder aufnehmen zu können, stellte man jedem neuen Mitarbeiter wenigstens einen »fachkundigen Justizamtmann« zur Seite, unabhängig von seiner politischen Gesinnung.[33] Qualifiziertes Personal fand man, indem man Gerichtsvollzieher in den Dienst zurückbeorderte, die nach der Machtübernahme der NSDAP ab 1934 durch das Gesetz zur »Wiederherstellung des Berufsbeamtentums« aus dem Beruf entfernt worden waren.

Dies wird durch einen Fall in Hamburg vom 22. Mai 1945 belegt. Ein ehemaliger Gerichtsvollzieher im Verwaltungsdienst, der am 7. Juli 1933 aufgrund seiner Mitgliedschaft in der SPD und seiner Funktion als SPD-Bezirksführer fristlos entlassen worden war, fand sich nach fünf Jahren Arbeitslosigkeit im Oktober 1938 in einer Stelle als »Hilfsschreiber beim Finanzamt« wieder. Obwohl er als Frontkämpfer im Ersten Weltkrieg gedient hatte, verheiratet und Vater von vier Kindern war, hatte das falsche Parteibuch für ihn eine erhebliche Benachteiligung mit sich gebracht. Nach Kriegsende klagte er auf Anerkennung der fehlenden Dienstzeit von zwölf Jahren, die ihm bei seinen Versorgungsansprüchen aber nicht angerechnet wurden. Der Rechtsstreit zog sich über mehrere Jahre hin und wurde erst am 19. Juni 1953 zu seinen Gunsten beendet. Der Senat der Freien und Hansestadt Hamburg entschied nun auf Anrechnung der vollen Dienstzeit von 1933 bis 1945. Als Wiedergutmachungsmaßnahme wurde der Kläger zudem rückwirkend zum 1. November 1945 wieder als Gerichtsvollzieher eingestellt.[34]

Auch die mit dem Gesetz Nr. 1 des Alliierten Kontrollrats erfolgte Aufhebung der Nürnberger Gesetze ließ Wiedergutmachungsansprüche zu, wie das Beispiel eines verbeamteten Justizsekretärs jüdischer Abstammung zeigt, der schon 1931 erfolgreich seine Gerichtsvollzieherprüfung abgelegt hatte. Aufgrund des Gesetzes »Zum Schutz des Deutschen Blutes« aus dem Jahr 1935 war er als sogenannter »Mischling 1. Grades« nicht mehr geeignet erschienen, im Außendienst mit »dem Publikum in Berührung zu kommen«. Da er sich im Ersten Weltkrieg als Frontsoldat bewährt hatte, beschäftigte man ihn jedoch mit niederen Arbeiten. So musste er beispielsweise im Oktober 1944 auf Weisung der Gestapo die Straßen reinigen. Die berufliche Rehabilitierung erfolgte im Mai 1945, als er durch den Präsidenten des Amtsgerichts Hamburg wieder im Außendienst der Gerichtsvollzieher eingesetzt wurde.[35]

In Westdeutschland galt die Entnazifizierung bereits ein halbes Jahr nach Gründung der Bundesrepublik als beendet. So hieß es am 21. Oktober 1949 in einem Artikel der *Allgemeinen Wochenzeitung der Juden in Deutschland* – heute *Jüdische Allgemeine* –, Südbaden nehme für sich in Anspruch, das erste Land der Bundesrepublik zu sein, in dem die »politische Säuberung als abgeschlossen« angesehen werden kann.[36] Nur knapp zehn Tage später wurde die Entnazifizierung in Bayern beendet, als der bayrische Ministerpräsident Dr. Hans Ehard die Auflösung des Staatsministeriums für Sonderaufgaben zum 1. November 1949 bekanntgab. Dabei verkündete er, man könne

	Bayern	Hessen	Württemberg-Baden	Bremen	U.S.Zone insgesamt
Eingegangene Meldebogen	6 742 757	3 222 922	2 856 829	408 825	13 231 333
Nichtbetroffene	4 879 766	2 287 984	2 147 379	293 092	9 608 221
Betroffene	1 862 991	934 938	709 450	115 733	3 623 112
Durch die Spruchkammer eingestuft:					
Hauptschuldige	743	416	461	34	1 654
Belastete	11 040	5 350	5 372	360	22 122
Minderbelastete	52 940	28 208	24 459	815	106 422
Mitläufer	215 585	133 722	121 110	14 640	485 057
Entlastete	8 828	5 279	3 388	959	18 454
Jugendamnestie	528 265	311 215	239 735	49 514	1 128 729
Weihnachtsamnestie	975 209	407 492	219 285	46 367	1 648 353
Verf.eingestellt aus anderen Gründen	68 445	40 099	94 810	2 966	206 320
Noch zu erledigende Fälle					
Klasse I + II	1 445	2 240	830	78	4 593
Teil B	491	917	–	–	1 408

	Bayern	Hessen	Württemberg-Baden	Bremen	U S Zone insges.
von der Spruchkammer erledigte Verfahren	453 957	234 974	242 663	18 532	950 126
davon mündlich	45 934	41 688	20 674	1 189	109 485
schriftlich	113 255	46 181	55 491	4 675	219 602
Nichtbescheide	129 947	85 106	78 525	10 944	304 622
Verfahren eingestellt	164 821	61 999	87 973	1 724	316 417
ohne Klägereinstellung					
Eingegangene Berufungen	47 977	23 540	18 709	1 877	92 103
nicht angenommene oder zurückgezogene Berufungen	8 760	1 845	2 097	119	12 821
entschiedene Berufungen	37 937	18 936	15 725	1 681	74 279
schwebende Berufungen	1 280	2 759	887	77	5 003
bei der Entnazifizierung tätige Personen	1 017	1 530	675	474	3 696
davon hauptamtlich	767	612	506	113	1 998
nebenamtlich (Beisitzer)	250	918	169	361	1 698
Kammeranzahl Höchststand	218	56	44	2	320
Stand a) Spruchkammern	2	6	2	1	13
31.8.49 b) Berufungskammern	3	2	2	1	8

In Bayern erstellte Übersicht zum Stand der Entnazifizierung, 31. August 1949.

»mit Stolz« auf die geleistete Arbeit zurückblicken, da man bei den Verfahren in Bayern wesentlich »großzügiger« gewesen sei als in den anderen Ländern der US-Zone. Wie unvollkommen, geradezu skandalös die Entnazifizierung hier durchgeführt worden war, zeigt jedoch ein Bericht des Bayrischen Landtagsdienstes vom 22. Dezember 1949, in dem der zuständige Sachbearbeiter erklärte, dass nur noch 0,02 Prozent aller Entnazifizierungsprozesse unbearbeitet seien. Als Ergebnis hielt er fest, dass von den 6.771.075 überprüften Personen lediglich 750 als Hauptschuldige eingestuft worden seien, 11.136 als »belastet«, 216.041 als Mitläufer und 8.851 als entlastet. 529.052 Verfahren waren wegen Jugendamnestie eingestellt worden, 976.790 wegen Weihnachtsamnestie und 71.650 aus anderen Gründen. Die Zahl der »Nichtbelasteten« belief sich demnach auf 4.956.805 Personen.[37]

In der sowjetischen Besatzungszone war die Entnazifizierung bereits am 26. Februar 1948 mit dem SMAD-Befehl Nr. 35 für beendet erklärt worden. Zuvor hatte man hier aber, anders als in Westdeutschland, zumindest die Behörden in mehreren Phasen konsequent von ehemaligen NSDAP-Mitgliedern und NS-belasteten Personen gesäubert. Dazu hatte man zunächst einen »antifaschistischen Ausschuss« eingesetzt, um NS-Belastete zu erfassen. Die zweite Phase hatte mit der Errichtung der regionalen sowjetischen Militäradministrationen und der deutschen Landes- und Provinzialverwaltungen begonnen, als man systematisch auf Mitarbeiter gesetzt hatte, die nicht NS-belastet waren. Die letzte Phase der Entnazifizierung in der SBZ war dann mit dem SMAD-Befehl Nr. 201 vom August 1947 eingeleitet worden, mit dem man die Behandlung ehemaliger NSDAP-Mitglieder für die gesamte sowjetische Besatzungszone auf eine einheitliche Grundlage gestellt und zugleich ein Ende der Säuberungsaktionen in Aussicht genommen hatte.[38] Allerdings waren unter dem Deckmantel der »Entnazifizierung« zugleich auch politische Gegner ausgeschaltet worden, um eine umfassende gesellschaftliche Neuordnung nach sowjetischem Vorbild einzuleiten, die sich auf alle Bereiche bezog.[39]

All dies galt ebenfalls für den Bereich der Justiz. Hier wurden mit dem SMAD-Befehl Nr. 49 Mitglieder der NSDAP und ihrer Organisationen in allen Ländern der SBZ aus dem Dienst entfernt.[40] Vor dem 8. Mai 1945 hatte es auf dem Territorium der SBZ rund 2.500 Richter und Staatsanwälte gegeben, von denen im Rahmen der Entnazifizierung etwa 80 Prozent als belastet eingestuft wurden. Ende 1945 befanden sich daher nur noch 600 Richter und Staatsanwälte im Justizdienst, darunter etwa 130 im sogenannten »Soforteinsatz«. Für die Provinz Mark Brandenburg gibt ein Bericht »betreffend die Verhandlungen mit der Provinzialregierung in Potsdam über die Durchführung des Befehls Nr. 49 des obersten Chefs der Sowjetischen Militärverwaltung vom 4.9.1945 über die Neugestaltung der Gerichte in den Provinzen« vom 25. September 1945 genaueren Aufschluss. Verfasst wurde der Bericht von einem Mitarbeiter der bereits genannten

Rede eines sowjetischen Offiziers im Sitzungssaal des Potsdamer Regierungsgebäudes, 1946.

Deutschen Zentralverwaltung der Justiz (DJV) für das Gebiet der sowjetischen Besatzungszone.[41]

Als eines der Probleme wird darin die Nichtübereinstimmung der Grenzen der Landgerichtsbezirke mit denen der Militärverwaltungsbezirke angesehen. Es sollte durch vier neugeschaffene Oberlandratsbezirke – Eberswalde, Cottbus, Brandenburg an der Havel und Bernau – abgeschwächt werden. Das Hauptproblem war jedoch der extreme Mangel an qualifiziertem und vor allem unbelastetem juristischen Personal, da aufgrund der umfassenden Säuberungen in allen Justizbereichen kaum noch Mitarbeiter zur Verfügung standen. Ein Stellenplan für die »Gerichte, Staatsanwaltschaften und Amtsanwaltschaften der Provinz Mark«[42] weist somit nur 41 tätige Gerichtsvollzieher aus. Da in der SBZ gleichwohl schon Ende Mai 1945, oft auf Anordnung der jeweiligen sowjetischen Kommandanten, die ersten Stadtbezirks- und Amtsgerichte auf kommunaler Ebene eingerichtet wurden, füllten zumeist Kommunisten bzw. »Aktivisten« die Stellen aus, auch wenn sie für diese Aufgabe kaum geeignet waren. Dies führte dazu, dass nicht alle Justizbedienstete mit einer »NS-Belastung« sofort entlassen werden konnten.[43]

Nach 1946 strebte man indessen an, nur noch wenige Personen ohne juristische Vorkenntnisse einzusetzen. Besondere Bedeutung kam in diesem Zusammenhang den

Übersicht zum Personalbestand der Gerichtsbehörden im OLG-Bezirk Potsdam, 19. Oktober 1945.

inzwischen eingerichteten (Volks-) Richterschulen zu. Hier sollten zügig und in genügendem Ausmaß »sozialistische Juristen« ausgebildet werden.[44] Die ersten Lehrgänge fanden in allen Ländern der SBZ von Februar bis April 1946 statt. Die gewünschte weitgehende Besetzung der Lehrgänge mit Arbeitern wurde jedoch nur teilweise erreicht. Kritik gab es auch deshalb, weil die Quote der Studienabbrecher anfangs sehr hoch und die Ausbildung so kurz war, dass die fachliche Qualifikation der Absolventen fraglich schien.[45]

Gerade aufgrund des Mangels an qualifiziertem Personal konnte der von der SMAD und der KPD/SED gemeinsam verfolgte radikale Umbau der Justiz in der SBZ aber umso rücksichtsloser vorangetrieben werden.[46] So wurden bis 1948 praktisch alle Sozialdemokraten, die mit dem Kurs ihres Parteivorsitzenden Otto Grotewohl nicht einverstanden waren, sowie alle sogenannten »rückschrittlichen Kräfte« aus der Deutschen Zentralverwaltung der Justiz verdrängt. Nicht zuletzt kam dies in der Tatsache zum Ausdruck, dass Eugen Schiffer (LDPD) 1948 als Präsident der DJV durch Max Fechner abgelöst wurde. Fechner war nach 1945 Mitglied des Zentralausschusses der SPD gewesen und hatte bei der Zwangsvereinigung von SPD und KPD zur SED im April 1946 zu den Befürwortern der Vereinigung gehört, während Schiffer 1950 in die Bundesrepublik übersiedelte und dort der FDP beitrat. Mit der Gründung der DDR am 7. Oktober 1949 wurde aus der DJV das Ministerium der Justiz, das nun ebenfalls von Fechner geleitet wurde. Durch ein Gesetz vom 8. Dezember 1949 wurden das Oberste Gericht, das die Untergerichte anleiten sollte, und die Oberste Staatsanwaltschaft geschaffen. Beide unterstanden unmittelbar der Regierung der DDR.[47]

Wiederbelebung der Verbandsarbeit der Gerichtsvollzieher in den westlichen Besatzungszonen

Zum Aufbau eines demokratischen Justizwesens durch die Alliierten in den westlichen Besatzungszonen gehörte auch die Wiederbelebung der Verbandsarbeit der Gerichtsvollzieher, die es eigenständig aufgrund der nationalsozialistischen Politik der »Gleichschaltung« ab 1934 nicht mehr gegeben hatte.[48] Als am 12. Februar 1946 das Schreiben eines engagierten Justizinspektors den Präsidenten des Hanseatischen Oberlandesgerichts in Hamburg mit der Bitte erreichte, den früheren Gerichtsvollzieherverein wiederaufleben zu lassen, stimmte dieser ohne Umschweife zu. Elf Tage später erteilte auch der zuständige Offizier der britischen Militärverwaltung, Colonel Carton, die Erlaubnis zur Wiedergründung des DGVB, so dass sich der »Deutsche Gerichtsvollzieher Bund innerhalb der britischen Zone« am 9. November 1947 in Hamburg neu konstituieren konnte. Der Bund sollte als Zweckwahrer der »beruflichen, sozialen und wirtschaftlichen Belange« seiner Mitglieder dienen, ohne politisch oder religiös motivierte Ziele zu verfolgen.[49]

Zugleich kündigte der Verband für die nahe Zukunft die Herausgabe einer »Fachzeitschrift für deutsches Vollstreckungsrecht« an. Das *Mitteilungsblatt des deutschen Gerichtsvollzieher-Bundes*, das im Januar 1949 erstmals erschien, sollte an die altbewährte *Deutsche Gerichtsvollzieher-Zeitung* anknüpfen. Zu seinem Leserkreis gehörten die Gerichtsvollzieher, aber auch Regierungsstellen, Gerichte, Behörden und Personen aus der Wirtschaft. Die Fachzeitschrift war für den Gerichtsvollzieherbund besonders wichtig, um die Beamten über aktuelle Entwicklungen zu informieren – etwa über neue

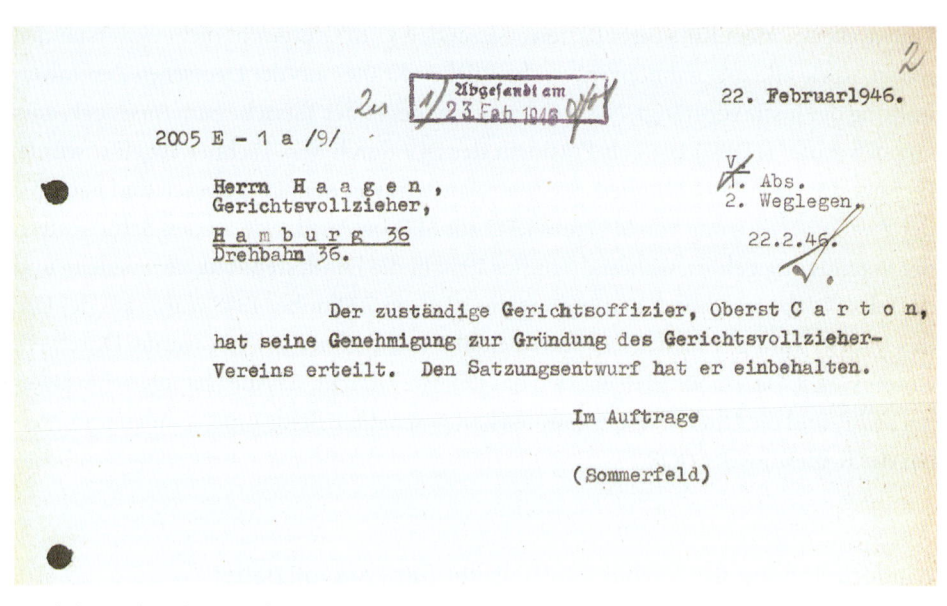

2005 E - 1 a /9/

Abgesandt am
23. Feb. 1946

22. Februar 1946.

Herrn H a a g e n ,
Gerichtsvollzieher,
H a m b u r g 36
Drehbahn 36.

1. Abs.
2. Weglegen.
22.2.46.

Der zuständige Gerichtsoffizier, Oberst C a r t o n , hat seine Genehmigung zur Gründung des Gerichtsvollzieher-Vereins erteilt. Den Satzungsentwurf hat er einbehalten.

Im Auftrage

(Sommerfeld)

Wiederbegründung des Deutschen Gerichtsvollzieher-Vereins im Einverständnis mit der britischen Militärverwaltung, 22. Februar 1946.

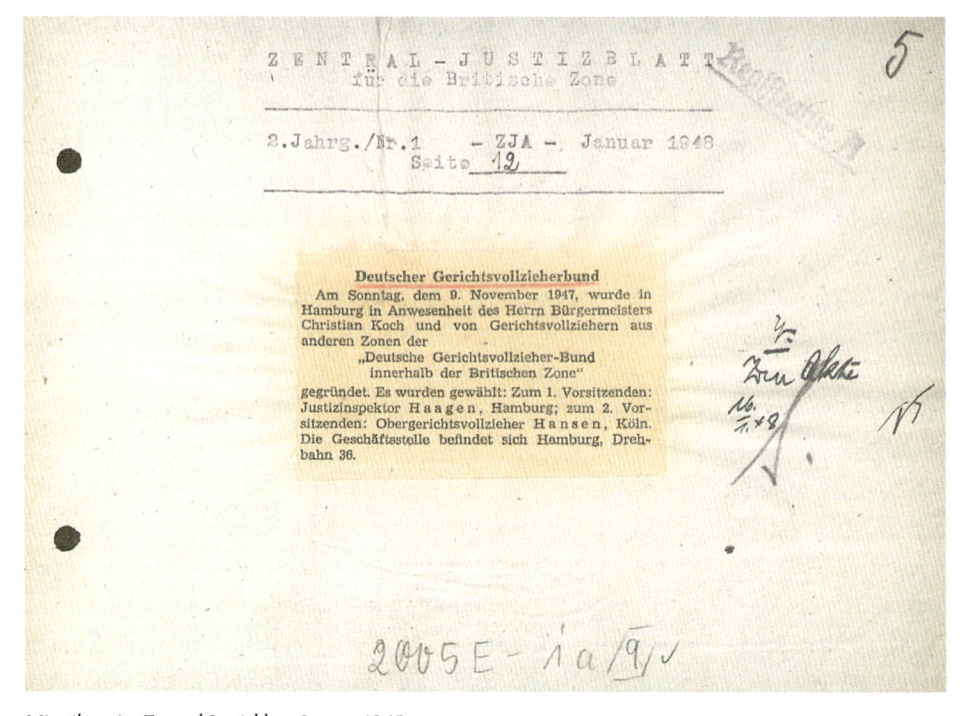

ZENTRAL-JUSTIZBLATT
für die Britische Zone

2.Jahrg./Nr.1   - ZJA -   Januar 1948
Seite 12

Deutscher Gerichtsvollzieherbund
Am Sonntag, dem 9. November 1947, wurde in Hamburg in Anwesenheit des Herrn Bürgermeisters Christian Koch und von Gerichtsvollziehern aus anderen Zonen der
„Deutsche Gerichtsvollzieher-Bund innerhalb der Britischen Zone"
gegründet. Es wurden gewählt: Zum 1. Vorsitzenden: Justizinspektor H a a g e n , Hamburg; zum 2. Vorsitzenden: Obergerichtsvollzieher H a n s e n , Köln. Die Geschäftsstelle befindet sich Hamburg, Drehbahn 36.

2005 E - 1 a /9/

Mitteilung im Zentral-Justizblatt, Januar 1948.

Die erste Nummer des Mitteilungsblatts für Gerichtsvollzieher erscheint im Januar 1949 in der britischen Zone.

Anschauungen hinsichtlich der Pfändbarkeit oder Unpfändbarkeit von Gegenständen, die sich auch bei unveränderter Zivilprozessordnung in ständigem Wandel befanden.[50]

Die erste Tagung des DGVB fand vom 22. bis 24. Oktober 1948 in Hamburg statt. Dort kam es sogleich zu ereignisreichen Debatten, die sich für die Organisation des DGVB als richtungsweisend erweisen sollten. Im Vordergrund stand die Frage, wie die künftige Ausbildung der Gerichtsvollzieher-Anwärter zu strukturieren sei. Dabei herrschte Einigkeit, dass die Auszubildenden so gefördert werden müssten, dass sie nach ihrer Einstellung als Vollstreckungsorgan des Staates in der Lage sein würden, die anstehenden Aufgaben selbstständig und professionell zu erledigen. Bereits am 8. Dezember 1948 konnte der Entwurf einer neuen Ausbildungsverordnung dem Zentral-Justizamt übergeben werden. Voraussetzung für die Einstellung als Gerichtsvollzieher-Anwärter war zunächst die körperliche und persönliche Eignung der Bewerber. Eine straff gegliederte theoretische Ausbildung sollte dann die grundlegenden fachlichen Voraussetzungen für die praktische Tätigkeit schaffen. Die Regelung der Alliierten, jedem neu eingestellten Mitarbeiter einen erfahrenen Beamten – im Idealfall politisch unbelastet – zur Seite zu stellen, galt als gut gemeint, jedoch in der Praxis als nicht umsetzbar, da die Autorität des Gerichtsvollziehers Schaden nehmen würde, wenn er bei einem Einsatz vor Ort einen Kollegen befragen bzw. im Gesetzbuch nachschlagen müsste. Daher war diese Regelung im Entwurf nicht mehr vorgesehen.[51] Schließlich wurde die neue Ausbildungsordnung von der Hamburger Senatskommission für Justizverwaltung durch eine Allgemeine Verfügung – die Verfügung Nr. 10 vom 1. Januar 1950 – erlassen. Sie sah als ausschlaggebendes Kriterium für die Einstellung nicht mehr die politische Gesinnung, sondern eine schwierige und aufwendige Prüfung für den mittleren Justizdienst vor, der eine zweijährige Tätigkeit als Beamter im Dienst folgte.[52]

Tatsächlich erforderten die politischen und wirtschaftlichen Umstände der frühen Nachkriegsjahre ein intaktes und gut organisiertes Gerichtsvollzieherwesen. Einen besonderen Einschnitt stellte hierbei die Währungsreform in den drei westlichen Besatzungszonen am 20. Juni 1948 dar, mit der die Voraussetzungen für die Beteiligung Westdeutschlands am Marshall-Plan geschaffen werden sollten.[53] Die notwendige Beseitigung des Geldüberhangs zur Stabilisierung der Währung war eine der bedeutendsten wirtschaftspolitischen Entscheidungen im Nachkriegsdeutschland, die jedoch nicht leicht umzusetzen war. So machte sich der Verein der Gerichtsvollzieher des OLG Hamm in einem Schreiben an dessen Präsidenten Sorgen um eine mögliche Verknappung der Geldmenge, da diese zu einer Vermehrung der Kreditwirtschaft und kreditfinanzierten Geschäfte führen würde, so dass mit einer deutlichen Zunahme der Geschäfte im Gerichtsvollzieherdienst zu rechnen sei.[54] Dahinter stand offenbar die Befürchtung, dass es nicht genügend Gerichtsvollzieher geben werde, um die Arbeit zu bewältigen. Denn einerseits gab es zu wenig Nachwuchs. Zum anderen befand sich Mitte 1948 ein beträchtlicher Teil der Gerichtsvollzieher im pensionsfähigen Alter. Zudem erinnerte man sich noch allzu deutlich an die Inflation zu Beginn der 1920er Jahre und die Währungsreform 1923 sowie an die Weltwirtschaftskrise nach 1929, die ebenfalls große Anforderungen an die Gerichtsvollzieher gestellt hatten.[55]

So wurden Mitte 1948 noch immer viele sachfremde Beamte und Anwärter zur Wahrnehmung des Vollstreckungsdienstes herangezogen, die häufig kaum über fachliche Eignung für den Beruf verfügten und den Vollstreckungsdienst völlig unvorbereitet, nur der Not gehorchend, ableisteten.[56] Der Präsident des OLG Hamm teilte seinem Bezirk daher sechs Gerichtsvollzieheranwärter zu, die ihre Ausbildung nach der Ausbildungsverordnung vom 8. Juli 1938 vor Beginn des Zweiten Weltkrieges begonnen hatten, durch den Kriegsausbruch aber daran gehindert worden waren, sie zu beenden. Als Ausbildungsort war nun wieder das Amtsgericht Düsseldorf vorgesehen, das bis zur Einstellung der Ausbildung 1939 als Zentrum für Gerichtsvollzieheranwärter im nordrhein-westfälischen Raum galt und wo noch »geeignete Lehrkräfte« vorhanden waren, die sowohl über die fachliche Kompetenz als auch über die nötige Erfahrung verfügten.[57]

Wie groß das Personalproblem im Gerichtsvollzieherwesen zu dieser Zeit war, verdeutlicht ein weiterer »Brandbrief« des Gerichtsvollziehervereins München an den Vorstand des Amtsgerichts München vom 30. Juni 1949. Darin werden die »völlig unhaltbaren« Zustände geschildert, mit denen sich die Mitarbeiter konfrontiert sahen: Sie müssten, so das Schreiben, seit längerer Zeit täglich 14 bis 16 Stunden arbeiten, sogar an Sonn- und Feiertagen, und seien aufgrund der lang anhaltenden Situation »buchstäblich am Ende ihrer Kräfte«. Im zweiten Kalendervierteljahr, berichtet der Brief, seien insge-

Nach der Währungsreform vom 20. Juni 1948 beginnt der bezugsscheinfreie Verkauf von Waren.

samt 19.335 Vollstreckungsfälle aufgekommen, bei denen Gerichtsvollzieher im Außendienst eingesetzt werden sollten. Da jedoch nur noch 17 außendienstfähige Mitarbeiter vorhanden seien, bedeute dies, dass jeder Einzelne täglich fast 15 Fälle bearbeiten müsse. Erschwerend komme hinzu, dass die Ausführung der Vollstreckungsaufträge auf allen Gebieten um »100 % schwieriger geworden« sei als vor Kriegsbeginn. Gründe hierfür seien vor allem die großen Entfernungen und die daraus resultierenden zeitraubenden Wegstrecken sowie die »Mentalität der Schuldner«. Auch wohnten mehrere Parteien in einer Wohnung mit oft schwer zugänglichen Aufgängen, so dass die »vielen Räumungen, die, wenn sie auch nicht vollzogen werden, sehr viel Zeit in Anspruch nehmen«.[58]

Aber auch im Innendienst war die Situation augenscheinlich nicht wesentlich besser. Obwohl den Münchner Gerichtsvollziehern hier drei Inspektoren und fünf neue Angestellte zugeteilt waren, kam es anfänglich kaum zu Verbesserungen für die Mitarbeiter, denn die neu Zugewiesenen mussten zunächst eingearbeitet werden, was zusätzlich zum Tagesgeschäft des Einzelnen Kräfte erforderte und somit eine fast unmögliche Aufgabe darstellte. Diese Doppelbelastung und die mittlerweile 1.500 angefallenen Aufträge, die in der normalen Arbeitszeit nicht bearbeitet werden konnten, veranlasste daher manchen Gerichtsvollzieher, hieß es in dem Schreiben, die Arbeit »sogar noch mit nach Hause« zu nehmen.[59]

Erschwerend kam hinzu, dass die logistischen Bedingungen ebenfalls Anlass zu Klagen gaben. Das Fassungsvermögen der Pfandkammer schien aufgrund der steigenden Fälle an seine Grenzen zu kommen. Abhilfe verschaffte zwar ein naheliegender Spediteur, der seine Räumlichkeiten den Gerichtsvollziehern zu Verfügung stellte. Diese Nachbarschaftshilfe geschah jedoch nicht umsonst, da der Spediteur aus der Situation natürlich »einen satten Profit schlagen« wollte. Auch der Versteigerungsraum bot bei einer Gesamtfläche von 25,52 Quadratmetern nicht annähernd genug Raum, um alle potentiellen Bieter unterzubringen. Dies wiederum hatte zur Folge, dass bei einer zu geringen Anzahl von Bietern nicht mehr die möglichen Höchstpreise für die zu versteigernden Güter erzielt werden konnten. Zudem diente die frühere Pfandkammer zum Teil als Garage für die Autos der Außendienstmitarbeiter, während der andere Teil mittlerweile zweckentfremdet von einem ortsansässigen Ziegelhersteller als Materiallager und als Werkstatt genutzt wurde.[60]

Der Artikel 131 GG

Derartige Zustände waren in den Nachkriegsjahren offenbar keine Einzelfälle, sondern so häufig anzutreffen, dass sich die Frage stellte, wie man Abhilfe schaffen konnte. Ein mögliches Instrument dafür schien der Artikel 131 GG zu sein, den der Parlamentarische Rat in das Grundgesetz eingefügt hatte, um ehemaligen Angehörigen des öffentlichen Dienstes die Rückkehr in den Staatsdienst zu ermöglichen. Befürworter des Artikels 131 argumentierten, von einer umfassenden NS-Belastung des Beamtentums könne ohnehin nicht die Rede sein, wenn »rund 95 Prozent aller Beamten in den Entnazifizierungsverfahren als mehr oder weniger unbelastet eingestuft worden« seien.[61] Trotzdem war auch nach Abschluss der Entnazifizierungsverfahren Ende 1949 eine große Zahl ehemaliger Beamter und Angestellter immer noch nicht in den öffentlichen Dienst zurückgekehrt.[62]

»Tausende Beamte hoffnungslos vor dem Nichts«, titelte dazu der *Münchener Kurier* schon am 26. Januar 1949. Autor Werner Runge stellte in dem Artikel sogar den Rechtsstaat generell in Frage, da Tausende Beamte durch das nationalsozialistische »Gesetz zur Wiederherstellung des Berufsbeamtentums« aus ihrem Dienst entlassen worden seien, die sich weder hätten instrumentalisieren noch gleichschalten lassen und die daher jetzt ein Recht auf Wiedereinstellung hätten.[63] Zwar hatte der Bayrische Ministerrat unter dem öffentlichen Druck mit der Verordnung Nr. 113 ein Gesetz über Gehalt, Ruhegehalt und Hinterbliebenenversorgung der Mitglieder der Bayerischen Staatsregierung beschlossen. Aber diese Verordnung reichte nach allgemeiner Auffassung nicht aus, da eine einheitliche Regelung für alle Beamten notwendig schien, um »Willkür« und

BEAMTENSCHUTZBUND e. V. LANDESVERBAND BAYERN

München 2, Barer Straße 32/II

Denkschrift

über die Notlage der entfernten Beamten, Angestellten und Arbeiter in Bayern

Tausende von Beamten warten auf ihr Recht!

Tausende von Beamten rufen in ihrer Not!

Der Kampf des Beamtenschutzbundes zur Wahrung der wohlerworbenen Rechte des in Artikel 131 Grundgesetz umschriebenen Personenkreises ist ein betont rechtlicher Kampf. Die in Bayern zu erwartende Verfassungsgerichtshofentscheidung über die Verordnung Nr. 113 und die im kommenden Jahr zu erwartende Gesetzgebung des Bundes nach Artikel 131 sind in ein entscheidendes Stadium getreten. Deswegen halten wir uns in diesem Augenblick für verpflichtet, aus der Reserve, die uns der rechtliche Kampf auferlegt, herauszutreten und den gesetzgebenden Faktoren und der Öffentlichkeit einen Einblick in die menschliche und damit politische Seite des ganzen Problems zu geben.

Die katastrophale Notlage der entfernten öffentlichen Bediensteten und ihrer Familien kann mangels der erforderlichen statistischen Unterlagen nicht vollständig dargestellt werden. Als kennzeichnendes Beispiel aber, das Anspruch auf Verallgemeinerung hat, wird daher die Notlage derjenigen geschildert, die sich im Beamtenschutzbund zusammengefunden haben und für die das Material zu der Statistik im Beamtenschutzbund vorliegt, das im folgenden zur Kenntnis gebracht wird.

Es wird häufig in der Öffentlichkeit, ja sogar in Behördenkreisen die Meinung zum Ausdruck gebracht, daß fast alle entfernten Beamten, Angestellten und Arbeiter wieder in den Dienst zurückgenommen worden seien. Diese Auffassung ist aber irrig.

Als Beispiel geben wir die ungefähren Zahlen der Entlassenen und Wiedereingestellten bei der Landeshauptstadt München bekannt:

Entlassen wurden:
2432 Beamte 967 Angestellte 819 Arbeiter zus. 4218.

Wiedereingestellt wurden bis jetzt:
Arbeiter: ca. 500 Beamte und Angestellte: 1005, die von der Spruchkammer als Mitläufer, Amnestierte oder Entlastete, daher ohne jede beamtenrechtliche Sühnemaßnahme, rechtskräftig eingestuft wurden; es sind daher ca. 2700 noch nicht wiedereingestellt, das sind ungefähr 64 Prozent der entfernten Beamten, Angestellten und Arbeiter.

Sehr groß ist die Zahl derjenigen Entlassenen, die weder Fürsorge- noch Arbeitslosenunterstützung erhalten und sich als verschämte Arme nur mit Unterstützung von Familienangehörigen und mit Gelegenheitsarbeiten durchs Leben bringen. Das Ausmaß der Not, in der sich heute die entlassenen Beamten, Angestellten und Arbeiter befinden, läßt sich mit Worten kaum schildern. Wer selbst viereinhalb Jahre auf den Tag gewartet hat, an dem Recht wieder Recht werden soll, weiß, wie sehr Kummer und Leid, Sorgen und Not den noch nicht wiederverwendeten Beamten und ihren Familien zugesetzt haben. Sie müssen in den meisten Fällen mit geringen Versorgungsbezügen oder unzulänglichen Unterstützungen auskommen.

Bei einem Mitgliederstand von z. Zt. 4600 würden gemeldet:

a) Fürsorgeempfänger 497
b) Arbeitslosenunterstützungsempfänger 1024
c) Familienväter mit drei und mehr Kindern 377.

Soweit sie noch im Besitz von Vermögen und Wertsachen waren, mußten sie diese restlos aufopfern, um die Lebensbedürfnisse einigermaßen bestreiten zu können. Bei denen, die auf geringe öffentliche Unterstützung angewiesen sind, ist die Notlage deshalb besonders drückend und deprimierend, weil diese Unterstützung nicht als Unterhaltsbeihilfe aus Mitteln des Personaletats, sondern als Fürsorgebezug aus Mitteln der öffentlichen Wohlfahrt gewährt wird. Diese Menschen gehen mit ihren Angehörigen langsam aber sicher seelisch und körperlich zugrunde. Aber auch die Lage derjenigen, die in irgendeiner berufsfremden Arbeit stehen, verschlechtert sich von Tag zu Tag, weil weitaus die meisten von ihnen primitive Hilfsarbeiten verrichten und damit nur ein Einkommen erzielen, das kaum zum nackten Leben reicht. An Anschaffungen, deren die Angehörigen, vor allem die heranwachsenden Kinder dringend bedürfen, ist nicht zu denken. Besonders traurig ist die Lage derjenigen, die ausgebombt, kriegsbeschädigt oder krank sind oder für kranke Angehörige zu sorgen haben. Viele Leidensgenossen müssen ihre hochbetagten Eltern dem Elend überlassen, weil sie selbst nicht mehr das Notwendigste besitzen. Viele mußten nach der Entlassung ihre Wohnung räumen und sitzen jetzt mit ihren Familien in Baracken oder sonst irgendeinem Raum, wo ihnen die Trostlosigkeit ihrer Lage besonders deutlich zum Bewußtsein kommt.

Ein sehr beachtlicher Teil dieses Personenkreises, auch viele Jüngeren, leiden an seelischen Depressionen, die durch das schon nahezu fünf Jahre dauernde Warten immer stärker und häufiger auftreten. Vielfach treten auch schwere Erkrankungen des Herzens auf, die von den behandelnden Ärzten auf die fortgesetzten seelischen Belastungen zurückgeführt werden und die in den letzten vier Jahren bei einer großen Zahl von Entlassenen zum vorzeitigen Tod geführt haben.

Besonders schmerzlich muß es empfunden werden, daß diese unbescholtenen und unschuldigen Opfer der Entnazifizierung trotz jahre- und jahrzehntelanger, von dem Grundsatz der gegenseitigen Treueverpflichtung beherrschter Tätigkeit im öffentlichen Dienst nicht nur an Vermögen, Leben und Gesundheit, sondern an ihrer Ehre so diffamiert wurden, daß sie sich im Rechtsstaat als „Parias" betrachten müssen, die der selbstverständlichen Fürsorgepflicht des Staates oder der anderen Dienstbehörden entbehren.

Der Kampf ums Recht wird begleitet von einem erschütternden Notschrei nach Menschlichkeit, die verlangt, daß Unrecht wieder gutgemacht wird und daß alle Faktoren des Rechtsstaats sich bemühen, das geschehene Unrecht so schnell wie möglich und durchgreifend zu beseitigen. Denn auch für den Gesetzgeber gilt der alte Satz:

„Wer schnell hilft, hilft doppelt."

Denkschrift des Beamtenschutzbundes zur Notlage des deutschen Beamtentums, der Angestellten und Arbeiter in Bayern, 19. Dezember 1949.

unterschiedliche Maßstäbe bei Einstellungen in Bund, Ländern und Kommunen zu vermeiden.[64]

In einem Appell zur »Notlage der entfernten Beamten, Angestellten und Arbeiter in Bayern«, den der Beamtenschutzbund e. V. des Landesverbandes Bayern vom 19. Dezember 1949 an das Bayerische Staatsministerium für Sonderaufgaben richtete, berichtete der Verein, der auch die Interessen der Gerichtsvollzieher vertrat, über die »katastrophale Notlage« derjenigen, die weder Fürsorge- noch Arbeitslosenunterstützung erhielten und sich nur mit Gelegenheitsarbeiten und mit Hilfe von Familienangehörigen »durchs Leben bringen« könnten. Im Anhang der Denkschrift listete der Verein Beamte auf, die aus »Not oder aus Depression über das ihnen zugefügte Unrecht vorzeitig gestorben« seien. Die Liste enthielt 80 Selbstmorde, vier Tötungsdelikte, 91 gemeldete Selbstmordversuche sowie elf weitere Todesfälle nach Entlassung oder Entnazifizierung.[65]

Mit dem sogenannten »131er Gesetz«, das der Bundestag am 11. Mai 1951 verabschiedete, wurde schließlich eine Regelung gefunden, um die Rechtsstellung der Beamten zu klären, die vor dem 8. Mai 1945 in das Beamtenverhältnis berufen worden waren. Nachdem bis dahin die Alliierten starken Druck ausgeübt hatten, das Berufsbeamtentum gänzlich abzuschaffen, schufen der Artikel 131 GG und das 131er-Gesetz ein »Bollwerk« gegen derartige Reformbestrebungen und stellten die Weichen für eine »Wiederverwendung ehemaliger Funktionseliten«, darunter auch die Gerichtsvollzieher.[66] Das 131er-Gesetz kam in erster Linie den etwa 450.000 Personen zugute, die während des »Dritten Reiches« Angehörige des öffentlichen Dienstes gewesen waren und nunmehr vom Artikel 131 GG und dem dazu verabschiedeten Gesetz profitierten, während nur etwa 600 Juden und Regime-Gegner, die in der NS-Zeit aus dem Dienst entfernt worden waren, einen Antrag auf Wiedergutmachung stellten.[67]

Auch ehemalige Gerichtsvollzieher machten Ansprüche geltend, die anstandslos umgesetzt wurden. So standen dem OLG Hamm für das Rechnungsjahr 1952 insgesamt 54 Anwärterstellen zu Verfügung, die systematisch und zeitnah besetzt werden sollten. Mindestens 42 Stellen waren dabei für Personen vorgesehen, die unter das 131er-Gesetz fielen. Hierbei handelte es sich auch um Personen, die zuvor nicht als Gerichtsvollzieher gearbeitet hatten, sondern in einem weiteren Sinne im Justizbereich tätig gewesen waren. Der Erste Vorsitzende des Bezirksbetriebsrats in Hamm stimmte der vorgeschlagenen Stellenbesetzung ohne jegliche Diskussion zu, so dass auch frühere Gerichtsvollzieher ihre Tätigkeit wieder aufnehmen konnten.[68] Allerdings ließ sich der große Bedarf an Gerichtsvollziehern selbst mit Hilfe des 131er-Gesetzes nicht vollständig befriedigen, so dass auch weiterhin noch für längere Zeit fachfremde Kräfte eingestellt werden mussten, um das Gerichtsvollzieherwesen wiederaufleben zu lassen.

C. Verzeichnis
der für die Zulassung vorgesehenen
justizfremden GV.-Bewerber aus dem Kreise der 131-er

Nr.	Name	Gebürts- Jahr	Ort	Wohnort	frühere Dienst- stellung	augenblickliche Tätigkeit
	Zeisler	1912	Schlesien	Herford	Ber. Offz.	Ang.b.Bes.Truppe
	Beinhorn	1910	Göttingen	Herford	Wm.Beamter	Ang.b. Arb.Amt
	Krägeloh	1914	Hagen	Hagen	Ber. Offz.	Hilfsarbeiter
	Stöppler	1914	Lage	Detmold	Ber. Uffz.	Ang. b. Regierung
	Drygalla	1914	Lünen	Ahlen	Ber. Uffz.	Polizeidienst
	Hammer	1913	Siegen	Lippstadt	RAD-Führer	Kaufm. (selbstdg.)
	Warner	1909	Parchim	Lippstadt	RAD-Führer	Ang.b.Bes.Truppe
	Büchter	1913	Steinheim	Lippstadt	Ber. Uffz.	Polizei-Ang.
	Asche	1913	Holzminden	Holzminden	Wm.Beamter	erwerbslos
	Zamow	1909	Köslin	G.-Buer	Ber. Uffz.	Werkschutzmann
	Brauer	1913	Koblenz	Arnsberg	Ber. Uffz.	erwerbslos
	Brodzig	1910	Pillau	Menden	Ber. Offz.	Vorarb. b. Bd.Bahn
	Ferling	1914	Barkh'	Holzh'n	Ber. Uffz.	Ang.b.Bes.Truppe
	Reipa	1911	Joh.'burg	Hamm	Ber. Uffz.	Arb.b.Bes.Truppe
	Banusch	1913	Nd.Lausitz	Weertzen	Ber. Offz.	erwerbslos
	Oppermann	1913	Nowawes	Borgeln	Ber. Uffz.	erwerbslos
	Maiwald	1910	Namslau	Alfeld	Ber. Uffz.	erwerbslos
	Florath	1914	Plettenbg.	Siegen	Ber. Uffz.	Lagerist
	Pasenau	1914	Ostpr.	Lippstadt	Ber. Uffz.	erwerbslos
	Bergfeld	1912	Köln	Wilhelmshvn	Ber. Uffz.	erwerbslos
	Gersching	1915	Halle/Sa.	Bielefeld	Ber. Uffz.	Ang.b.Bes.Truppe
	Huster	1914	Dortmund	Soest	Ber. Offz.	kfm. Ang.
	Harms	1908	Münster	Paderborn	Ber. Offz.	Polizeidienst
	Reichelt	1914	Schlesien	Oeynhausen	Ber. Offz.	Ang.b.Bes.Truppe
	Klinkmann	1912	Harburg	Lippstadt	Ber. Uffz.	Ang.b.Bes.Truppe

Seite einer Zusammenstellung von Gerichtsvollzieher-Bewerbern, die von der möglichen Antragstellung über den Artikel 131 GG Gebrauch machten, Juli 1952.

Pfandsiegel der Kreisgerichte, um 1989.

Vollstreckungsrechtlicher Erziehungsauftrag in der DDR 1949 bis 1989/90

KRISTINA HÜBENER

Nach der Gründung der DDR am 7. Oktober 1949 wurde der weitere Ausbau des Justizwesens in Ostdeutschland zentral vom Ministerium der Justiz (MdJ) in Berlin gelenkt. Artikel 127 der DDR-Verfassung verpflichtete die Justiz auf die Wahrung der sogenannten »sozialistischen Gesetzlichkeit«, deren Einhaltung dem MdJ oblag.[1] Kritik an diesem Grundsatz gab es von den inzwischen gleichgeschalteten Landesjustizverwaltungen, die zuvor in der sowjetischen Besatzungszone nach Errichtung der Länder geschaffen worden waren, kaum. Lediglich Sachsen widersetzte sich kurzzeitig, schloss sich aber im Herbst 1950 dem Kurs an, der von Berlin vorgegeben wurde.

Die Ausgangssituation

Neben dem Ministerium der Justiz bestanden zwei weitere zentrale Institutionen, die für die Entwicklung des Justizwesens in der DDR bestimmend waren: die Generalstaatsanwaltschaft (GStA) und das Oberste Gericht (OG). Bis 1952 gelang es weitgehend, die »akademischen Juristen alter Schule« von den Gerichten zu entfernen und durch systemtreue Absolventen zu ersetzen, die an den Volksrichterschulen ausgebildet worden waren, allerdings die an sie gestellten Erwartungen oft nicht erfüllen konnten.[2] Fachliche Defizite, die auch nach einer auf 24 bzw. 36 Monate verlängerten Ausbildungszeit an den Volksrichterschulen noch bestanden, führten vielmehr zu einer anhaltenden Personalfluktuation. Erst mit dem Übergang zu einer universitären Ausbildung, die sich an den Bedürfnissen der DDR-Justiz orientierte, festigten sich die Verhältnisse.

Ähnlich kritisch gestaltete sich die Situation auch bei den Gerichtsvollziehern. Das Personal, das erst nach dem Krieg für den Gerichtsvollzieherdienst gewonnen werden konnte, erhielt zumeist nur eine vierwöchige Ausbildung und war wenig geeignet, den Beruf auszuüben.[3] Die Fluktuation war hier deshalb ebenfalls hoch. Dem Versuch, verstärkt Frauen für den Beruf zu interessieren, war wenig Erfolg beschieden, zumal die

Tätigkeit der Gerichtsvollzieher in der *Neuen Justiz* (NJ) immer wieder kritisch beleuchtet wurde.[4] Thomas Thaetner weist zudem auf den deutlichen Unterschied hin, der in der Belastung der Gerichtsvollzieher zwischen Stadt und Land bestand. So schwankte die Zahl der Aufträge auf Zustellung und Vollstreckung von 1955 bis 1957 zwischen 2.226 in den Stadtkreisen und 864 in den Landkreisen.[5]

Zu Beginn der DDR gelang es den Gerichtsvollziehern daher nur mühsam, mit dem mangelhaft ausgebildeten Personal den an sie gestellten politischen und wirtschaftlichen Forderungen zu entsprechen, zumal es immer noch keine einheitliche Organisation des Gerichtsvollzieherwesens gab, die bis dahin in Landesgesetzen geregelt war.[6] Für Gerichtsvollzieher in den ehemals preußischen Gebieten und auch in Thüringen galten deshalb völlig andere Rahmenbedingungen als beispielsweise in Sachsen. Erstere waren weitgehend selbständig, nutzten Geschäftsräume auf eigene Kosten, die sich in der Regel außerhalb des Gerichts befanden, und erhielten für ihre Tätigkeit zur Deckung der Unkosten und als Entgelt etwa 30 Prozent der von ihnen zu erhebenden Gebühren; daneben wurde ihnen auch noch ein Grundgehalt gezahlt. In Sachsen hingegen waren die Gerichtsvollzieher bei den Amtsgerichten, die auch die anfallenden Bürokosten trugen, mit verhältnismäßig niedriger Gehaltsstufe fest angestellt und bekamen zum Ausgleich lediglich einen Anteil in Höhe von 15 Prozent der einkommenden Gebühren.

Diese zersplitterte Struktur wurde erst verändert, als Walter Ulbricht im Juli 1952 auf der II. Parteikonferenz der Sozialistischen Einheitspartei Deutschlands (SED) den Beschluss des SED-Politbüros zum »planmäßigen Aufbau des Sozialismus« verkündete, um die Entwicklung von Staat, Wirtschaft und Gesellschaft stärker an das sowjetische Vorbild anzupassen.[7] Der Politbüro-Beschluss wirkte sich auf alle Lebensbereiche der DDR aus – auch auf die Justiz. Die DDR wurde nun nach sowjetischen Vorgaben zu einem Staat umgewandelt, der nach dem Prinzip des »demokratischen Zentralismus« aufgebaut war. So wurden durch Gesetz vom 23. Juli 1952 die bisherigen Länder Mecklenburg, Sachsen-Anhalt, Brandenburg, Thüringen und Sachsen in 14 Bezirke aufgeteilt. Die Zahl der Kreise wurde von 132 auf 217 erhöht, wobei in jedem Kreis ein Gericht entstehen sollte.[8] Da sich die Arbeiten an einem neuen Gerichtsverfassungsgesetz in die Länge zogen, wurde die Gründung der Kreis- und Bezirksgerichte auf dem Verordnungswege veranlasst. Die Oberlandesgerichte wurden aufgelöst. Außerdem wurden Angelegenheiten der freiwilligen Gerichtsbarkeit den neu gegründeten staatlichen Notariaten übertragen. Des Weiteren bildete man Konfliktkommissionen und Sühnestellen: die späteren Schiedskommissionen, die aus juristischen Laien (Schöffen) und geprüften Rechtskundigen bestanden. Auch die Justizverwaltung wurde reformiert.[9]

II. Parteikonferenz der SED in der Ostberliner Werner-Seelenbinder-Halle, Juli 1952.

Fortgeltung der ZPO von 1877 zwischen 1952 und 1975

Ungeachtet dieser strukturellen Veränderungen blieben für das Gerichtsvollzieherwesen und die Zwangsvollstreckung in der DDR nach 1952 die wichtigsten bis dahin geltenden Vorschriften zunächst in Kraft.[10] Dies gilt für die ZPO in der Fassung von 1933 und das Gerichtsverfassungsgesetz von 1924 ebenso wie für die Verordnung über Maßnahmen auf dem Gebiete der Zwangsvollstreckung vom 26. Mai 1933, das Gesetz über Vollstreckungsschutz in der Landwirtschaft vom 27. Dezember 1933, die VO vom 11. Mai 1938 zur Bereinigung alter Schulden sowie die VollstreckungsschutzVO von 1940. Da die während der NS-Zeit erlassenen Regelungen zahlreiche Beschränkungen für die Vollstreckung enthielten und diese, soweit erforderlich, auch neu interpretiert werden konnten, schien diese Situation für die Justiz durchaus haltbar. Lediglich das Vollstreckungsmißbrauchsgesetz vom 13.12.1934 (RGBl. I, S. 1234) sollte nicht mehr angewandt werden, da es als »nach Ursprung und Fassung durchaus nazistisch« angesehen wurde und die geltenden Schuldnerschutzvorschriften bei weitem ausreichten, um dieses »Propagandaerzeugnis überflüssig zu machen«.[11]

Bisheriges Pfandsiegel (Amtsgericht), in der DDR ersetzt durch neues Pfandsiegel mit Kreisgericht.

Knapp drei Monate nach der II. Parteikonferenz, auf der Walter Ulbricht den »Aufbau des Sozialismus« verkündet hatte, trat am 15. Oktober 1952 das neue Gerichtsverfassungsgesetz (GVG) in Kraft. In erster Instanz waren nun die Kreisgerichte für die meisten Straf- und Zivilsachen zuständig.[12] Sie bildeten die Basis des Gerichtssystems, soweit die Vorgänge nicht den Vertragsgerichten zugewiesen waren.[13] Meist mit zwei bis vier Berufsrichtern besetzt, besaß jedes Kreisgericht nach § 44 GVG eine Rechtsauskunftsstelle.[14] Für die Zwangsvollstreckung war bei jedem Gericht mindestens ein Gerichtsvollzieher angestellt, dessen Aufgabe die Zustellung, Pfändung und Verwertung von körperlichen Sachen und deren Wegnahme war. Als Angestellter unterlag er der Kontrolle der Justizverwaltungsstellen.

Hinzu kam jetzt noch die Einführung des Sekretärs an den Gerichten, dem einige Aufgaben von Richtern und Rechtspflegern übertragen wurden. So führte der Sekretär eigenverantwortlich das Mahnverfahren durch, nahm die Aufgabe der Rechtsantragsstelle wahr und konnte in diesem Zusammenhang auch rechtsuchende Bürger beraten. Zudem leitete er die Geschäftsstelle, der in erster Linie die Aufgabe zukam, Gerichtsverfahren vorzubereiten und die getroffenen Entscheidungen durchzusetzen, wo aber auch die Akten geführt und sämtliche Schreibarbeiten erledigt wurden.

Voraussetzung für die Zwangsvollstreckung waren nach wie vor Titel, Klausel und Nachweis der Zustellung. Diese wurden von den Gerichten nicht ausschließlich durch die überlasteten Gerichtsvollzieher, sondern auch auf dem Postweg zugestellt. Pfändung, Wegnahme und Verwertung körperlicher Sachen waren allerdings ausschließlich den Gerichtsvollziehern überlassen; alle übrigen Vollstreckungsmaßnahmen wurden vom Gericht getroffen.[15] Die meisten Vollstreckungsanträge wurden nach wie vor durch Pfändung des Arbeitseinkommens realisiert.

Allerdings war die von Staats wegen erzwungene Durchsetzung von Ansprüchen gegen Werktätige mit dem neuen Selbstverständnis der DDR als »Staat der Arbeiter und Bauern« nur schwer vereinbar. Zudem befürchtete man, dass Schuldner den Pfändungen durch Flucht in die Bundesrepublik ausweichen könnten. Daher wurde seit 1950 an einer Überarbeitung der schon seit 1940 geltenden Lohnpfändungsverordnung gearbeitet.[16] Unter Berücksichtigung der sowjetischen Regelung wurde ein Lohnpfändungsrecht entworfen, das weite Teile der arbeitenden Bevölkerung unpfändbar stellte. Die neue Verordnung, die am 1. Mai 1955 in Kraft trat, sah einen auf 150 Mark angehobenen Pfändungsfreibetrag vor, der sich für jede unterhaltspflichtige Person um 50 Mark erhöhte. Das darüber hinaus bestehende Eigentum war zu 50 Prozent pfändbar. Unterhalts-, Miet- und volkseigene Forderungen galten vor sonstigen Forderungen bevorrechtigt. Das pfändbare Einkommen bestimmte sich nach dem Nettoeinkommen. Allerdings konnte sich bei dem niedrigen Lohnniveau die Realisierung von Altforderungen oder Kreditrückzahlungen über Jahre hinziehen.[17] Die Verstärkung des Schuldnerschutzes, der in der neuen Verordnung zum Ausdruck kam, war indessen auch unter dem Eindruck der Entwicklungen im Frühjahr 1953 geschehen, als der Protest weiter Teile der DDR-Bevölkerung am 16./17. Juni 1953 gegen die im Monat zuvor erfolgte Proklamation des »Neuen Kurses« zum »Aufbau des Sozialismus« einen taktischen Richtungswechsel der SED erzwungen hatte.[18]

Als sich Ende der 1950er Jahre die wirtschaftliche Situation in der DDR verbesserte, schienen die unmittelbaren Kriegsfolgen überwunden. Nach dem Währungsumtausch im Oktober 1957 folgte die Aufhebung der Lebensmittelrationierung im Mai 1958. Mit dem am 15. Juli 1963 beschlossenen Neuen Ökonomischen System der Planung und Leitung (NÖSPL) sollte die Wirtschaft weiter gefestigt werden. Arbeitsproduktivität und Löhne stiegen, der Lebensstandard der Bevölkerung verbesserte sich. Diesen veränderten Bedingungen trug auch das bereits 1958 verabschiedete Zwangsvollstreckungsergänzungsgesetz (ZwEG) Rechnung. Es sah im ersten Abschnitt die Weitergeltung der Pfändung von Arbeitseinkommen bei Arbeitsplatzwechseln zugunsten von Unterhaltsgläubigern vor. Im zweiten entfielen der Offenbarungseid, die zivilprozessuale Haft und der persönliche Sicherungsarrest. Zeitgleich begannen die Arbeiten an einer neuen ZPO.

Erste Ansätze einer Neuordnung des Vollstreckungsrechts wurden mit der »Verordnung über die Tätigkeit der Kreis- und Bezirksgerichte (Arbeitsgerichtsordnung)« vom 29. Juni 1961 geschaffen. Mit dieser Verordnung wurde den Gerichten die Verantwortung für die Vollstreckung übertragen. Allerdings ergingen die meisten neuen Regelungen immer noch als Rundverfügung der einzelnen Ministerien und erreichten nicht den Status eines formellen Gesetzes. Dies führte häufig zu Unkenntnis der aktuellen Rechtslage – ein Grundproblem der DDR-Justiz in den 1950er Jahren, das sich unter anderem auch daran ablesen lässt, dass noch Ende 1958 keineswegs alle Drittschuldner über die geltenden Pfändungsbestimmungen informiert waren.[19]

Nach der Stabilisierung der wirtschaftlichen und politischen Lage in der DDR nach dem Mauerbau von 13. August 1961 konzentrierte sich die Vollstreckung dann »ausschließlich auf Bürger«.[20] Nach wie vor wurden hauptsächlich Unterhaltsverpflichtungen vollstreckt, daneben auch volkseigene Forderungen der Daseinsvorsorge. Fast immer kam dabei die Lohnpfändung zur Anwendung. Zwangsversteigerungen waren selten und stellten eine Ausnahme dar. Allerdings wurde das Vollstreckungsrecht weiter vereinfacht, zentralisiert und gestrafft, da der Staat die Vollstreckung inzwischen als Instrument »zur Erzwingung der gewünschten gesellschaftlichen Zustände« betrachtete und sich nunmehr auf die »Erziehung seiner Bürger« konzentrierte.[21] Das Recht in der DDR diente also nicht vordergründig dazu, Konflikte auszutragen oder individuelle Ansprüche durchzusetzen, sondern wurde als Maßnahmenkatalog gesehen, um die Bevölkerung zu einem bestimmten Verhalten zu veranlassen. Demzufolge passte auch die Zwangsvollstreckung »als Instrument zur Durchsetzung individueller Ansprüche durch den Staat« nicht mehr in dieses System.[22]

Vor diesem Hintergrund galt die alte »bürgerliche« ZPO inzwischen ebenfalls als »rückständig«, da sie weder der gesellschaftlichen Entwicklung noch dem angestrebten sozialistischen Menschenbild entsprach. Bis 1965 sollten daher ein neues Zivilgesetzbuch (ZGB) und eine neue ZPO ausgearbeitet werden.[23] Eine hierfür 1963 zusammengestellte Gesetzgebungskommission brauchte für einen ersten Entwurf jedoch knapp sieben Jahre.[24] Bis zur Verabschiedung der ZPO 1975 kam es nochmals zu wesentlichen Änderungen. Am Ende regelten 50 Paragrafen darin in vier Teilen die Vollstreckung.[25]

Vollstreckung nach der neuen ZPO von 1975 bis 1990

Am 3. Mai 1971 trat Walter Ulbricht von seinem Amt als Erster Sekretär der SED zurück. Sein Nachfolger Erich Honecker vollzog danach eine Kurskorrektur in der Wirtschafts- und Sozialpolitik, forcierte vor allem den Wohnungsbau und erhöhte das Angebot an

Der Herbst- und Winterkatalog des Versandhauses Leipzig zeigt eine neue Warenvielfalt für die Bevölkerung, 1959/60.

Konsumgütern, um dem SED-Regime nach den Mangelerscheinungen und Engpässen der letzten Jahre unter Ulbricht die Loyalität der Bevölkerung zu sichern. Honecker hielt die Verbesserung der Versorgungslage sowie die Hebung des Lebensstandards der Bevölkerung aber auch deshalb für unerlässlich, weil die beginnende Ost-West-Entspannung und die »neue Ostpolitik« der Bundesrepublik unter Bundeskanzler Willy Brandt, die unter anderem zum Vier-Mächte-Abkommen über Berlin und zum Grundlagenvertrag zwischen den beiden deutschen Staaten führte, auch mit einer teilweisen Öffnung der Grenzen verbunden waren. Wesentlich stärker als zuvor wurde daher das Konsumbedürfnis breiter Bevölkerungsschichten ernst genommen.[26]

Nach dieser Kurskorrektur erhöhte sich der Lebensstandard in der DDR spürbar. Die Ausstattung der Haushalte mit langlebigen Industriegütern nahm erheblich zu. 1975 verfügten bereits 26 Prozent der Haushalte über einen eigenen Pkw; 1955 waren es nur 0,2 Prozent gewesen. In 82 Prozent der Haushalte stand nun ein Fernseher (1955: 1 Prozent), in 86 Prozent eine Waschmaschine (1955: 0,5 Prozent).[27] Dies bedeutete, dass jetzt auch attraktive Objekte für eine Pfändung in ausreichendem Maß vorhanden waren, so dass in der offiziellen Literatur erstmals die Sachpfändung als Alternative zur Ein-

Die »10 Gebote für den neuen sozialistischen Menschen«, um 1958.

kommenspfändung diskutiert wurde.[28] Dennoch knüpfte auch die neue ZPO, die 1975 in Kraft trat, wieder an das idealisierte Bild der »sozialistischen Persönlichkeit« an.[29] So sollte mit der ZPO vorrangig die freiwillige Erfüllung des Urteils durch den Schuldner – sozusagen als Bestandteil und Erfordernis der sozialistischen Moral – erreicht werden. Die Vollstreckung wurde daher ebenfalls neu legitimiert: Sie diente, zumindest in der Theorie, nicht mehr der Realisierung eines Anspruchs, sondern war Mittel des Staates zur Erziehung des sozialistischen Menschen.[30] Denn wenn der DDR-Bürger trotz Aufklärung und Anleitung nicht den Gesetzen gemäß handelte, musste er erzogen werden – vorrangig durch Überzeugung, notfalls aber auch durch Zwang, das heißt unter Nutzung strafrechtlicher Möglichkeiten.[31]

Mit der neuen ZPO veränderte sich daher auch das Vollstreckungsrecht grundlegend. Die Gerichtsvollzieher wurden abgeschafft und die Gerichtsverteilerstellen aufgelöst. Hintergrund war zum einen die Vorstellung, dass die Zwangsvollstreckung in der sozialistischen Gesellschaft eine Übergangserscheinung sei, so dass die Gerichtsvollzieher auf längere Sicht eingespart werden könnten. Zum anderen unterlagen die mit der Vollstreckung verbundenen Aufgaben auf diese Weise der staatlichen Kontrolle und damit dem sozialistischen Erziehungsauftrag.[32] Diese Auffassungen bestanden – ebenso wie die ZPO insgesamt – bis zum Ende der DDR am 2. Oktober 1990 fort.[33]

Gerichtliche Vollstreckungsorgane waren ab dem 1. Januar 1976 die 235 Kreisgerichte und 33 Zentralbuchhaltungen, wobei die Kreisgerichte die Vollstreckung aller zivil-, familien- und arbeitsrechtlichen Ansprüche abwickelten, die Gläubigern zustanden.

Die Rolle der Kreisgerichts-Sekretäre

Die Ausführung der Vollstreckung – unter anderem durch Pfändung von Forderungen – wurde von den Sekretären der Kreisgerichte übernommen, die auch die Gesamtvollstreckung durchführten.[34] Laut § 86 Abs. 1 ZPO erhielt ein Gläubiger vom Gericht nun nicht mehr eine vollstreckbare Ausfertigung seines Titels, um damit einen Gerichtsvollzieher zu beauftragen, sondern er stellte nur noch einen Antrag an den Sekretär des Gerichts, Vollstreckungsmaßnahmen einzuleiten. Die weitere Verantwortung für die Vollstreckung war dem Sekretär übertragen, bei dem auch der Titel verblieb. Bei der Auswahl der Sekretäre war laut ZPO darauf zu achten, dass es sich um »bewusste sozialistische Persönlichkeiten« handelte. Idealerweise sollten sie sich bereits in einem anderen Beruf bewährt haben. Auch nach Abschluss ihres dreijährigen Sekretär-Studiums absolvierten sie immer wieder »Qualifizierungsmaßnahmen«, die nicht zuletzt dazu dienten, ihre »sozialistische Persönlichkeit« zu festigen.[35]

Neben den Sekretären bestanden bei den Bezirksgerichten und in großen Bezirken auch bei einigen Kreisgerichten die sogenannten Zentralbuchhaltungen (Gerichtskassen), die als selbständige Vollstreckungsorgane fungierten und für mehrere oder alle Kreise des Bezirks zuständig waren.[36] In ihre Zuständigkeit fiel die Vollstreckung von Kostenforderungen der Gerichte und der Staatlichen Notariate. Zudem waren sie für die Vollstreckung von Geld- und Ordnungsstrafen zuständig, die von den Gerichten rechtskräftig ausgesprochen worden waren. Die Leiter der Zentralbuchhaltungen konnten ebenfalls Forderungen von Schuldnern pfänden.[37] Sollten bewegliche oder unbewegliche Sachen gepfändet werden, mussten sie den Sekretär des örtlich zuständigen

Kreisgerichts einbeziehen, der das Vollstreckungsersuchen für die Zentralbuchhaltung ausführte.

Dreh- und Angelpunkt für die Vollstreckung nach der neuen ZPO waren aber die Sekretäre der Kreisgerichte, obwohl diese Tätigkeit nur einen Teil ihrer Aufgaben ausmachte.[38] So veranschlagte das Ministerium der Justiz dafür nur ein Viertel der Arbeitszeit der Sekretäre, die nach den ministeriellen Vorgaben vorrangig Zivil-, Familien- und Strafsachen zu bearbeiten hatten und auch für die Aufgaben der Freiwilligen Gerichtsbarkeit und für das Vereinfachte Verfahren zuständig waren. Darüber hinaus hatten die Sekretäre an eineinhalb Tagen in der Woche die Rechtsantragsstelle zu besetzen, um Rechtsauskünfte zu erteilen, und sie waren zugleich Urkundsbeamte der Geschäftsstelle sowie Zahlstelle für ihre Vollstreckungssachen. Hinzu kam, dass Sekretäre im Gericht immer mehr Nebentätigkeiten bis hin zu Reinigungsarbeiten übernehmen mussten.«[39]

Die Besetzung der Planstellen für Sekretäre erwies sich daher generell als schwierig. Die Arbeitsbelastung war hoch, und die relativ niedrige Entlohnung stellte keinen besonderen Anreiz dar. Die weit überwiegende Mehrheit der Sekretär-Stellen – etwa 90 Prozent – war deshalb mit Frauen besetzt, denen besonders der Außendienst schwerfiel, da sie »verständlicherweise Vorbehalte gegen eine Vollstreckungsart« hatten, die sie in die Wohnungen der Schuldner führte, wo sie vielfach »Anpöbeleien und in Einzelfällen auch Widerstandshandlungen der Schuldner ausgesetzt« waren.[40] Schwer vereinbar mit der häuslichen Belastung der häufig jungen Frauen mit Kindern war ihr Einsatz in einer operativen Vollstreckung, da diese erfolgreich meist nur außerhalb der regulären Arbeitszeit durchgeführt werden konnte, weil der Schuldner nur dann zu Hause anzutreffen war.[41] Eine Vorlage des Ministeriums der Justiz sprach sich daher 1979 – entgegen früheren Forderungen – für »gezielte Werbung und geeigneten Einsatz möglichst männlicher Kader« aus.[42]

Ende der 1970er Jahre verschärfte sich das Personalproblem nochmals dramatisch, als die Zahl an Vollstreckungsanträgen so sehr zunahm, dass diese mit »dem Instrumentarium der neuen ZPO auf Dauer nicht zu bewältigen« war.[43] Ursache dafür war die nahezu alleinige Zuständigkeit der Sekretäre für alle Vollstreckungsarten. So lag die durchschnittliche Belastung der Sekretäre mit Vollstreckungssachen 1979 republikweit bei 250 bis 280 Neueingängen pro Jahr und Planstelle.[44] Im Vergleich zu 1975 bedeutete dies einen Anstieg von 21,3 Prozent je Planstelle.[45] Wie sich der Anstieg der Vollstreckungsanträge in der DDR von 1959 bis 1989 entwickelte, verdeutlicht folgende Übersicht:

Vollstreckungsanträge zwischen 1959 und 1989[46]

1959	1969	1973	1977	1981	1985	1989
35.000	40.000	79.000	131.000	160.000	192.000	205.000

Hinzu kam, dass die Neueingänge die Zahl der Erledigungen überstiegen. Das heißt, dass die Zahl der unerledigten Verfahren nach der ZPO-Reform beständig zunahm.[47] Eine ZPO-Novelle, die seit 1983 vorbereitet wurde, um Abhilfe zu schaffen und dabei auch die extrem hohe Belastung der Vollstreckungsorgane zu berücksichtigen, kam – wenn überhaupt – in einer dritten Durchführungsverordnung zur ZPO nur ansatzweise zur Anwendung.[48] Noch schlimmer erging es einer Verordnung, die vorsah, Sparkassen zu berechtigen, bestehende Ansprüche selbst festzustellen und zu vollstrecken. Denn diese Verordnung, die Modellcharakter für die Forderungseinziehung anderer Staatsbetriebe haben sollte, wurde zwei Monate vor ihrem Inkrafttreten vom Ministerrat am 13. November 1986 zurückgestellt und damit gar nicht erst umgesetzt.[49]

Die Praxis der Zwangsvollstreckung

Unterhaltsansprüchen kam in der Praxis der Vollstreckung in der DDR besondere Bedeutung zu. Hierbei handelte es sich zumeist um Ansprüche, die aufgrund staatlicher Unterhaltsvorauszahlungen an Minderjährige auf die staatlichen Organe übergegangen waren und dann hohe Schadensersatzforderungen des Staates an den Schuldner nach sich zogen.[50] Um die Forderungen einzutreiben, wurde vor allem das Instrument der Lohnpfändung eingesetzt. Die Ursache dafür sieht Thomas Thaetner, der sich in seinen Untersuchungen besonders ausführlich mit diesem Thema befasst hat, in wirtschaftlichen und gesellschaftlichen Entwicklungen, die sich auch auf die Zwangsvollstreckung auswirkten.[51] So war die Vollstreckung in Grundeigentum als beste Aussicht zur Befriedigung der Gläubiger aufgrund der Verstaatlichungen praktisch bedeutungslos geworden, und die Sachpfändung hatte man – nicht zuletzt durch die neue ZPO – eingeschränkt.

Folgerichtig wurde die Forderungspfändung zum Regelfall. Da das Arbeitseinkommen für die meisten Schuldner den größten und verfügbarsten Vermögenswert darstellte, schien sie die zweckmäßigste und in den meisten Fällen erfolgversprechendste Form der Vollstreckung zu sein. Außerdem war sie einfach und zügig zu regeln. Denn selbst bei einem Arbeitsplatzwechsel des Schuldners blieb der Pfändungs- und Überweisungsbeschluss wirksam und wurde in seinem Sozialversicherungsausweis vermerkt. Zudem erhielten die Sekretäre durch das System der »selbstmarschierenden Kaderakten«

sowohl von Arbeitsplatz- und Wohnortwechseln als auch von eventueller Nichtarbeit der Schuldner Kenntnis.[52]

Für alle Ansprüche galt, dass die Vollstreckungsmaßnahmen innerhalb von fünf Arbeitstagen nach Eingang einzuleiten und möglichst durchzuführen waren. Die Zahlungsansprüche wurden in der Regel über die Pfändung der Arbeitseinkünfte erfüllt. Ununterbrochene Erwerbstätigkeit war daher eine unabdingbare Voraussetzung jeder erfolgreichen Vollstreckung. War die Aussichtslosigkeit der Pfändung der Arbeitseinkünfte absehbar oder war erkennbar, dass die Pfändung nicht innerhalb einer Frist von sechs Monaten zur Erfüllung des Zahlungsanspruchs führen würde, war die Pfändung in Sachen oder in Grundstücken und Gebäuden durchzuführen. Der Sekretär sollte dabei jeweils den wahrscheinlichen Zeitpunkt der Beendigung der Vollstreckung errechnen. Angesichts der Überlastung der Sekretäre seit Beginn der 1980er Jahre war dieses Verfahren jedoch kaum durchführbar.[53] Dennoch waren die meisten Anträge auf Vollstreckung spätestens nach zwei Jahren erledigt, viele sogar innerhalb eines Jahres, und die überwiegende Zahl der Gläubiger war danach mit dem Ergebnis zufrieden.[54]

Fazit

Die Justiz der DDR wirkte im Geist der marxistisch-leninistischen Rechtstheorie als Machtinstrument der SED, wurde nach sowjetischem Vorbild aufgebaut und personell in diesem Sinne besetzt. Und auch die in den 1950er und 1960er Jahren angepasste Gesetzgebung diente in erster Linie der Aufrechterhaltung der Macht des Regimes. Oberste staatliche Behörde war das Justizministerium. Die Kontrolle der Gerichte wurde dem Obersten Gericht der DDR übertragen, dem auch die Bezirks- und Kreisgerichte unterstanden. Idealbild des DDR-Rechts war das geregelte und friedliche Zusammenleben aller Bürger. Um ihre Macht zu sichern, gehörte es deshalb zu den zentralen gesellschaftspolitischen Zielen der SED, die DDR-Bürger zu loyalen Staatsbürgern zu erziehen. Das propagierte und idealisierte sozialistische Menschenbild, das in den 1950er Jahren unter dem Schlagwort »Neuer Mensch« und seit den 1960er Jahren als »Sozialistische Persönlichkeit« programmatisch gestaltet wurde, zeigte sich auch im juristischen Bereich.

Funktion und Bedeutung der Zwangsvollstreckung waren dabei einem ständigen Wandel unterworfen. Kamen ihr in den frühen Jahren der DDR vor allem Kontrollaufgaben zum Schutz und zur Förderung der volkseigenen Wirtschaft zu, trat mit der Stabilisierung der SED-Herrschaft die Erziehung der Schuldner in den Vordergrund. War man in den 1950er Jahren zunächst darauf bedacht gewesen, die teilweise noch von privaten

Gerichtsvollziehern betriebene Zwangsvollstreckung zu begrenzen, rückte daher Mitte der 1960er Jahre die Erziehungsfunktion in den Vordergrund, die 1975 auch in die neue ZPO einging. Für volkswirtschaftlich notwendig hielt man die Zwangsvollstreckung jetzt nicht mehr, da man davon ausging, dass sie mit dem Übergang zum Sozialismus und der Formung des sozialistischen Menschenbildes entfallen würde.

Allerdings erfüllten sich die politisch-ideologischen Erwartungen, die man in die neue ZPO gesetzt hatte, nicht, da der Anteil der »überzeugten Sozialisten« – ungeachtet aller Bemühungen der SED-Führung, die Menschen in diesem Sinne zu erziehen – weitaus geringer blieb als erhofft. Immer wieder mussten deshalb strafrechtliche Mittel dazu dienen, Vollstreckungen durchzusetzen. Zudem nahm die Zahl der Vollstreckungsaufträge seit Anfang der 1970er Jahre infolge verbesserter Konsummöglichkeiten und gestiegener Konsumerwartungen der Bürger kontinuierlich zu. Dies wiederum beförderte die Kritik der Bevölkerung an der Vollstreckungstätigkeit, die sich jetzt immer mehr als »Nadelöhr« der Zivilprozesse erwies.

Hatte die Vollstreckung bis Mitte der 1970er Jahre noch weitgehend funktioniert, stand sie zehn Jahre später mit der Zunahme der Vollstreckungsverfahren vor dem Kollaps. Statt leistungsunfähige Schuldner weiter zu verfolgen, drängte das Ministerium der Justiz jetzt darauf, nicht realisierbare Forderungen aufzugeben.[55] Zwar wurde zu dieser Zeit noch an einer Novellierung der ZPO gearbeitet, um die Effektivität des Vollstreckungsrechts zu erhöhen. Doch dazu kam es nicht mehr. Die »Wende« von 1989/90, die das Ende der DDR herbeiführte, bedeutete auch das endgültige Aus für die Zwangsvollstreckung im »realen Sozialismus«.

Versteigerung in Berlin (West), 2. März 1955.

Die Entwicklung des Gerichtsvollzieherwesens in der Bundesrepublik Deutschland

THEO SEIP

Von 1945 bis 1949 war Deutschland der vollständigen Kontrolle der vier Siegermächte des Zweiten Weltkriegs unterworfen, die mit der Berliner Erklärung vom 5. Juni 1945 kraft Besatzungsrecht die oberste Regierungsgewalt übernommen hatten.[1] Doch auch nach Gründung der Bundesrepublik Deutschland am 23. Mai 1949 war die staatliche Souveränität noch keineswegs erreicht. Denn nun regelte ein zwischen den drei Westalliierten vereinbartes sogenanntes »Besatzungsstatut« vom 21. September 1949 die Befugnisse und Verantwortlichkeiten zwischen der Bundesregierung und der Alliierten Hohen Kommission. Erst am 5. Mai 1955, mit dem Inkrafttreten der Pariser Verträge vom 23. Oktober 1954, wurden die Hohe Kommission und die Dienststellen der Landeskommissare aufgelöst. Für den Alltag der Menschen in der Bundesrepublik änderte sich dadurch allerdings wenig. Ihr Leben hatte sich schon seit Kriegsende allmählich normalisiert und im Rahmen der westlichen Werteordnung bewegt. Dies galt auch für das Zwangsvollstreckungswesen.[2]

Reformversuche und Reformen

Im Jahr 1954 waren bereits die Gerichtsvollzieherordnung[3] (GVO) und die Geschäftsanweisung für Gerichtsvollzieher[4] (GVGA) überarbeitet worden, die ab 1. Januar 1955 in der Bundesrepublik in Kraft gesetzt wurden. Über Inhalt und Änderungen der beiden gesetzlichen Regelungen wurde in der *Deutschen Gerichtsvollzieher Zeitung* (DGVZ) ausführlich berichtet.[5] Große Beachtung fanden besonders Reformvorschläge, die das Ziel hatten, den Gerichtsvollziehern keine festen Bezirke zuzuweisen, sondern dem Gläubiger das Recht zu geben, den Gerichtsvollzieher seiner Wahl mit der Vollstreckung zu beauftragen. Es ging also um die »Wiedereinführung des freien Gerichtsvollziehers«.[6]

Die Anregung, die Bezirkseinteilungen fallen zu lassen und die Gerichtsvollzieher bei der Auftragserteilung wieder, wie von 1877 bis 1900, der freien Auswahl durch die Gläubiger auszusetzen, löste ab Januar 1955 eine lebhafte und kontroverse Diskussion aus, die auch in der DGVZ ihren Niederschlag fand, wobei die Möglichkeit der freien Auswahl des Gerichtsvollziehers durch den Gläubiger eindeutig abgelehnt wurde.[7] In einem geschichtlichen Abriss bemerkte Wilhelm Noack dazu unter der Überschrift »Der selbstständige Bezirksgerichtsvollzieher mit privatem Büro« in der DGVZ: »Die freie Gerichtsvollzieherwahl, die heute teilweise wieder gefordert wird, hat sich während der Zeit ihres Bestehens von 1877 bis 1900 überhaupt nicht bewährt. Nicht einzelne Missgriffe und Übelstände haben zu ihrer Kritik und Abschaffung geführt, sondern ihre in jeder Beziehung völlige Ungeeignetheit. Um die Jahrhundertwende hat sich die Öffentlichkeit ganz eingehend und ernsthaft mit dem System des frei wählbaren Gerichtsvollziehers befasst. Selbst Landtag und Reichstag befassten sich mit diesem Gerichtsvollzieher. Sie forderten einstimmig seine Abschaffung. Keine Stimme erhob sich zur Rechtfertigung des frei wählbaren Gerichtsvollziehers. Selbst die Vertreter aus dem Rheinland, der Wiege des freien Gerichtsvollziehers, wandten sich gegen die Auswüchse dieses Systems.«[8]

In der *Zeitschrift für Zivilprozeß* (ZZP) wurde der freie Gerichtsvollzieher sogar als der »schwärzeste Punkt« und als eine »wahre Geißel für das Publikum« bezeichnet, da sich mit diesem System eine schrankenlose Konkurrenz unter den Gerichtsvollziehern auf Kosten der Schuldner herausgebildet habe.[9]

Obwohl die Diskussion zur Wiedereinführung des freien Gerichtsvollziehers auch danach nicht abriss, ist auffallend, dass im Bericht über den 8. Bundestag des Deutschen Gerichtsvollzieherbundes, der vom 16. bis 19. September 1955 in Berlin stattfand, die in der DGVZ bereits vorher diskutierten Vorschläge von Kleybolte zur erneuten Einführung des frei wählbaren Gerichtsvollziehers nicht erörtert oder auch nur erwähnt wurden.[10] Dies könnte daran gelegen haben, dass die Teilnehmer und Gäste des Bundestages sich zu diesem Vorschlag noch keine abschließende Meinung gebildet hatten – oder davon vielleicht gar nichts wussten. Auch im internen Teil der Beratungen des DGVB-Bundestages, der nach Verabschiedung der Gäste stattfand, werden die Vorschläge von Kleybolte nicht erwähnt, der in seinem Schlusswort die von ihm vertretene Auffassung erneut verteidigte, ohne jedoch neue Argumente anzuführen.[11] So endete die Berichterstattung mit dem Hinweis, die Delegierten würden ihren Landesverbänden über den weiteren Verlauf der Tagung »besonders berichten«.

Ein weiterer Punkt bei den Reformbestrebungen war die unzureichende Besoldung der Gerichtsvollzieher, die nicht nur die Forderung nach mehr Gehalt, sondern auch den Wunsch nach einer Statusänderung beinhaltete.[12] So wurde mit Blick auf die Entwicklung des Berufsstandes seit 1900 das Modell eines »Bezirks-Gebührengerichtsvollziehers« diskutiert, von dem man sich Verbesserungen erhoffte, weil dieser in der Besoldungsordnung nicht mehr erfasst wurde und ihm deshalb die in angemessener

Höhe zu erhebenden Gebühren voll zu überlassen wären. Man dachte also an einen auf Gebühreneinnahmen angewiesenen Gerichtsvollzieher, dem ein fester Bezirk zugewiesen werden sollte. Allerdings wurde die Anregung von den Landesjustizverwaltungen nicht aufgegriffen. Und auch innerhalb des Berufsstandes zeigten sich erhebliche Vorbehalte gegen die Einführung des »Gebührengerichtsvollziehers«, die schließlich dazu führten, dass dieses Vorhaben nicht weiter verfolgt wurde.

Systemangleichung in Bayern, Baden-Württemberg und dem Saarland

Der wegen der notwendigen Klärung vieler offener Fragen damals jährlich angesetzte Bundestag des DGVB fand am 1. September 1956 in Bingen am Rhein statt.[13] Zu den wesentlichen Punkten, die hier erörtert wurden, gehörten das Gerichtsvollzieherkostengesetz, die Besoldungsfrage, die Festsetzung der Gebührenanteile und die Vereinheitlichung der Gerichtsvollziehersysteme in allen Bundesländern. Der letzte Punkt betraf in erster Linie die Einführung des Gerichtsvollziehersystems mit eigenem Geschäftszimmer in den Ländern Bayern und Baden-Württemberg, wo die Gerichtsvollzieher ihre Arbeit bis dahin noch von den Amtsgerichten aus mit Unterstützung der dortigen Bürokräfte ausführten, während in allen anderen Bundesländern die Gerichtsvollzieher ihre Aufträge bereits vom eigenen Geschäftszimmer aus erledigten.[14]

Wie aus den Akten des Oberlandesgerichts im Staatsarchiv München hervorgeht, fanden dazu umfassende Befragungen innerhalb des Berufsstandes bei den Landgerichten statt. Daneben wurden Erfahrungsberichte aus verschiedenen Bundesländern eingeholt.[15] Im Ergebnis wurde auch in Bayern das Gerichtsvollziehersystem mit eigenem Geschäftszimmer eingeführt. Der Bayerische Landtag beschloss die Systemänderung am 15. Oktober 1958.[16] Eine Beschwerde, die ein Gerichtsvollzieher dagegen vor dem Bayerischen Verfassungsgerichtshof erhob, wurde durch Urteil vom 6. Juli 1961 abschlägig beschieden.[17] Ein ausführlicher Bericht über erste Erfahrungen mit dem Geschäftszimmersystem der Gerichtsvollzieher in Bayern erfasste 1962 alle Aspekte der Neuregelung und kam zu einem weitgehend positiven Ergebnis, indem der Verfasser erklärte, dass die Qualität der Zwangsvollstreckung und die Erledigungsdauer der Vollstreckungsaufträge »keine Einbußen genommen« hätten.[18]

In Baden-Württemberg hingegen verursachte die Systemänderung in etlichen Fällen Probleme, denen die Justizverwaltung mit verschiedenen Maßnahmen im Bereich der Vergütung und Bürokostenabgeltung begegnete. Nachteile im Zwangsvollstreckungswesen wurden nach einem Beitrag von Ministerialrat Henn aus Stuttgart aber auch hier nicht erkennbar.[19] Völlig anders war die Situation im Saarland, das nach

Erfahrungsbericht

über das Gerichtsvollziehersystem

mit eigenem Geschäftszimmer in Münster/Westfalen

Vorwort:

Der geschäftsführende Vorstand des Landesverbandes Bayern im Deutschen Gerichtsvollzieherbund, GV Krapp, Henke und Pape, war vom 16. 1. bis 23. 1. 1960 in Münster/Westf. zum Studium des Gerichtsvollziehersystems mit eigenem Geschäftszimmer und hat darüber den folgenden Bericht gemeinsam ausgearbeitet. Dieser Bericht soll eine bescheidene Anleitung bei der Umstellung vom Amtssystem zum eigenen Geschäftszimmer sein. Er erhebt keinerlei Anspruch auf Vollständigkeit und Unfehlbarkeit, sondern gibt lediglich die eigenen Eindrücke und Erfahrungen wieder.

Er soll auch keinerlei bindende Anweisung oder Vorschrift für den einzelnen Kollegen darstellen, so wünschenswert eine einheitliche Handhabung und Geschäftsführung, im allgemeinen gesehen, auch ist. Jeder Kollege soll nach wie vor restlos sein eigener Herr sein und seine eigenen Ideen verwirklichen.

Folgende zwei Leitsätze sollen gedanklich über dem nachfolgenden Bericht stehen:

I. Auch in Nordrhein-Westfalen wird nur nach den geltenden gesetzlichen Bestimmungen gearbeitet, und was sich dort bewährt hat, wird sich auch in Bayern zum Wohle der Zwangsvollstreckung auswirken.

II. Kollegialität und gegenseitige Hilfsbereitschaft stehen dort an erster Stelle.

1. Gerichtsvollzieherverteilungsstelle beim Amtsgericht:

Bei jedem Amtsgericht befindet sich eine GV-Verteilungsstelle, die mit einem Justiz-Wachtmeister besetzt ist, der aber nur nebenbei die GV-Post verteilt. Jede Post wird also in dieser Verteilungsstelle geöffnet, mit Eingangsstempel versehen und dann dem zuständigen GV in sein Fach gelegt. Dieses Fach soll möglichst verschließbar sein und ist bei größeren Gerichten in Form von sog. Postschließfächern eingerichtet.

Die Verschließbarkeit ist sehr wichtig, damit wichtige Sachen, wie Wechsel, Urkunden etc., nicht verlorengehen.

Bei kleinen Amtsgerichten mit einem oder zwei GV's empfiehlt es sich, gewöhnliche Briefkästen anzuschaffen. Den Schlüssel für dieses Postfach hat nur der GV bzw. seine Bürogehilfin. Bei den Schränken mit mehreren Schließfächern kann das Schließfach von außen ebenfalls nur durch den GV oder dessen Bürogehilfin geöffnet werden. Von innen (Büro des Wachtmeisters) ist dieser Schrank ebenfalls verschließbar bzw. ständig durch den Wachtmeister verschlossen.

Diese Regelung ist nicht nur praktisch, sondern hat sich hervorragend bewährt. Es kann weder etwas nachträglich vertauscht, noch weggenommen werden oder verlorengehen.

Die Abholung der Post bei dem Amtsgericht obliegt dem GV und erfolgt täglich durch die Bürogehilfin einmal vormittags zu einer bestimmten Uhrzeit. Empfehlenswert zwischen zehn bis elf Uhr.

Jeder Posteingang, auch Eilsachen, wird also bis zu dieser bestimmten Uhrzeit von dem JW in das Fach gelegt und erreicht so täglich pünktlich jeden GV. Später eingehende Eilsachen werden durch das Amtsgericht dem zuständigen GV zugestellt, d. h. durch den JW in sein eigenes Büro gebracht. Zweckmäßig ist dabei die vorherige tel. Rückfrage durch den JW beim GV.

1

Deckblatt eines 15-seitigen »Erfahrungsberichtes über das Gerichtsvollziehersystem mit eigenem Geschäftszimmer«, Münster 1960.

einer bewegten Geschichte zum 1. Januar 1957 als 10. Bundesland in die Bundesrepublik Deutschland eingegliedert wurde.[20] Hier wurde die Systemangleichung frühzeitig vollzogen, da der Deutsche Gerichtsvollzieher Bund den Ereignissen der Rückgliederung und wirtschaftlichen Einbeziehung des Saarlandes in die politisch-ökonomische Ordnung der Bundesrepublik vorgriff, so dass die Vereinigung der Gerichtsvollzieher des Saarlandes bereits am 27. Oktober 1956 im Rahmen einer Feierstunde in den DGVB aufgenommen wurde.

Die Veränderungen, die sich auf diese Weise in den 1950er Jahren vollzogen, ließen es auch angeraten erscheinen, die Verbandsarbeit neu zu ordnen und zu verbessern. Dazu fasste der Bundesvertretertag des DGVB in Hannover am 12./13. September 1959 den Beschluss, ein Arbeitsgremium einzusetzen, das sich aus Vertretern der Landesverbände der Bundesrepublik und West-Berlins zusammensetzen sollte. Die Ländervertreterversammlung (LVV) trat erstmals am 21./22. November 1959 zu einer Arbeitssitzung in Frankfurt am Main zusammen, wo auch der Beitritt des Deutschen Gerichtsvollzieher Bundes zum Deutschen Beamtenbund (DBB) beschlossen wurde.[21] In der Folge wurden die Ländervertreterversammlungen zu einem wichtigen Bestandteil der Verbandsarbeit des DGVB und dienten zur Abstimmung der Landesverbände zwischen den Bundesvertretertagen bzw. Bundeskongressen.

Diskussionen um die Zivilprozessordnung

Seit Ende der 1950er Jahre wurde immer wieder auch über Änderungen der Zivilprozessordnung (ZPO) diskutiert, in deren Buch 8 das Verfahren der Zwangsvollstreckung geregelt ist. Die zwangsweise Wohnungsöffnung gemäß § 758 ZPO war schon 1957 Gegenstand einer Entscheidung des Bundesgerichtshofs gewesen, der sie für zulässig hielt, wenn keine andere Möglichkeit bestand, den Vollstreckungsauftrag in gehöriger Weise zu erfüllen.[22] In der Dezember-Ausgabe 1958 der DGVZ wurde allerdings in einer umfangreichen Abhandlung darauf hingewiesen, dass die besseren Ergebnisse der Zwangsvollstreckung bei einer sinnvollen Gewährung von Teilzahlungen durch den Gerichtsvollzieher zu erzielen waren.[23] Zahlreiche Paragraphen der ZPO wurden danach im DGVB auf den Prüfstand gestellt: die Zuständigkeit des Gerichtsvollziehers zum Erlass eines vorläufigen Zahlungsverbots nach § 845 ZPO[24], die Forderung, dem Gerichtsvollzieher den Erlass von Pfändungs- und Überweisungsbeschlüssen zur Pfändung von Arbeitslohn zu übertragen[25], und die Forderung nach Ratenbewilligung im Rahmen der Zwangsvollstreckung durch den Gerichtsvollzieher, da eine wirtschaftlich vernünftige Ratenzahlung aus dem Wirtschaftsleben nicht mehr fortzudenken sei.[26]

Nachdem am 1. Juli 1958 das Gleichberechtigungsgesetz vom 18. Juni 1957 in Kraft getreten war, wurde auch die Geschäftsanweisung für Gerichtsvollzieher entsprechend geändert. Nach § 95 Abs. 1 gilt nunmehr der schuldnerische Ehegatte als Gewahrsamsinhaber und Besitzer einer pfändbaren Sache, sofern diese nicht ausschließlich zum persönlichen Gebrauch des nicht schuldenden Ehegatten bestimmt ist.[27] Gegenstand von Erörterungen in Fachkreisen war auch die Gültigkeitsdauer des Haftbefehls im Offenbarungseidverfahren nach § 899ff. der ZPO.[28] Es sollte allerdings noch fast vier Jahrzehnte dauern, bis die Wirkungsdauer des Haftbefehls per Gesetz auf zunächst drei Jahre und bald danach auf zwei Jahre reduziert wurde.

Ein Thema, das die Praxis in den 1960er Jahren lange beschäftigte und schließlich auch zu Gesetzesänderungen führte, war die Frage, ob und in welchem Umfang es dem Gerichtsvollzieher gestattet sein sollte, dem Schuldner Ratenzahlungen zu gewähren.[29] Ein wesentlicher Diskussionspunkt war zudem die Gewaltanwendung durch den Gerichtsvollzieher gemäß den §§ 758 und 759 ZPO. Hierzu wurde überwiegend die Meinung vertreten, die genannten Bestimmungen seien mit Zurückhaltung anzuwenden, da sonst zu erwarten wäre, dass die Wohnungsöffnung von einer richterlichen Anordnung abhängig gemacht würde, was für die entsprechenden Vollstreckungen einen höheren Zeitaufwand erfordert hätte.[30]

Zu Beginn der 1970er Jahre wurde schließlich erneut die Frage diskutiert, ob es dem Gerichtsvollzieher gesetzlich zugestanden werden könne, selbst vorläufige Zahlungsverbote gemäß § 845 ZPO zu erlassen, wenn ihm pfändbare Forderungen des Schuldners bekannt wurden. Zu dieser Thematik wurden Gutachten in Auftrag gegeben, die jedoch zu unterschiedlichen Einschätzungen kamen, so dass es noch einmal mehr als fünf Jahre dauerte, bis mit den am 1. Juli 1979 in Kraft getretenen Änderungen zwangsvollstreckungsrechtlicher Vorschriften in § 845 Abs. 1 ZPO als Satz 2 eingefügt wurde: »Der Gerichtsvollzieher hat die Benachrichtigung mit den Aufforderungen selbst anzufertigen und zuzustellen, wenn er von dem Gläubiger hierzu ausdrücklich beauftragt worden ist.«[31] Zugleich wurde in § 857 Abs. 7 ZPO der Hinweis eingefügt, dass die Vorschrift des § 845 Abs. 1 Satz 2 ZPO auf die Zwangsvollstreckung in andere Vermögensrechte nicht anzuwenden sei.[32]

Das Problem der Wohnungsdurchsuchung

Die wichtige Frage, ob der Gerichtsvollzieher zur Durchsuchung der schuldnerischen Wohnung eine richterliche Anordnung im Sinne des Artikels 13 GG benötigte, war zu Beginn der 1970er Jahre ebenfalls noch immer nicht verbindlich geklärt. Mehr noch:

Der Bundesvertretertag des DGVB in Berlin, 1965.

Es gab hierzu höchst unterschiedliche verwaltungsgerichtliche Entscheidungen.[33] Es schien daher geboten, diese Frage auch im DGVB noch einmal ausführlich zu diskutieren.[34] Vonseiten des Gerichtsvollzieherbundes wurde grundsätzlich empfohlen, mit der zwangsweisen Wohnungsöffnung zurückhaltend umzugehen. Der DGVB entwarf sogar einen Vordruck für eine an den Schuldner gerichtete Zahlungsaufforderung, in dem auf die Bestimmungen des § 758 ZPO und § 288 StGB hingewiesen wurde.[35] Aber es bestanden nach wie vor gegensätzliche Ansichten, ob und in welcher Form Wohnungsdurchsuchungen vorgenommen werden durften: Einerseits wurde die Auffassung vertreten, die für eine Vollstreckung notwendige Wohnungsöffnung dürfe aufgrund eines vollstreckungsfähigen Titels auch ohne richterlichen Durchsuchungsbeschluss erfolgen.[36] Andererseits gab es die Meinung, für die Durchsuchung der Schuldnerwohnung gegen dessen Willen sei eine richterliche Durchsuchungsanordnung notwendig.[37]

Auch die Rechtsprechung hierzu war uneinheitlich. So hob das Landgericht München eine Pfändung auf, weil die Vollstreckung aufgrund eines für vollstreckbar erklärten Zahlungsbefehls durchgeführt worden war, so dass nicht zu prüfen gewesen sei, ob in dem zu vollstreckenden Titel die notwendige richterliche Ermächtigung im Sinne des Artikels 13 Abs. 2 GG gesehen werden könne.[38] Das OLG Düsseldorf hingegen hielt eine besondere richterliche Durchsuchungsanordnung nicht für erforderlich, wenn der Gerichtsvollzieher zum Zwecke der Zwangsvollstreckung aus einem Zahlungstitel, den ein Richter oder ein Rechtspfleger im Rahmen der ihm verfassungsgemäß übertragenen Befugnisse erlassen hatte, in der Wohnung des abwesenden Schuldners pfänden wolle.[39]

Erst eine Entscheidung des Bundesverfassungsgerichts am 3. April 1979 brachte die notwendige Klarheit. Sie bedeutet bis heute in der praktischen Anwendung, dass nicht in allen Fällen im Voraus eine Durchsuchungsanordnung einzufordern ist. Dies ist vielmehr nur in den Fällen notwendig, in denen der Schuldner sich der Vollstreckung in seiner Wohnung oder Geschäftsräumen widersetzt beziehungsweise auch nach Ankündigung dort nicht anzutreffen ist. Bei Gefahr im Verzuge kann der Gerichtsvollzieher die Wohnung des Schuldners auch ohne richterliche Anordnung durchsuchen und gegebenenfalls zwangsweise öffnen lassen.[40]

Die Entscheidung des Bundesverfassungsgerichts wurde von der Mehrheit der Gerichtsvollzieher mit Erleichterung aufgenommen, weil nun endlich Rechtssicherheit bestand, auch wenn die Entscheidung in den entsprechenden Fällen zu Mehrarbeit führte. Unklar war zunächst allerdings noch, ob bei der Vollstreckung eines Haftbefehls im Offenbarungsverfahren der Haftbefehl ebenfalls zur zwangsweisen Vollstreckung in der Wohnung des Schuldners eingesetzt werden konnte. Dazu wurde vorgeschlagen, eine entsprechende Anordnung in den Haftbefehl aufzunehmen. Für die Räumungsvollstreckung hingegen wurde eine richterliche Anordnung überhaupt nicht für notwendig erachtet, weil die Räumung die Auflösung der Wohnung bewirkte. In dem zur Ergänzung der ZPO eingefügten § 758a Abs. 2 wurde daher bestimmt, dass zur Vollstreckung eines Räumungstitels und zur Vollstreckung eines Haftbefehls mit dem Ziel, eine Vermögensoffenbarung zu erzwingen, eine richterliche Durchsuchungsanordnung nicht erforderlich ist.[41]

Teilzahlungen und die Entwicklung vom Zahlungsbefehl zum Mahn- oder Vollstreckungsbescheid

Ein wichtiges Thema in der Verbandsarbeit der Gerichtsvollzieher war in den 1970er Jahren auch die Frage der Bewilligung von Teilzahlungen zur Abwendung der Versteigerung gepfändeter Gegenstände. Eine Allgemeine Verfügung des Justizministers in Nordrhein-Westfalen vom 31. Oktober 1968, wonach der Gerichtsvollzieher mit Zustimmung des Gläubigers Ratenzahlungen gewähren und Versteigerungstermine aufheben darf, wurde zum 1. März 1971 nahezu wortgleich in die Geschäftsanweisung der Gerichtsvollzieher übernommen.[42] Zwar wurden Bedenken geäußert, die dem Gerichtsvollzie-

Obergerichtsvollzieher Horst Hesterberg bei einer Versteigerung im Landgericht Münster, 1999.

her durch die GVGA zugestandenen Teilzahlungsbewilligungen durch Änderung des § 813a ZPO zu sanktionieren.⁴³ Angesichts der Tatsache, dass von den Möglichkeiten des § 813a ZPO vonseiten der Schuldner praktisch kein Gebrauch mehr gemacht wurde, weil die entsprechenden Regelungen durch den Gerichtsvollzieher erfolgten, schien es aber durchaus sinnvoll, den § 813a ZPO der Realität anzupassen.⁴⁴ Auch die in § 141 Abs. 2 Satz 7 GVGA enthaltene Regelung, wonach die Anberaumung eines neuen Versteigerungstermins erst zulässig ist, wenn der Schuldner nach Ablauf des Zahlungsaufschubs nicht gezahlt hat oder mit einer Ratenzahlung ganz oder teilweise in Verzug geraten ist, sollte demnach entfallen, weil sie in der Praxis immer wieder zu Verzögerungen führte.⁴⁵ Gefordert wurde daher vom DGVB eine Reform der geltenden Bestimmungen mit dem Ziel, bei Bewilligung von Ratenzahlungen den Versteigerungstermin nicht aufzuheben, sondern ihn lediglich mit entsprechenden Fristen zu verschieben.

Versteigerung oder mögliche Ratenzahlung, um 1970.   *Versteigerung in den 1970er Jahren.*

Vor dem Hintergrund dieser Erörterungen trat am 1. Juli 1977 das Gesetz zur Vereinfachung und Beschleunigung gerichtlicher Verfahren in Kraft, das wesentliche Änderungen des Verfahrensrechts enthält, von denen die damit erfolgte Änderung des Mahnverfahrens für den Gerichtsvollzieher von besonderem Interesse war.[46] Mit der Umgestaltung wurde in erster Linie die Absicht verfolgt, das Verfahren zu rationalisieren und zugleich die Rechtsgrundlagen für die Bearbeitung des Mahnverfahrens durch automatische Datenverarbeitungsanlagen zu schaffen.[47] Die nach vorausgehendem Recht verwendete Bezeichnung »Zahlungsbefehl« wurde durch den Begriff »Mahnbescheid« ersetzt, für dessen Erlass ausschließlich das Amtsgericht, bei dem der Antragsteller seinen allgemeinen Gerichtsstand hat, zuständig ist. Im Text des Vordrucks werden die Worte »Gläubiger« und »Schuldner« durch »Antragsteller« und »Antragsgegner« ersetzt. Dies trägt dem Umstand Rechnung, dass Mahnverfahren auch wegen unbegründeter Ansprüche eingeleitet werden. Die Zahlungs- und Widerspruchsfrist beträgt einheitlich zwei Wochen, der Vollstreckungsbescheid kann erst nach Ablauf der Widerspruchsfrist beantragt werden und muss die ausdrückliche Erklärung enthalten, ob und welche Zahlungen auf den Mahnbescheid geleistet worden sind. Die Zustellung des Vollstreckungsbescheids kann – je nach Antrag des Gläubigers – von Amts wegen oder auf Betreiben des Gläubigers durch den Gerichtsvollzieher erfolgen. Die Änderung der Bezeichnungen »Zahlungs- und Vollstreckungsbefehl« in »Mahn- und Vollstreckungsbescheid« brachte zwar anfänglich einige Probleme mit sich, da die neuen Bezeichnungen den Schuldnern nicht geläufig waren und sie deren Bedeutung und Folgen unterschätzten. Doch diese Probleme waren bereits nach kurzer Zeit überwunden. Seither wird die Änderung der Bezeichnungen nicht mehr in Frage gestellt.

Die Vollstreckungsnovelle vom 1. Februar 1979 und das Problem der »Hausbesetzungen«

Am 1. Februar 1979 verabschiedete der Deutsche Bundestag nach mehreren Anläufen das Gesetz zur Änderung zwangsvollstreckungsrechtlicher Vorschriften, das am 1. Juli 1979 in Kraft trat.[48] Es enthielt zahlreiche Gesetzesänderungen, von denen die vom Gerichtsvollzieher zu fertigende und zuzustellende Vorpfändung gemäß § 845 Abs. 1 Satz 2 ZPO von besonderer Bedeutung war. Diese Ergänzung war vom Deutschen Gerichtsvollzieher Bund bereits seit Jahren nachdrücklich gefordert worden, um die Zwangsvollstreckung zu beschleunigen und effektiver zu gestalten. Mit dem Inkrafttreten der Vollstreckungsnovelle war es dem Gerichtsvollzieher nun möglich, nach der Feststellung pfändbarer Geldforderungen des Schuldners gegen Dritte – zum Beispiel Arbeitgeber oder Banken – diese für den Gläubiger unmittelbar durch eine Vorpfändung vorläufig zu beschlagnahmen. Dem Gläubiger wurde aufgegeben, binnen drei Wochen nach Zustellung der Vorpfändung an den Drittschuldner beim zuständigen Vollstreckungsgericht die gerichtliche Pfändung mittels eines Pfändungs- und Überweisungsbeschlusses zu beantragen.

Weitere Änderungen betrafen einige Erleichterungen in den Abläufen der Zwangsvollstreckung. So konnte beispielsweise bei der Abnahme der eidesstattlichen Versicherung im Vermögensverzeichnis die Angabe unpfändbarer Gegenstände nach § 811 Abs. 1, 2 ZPO unterbleiben. Zudem war die Zwangsversteigerung gepfändeter Gegenstände jetzt auch an einem anderen Ort innerhalb des Bezirks des Vollstreckungsgerichts möglich. Die Abschaffung der bis zum Inkrafttreten der Reform in § 911 ZPO zwingend vorgeschriebenen Zahlung eines Kostenvorschusses an den Gerichtsvollzieher bei einem Auftrag zur Durchführung der Verhaftung des Schuldners aufgrund eines zivilrechtlichen Haftbefehls stellte ebenfalls eine erhebliche Erleichterung der Verfahrensabläufe dar. Bei der Vollziehung von Haftbefehlen zur Erzwingung der eidesstattlichen Versicherung kam es allerdings in den wenigsten Fällen tatsächlich zu einer Einlieferung in die Justizvollzugsanstalt, so dass die obligatorische Vorschusszahlung durch die Gläubiger zur Vermeidung des unangebrachten Aufwandes folgerichtig entfallen konnte.[49]

Als sich im selben Jahr das Problem der sogenannten »Hausbesetzungen« dramatisch zuspitzte, hatte dies auch Auswirkungen auf die Tätigkeit der Gerichtsvollzieher.[50] Eine erste Welle von Hausbesetzungen hatte Ende der 1960er und Anfang der 1970er Jahre weder in Frankfurt am Main noch in Köln, München, Hamburg, Kassel, Hannover, Aachen, Darmstadt und Bremen zu einer grundsätzlich neuen Wohnungspolitik geführt. Zwischen 1979 und 1982 war nun Berlin Schwerpunkt der Hausbesetzerbewe-

Formular einer Pfandanzeige.

gung. Allein hier waren in dieser Zeit 249 Häuser das Ziel von 286 versuchten beziehungsweise vollendeten Besetzungsaktionen.[51] Dabei waren die Motive der Besetzer recht unterschiedlich: Während die einen sich über den Leerstand entrüsteten und die Häuser gewaltfrei besetzen wollten, ging es den Extremisten unter ihnen um die politische Agitation im Kampf gegen Staat und Gesellschaft.

Für die Gerichtsvollzieher führte dies oft zu schwierigen Situationen. Die vollstreckungsrechtlichen Probleme bestanden hauptsächlich darin, dass es sich bei den Besetzern häufig um wechselnde Personen handelte, die nicht namentlich bekannt waren, in den zu vollstreckenden einstweiligen Verfügungen aber hätten benannt sein müssen. »Der ‚namenlose' Besitzstörer als Verfügungsbeklagter, Zustellungsadressat und Vollstreckungsschuldner«, wie es in der Überschrift einer Abhandlung in der DGVZ über die Hausbesetzungen der 1980er Jahre und ihre Beseitigung hieß, war ein schwer fassbares Phänomen, bei dem der Zivilrechtsweg selten zum Erfolg führte, so dass die betroffenen Hauseigentümer letztlich ihren Anspruch auf eine ordnungsbehördliche Räumungsanordnung und deren Vollzug geltend machen mussten.[52]

Hausbesetzer und Polizei in Berlin, 1981.

Zulassung – Ausbildung – Fortbildung

Ein zentrales Thema, das die Arbeit des DGVB in der Bundesrepublik immer wieder beschäftigte, war die Zulassung, Ausbildung und Fortbildung der Gerichtsvollzieher. Zugelassen für die Ausbildung zum Gerichtsvollzieher wurden in der Regel Beamte des mittleren Justizdienstes, die eine weitere Ausbildung von achtzehn, zum Teil zwanzig Monaten durchlaufen und mit einer bestandenen Prüfung abschließen mussten. Ob ein aufwändigeres Auswahlverfahren sinnvoll gewesen wäre, wenn die Zahl der Bewerber die Zahl der auszuwählenden Kandidaten mindestens um das Vierfache überstieg, war im Grunde eine hypothetische Frage, da es wegen der unzureichenden Bewerberzahlen nur in seltenen Fällen zur Anwendung gekommen wäre.[53] Insofern erschien es wichtiger, sich mit der Bewerberauswahl unter Anwendung psychologischer Verfahren zu befassen, da das Tätigkeitsfeld des Gerichtsvollziehers zu den differenziertesten und anspruchsvollsten Berufsbildern überhaupt zählte, wie Hannes Graudenz 1989 in einem Beitrag der DGVZ feststellte.[54] Vorbild war hierbei das hessische Modell zur Auswahl von Gerichtsvollzieheranwärtern, das solche Verfahren angemessen berücksichtigte.

Eng verknüpft mit der Ausbildung war die spätere Laufbahnentwicklung. Hierzu wurde vom Deutschen Gerichtsvollzieher Bund bereits im Juli 1962 eine Eingabe an alle Bundesländer gerichtet, die den Antrag enthielt, die Laufbahn der Gerichtsvollzieher der Laufbahngruppe des gehobenen Dienstes zuzuordnen.[55] Am Beispiel Niedersachsens wurde dabei die Bedeutung der Tätigkeit des Gerichtsvollziehers für die Zwangsvollstreckung, die Notwendigkeit einer gründlichen Ausbildung und Fortbildung sowie das Erfordernis einheitlicher Richtlinien für das Bundesgebiet diskutiert.[56] Zwar wurden danach im Laufe der Jahre einige Besoldungsverbesserungen vorgenommen, aber die Eingabe vom Juli 1962 hatte zunächst nicht den gewünschten Erfolg.

Der Bundesvertretertag beschloss daher 1963 Vorgaben für eine einheitliche und qualitativ verbesserte Ausbildung sowie die Einrichtung einer Gerichtsvollzieherschule für das gesamte Bundesgebiet einschließlich West-Berlin. Der Gerichtsvollzieherstand sollte damit nicht nur als selbstständiges Organ der Rechtspflege im Rahmen eines nach freiheitlich-demokratischen Grundsätzen regierten Rechtsstaates etabliert werden, sondern auch an zeitgerechten Lösungen für die Gestaltung der Zwangsvollstreckung mitwirken – sowohl im Hinblick auf eine Justizreform in der Bundesrepublik als auch bei den Folgerungen, die sich aus der zunehmenden Europäisierung des Rechts und der staatlichen Verwaltung ergaben. Natürlich war es dabei auch ein Ziel, die soziale Stellung des Gerichtsvollziehers zu verbessern, um der Ausbildung und dem Amt gerecht zu werden.[57] Henry Petersen, damals stellvertretender Vorsitzender des DGVB, stellte dazu 1965 fest, dass die Tätigkeit der Gerichtsvollzieher seit 1945 zwar stark zugenommen

Eingang Ausbildungsstelle Monschau, 2016.

habe und auch schwieriger geworden sei, dass dies aber bei der Besoldung und Bürokostenabgeltung nicht die zu erwartende Anerkennung gefunden habe. Entsprechend sei auch das Interesse am Beruf des Gerichtsvollziehers zurückgegangen, so dass ein akuter Nachwuchsmangel zu beklagen sei.[58]

Da die Beamtengruppe der Gerichtsvollzieher damals nur 2.000 Mitglieder umfasste, war es jedoch nicht möglich, in dieser Frage die Öffentlichkeit zu mobilisieren, so dass sich Ende der 1960er Jahre erneut die Frage des Zugangs und der Ausbildung stellte, die auch in den Landesverbänden des DGVB eingehend erörtert wurde.[59] Tatsächlich war die Regelung der Gerichtsvollzieherausbildung in den Bundesländern bis 1970 den jeweiligen Oberlandesgerichten überlassen. Die theoretische Ausbildung fand an zentralen Orten der Bundesländer jeweils innerhalb der Gerichtsgebäude statt. So erhielten zum Beispiel in Nordrhein-Westfalen die Gerichtsvollzieheranwärter in den 1950er Jahren als Ergänzung der zunächst fünfmonatigen praktischen Ausbildung bei einem Gerichtsvollzieher drei Monate lang theoretischen Unterricht in einem Lehrgang, dem sich nochmals vier Monate praktische Ausbildung bei einem Gerichtsvollzieher anschlossen.[60]

Ab 1970 wurde für einige Bundesländer dann der theoretische Lehrgang in der neu geschaffenen Justizausbildungs- und Fortbildungsstätte Monschau durchgeführt. Der erste Kurs, an dem insgesamt 38 Teilnehmer teilnahmen, von denen 26 aus Nordrhein-Westfalen, acht aus Rheinland-Pfalz und vier aus dem Saarland – allesamt Männer – stammten, fand vom 15. Januar bis 15. Juli 1970 statt.[61] Der Unterricht umfasste das gesamte Spektrum der für die Zwangsvollstreckung relevanten Bestimmungen des BGB, der ZPO, des Handels-, Wechsel- und Scheckrechts sowie des Staats-, Verwaltungs- und Beamtenrechts und die entsprechenden Bestimmungen der Konkursordnung und der

Vergleichsordnung. Hinzu kamen als Verwaltungsvorschriften die Gerichtsvollzieherordnung und die Geschäftsanweisung für Gerichtsvollzieher.[62] Bis 2018 wurden in Monschau auf dieser Grundlage insgesamt 3.949 Anwärter und Anwärterinnen ausgebildet: 1.281 Gerichtsvollzieheranwärterinnen und 2.668 Gerichtsvollzieheranwärter. Die erste Anwärterin kam 1972 zur Ausbildung nach Monschau. Danach erhöhte sich die Zahl der weiblichen Anwärter von Jahr zu Jahr. 2010 stellten sie einen Anteil von nicht weniger als 87 Prozent.

Mit Wirkung vom 1. Dezember 2003 wurde die Justizausbildungs- und Fortbildungsstätte Monschau zusammen mit der Rechtspflegerschule Bad Münstereifel der Fachhochschule für Rechtspflege in Bad Münstereifel angegliedert. Zurzeit werden in Monschau die Anwärter und Anwärterinnen aus Nordrhein-Westfalen, Brandenburg, Hamburg, Hessen, Rheinland-Pfalz und dem Saarland und auch noch aus Baden-Württemberg ausgebildet, wobei das Land Baden-Württemberg die Ausbildung seiner Gerichtsvollzieher inzwischen an die Hochschule für Rechtspflege in Schwetzingen verlagert hat.[63] Entsprechend der Ausbildungsstätte Monschau gibt es zudem die Bayerische Justizakademie in Pegnitz, an der unter anderem die Gerichtsvollzieher von Bayern, Thüringen, Sachsen und Sachsen-Anhalt ausgebildet werden. Da die Ziele und Inhalte jeweils identisch sind, dürfte die Ausbildung hier für alle Anwärter gleichwertig sein. Dies gilt auch für die übrigen Bundesländer, die ihre Gerichtsvollzieherausbildung in eigener Regie durchführen.

Frauen als Gerichtsvollzieher

Ende der 1960er Jahre erwies es sich als zunehmend schwierig, geeignete Bewerber für die Ausbildung zu finden, da die »frühere Nachwuchsquelle« der sogenannten »Militäranwärter« – also ehemalige Berufssoldaten – inzwischen versiegt war. In einem mehrseitigen Schreiben des Vereins der Gerichtsvollzieher des OLG-Bezirks Hamm an den OLG-Präsidenten wurden daher verschiedene Möglichkeiten erörtert, wie das Problem zu lösen sei. Die Option, ältere Bewerber aus der Wirtschaft oder Industrie beziehungsweise anderer Behörden zum Gerichtsvollzieherdienst zuzulassen, wurde sogleich verworfen, da man »lieber auf solche unsicheren Elemente verzichten« sollte. Auch der Vorschlag, aus den Kreisen des einfachen inneren Justizdienstes geeignete Persönlichkeiten für den Nachwuchs zu akquirieren, fand keine Zustimmung, weil »unter ihnen nur in Einzelfällen die notwendige Vorbildung« bestehe. Und auch die Überlegung, zukünftige Anwärter direkt »von der Schulbank mit mittlerer Reife« für die Ausbildung zu gewinnen, versprach keine Abhilfe, da solche Kandidaten nach Beendigung der Vorberei-

Der Justizminister
des Landes Schleswig-Holstein
V/22o/2341 E – 195 –

Kiel, den 23. Oktober 1968

An
alle Landesjustizverwaltungen

- nachrichtlich:

an den
Herrn Bundesminister der Justiz
in B o n n –

München
2341-V-634/68
Bayer. Staatsministerium der Justiz
Eing.: 26. OKT. 1968

Betr.: Weibliche Anwärter für den Gerichtsvollzieherdienst

Zum 1. Januar 1969 sollen in meinem Geschäftsbereich wieder einige Beamte des mittleren Justizdienstes zum Vorbereitungsdienst für die Gerichtsvollzieherlaufbahn zugelassen werden. Unter den Bewerbern befindet sich u.a. eine Justizsekretärin, die alle Voraussetzungen der Ausbildungsordnung für Gerichtsvollzieher erfüllt. Der Dienstvorgesetzte hat mir berichtet, daß die Beamtin nach ihrer Persönlichkeit, ihren Anlagen, ihren Leistungen und ihrer Führung geeignet sei, für das Amt eines Gerichtsvollziehers ausgebildet zu werden.

Der Gerichtsvollzieherverband Schleswig-Holstein hat grundsätzliche Bedenken gegen die Zulassung weiblicher Gerichtsvollzieheranwärter erhoben. Der Verband vertritt die Ansicht, daß der Gerichtsvollzieherdienst für eine Beamtin zu schwer sei (umfangreiches Arbeitspensum mit überwiegendem Außendienst, teilweise unter Zurücklegung weiter Wege).

Ich wäre dankbar, wenn Sie zu der Frage der Einstellung weiblicher Gerichtsvollzieheranwärter möglichst bis zum 2o. November 1968 Stellung nehmen würden. Insbesondere darf ich um Mitteilung bitten, ob in Ihrem Bereich bereits weibliche Gerichtsvollzieherkräfte zugelassen oder abgelehnt worden sind und ob auf die Ablehnung hin der Rechtsweg beschritten worden ist.

Im Auftrage
Hirschman

Beglaubigt
Angestellte

Schreiben des Justizministers des Landes Schleswig-Holstein an alle Landesjustizverwaltungen und den Bundesjustizminister zum Thema »Weibliche Anwärter für den Gerichtsvollzieherdienst«, 23. Oktober 1968.

Amtsschild einer Gerichtsvollzieherin, 2012.

tungszeit zu jung seien. Somit blieb die entscheidende Frage zunächst unbeantwortet, »woher der künftige Personalbedarf kommen« solle, wenn der Nachwuchs nur aus dem zivilen Bereich rekrutiert werden konnte.[64]

Vor diesem Hintergrund war es naheliegend, darüber nachzudenken, ob nicht auch Frauen als Gerichtsvollzieher tätig sein sollten. Erste Überlegungen in dieser Richtung hatte es schon 1922 gegeben.[65] Wie kontrovers Pläne, weibliche Anwärter für den Gerichtsvollzieherdienst einzuberufen, aber noch Ende der 1960er Jahre waren, lässt sich anhand der im Hauptstaatsarchiv München liegenden Akten nachzeichnen.[66] Hier findet sich unter anderem der Schriftwechsel aus dem Jahr 1968 zwischen dem Bundesministerium der Justiz (BMJ) und den Landesjustizverwaltungen über »Gesuche von weiblichen Beamten des mittleren Dienstes um Zulassung zur Sonderlaufbahn für den Gerichtsvollzieherdienst«.[67] Das Ergebnis war für die Frauen, die ihr Interesse an diesem Beruf bekundet hatten, ernüchternd: Bremen antwortete überhaupt nicht. In Bayern kam man zu dem Schluss, dass mit »Rücksicht auf die Eigenart und die Besonderheiten des Gerichtsvollzieherdienstes« Bedenken bestünden, ob weibliche Bedienstete »den Anforderungen dieser Laufbahn gewachsen sein« würden. Und Hessen lehnte mit Schreiben vom 28. November 1968 ebenso eine Bewerberin ab wie Nordrhein-Westfalen, das bis zu diesem Zeitpunkt zwei Beamtinnen des mittleren Justizdienstes die Zulassung zum Vorbereitungsdienst für die Laufbahn des Gerichtsvollzieherdienstes verweigerte.[68] Im Antwortschreiben des nordrhein-westfälischen Justizministers vom 15. November 1968 an den Bundesminister der Justiz hieß es dazu: »Gut beurteilte weibliche Kräfte des mittleren Justizdienstes mögen durchaus fähig sein, sich der theoretischen und praktischen Ausbildung für den Gerichtsvollzieherdienst mit Erfolg zu widmen. In der Praxis dürften Frauen den Schwierigkeiten, die der Gerichtsvollzieherdienst mit sich bringt, jedoch grundsätzlich nicht gewachsen sein. In Übereinstimmung mit den Oberlandesgerichtspräsidenten meines Geschäftsbereichs halte ich es daher zur Zeit für unzweckmäßig, weibliche Beamte des mittleren Justizdienstes in den Vorbereitungsdienst für die Laufbahn des Gerichtsvollzieherdienstes einzustellen.«[69]

Nur in Hamburg stand man der Zulassung weiblicher Bewerber offener gegenüber als in Bayern, Bremen, Hessen und Nordrhein-Westfalen – vielleicht auch deshalb, weil sich zum Zeitpunkt der Anfrage des BMJ noch keine Frau beworben hatte. In seiner Antwort an den Bundesjustizminister erklärte der hamburgische Justizsenators dazu jedoch immerhin: »Die Justizbehörde Hamburg würde im Falle einer solchen Bewerbung allerdings eingehend prüfen, ob die häufig vertretene Ansicht, nur männliche Beamte seien den Anforderungen des Gerichtsvollzieherdienstes in jeder Hinsicht gewachsen, tatsächlich zutrifft.«[70] Ähnliche Töne waren auch aus Niedersachsen zu hören. Sämtlichen Schreiben aus dieser Zeit ist indessen zu entnehmen, dass die abgelehnten Bewerberinnen nicht nur auf eine Beschwerde, sondern auch auf eine Anfechtung der Ablehnung auf dem Rechtsweg verzichteten.

Erst zwölf Jahre später sollte sich das Bild allmählich wandeln, als sich die Erkenntnis durchsetzte, dass die Leistungen der zugelassenen Beamtinnen als Gerichtsvollzieher keineswegs hinter denen ihrer männlichen Kollegen zurückblieben. Am deutlichsten war der Wandel in Bremen, wo es nunmehr in einem Schreiben des Senators für Rechtspflege und Strafvollzug an den Bundesjustizminister vom 8. Juli 1980 hieß: »In Bremen ist seit mehreren Jahren eine Gerichtsvollzieherin mit gutem Erfolg tätig. Bewerbungen von Frauen, die wegen fehlender Eignung für die Gerichtsvollzieherlaufbahn hätten zurückgewiesen werden müssen, hat es bisher nicht gegeben.«[71]

Um welche Frau es sich dabei handelte, geht aus dem Schreiben nicht hervor. Möglicherweise bezog sich der Bremer Justizsenator auf Marita Ziemann, die zwischen 1973 und 1974 eine Gerichtsvollzieherausbildung absolviert hatte und nach ihrer mit »Gut« bestandenen Prüfung seit dem 1. Oktober 1975 als Gerichtsvollzieherin beim Amtsgericht Bremen tätig war.[72] Sie war mit großer Wahrscheinlichkeit die erste Frau, die als Gerichtsvollzieherin arbeitete und 1982 die Beförderung zur Obergerichtsvollzieherin erhielt. In ihrem Alltag hatte sie allerdings stets damit zu kämpfen, dass ihre männlichen Kollegen »keine Frau als Gerichtsvollzieherin« wollten, wie sie in einem Gespräch mit Horst Hesterberg berichtete.[73] Ihr Beispiel zeigt damit, wie schwierig es für Frauen war, sich in diesem Beruf durchzusetzen, auch wenn allein in der Ausbildungsstätte Monschau bis heute weit über 1.000 Anwärterinnen als Gerichtsvollzieher ausgebildet wurden.

Aktionsgemeinschaft der Gerichtsvollzieher-Ehefrauen Baden-Württembergs

Eine andere Form der Benachteiligung erfuhren offenbar nicht wenige Ehefrauen von Gerichtsvollziehern, wie dem Schreiben einer Gruppe von 64 Frauen zu entnehmen ist, die sich als »Aktionsgemeinschaft der Gerichtsvollzieher-Ehefrauen Baden-Württembergs« bezeichnete. Am 25. Juni 1971 wandte sich die Gruppe an den Petitionsausschuss des baden-württembergischen Landtags in Stuttgart und beklagte, dass sie ihre Ehemänner nicht nur während der üblichen Dienstzeit, sondern auch an Wochenenden und Feiertagen bei der Büroarbeit unterstützen müssten, bei der oft bis tief in die Nacht hinein Schreibarbeiten zu erledigen seien. Würden sie das Opfer dieser Bürotätigkeit, für die sie wegen fehlender Geldmittel keinen Lohn erhielten, nicht auf sich nehmen, so die Ehefrauen, würde der Dienstbetrieb ihrer Männer zusammenbrechen. In der fünf Seiten umfassenden Petition wiesen die Frauen außerdem darauf hin, dass die Gerichtsvollzieher ständig Überstunden leisten müssten und ihren Urlaub dazu benutzten, Rückstände abzubauen. Schon zwei Jahre zuvor hätten sie der Fachgruppe Gerichtsvollzieher in der Gewerkschaft Öffentliche Dienste, Transport und Verkehr eine entsprechende Eingabe zugeleitet, ohne jedoch eine Antwort zu erhalten. Daher forderten sie den Petitionsausschuss jetzt dazu auf, für die »Abschaffung der Missstände im Gerichtsvollzieherwesen« zu sorgen.[74] Als der Deutsche Gerichtsvollzieher Bund von der Petition erfuhr, wies er allerdings am 31. August 1971 sowohl deren Form als auch ihren Inhalt zurück. Dem Petitionsausschuss des baden-württembergischen Landtags teilte der DGVB mit, es könne sich bei der »Aktionsgemeinschaft« nur um eine Minderheit von Gerichtsvollzieher-Ehefrauen handeln, deren Ehemänner außerhalb des Deutschen Gerichtsvollzieher Bundes organisiert seien. Zwar seien in Fragen der Besoldung und Entschädigung der Gerichtsvollzieher noch viele berechtigte Forderungen unerfüllt. Der Deutsche Gerichtsvollzieher Bund bemühe sich jedoch seit Jahren, alle Probleme des Berufsstandes mit der Bundesregierung und den Landesjustizverwaltungen auf sachlicher Ebene zu lösen.[75] Dem Argument der Ehefrauen, sie müssten die anfallenden Büroarbeiten unentgeltlich erledigen, begegnete der DGVB mit dem Hinweis, die Gerichtsvollzieher erhielten für die Bezahlung einer Bürokraft im Durchschnitt eine monatliche Abgeltung in Höhe von

580 DM. Und im Falle einer höheren Belastung würden sich doch auch die Einnahmen erhöhen.[76]

Das Thema wurde schließlich nicht nur von der *Bild-Zeitung*, sondern auch von den *Badischen Neuesten Nachrichten* aufgegriffen, in dem es unter der Schlagzeile »Ehefrauen der Gerichtsvollzieher fühlen sich vom Staat ausgebeutet« hieß, die Frauen hätten sogar angekündigt, in den Streik zu treten, falls sie weiterhin »zu kostenlosen Kuli-Diensten für den Staat missbraucht« würden. Die Zeitung schlussfolgerte daraus: »Verwirklichen die streitbaren Damen ihre Absicht, kann Baden-Württemberg zu einem wahren Schuldnerparadies werden.«[77] Es verwundert daher nicht, dass der Petitionsausschuss des Landtages Baden-Württemberg die Eingabe der Ehefrauen nicht einfach zurückwies, sondern sich unter der Nr. V/2885 eingehend mit dem Vorgang befasste und der Regierung in Stuttgart die Petition als Material zur Klärung der Besoldung überwies – allerdings mit dem Ergebnis, dass dem Anliegen der Frauen letztlich kein Erfolg beschieden war.

Die Rechtsstellung des Gerichtsvollziehers

Seit Bestehen des DGVB wurde immer wieder darüber diskutiert, welche Rechtsstellung der Beruf des Gerichtsvollziehers haben sollte. Stets stand dabei das Spannungsfeld des Gerichtsvollziehers als Beamter mit weitgehender Selbstständigkeit und Eigenverantwortlichkeit im Vordergrund, das auch Auswirkungen auf den Umfang der Arbeitszeit hatte. In der Bundesrepublik flammten diese Diskussionen bereits 1955 mit der Wiedereinführung der überarbeiteten GVO und GVGA wieder auf und erhielten Mitte der 1970er Jahre neue Aktualität, als ein Gerichtsvollzieher bei dem für ihn zuständigen Verwaltungsgericht in Sigmaringen eine Klage einreichte, um das Land Baden-Württemberg wegen bestehender Arbeitsüberlastung zu verpflichten, die Vergrößerung seines Gerichtsvollzieherbezirks rückgängig zu machen und festzustellen, wie viele Gerichtsvollzieheraufträge ihm innerhalb einer normalen Arbeitszeit zur Erledigung zugeteilt werden konnten. Das Verwaltungsgericht entschied danach am 3. Dezember 1975 in sibyllinischer Zweideutigkeit, die beiden Parteien gerecht zu werden suchte, zwar stelle die Vergrößerung des Gerichtsvollzieherbezirks auch bei bereits bestehender Geschäftsüberlastung keinen Verstoß gegen die beamtenrechtliche Fürsorgepflicht des Dienstherrn gegenüber dem Gerichtsvollzieher dar; der Gerichtsvollzieher sei jedoch selbst bei Geschäftsüberlastung nicht verpflichtet, über die beamtenrechtliche Dienstzeitregelung hinaus Mehrarbeit zu leisten.[78] In der umfangreichen Begründung verwies das Gericht auf die beamtenrechtlichen Regelungen, denen zufolge der Gerichtsvollzieher nicht

Rechtliche Grundlagen für die Gerichtsvollziehertätigkeit, 2019.

verpflichtet sei, länger als durchschnittlich 42 Wochenstunden zuzüglich fünf Monatsstunden Dienst zu leisten oder auf den Genuss des ihm zustehenden Erholungsurlaubs zu verzichten.[79]

In der DGVZ wurde die Sigmaringer Entscheidung, die hier auch mit voller Begründung veröffentlicht wurde, von der Schriftleitung mit der Anmerkung versehen, die Entscheidung verweigere dem Gerichtsvollzieher »den Rechtsschutz gegenüber einer Arbeitsüberbürdung durch den Dienstherrn«. Gerade für den Gerichtsvollzieher, der unter seinem eigenen Namen die Vollstreckungsgeschäfte ausführe und »sich nicht hinter der Anonymität einer Behörde verschanzen« könne, sei es »sehr schwer oder geradezu unmöglich, seine Tätigkeit unter teilweiser Arbeitsverweigerung auf die beamtenrechtlich festgelegte Arbeitszeit zu beschränken, wie es die Entscheidung als Ausweg« aufzeige. Der Gerichtsvollzieher müsse daher »durch eine weitere Verbesserung der Entschädigung in die Lage versetzt werden, weitere Arbeiten auf Hilfskräfte zu übertragen und dadurch selbst zu einer normalen Arbeitszeit zu gelangen«.[80] Bereits im Vorfeld der Entscheidung des Verwaltungsgerichts hatte die DGVZ zudem 1974 in Anbetracht der Risiken einer Arbeitsüberlastung der Gerichtsvollzieher eine Entscheidung des Reichsgerichts vom 10. Dezember 1929 veröffentlicht, in der es hieß: »Hat der Gerichtsvollzieher eine bestehende Geschäftsüberlastung seiner Dienstbehörde angezeigt und erfolgt hierauf keine Abhilfe, so haftet er nicht für Versäumnisse, die auf die bestehende Überlastung zurückzuführen sind.«[81]

Letztlich ging es bei diesem Disput aber nicht nur um die Arbeitsbelastung der Gerichtsvollzieher, sondern auch um deren Stellung als Beamte und Vollstreckungsorgane gegenüber den Parteien, dem Vollstreckungsgericht und der Dienstaufsicht.[82]

Auf einer Arbeitstagung des Deutschen Gerichtsvollzieher Bundes, die vom 28. bis 30. Oktober 1985 in der Evangelischen Akademie Loccum stattfand, setzte sich Richter Hubert Gilleßen, langjähriger Leiter der Gerichtsvollzieherausbildungs-Lehrgänge der Justizausbildungs- und Fortbildungsstätte in Monschau, kritisch mit dieser Frage auseinander und unterstützte die Forderung des DGVB, entsprechend dem Rechtspflegergesetz und dem Urkundsbeamtengesetz ebenfalls ein Gerichtsvollziehergesetz zu schaffen. Dies sei nicht zuletzt gerichtsorganisatorisch notwendig, damit endlich die Belange der Dienstaufsicht und die Belange des Gerichtsvollziehers als selbstständiges Organ der Zwangsvollstreckung eine sachangemessene Regelung in Gesetzesform erfahre, selbst wenn diese kaum zu einer »Selbstständigkeit des Gerichtsvollziehers« ohne dienstaufsichtsmäßige Kontrolle führen könne.[83] Es war deshalb kein Zufall, dass der Bundeskongress des DGVB 1987 in Konstanz zu dem Ergebnis gelangte, dass eine Änderung der §§ 154 und 155 des Gerichtsverfassungsgesetzes (GVG) dringend erforderlich sei. Und auch über die Frage einer grundlegenden Reform der Gerichtsvollzieherzwangsvollstreckung wurde in den folgenden Jahren immer wieder diskutiert, wobei die wichtigsten Forderungen sich auf eine Neuregelung der Rechtsstellung des Gerichtsvollziehers, die Verbesserung der Personalsituation und den Wegfall der Höchstgrenze des Gebührenanteils bezogen, der den Gerichtsvollziehern überlassen wurde.[84]

Die Ordnung des Gerichtsvollzieherwesens war schließlich auch Gegenstand eines Rechtsgutachtens von Universitätsprofessor Dr. jur. Rolf Grawert von der Ruhr-Universität Bochum, in dem es um die Frage ging, ob der Paragraf 154 GVG überhaupt mit dem Grundgesetz vereinbar sei.[85] Das 24 Druckseiten umfassende Gutachten endete unter Ziffer V mit 14 Ergebnisthesen, in denen der Gutachter feststellte, § 154 GVG stimme »als Regelung, Ermächtigung und Kompetenzbestimmung für Verwaltungsvorschriften« mit den Anforderungen des Artikels 84 Abs. 1 GG nicht überein und sei daher »als Ermächtigungsnorm verfassungswidrig«. Um die beabsichtigten Normleistungen erbringen zu können, bedürfe es einer »verfassungsmäßigen Novellierung durch Bundesgesetz«. Die Forderung nach einem bundeseinheitlichen Gerichtsvollziehergesetz wurde vom DGVB aufgegriffen – sie ist bis heute aktuell.

Zwangsvollstreckung im Ausland – Modelle für Deutschland?

Über diese grundsätzliche Reformdiskussion in der Bundesrepublik hinaus gab es schon seit Mitte der 1960er Jahre Bemühungen, die Entwicklungslinien der Geschichte des deutschen Gerichtsvollzieherwesens nachzuzeichnen und sie mit den Gerichtsvollziehersystemen anderer Länder zu vergleichen.[86] Beiträge in der DGVZ befassten sich beispielsweise mit dem Status und der Tätigkeit der Gerichtsvollzieher in Belgien, der Zwangsvollstreckung in den USA sowie der Zivilprozessordnung und Zwangsvollstreckung in Japan«.[87] In Japan hatte sich die Rechtsentwicklung zunächst an China und nach 1868 an Frankreich orientiert. Mit Einführung der ersten modernen japanischen Verfassung – der Meiji-Verfassung von 1889 – nahm man sich Preußen und das Deutsche Reich von 1871 zum Vorbild. Schon seit 1884 war der preußische Regierungsrat Hermann Techow als Berater im japanischen Staatsministerium tätig und wurde hier damit beauftragt, einen Entwurf der ZPO zu fertigen, den er 1886 dem dortigen Justizminister vorlegte. Grundlage dieses Entwurfs bildete die deutsche ZPO von 1877. In abgeänderter Form trat der Entwurf am 1. Januar 1891 in Kraft.

Der Blick nach Frankreich zeigte in Anknüpfung an das am 1. Februar 1973 in Deutschland, Frankreich, Italien und den Beneluxstaaten in Kraft getretene EWG-Gerichtsstands- und Vollstreckungsabkommen vom 27. September 1968 die Grundzüge des französischen Zwangsvollstreckungsrechts auf.[88] Die für die Zwangsvollstreckung in Frankreich geltenden Bestimmungen stammen zum Teil noch aus dem Jahr 1806. Interessant sind aber vor allem die Vorschriften über die privilegierte Vollstreckung wegen der Kaufpreisforderung im französischen Recht. Denn dabei wird deutlich, welche Gegenstände in Frankreich nicht der Pfändung unterliegen, weil sie lebensnotwendig sind, und welche Gegenstände davon gepfändet werden können, wenn wegen Beträgen vollstreckt wird, die dem Hersteller oder Verkäufer der Sachen oder demjenigen geschuldet werden, der Darlehen gewährt hat, um sie zu kaufen, herzustellen oder zu reparieren.[89]

Bei der privilegierten Sachpfändung tritt in Frankreich hingegen eine Durchbrechung des Schuldnerschutzes zugunsten von Forderungen ein, wenn es sich um die Kaufpreisforderung einer im Besitz des Schuldners befindlichen Sache handelt. In einem Beitrag der DGVZ wurde dazu erklärt, dass auch in Deutschland die Pfändung an sich unpfändbarer Sachen für die Kaufpreisforderung vom Vollstreckungsgericht besonders zugelassen werden sollte.[90] Tatsächlich hat der Gesetzgeber entschieden, dass der Gerichtsvollzieher gemäß § 811 Abs. 2 ZPO die dort bezeichneten Sachen für die dem Gläubiger zustehende titulierte Kaufpreisforderung pfänden kann.

Auch die Zwangsvollstreckungsorgane in der Schweiz und in Österreich wurden in rechtsvergleichender Sicht untersucht.[91] Das schweizerische Betreibungswesen zeigte sich dabei durch die Zuordnung aller Vollstreckungen wegen Geldforderungen an das Betreibungsamt als eigenständige, von der Gerichtsorganisation unabhängige Behörde, für die im Außendienst weisungsabhängig unselbständige Betreibungsweibel tätig sind, deren persönliche Rechtsstellung sich nach unterschiedlichem kantonalem Recht bestimmt.[92] Für die Mobiliar-, Immobiliar- und Forderungspfändung ist ihr Aufgabenkreis äußerst umfänglich – weitaus größer als das Spektrum der deutschen Gerichtsvollzieher.

Der Blick auf Österreich verdeutlichte, dass die österreichische Zwangsvollstreckung als streng gerichtliches Verfahren durch Bewilligungs- und Exekutionsgerichte als Vollstreckungsorgane durchgeführt wird. Sie sind für alle Arten der Exekution wegen Geldforderungen sowie wegen Handlungen und Unterlassungen zuständig. Im Rahmen der Pfändung in bewegliche Sachen handeln im Namen des Gerichts unter dessen Aufsicht weisungsgebundene Gerichtsvollzieher, die nicht als selbstständiges Vollstreckungsorgan anzusehen sind.[93]

Schon diese wenigen Beispiele zeigen, dass durch den Blick über die Grenzen hinweg bereits früh Erfahrungen gesammelt wurden, die bei der Ausgestaltung und Reform des Zwangsvollstreckungsrechts in Deutschland eine wichtige Rolle spielen können. Die letzte Dekade des 20. Jahrhunderts mit der Wiederherstellung der deutschen Einheit und der zunehmenden Globalisierung der Wirtschaft machte grenzüberschreitenden Erfahrungsaustausch dann auch in den Bereichen Zustellungen und Zwangsvollstreckungen unabdingbar, selbst wenn es bis zur Harmonisierung der Rechtssysteme in Europa noch ein weiter Weg ist.

Symbolik: Waage und Schwert der Justiz.

Das deutsche Gerichtsvollzieherwesen nach 1990

WALTER GIETMANN | HORST HESTERBERG

Mit der Wiedervereinigung Deutschlands am 3. Oktober 1990 trat das Vollstreckungsrecht der Zivilprozessordnung (ZPO) einschließlich des Gesetzes über die Zwangsversteigerung und die Zwangsverwaltung (ZVG) nach Artikel 8 des Einigungsvertrages auch in den neuen Bundesländern in Kraft.[1] Das war eine bedeutende Neuerung, denn das DDR-Recht hatte Rechtspfleger und Gerichtsvollzieher nicht vorgesehen.[2] Zwar war das Vollstreckungsrecht der DDR noch im Juni 1990, wenige Monate vor dem Beitritt der fünf ostdeutschen Länder zum Geltungsbereich des Grundgesetzes, reformiert und an die westdeutschen Regelungen angepasst worden. In der kurzen Übergangsphase bis zur Wiedervereinigung erlangten diese Bestimmungen jedoch kaum noch Wirkungskraft.[3] Jetzt, nach dem 3. Oktober 1990, wurden auch die Gerichtsvollzieherordnung (GVO) und die Geschäftsanweisung für Gerichtsvollzieher (GVGA), teilweise mit geringfügigen Modifikationen, von den neuen Ländern übernommen. Schwebende Verfahren waren allerdings nach altem Recht fortzuführen.[4] Die Behandlung früherer DDR-Titel ging dabei gemäß Artikel 18 Abs. 1 des Einigungsvertrages von dem Grundsatz aus, dass die DDR nicht Ausland im Sinne der §§ 722, 723 ZPO war. Deshalb schied eine Vollstreckungsklage wie bei ausländischen Urteilen aus. DDR-Titel waren demzufolge zunächst ohne besonderes Verfahren wie gewöhnliche Inlandstitel zu vollstrecken.[5]

Einigungsvertrag und Gerichtsvollzieherwesen in den neuen Bundesländern

In einer Erklärung zur Deutschen Einheit begrüßte der Bundesvorstand des Deutschen Gerichtsvollzieherbundes den Beitritt der DDR zur Bundesrepublik Deutschland und die DGVZ veröffentlichte die für Gerichtsvollzieher relevanten Modalitäten der Einheit sowie die künftig auch in Ostdeutschland geltenden gesetzlichen Bestimmungen für das Gerichtsvollzieherwesen bereits in ihrer Ausgabe von Juli/August 1990.[6] Dies war umso

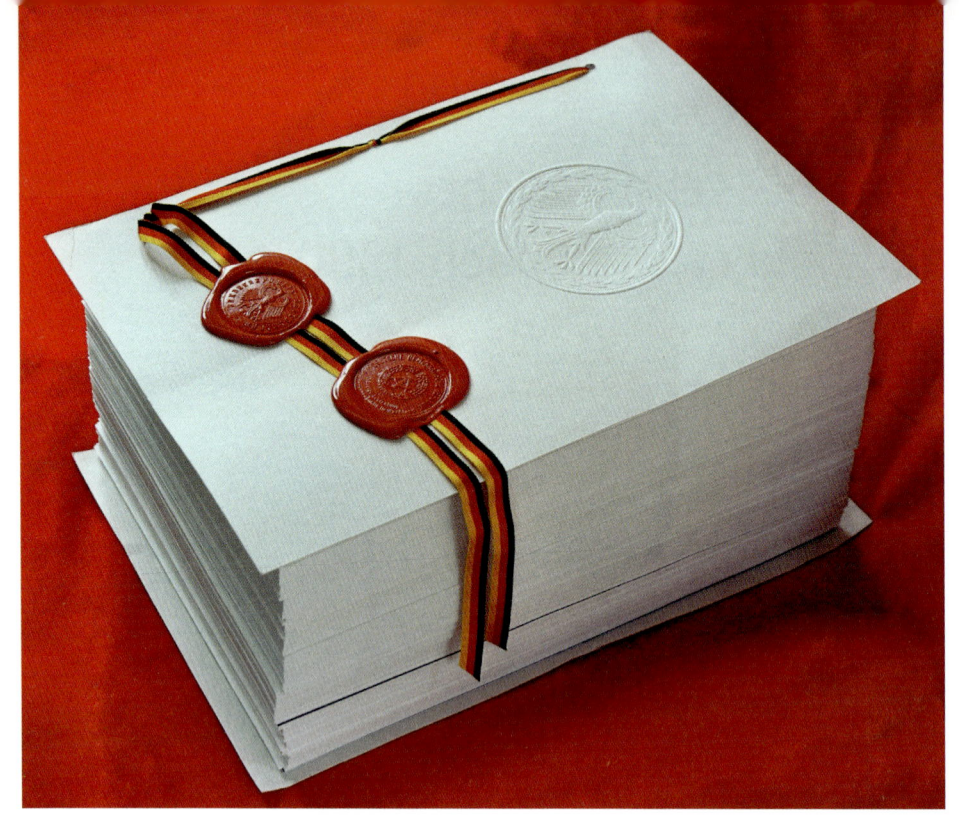

Der Einigungsvertrag liegt vor, 31. August 1990.

wichtiger, als mit dem »Gerichtsvollzieherbund – Landesverband Thüringen« am 25. August 1990 ein erster Landesverband in den neuen Bundesländern gegründet wurde. Damit begannen auch Initiativen des DGVB, möglichen Interessenten für den Gerichtsvollzieherdienst in Ostdeutschland das System des Gerichtsvollziehers mit eigenem Geschäftszimmer näherzubringen und ihnen zu empfehlen, was sich in Westdeutschland bewährt hatte. Diskutiert wurde aber auch, Regelungen im Vollstreckungssystem des Beitrittsgebiets anzustreben, die besser waren als die bisher in Westdeutschland geltenden Bestimmungen – in der Hoffnung, eine auf diese Weise renovierte Form der Zwangsvollstreckung könnte eines Tages sogar »ein Vorbild« für die gesamte Bundesrepublik darstellen.[7]

Auch bei der Systemumstellung bot der DGVB seine Unterstützung an. Schon bald nach Öffnung der Grenzen im Herbst 1989 besuchten zahlreiche Gerichtsvollzieher aus der Bundesrepublik Gerichte in der DDR und nahmen Kontakt zu Personen auf, die sich für die Tätigkeit des Gerichtsvollziehers nach westdeutschem Muster interessierten. Während der Ländervertreterversammlung des Deutschen Gerichtsvollzieherbundes Ende Oktober 1990 in Germering erklärten vier neu gegründete Landesverbände – Brandenburg, Sachsen-Anhalt, Sachsen und Thüringen – ihren Beitritt zum DGVB.[8]

Dennoch blieb die Situation vorerst schwierig. Bis zur »Wende« 1989/90 war die DDR mit außerordentlich wenigen Gerichtsvollziehern ausgekommen. So waren bei einem Kreisgericht, in dessen Bezirk 48.000 Einwohner lebten, jährlich nur etwa 550 Zwangsvollstreckungen angefallen, während in der Bundesrepublik in Bezirken mit ähnlicher Einwohnerzahl rund zehnmal so viele Vollstreckungen stattgefunden hatten.[9] Der Einigungsvertrag vom 31. August 1990 suchte den Systemübergang deshalb durch Ausnahmeregelungen zu erleichtern. Doch besonders in der Anfangsphase litt die Vollstreckung in den neuen Ländern unter einem eklatanten Mangel an Personal.[10] Ein Bericht des Nachrichtenmagazins *Der Spiegel* vom 17. Dezember 1990 schilderte die Situation in drastischen Worten: Allein in der Außenstelle Süd des Kreisgerichts Leipzig, hieß es in dem Artikel, stapelten sich 5.000 Akten von Schuldnern, die ihre Rechnungen, Miete oder Alimente nicht bezahlen könnten und deren Eigentum oder Lohn gepfändet werden müsste. Doch ohne eine ausreichende Anzahl der blauen Pfändungsvordrucke ließen sich die Akten nicht bearbeiten. Im Gerichtsbezirk Leipzig insgesamt lägen zu dieser Zeit sogar 30.000 Pfändungsanträge vor. Aber beschlagnahmt waren bis dahin nur ein Mercedes-Transporter und etwas Werkzeug. In anderen Städten, wie in Magdeburg, so *Der Spiegel*, sähe es ähnlich aus. Betroffen waren nicht zuletzt die Sekretärinnen der Ost-Gerichte: »Wir sind doch die Justizpopel«, klagte eine von ihnen, »wir sind alles in einem: Rechtspfleger, Schreibkraft, wir putzen das Klo, die Küche und schieben auch mal Wachdienst.«[11]

Ein Problem stellte auch die Überprüfung der Mitarbeiter im Justizdienst auf eine mögliche Tätigkeit für das frühere Ministerium für Staatssicherheit der DDR dar. In Sachsen zum Beispiel geschah dies beim Mittleren Justizdienst bis zum 11. Januar 1991. Jeder Angestellte musste sich zudem neu auf seinen Posten bewerben, so dass viele der hier Tätigen um ihre Arbeitsstelle fürchteten. Der amtierende Direktor des Kreisgerichts Leipzig, Dieter Hübsch, erklärte dazu Ende 1990: »Wir sind davon ausgegangen, dass im Sozialismus jeder Arbeit hat, deshalb sind wir immer mit Lohnpfändungen hingekommen.« Und dafür habe man keine Gerichtsvollzieher gebraucht.[12] Zwar sollten in einer ehemaligen Polizeischule in Radebeul Justizsekretäre zu Gerichtsvollziehern weitergebildet werden. Allerdings ließ sich vorerst nicht absehen, wann sie einsetzbar sein würden. Viele jüngere Kollegen, berichtete daher Dieter Hübsch, lernten auf eigene Faust, indem sie Urlaub nahmen, in die Bundesrepublik reisten und hier »einem Gerichtsvollzieher über die Schultern« schauten.[13]

Von 1990 bis 1996 wurden allerdings auch viele Gerichtsvollzieher aus den alten Bundesländern zeitweilig an Gerichte der ehemaligen DDR abgeordnet, um dort nicht nur selbst Vollstreckungen durchzuführen, sondern zugleich die Mitarbeiter vor Ort mit dem westdeutschen Vollstreckungsrecht bekannt zu machen und aus früheren

Namensschild nach westlichem Muster von Gerlinde Schiene im neuen Gerichtsvollzieherbüro in Frankfurt (Oder), 1992.

Ines Hillebrecht in ihrem Gerichtsvollzieherbüro im Kreisgericht Frankfurt (Oder), fotografiert von einem »Aufbauhelfer West«, 1992.

Gerichtssekretären sowie Neubewerbern geeignete Persönlichkeiten für den Gerichtsvollzieherdienst zu gewinnen.[14] Im Freistaat Sachsen gehörte Bernd Winterstein zu den »Aufbauhelfern«. Der am Amtsgericht Augsburg tätige Amtmann kam im Oktober 1990 mit einer Delegation des Bayerischen Justizministeriums und der Bayerischen Justizschule an die Kreisgerichte Plauen und Zwickau, »um festzustellen, welche Maßnahmen der Ausbildung und Fortbildung erforderlich« waren.[15] Erste Wochenendschulungen fanden bereits im November und Dezember 1990 in Leipzig und Chemnitz statt, »um die Sekretäre der bisherigen DDR, die einstweilen die Aufgaben des Gerichtsvollziehers übernommen hatten, mit den neuen Vorschriften vertraut zu machen.«[16] Im Frühjahr 1991 erhielten 25 ehemalige Sekretäre in Radebeul bei Dresden eine erste sechswöchige Kurzausbildung. Danach wurde die Lehrgangsdauer einschließlich Hospitationen in Bayern auf zwölf Wochen verlängert. Zum Abschluss der Ausbildung war jeweils eine schriftliche Prüfung vorgesehen. Parallel zu den Kurzlehrgängen wurde aber auch an den Wochenendschulungen festgehalten.[17]

Aufgrund der Personalknappheit war die Arbeitsbelastung der Gerichtsvollzieher in Ostdeutschland zu Beginn der 1990er Jahre außergewöhnlich hoch. So stieg die Zahl der Vollstreckungsaufträge in Sachsen von etwa 6.500 im Januar 1992 auf über 24.000 im November 1992, was dazu führte, »dass einzelne Gerichtsvollzieher Tageseingänge von bis zu 700 Vollstreckungsaufträgen zu verzeichnen hatten«.[18] Das waren allerdings Extremwerte. Durchschnittlich lag die Zahl der Vollstreckungsaufträge im November 1992 in Sachsen je Gerichtsvollzieher bei 320. Nachdem die Zahl der Gerichtsvollzieher hier bis zum Frühjahr 1993 auf rund 200 angewachsen war, ging man davon aus, dass bis Ende 1993 ein funktionierendes Gerichtsvollzieherwesen bestehen würde.[19] Trotz dieser optimistischen Prognose wurde die Ausbildung der Gerichtsvollzieher in den neuen Bundesländern allerdings noch bis 1996 von den Ländern der alten Bundesrepublik unterstützt.[20]

Der Deutsche Gerichtsvollzieher Bund und die Union Internationale des Huissiers de Justice et Officiers Judiciaires (UIHJ)[21]

Die Entwicklung nach 1989/90 führte nicht nur zur Wiedervereinigung Deutschlands, sondern hatte auch weitreichende Auswirkungen auf Europa. Der Zusammenbruch des sowjetischen Imperiums und die Annäherung der ost- und mitteleuropäischen Staaten an die Europäische Gemeinschaft sowie deren Erweiterung und Vertiefung zur »Europäischen Union« mit dem Maastricht-Vertrag vom 7. Februar 1992 verstärkten auch für die Gerichtsvollzieher die Notwendigkeit, enger auf europäischer Ebene zusammenzuarbeiten. Den Rahmen dafür bildete die 1952 auf Initiative der Nationalkammer der französischen Gerichtsvollzieher gegründete *Union Internationale des Huissiers de Justice et Officiers Judiciaires* (UIHJ) mit Sitz in Paris, die bis heute von einem international besetzten Präsidium geführt wird und der mittlerweile Gerichtsvollzieherkammern und -organisationen bzw. Gerichtsvollziehervereine aus 90 Ländern – also nicht nur aus Europa – angehören. Die UIHJ hatte sich von Anfang an das Ziel gesetzt, das Studium und die Kenntnis der Gesetzgebung jeder einzelnen Körperschaft der Gerichtsvollzieher und Gerichtsbeamten zu fördern und sich für die Errichtung einer internationalen rechtsgültigen Ordnung unter Anpassung an die Gesetzgebung der verschiedenen Länder, speziell durch das Studium aller Fragen bezüglich der gerichtlichen Organisation, einzusetzen. Diese Themen gewannen durch die übergeordneten politischen Entwicklungen nach dem Umbruch von 1989/90 und zu Beginn der 1990er Jahre neue Aktualität.

Der damalige Vorsitzende des Landesverbandes Nordrhein-Westfalen im DGVB, Josef Gerhards, nahm deshalb 1993 Kontakt mit dem Vorstand der UIHJ auf, um Möglichkeiten für eine engere Zusammenarbeit zu erörtern. Man vereinbarte, zunächst eine Bestandsaufnahme der verschiedenen Gerichtsvollziehersysteme in Europa zu erstellen, um über den direkten Vergleich mit Blick auf die weiter fortschreitende europäische Einigung zukünftige Berufsorientierungen für das 21. Jahrhundert zu entwickeln. Dabei wurde davon ausgegangen, dass durch den freien Fluss von Menschen, Gütern und Kapital in Europa auf längere Sicht eine Rechtsangleichung erforderlich sein werde, die auch einen europäischen Schuldtitel notwendig werden lasse. Zudem war bereits damals erkennbar, dass der mittlere Justizdienst als Ausbildungsreservoir nicht mehr dauerhaft zur Verfügung stehen würde. Daher sollten Informationen über das »freie Gerichtsvollziehersystem« ausgetauscht und an den Berufsstand herangetragen werden, um Interesse für dieses System zu wecken.[22]

Schon in den Anfangsjahren war die UIHJ äußerst aktiv gewesen und gehörte als beratendes Mitglied der Kategorie C dem Europarat in Straßburg an. Inzwischen hat die UIHJ den offiziellen Status erreicht und verfügt damit über das jederzeitige Anhörungsrecht im Rat. Da die UIHJ eine internationale Organisation ist, die weltweit operiert und somit auch die Interessen nichteuropäischer Mitglieder zu berücksichtigen hat, wurde am 23. November 2016 als Unterorganisation der UIHJ die *Union Européenne des Huissiers de Justice* (UEHJ) gegründet, um die europäischen Belange zu vertreten, die zuvor lediglich durch verschiedene »Euro-Gruppen« wahrgenommen wurden. Zu den Gründungsmitgliedern der UEHJ zählt auch der DGVB. Der Bundesvorsitzende des DGVB, Walter Gietmann, ist seit Gründung der UEHJ Mitglied des Vorstandes. Der DGVB ist damit erstmals im Vorstand einer internationalen Organisation vertreten. Die Sacharbeit der UEHJ wird durch den Ständigen Rat geleistet, der mindestens einmal im Jahr in Paris

Wimpel der Union Internationale des Huissiers de Justice et Officiers Judiciaires (UIHJ).

tagt. Schwerpunkte der Arbeit sind das internationale Zustellungswesen, Fragen eines internationalen Berufsbildes des Gerichtsvollziehers, Aufgaben der Aus- und Fortbildung und nicht zuletzt die Schaffung eines europäischen Vollstreckungsrechts.

Das Interesse der deutschen Gerichtsvollzieher an internationaler Kooperation reicht allerdings weit zurück. So beschloss bereits der 10. Bundesvertretertag des Deutschen Gerichtsvollzieherbundes in Hamburg am 29. September 1957 einstimmig den Beitritt zur UIHJ. Aus den Berichten über den VI. Internationalen Kongress der Gerichtsvollzieher in Bad Godesberg 1967, der erstmalig in Deutschland stattfand, ist zu entnehmen, dass die Entscheidung, der UIHJ beizutreten, schon damals von dem Wunsch der Gerichtsvollzieher nach Selbstständigkeit getragen war, wie sie beispielsweise in Frankreich und den Benelux-Staaten unter einem »freien Gerichtsvollziehersystem« verstanden wurde. Außerdem waren sich die an der Entscheidung zum Beitritt Beteiligten einig, dass es eine große Aufgabe sei, an der Verwirklichung der europäischen Idee mitzuwirken. Auch der damalige Vorsitzende der UIHJ, Maître Soulard, hob die ideelle Zielsetzung der Vereinigung hervor, indem er bemerkte, die »Annäherung innerhalb der Berufe, von Menschen verschiedener Nationalitäten, Farbe und Rasse« sei mit der Erwartung verbunden, »zwischen ihnen allen ein immerwährendes Band zu schaffen als die wahre Grundlage des Friedens unter den Völkern«.[23]

Der Monschauer Kreis

Die von Josef Gerhards 1993 ergriffene Initiative zu einer engeren Zusammenarbeit der deutschen Landesverbände mit der UIHJ führte auf der Grundlage eines Thesenpapiers über Möglichkeiten der Kooperation bereits am 2. und 3. Dezember 1993 zu einem ersten Zusammentreffen mit Teilnehmern aus Frankreich, Belgien, Luxemburg und den Niederlanden in der Justizausbildungs- und Fortbildungsstätte (JAFS) in Monschau. Von deutscher Seite nahmen daran Repräsentanten aller Landesverbände – beispielsweise aus dem Landesverband Nordrhein-Westfalen Vertreter der Bezirksverbände Hamm, Düsseldorf und Köln sowie die Vorstandsmitglieder Josef Gerhards, Horst Hesterberg und Paul Spürk – teil. Als Gast konnte der damalige Präsident der UIHJ, Baudouin Gielen aus Belgien, begrüßt werden. Gesprächsthemen waren unter anderem die Vor- und Ausbildung und die Rechtsstellung der Gerichtsvollzieher, das Kammersystem (Selbstverwaltung) sowie spezifische Gesetze und Tätigkeiten innerhalb und außerhalb der Zwangsvollstreckung. Eine zum Abschluss von Mitgliedern der Landesverbände Baden-Württemberg, Rheinland-Pfalz und dem Saarland sowie der nordrhein-westfälischen Bezirksverbände gebildete Arbeitsgruppe sollte bis zum Bundesvertretertag 1995 bei den Landesjustizverwaltungen feststellen, ob es Bestrebungen zur Schaffung einer internationalen Zusammenarbeit der Justizverwaltungen gab, und welche Ansätze dafür gegebenenfalls bereits bestanden. Zudem wurden in den folgenden Monaten Informationen zum französischen und luxemburgischen Gerichtsvollziehersystem gesammelt und Gerichtsvollzieher in Belgien und den Niederlanden besucht.

Ein Jahr später, vom 1. bis 2. Dezember 1994, traf sich der Monschauer Kreis erneut in der JAFS, um die Informationen auszuwerten. Dabei wurde auch ausführlich über das sogenannte »Neuberger Modell« diskutiert, das 1968 vom damaligen Justizminister des Landes Nordrhein-Westfalen, Dr. Josef Neuberger, mit dem Entwurf einer neuen Gerichtsvollzieherordnung (GVO) initiiert worden war.[24] Dr. Christian Millack, Ministerialrat im nordrhein-westfälischen Justizministerium, hatte dazu 1969 auf der Jahreshauptversammlung des DGVB OLG-Bezirksverbandes Köln erklärt, die »Anforderungen einer immer sozialer ausgerichteten Gesellschaft an den Staat, für den die Erhaltung eines hohen wirtschaftlichen Niveaus im Vordergrund stehen« müsse, würden »den heutigen Aufgabenbereich des GV mehr und mehr einengen«. Eine Lücke sei dafür bereits im vorgerichtlichen Raum erkennbar, nämlich im Bereich der Umschuldung und der Regulierung von Verbindlichkeiten und Erhaltung der Substanzen. Es sei »durchaus denkbar, daß der Staat sich in dieser Frage über einen ›GV‹ neuer Art« annehme. Wörtlich hatte Dr. Millack sodann bemerkt: »Der Übergang am Ende dieses Weges in ein verselbständigtes Amt, das notarähnlichen Charakter haben könnte, wäre im Rahmen

Festveranstaltung anlässlich des 30-jährigen Bestehens der Ausbildungsstelle in Monschau, 2000.

des heutigen Verfassungsrechts (Art. 33 GG) möglich, auch wenn bei der Umstellung von der Festbesoldung mit Gebührenanteilen ein reines Gebührensystem erwogen würde.«[25]

Es ging also um die Einführung eines freiberuflichen Gerichtsvollziehers nach dem Vorbild der westlichen Nachbarländer der Bundesrepublik. Gemäß § 14 GVO sollten die Gerichtsvollzieher ihren Beruf als freien Beruf selbständig, eigenverantwortlich, gewissenhaft, verschwiegen und unter Verzicht auf berufsbedingte Werbung ausüben und gemäß § 18 GVO für ihre Tätigkeit die vorgesehenen Gebühren und Auslagen erhalten. Das »Neuberger Modell« beinhaltete aber auch die Schaffung eines Kammersystems, ähnlich wie bei den Rechtsanwälten, Notaren und Steuerberatern. Doch Neubergers Entwurf einer neuen Gerichtsvollzieherordnung, der im DGVB viel Zustimmung fand, konnte sich nicht durchsetzen, da er bei der Mehrzahl der Landesjustizverwaltungen auf Ablehnung stieß.[26] Somit wurde der Vorschlag auch durch den DGVB nicht weiter verfolgt. Bis 1993 war die Verselbstständigung der Gerichtsvollzieher danach kein Thema mehr.

Die Kommission »Strukturelle Änderungen«

Nachdem der Monschauer Kreis seit 1993 entsprechende Vorarbeiten geleistet hatte, wurde auf dem Bundesvertretertag 1995 in Saarbrücken mit einem gleichlautenden Antrag der Länder Nordrhein-Westfalen, Baden-Württemberg, Saarland und Hessen eine neue Initiative ergriffen, das Gerichtsvollziehersystem und die Zwangsvollstreckung in Deutschland zu reformieren. Ausgangspunkt sollte nunmehr die internationale Kooperation im Rahmen der UIHJ sein. So hieß es in dem Antrag zunächst recht allgemein: »Auf Grund der strukturellen Veränderungen in der Justiz sowie im Rahmen der Überlegungen zur europäischen Rechtsangleichung wird dem Bundesvorstand aufgegeben, seine konstruktive Mitarbeit in der UIHJ zur Wahrung unserer Interessen zu intensivieren und zu erweitern.«[27] Zwar war diese Formulierung eher vage. Doch dahinter stand die weitreichende Absicht, das internationale Netzwerk zu nutzen – es gewissermaßen zu instrumentalisieren –, um das vorhandene System, mit dem die Gerichtsvollzieher zunehmend unzufrieden waren, zu verändern. Dazu gehörte auch die Überzeugung, dass die Zwangsvollstreckung und das Gerichtsvollziehersystem in Deutschland dringend der Änderung bedurften, wenn es eine Vereinheitlichung der Zustellungen und Vollstreckungen in Europa geben sollte.

Der DGVB setzte deshalb auf der 62. Ländervertreterversammlung 1995 eine Kommission »Strukturelle Änderungen« ein, die 1996 ihre Arbeit aufnahm und zum Bundeskongress 1999 in Magdeburg einen vorläufigen Abschlussbericht vorlegte. Nach mehreren Aktualisierungen wurde der Bericht im Mai 2001 der 72. Ländervertreterversammlung in Heidelberg vorgelegt und dort als Papier für die künftige Entwicklung des Gerichtsvollzieherwesens angenommen. Beteiligt an der Ausarbeitung des Papiers waren vom Landesverband Nordrhein-Westfalen Horst Hesterberg, Walter Gietmann und Alfred Spindeldreher, vom Landesverband Baden-Württemberg Karl-Heinz Brunner, vom Landesverband Sachsen Bettina Domani, vom Landesverband Berlin Andreas Günther, vom Landesverband Hessen Heinz Schröder und vom Landesverband Bayern Max Schwarz. Die Aufgabenstellung der Kommission umfasste als Themenkreise strukturelle Änderungen in der Justiz, die Angleichung der Rechtssysteme in Europa und daraus folgend die zukünftige Entwicklung der Zwangsvollstreckung in Deutschland.

Noch während der Arbeit der Kommission trat am 1. Januar 1999 die Zweite Zwangsvollstreckungsnovelle vom 17. Dezember 1997 in Kraft, die für die Fortentwicklung des Gerichtsvollzieherwesens in Deutschland große Bedeutung besaß, da sie unter anderem die Übertragung des Verfahrens auf Abnahme der eidesstattlichen Offenbarungsversicherung und die gütliche Einigung in Form von erweiterten Ratenzahlungsmöglichkeiten beinhaltete.[28] Damit wurden bereits zwei wichtige Reformziele erreicht, die von der

Die erste Kommission »Strukturelle Änderungen«. Von links: Heinz Schröder, Max Schwarz, Alfred Spindeldreher, Andreas Günther, Walter Gietmann, Paul Spürk, Karl-Heinz Brunner; sitzend: Bettina Domani und Horst Hesterberg.

Kommission »Strukturelle Änderungen« seit 1996 als vordringlich angesehen worden waren. Da der DGVB sich unter Führung des damaligen Bundesvorsitzenden Eduard Beischall und seines Stellvertreters Rüdiger Majewski seit dem Bundeskongress 1995 im Bundesministerium der Justiz und im politischen Raum energisch für diese Reform eingesetzt hatte, konnte die Zweite Zwangsvollstreckungsnovelle, die für die Gerichtsvollzieher einen guten Einstieg in das 21. Jahrhundert bedeutete, auch als großer Erfolg für den DGVB bezeichnet werden.[29]

Für eine Angleichung der Rechtssysteme in Europa und die Weiterentwicklung der deutschen Gerichtsvollzieher war aus Sicht des DGVB jedoch eine umfassende Reform des Gerichtsvollzieherwesens in Deutschland notwendig. Die Strukturkommission des DGVB wurde deshalb beauftragt, entsprechende Vorschläge zu entwickeln, die folgende Punkte berücksichtigen sollte:
– eine Änderung der Zulassungsvoraussetzungen zum Gerichtsvollzieherberuf,
– die Reform der Ausbildung,
– die Erweiterung der Zuständigkeiten der Gerichtsvollzieher, die grundsätzlich alle Vollstreckungen durchführen sollten,
– Überlegungen zum Status der Gerichtsvollzieher und

– eine Reform des Kostenrechts und damit einhergehend die Finanzierbarkeit eines »freien Gerichtsvollziehersystems« mit freiberuflichen, selbstständigen Gerichtsvollziehern.

Die Kommission legte schließlich neben zahlreichen Vorschlägen für eine Erweiterung der Zuständigkeiten auch einen Entwurf für ein neues Gerichtsvollziehergesetz (GVZG) mit Regelungen für ein Kammersystem vor. Während der Arbeit der Kommission holte der DGVB 2001 zudem ein Gutachten der Roland Berger Strategy Consultants zur Effizienz des deutschen Gerichtsvollzieherwesens ein, um die Behauptung zu untermauern, dass ein hoher Reformbedarf tatsächlich vorhanden sei.[30] Das Gutachten kam zu dem Ergebnis, dass das Berufsbild der Gerichtsvollzieher bereits eine große Überlappung mit Berufsbildern im gehobenen Justizdienst zeige. Durch die Einstufung als Sonderlaufbahn und die möglichen Amtszulagen sei die Sonderstellung zwar schon teilweise erreicht. Bei den Gerichtsvollziehern führe die Ausweitung des Aufgabenkatalogs jedoch immer noch nicht zu einer finanziellen Höherstufung, obwohl zum Beispiel richterliche Tätigkeiten auf den Rechtspfleger übertragen würden.[31] Hinsichtlich der Ausbildungsform und der inhaltlichen Ausbildungsänderungen kam das Gutachten zu dem Schluss, dass bei Übertragung weiterer Aufgaben eine Fachhochschulausbildung der Gerichtsvollzieher erforderlich sein dürfte.[32] Auch könne durch die Einführung der Fachhochschulausbildung die Attraktivität der Gerichtsvollzieherlaufbahn für externe Bewerber erhöht werden. Zu den Kosten des Gerichtsvollzieherbüros und den Anforderungen an die Bürokräfte gelangte das Gutachten zu dem Ergebnis, dass die Bürokostenentschädigung sowohl im Sachbereich als auch im Personalkostenbereich zu überarbeiten sei.[33]

Die Justizverwaltungen machten sich große Teile der Ergebnisse des Gutachtens allerdings nicht zu eigen, sondern ließen es als »Gefälligkeitsgutachten« in der Schublade verschwinden. Der Abschlussbericht der Kommission »Strukturelle Änderungen in der Justiz« hingegen wurde in der Folgezeit zur Grundlage der weiteren Verbandsarbeit des DGVB und führte auch im Kreis der Gerichtsvollzieher zu teilweise kontroversen Diskussionen, so dass der DGVB sich veranlasst sah, bei Prof. Dr. Eberhard Schilken und Prof. Dr. Rupert Scholz rechtswissenschaftliche Gutachten einzuholen, in denen die Verfassungsmäßigkeit eines freien Gerichtsvollziehersystems geprüft wurde.[34] Die Delegierten des DGVB-Bundeskongresses vom 14. bis 16. Mai 2003 in Stuttgart sprachen sich danach mit überwältigender Mehrheit für ein freies Gerichtsvollziehersystem aus und fassten dazu den Beschluss, in Deutschland sei »das freie Gerichtsvollziehersystem einzuführen«. Alle entsprechenden Initiativen sollten »auf der Grundlage des Abschlussberichts der Kommission Strukturelle Änderungen« eingeleitet werden; die Kommissionsarbeit sei fortzusetzen.[35]

Gesetzentwürfe zur Privatisierung des Gerichtsvollzieherwesens

Die Landesjustizverwaltungen nahmen diese Entwicklung zum Anlass, Überlegungen zur Privatisierung des Gerichtsvollzieherwesens in die Diskussion zum Strukturwandel in der Justiz einzubeziehen. So gestand die Justizministerkonferenz von Bund und Ländern auf ihrer Herbsttagung am 25. November 2004 in Berlin zu, dass die bestehenden Strukturen des Gerichtsvollzieherwesens reformbedürftig seien, und stützte sich dabei auf die Ergebnisse der seit 2003 unter dem Vorsitz Niedersachsens und Mecklenburg-Vorpommerns wirkenden Bund-Länder-Arbeitsgruppe »Organisation des Gerichtsvollzieherwesens/Privatisierung«. Diskutiert wurde in erster Linie eine Übertragung der Aufgaben, die bisher den verbeamteten Gerichtsvollziehern oblagen, auf beliehene private Gerichtsvollzieher. Im Juni 2005 wurde der Justizministerkonferenz dazu ein Zwischenbericht vorgelegt, die dem Bericht der Bund-Länder-Arbeitsgruppe zustimmte und feststellte, dass das von ihr entwickelte Reformmodell der Beleihung eine geeignete Grundlage für die dringend notwendige Neuordnung des Gerichtsvollzieherwesens darstelle. Die Arbeitsgruppe wurde deshalb beauftragt, für das darauffolgende Jahr einen entsprechenden Gesetzentwurf vorzubereiten.[36]

Im politischen Raum führten die Überlegungen am 18. Mai 2004 zu einer Expertenanhörung im Rechtsausschuss des Landtages von Nordrhein-Westfalen, an der seitens des DGVB unter anderem Horst Hesterberg und Walter Gietmann teilnahmen. Kontrovers diskutiert wurde vor allem das Thema der Privatisierung des Gerichtsvollzieherwesens. Bei der Diskussion wurde auf die desolaten Zustände der öffentlichen Haushalte hingewiesen, aufgrund derer überlegt wurde, das Beamtentum abzuschaffen bzw. Beamte zu reduzieren.[37] Im Mittelpunkt stand die verfassungsrechtliche Frage einer eventuellen Änderung des Artikels 33 Abs. 4 und 5 GG. Das Land Baden-Württemberg nahm hierzu am 8. Dezember 2003 Stellung und kam zu dem Ergebnis, dass die Übertragung sämtlicher derzeit den verbeamteten Gerichtsvollziehern zugewiesenen Tätigkeiten auf Beliehene nur durch eine Verfassungsänderung zu erreichen sei. Denn Artikel 33 Abs. 4 GG stellte eine Schranke für die Privatisierung des Gerichtsvollzieherwesens dar, während Artikel 33 Abs. 5 GG der Einführung eines Gebührenbeamten aufgrund der Alimentierungspflicht des Staates für seine Beamten entgegenstehe. Die Vorschläge der Bund-Länder-Arbeitsgruppe schufen nun jedoch die Grundlage für eine große verfassungsrechtliche Lösung, so dass die Kommission Strukturelle Änderungen des DGVB nach intensiver Diskussion den Beschluss fasste, ebenfalls diese Lösung zu favorisieren – allerdings unter der Voraussetzung, dass die Lösung bei voller Kostendeckung unter Gewährleistung von Bezirksschutz, Monopolstellung und der Übertragung weiterer Aufgaben erreicht werden könne. Als Alternative könne im Falle des Scheiterns der

Hans-Eckard Gallo, Ministerialdirektor Bernd Netzer, Walter Gietmann, Eduard Beischall, Parlamentarischer Staatssekretär Alfred Hartenbach, Ministerialdirigent Gerd Josef Nettersheim im BMJ, 2006.

Gebührenbeamte installiert werden. Die Kommission beschäftigte sich deshalb insbesondere mit der Finanzierbarkeit eines Gerichtsvollzieherbüros in einem freien System und bezog hierbei auch die Übertragung weiterer Aufgaben mit ein.[38]

Am 11. Mai 2007 legte der Bundesrat schließlich zwei Gesetzentwürfe vor, die eine Privatisierung des Gerichtsvollzieherwesens in Deutschland in Form eines Beleihungsmodells vorsahen.[39] Diese Entwürfe wurden von den Delegierten des DGVB-Bundeskongresses vom 13. bis 16. Juni 2007 in Berlin wiederum äußerst kontrovers diskutiert, doch im Ergebnis wurde der Beschluss des Bundeskongresses 2003 in Stuttgart bestätigt, der ein System des freien Gerichtsvollziehers auf der Basis der von der Strukturkommission des DGVB erarbeiteten Forderungen anstrebte. Gleichzeitig wurde aber auch beschlossen, dass unabhängig von einem Systemwechsel die Schaffung eines bundesweit geltenden Gerichtsvollziehergesetzes, die Reform der Ausbildung und die Übertragung weiterer Aufgaben dringend erforderlich seien. Die im Bundesrat vorgelegten Gesetzentwürfe zu einem Systemwechsel im Gerichtsvollzieherwesen wurden vom DGVB hingegen als nicht tauglich angesehen; hier seien Nachbesserungen notwendig. Dazu kam es allerdings nicht mehr, da die Gesetzentwürfe des Bundesrates, zu denen die Bundesregierung,

Diskussionen am Rande des Bundeskongresses in Berlin unter Kollegen, 2011.

insbesondere die damalige Bundesjustizministerin Brigitte Zypries, ablehnend Stellung bezogen hatte, im Bundestag gar nicht mehr behandelt wurden und mit Ablauf der 16. Wahlperiode des Bundestages am 27. Oktober 2009 der Diskontinuität zum Opfer fielen. Am 12. Februar 2010 brachte der Bundesrat die Entwürfe zur Privatisierung des Gerichtsvollzieherwesens daher aufgrund einer Initiative der Länder Baden-Württemberg, Hessen, Mecklenburg-Vorpommern und Niedersachsen erneut in den Bundestag ein.[40]

Der Umgang mit diesen Entwürfen und die grundsätzliche Stellung des DGVB zu einer Privatisierung des Gerichtsvollzieherwesens waren ein gutes Jahr später zentrale Punkte des DGVB-Bundeskongresses am 25. Juni 2011 in Berlin. Dabei wurde von den Delegierten leidenschaftlich diskutiert, ob verbandspolitische Visionen zum künftigen Berufsbild der Gerichtsvollzieher von den realpolitischen Möglichkeiten getrennt gesehen werden könnten und ob unter diesem Gesichtspunkt eine Weiterverfolgung der Beschlüsse von 2003 und 2007 überhaupt noch tunlich sei. Zwar waren sich die Delegierten einig, dass nach wie vor Reformbedarf bestehe, dass der Gerichtsvollzieher weiterhin als selbstständiges und zentrales Vollstreckungsorgan bei angemessener und leistungsgerechter Besoldung und Vergütung gesehen werden müsse und dass er künftig weitere Kompetenzen erhalten solle. Doch die Mehrheit der Delegierten votierte schließlich dafür, dass die von der Kommission Strukturelle Änderungen in der Justiz aufgestellte Forderung nach einem Systemwechsel – wiewohl sie aufrecht zu erhalten sei – derzeit nicht weiterverfolgt werden solle. Zugleich wurde der im Bundestag erneut eingebrachte Gesetzesentwurf des Bundesrates zur Einführung eines Beleihungssystems vom DGVB abgelehnt.

Mehrheitlich wurde demgegenüber beschlossen, vorrangig einen Ausbau des bestehenden Gerichtsvollziehersystems anzustreben, um eine Erweiterung des Aufgabengebietes sowie eine angemessene und leistungsgerechte Besoldung und Vergütung zu erreichen und außerdem die Ausbildung und den Status der Gerichtsvollzieher den bereits erweiterten Anforderungen mit Blick auf die Zukunft anzupassen. Für eine vollständige Abkehr von den Beschlüssen der Kongresse 2003 und 2007 zu einem freien Gerichtsvollziehersystem fand sich hingegen keine Mehrheit. Dies führte dazu, dass die DGVB-Landesverbände Bayern, Hamburg und Schleswig-Holstein zum 31. Dezember 2012 ihren Austritt aus dem DGVB erklärten und auch hier zahlreiche Diskussionen innerhalb des DGVB stattfanden, ob es noch zeitgemäß sei, an den Beschlüssen der Bundeskongresse 2003, 2007 und 2011 zu einem Systemwechsel festzuhalten, da einerseits der politische Wille für eine Privatisierung der Gerichtsvollzieher fehle und andererseits selbst die Mitglieder des DGVB einen solchen Weg mehrheitlich nicht mehr für gangbar hielten. Tatsächlich wurden die vom Bundesrat Anfang 2010 erneut eingebrachten Gesetzentwürfe zur Privatisierung des Gerichtsvollzieherwesens im Bundestag nie behandelt, so dass sie mit Ablauf der 17. Wahlperiode am 22. Oktober 2013 ein weiteres Mal der Diskontinuität anheimfielen. Bis heute sind diese Gesetzentwürfe nicht wieder aufgelebt, da in der Politik die Privatisierung staatlicher Leistungen nicht mehr im Vordergrund steht.

Das Thema Privatisierung verlor innerhalb des DGVB aber auch deshalb an Bedeutung, weil zum 1. Januar 2013 das bereits am 18. Juni 2009 vom Bundestag verabschiedete Gesetz zur Reform der Sachaufklärung in Kraft trat. Dieses Gesetz wies den Gerichtsvollziehern erheblich mehr Aufgaben als bisher zu und stellte eine Stärkung ihrer Kompetenzen dar, was letztlich dazu führte, dass die Diskussionen um einen Systemwechsel mehr und mehr in den Hintergrund traten. So waren sich die Delegierten auf dem Bundeskongress vom 11. bis 13. Juni 2015 in Berlin zwar einig, dass nach wie vor Reformbedarf bestehe, der mit einer Erweiterung der Aufgabengebiete sowie einer angemessenen Besoldung und leistungsgerechten Vergütung nach Einführung der Reform der Sachaufklärung in der Zwangsvollstreckung am 1. Januar 2013 einhergehen solle. In den Vordergrund rückten nun aber Bemühungen um ein bundeseinheitliches Gerichtsvollziehergesetz und eine (Fach-) Hochschulausbildung sowie die Durchsetzung der angestrebten Übertragung der Forderungspfändung gemäß § 829 ZPO. Auf Vorschlag des Bundesvorstandes wurde dazu in Berlin am 13. Juni 2015 mit großer Mehrheit beschlos-

Stefan Mroß, Schriftleiter der DGVZ seit 2007, und Theo Seip, Schriftleiter der DGVZ zwischen Mai 1972 und September 2003. Zwischen 2003 und 2007 hatte Werner Blaskowitz die Schriftleitung übernommen.

sen, die Beschlüsse der Bundeskongresse 2007 und 2011 zum »freien Gerichtsvollziehersystem« nicht weiter zu verfolgen, um klarzustellen, dass das Thema Privatisierung des Gerichtsvollzieherwesens in Deutschland für den DGVB abgeschlossen war. Die folgenden Diskussionen innerhalb der ausgetretenen Landesverbände und Gespräche mit dem auf dem Bundeskongress 2015 gewählten Vorstand des DGVB führten dann dazu, dass Hamburg zum 1. Mai 2018 und Bayern zum 1. Oktober 2018 dem DGVB wieder beitraten.

Hat der Kuckuck ausgedient?

Am 15. Januar 2009 konnte der Deutsche Gerichtsvollzieher Bund e. V. den 100. Jahrestag seiner Gründung begehen. Dazu fand am 8. Mai 2009 ein Festakt unter der Schirmherrschaft der damaligen Bundesjustizministerin Brigitte Zypries in Berlin statt, an dem neben dem Parlamentarischen Staatssekretär Alfred Hartenbach und der Abteilungsleiterin Rechtspflege im Bundesministerium der Justiz, Ministerialdirektorin Marie-Luise Graf-Schlicker, sowie den rechtspolitischen Sprechern der Fraktionen im

Deutschen Bundestag, dem Bundesvorsitzenden des Deutschen Beamtenbundes Peter Heesen und dem Präsidenten der UIHJ Leo Netten zahlreiche Gäste aus allen Bereichen der Rechtspflege teilnahmen. Der Festakt wurde vom Bundesvorsitzenden des DGVB Walter Gietmann mit den Worten eröffnet, Jubiläen seien »Markierungssteine auf dem Weg zwischen Vergangenheit und Zukunft«. Vor rund 200 Gerichtsvollziehern aus dem gesamten Bundesgebiet gaben der Ehrenvorsitzende des DGVB Eduard Beischall und das Ehrenmitglied des DGVB, der ehemalige und langjährige Schriftleiter der DGVZ, Theo Seip, nach mehreren Grußworten der Gäste einen geschichtlichen Überblick über die Entstehung und Entwicklung des DGVB.[41] Den Abschluss bildete ein Vortrag von Professor Dr. Burkhard Hess von der Universität Heidelberg zu dem Thema »Rechtspolitische Perspektiven der Zwangsvollstreckung«.[42]

Noch älter als der DGVB ist die Deutsche Gerichtsvollzieher Zeitung (DGVZ), die mit der ersten Ausgabe des Jahres 2010 ihr 125-jähriges Bestehen feiern konnte. Wie an anderer Stelle beschrieben, wurde die DGVZ bereits 1881 gegründet und zählt damit zu den ältesten juristischen Fachzeitschriften in Deutschland. Der amtierende Schriftleiter der DGVZ, Stefan Mroß, würdigte den Beginn des 125. Jahrgangs mit den Worten, dies sei ein »ehrwürdiger Jahrgang« und der ehemalige Schriftleiter Theo Seip schilderte die Entstehungs- und Entwicklungsgeschichte.[43] Die DGVZ war und ist immer eine wichtige Fachzeitschrift für alle, die sich mit Zustellungen und Zwangsvollstreckung beschäftigen – insbesondere natürlich für die Gerichtsvollzieher in Deutschland –, unabhängig von der Mitgliedschaft im DGVB.

Beide, der Deutsche Gerichtsvollzieher Bund wie auch die Deutsche Gerichtsvollzieher Zeitung, haben den Wandel des Gerichtsvollzieherwesens in Deutschland in all seinen Aspekten intensiv begleitet. Dies gilt für die Entwicklung vom Kaiserreich zur Weimarer Republik und zum »Dritten Reich« genauso wie für die Zeit nach den Umbrüchen von 1945 und 1989/90. Gerade in der jüngsten Vergangenheit sind dabei Veränderungen eingetreten, die den Gerichtsvollzieher in neuem Licht erscheinen lassen. So stellt sich aktuell etwa die Frage, ob »der Kuckuck« noch zeitgemäß ist. Denn die »klassische« Zwangsvollstreckung »Mobiliarpfändung – Verwertung – Erlösauskehrung« verspricht kaum noch Erfolg und ist in der Praxis schon lange nicht mehr zentraler Inhalt des Vollstreckungsverfahrens, weil bei der Mobiliarvollstreckung in Form der Pfändung beweglicher Gegenstände ein kostenübersteigender Erlös kaum noch erzielt werden kann. Dieser Tatsache trugen zuletzt zwei Reformen Rechnung: zum einen die Zweite Zwangsvollstreckungsnovelle vom 17. Dezember 1997, die zum 1. Januar 1999 in Kraft trat; zum anderen das schon erwähnte Gesetz zur Reform der Sachaufklärung in der Zwangsvollstreckung, das am 18. Juni 2009 vom Bundestag verabschiedet wurde und seit 1. Januar 2013 geltendes Recht ist. Während die Zweite Zwangsvollstreckungsnovelle unter anderem das Verfahren zur Abnahme der eidesstattlichen Offenbarungsversicherung vom Rechtspfleger auf den Gerichtsvollzieher übertrug, so dass in beschränktem Maß auch Ratenzahlungen mit dem Schuldner zu vereinbaren sind[44], beinhaltete die Reform der Sachaufklärung eine umfangreiche Neuausrichtung der Zwangsvollstreckung.[45] Aus diesem Grunde wurden im Vorfeld dieser Reform zahlreiche Gespräche des Bundesvorstandes des DGVB mit den verantwortlichen Referenten der Landesjustizverwaltungen Baden-Württemberg und Bayern geführt, die seit 2004 den Auftrag hatten, einen Gesetzentwurf für die Reform der Sachaufklärung zu entwerfen. Hierbei sollte der Praxisbezug in das Gesetzgebungsverfahren einfließen, was teilweise auch gelang. Am 27. Mai 2009 fand dazu eine kleine Anhörung (Berichterstattergespräch) im Rechtsausschuss des Bundestages statt, zu der auch der damalige Bundesvorsitzende des DGVB, Walter Gietmann, geladen war, um Einzelfragen aus Sicht der Praxis zu erläutern.

Wenn auch nicht alle mit dieser Reform einhergehenden Bestimmungen im Sinne der Praktikabilität gelöst werden konnten, so lässt sie sich doch als eine für die Zukunft der Gerichtsvollzieher wichtige und existenzielle Neuerung bezeichnen. Denn seitdem ist es dem Gerichtsvollzieher möglich, neben dem Verfahren zur Abgabe der Vermögensauskunft auch elektronisch Auskünfte Dritter über das Vermögen des Schuldners einzuholen. Als eine der grundlegenden Maximen der Zwangsvollstreckung legte die Reform zudem den obligatorischen Versuch gütlicher Erledigungen durch den Gerichtsvollzieher fest. Weiterhin wurde im Zuge der Umsetzung des Gesetzes das bislang bei den Amtsgerichten geführte Schuldnerverzeichnis überarbeitet und bei Zentralen Vollstreckungsgerichten in elektronischer Form angesiedelt. Dem Gerichtsvollzieher wurde außerdem das Verfahren zur Eintragungsanordnung ins Schuldnerverzeichnis übertragen, so dass er jetzt die Schuldnerdaten sowie den Eintragungsgrund elektronisch in das Schuldnerverzeichnis eingibt.[46]

Beide Reformen – die Zweite Zwangsvollstreckungsnovelle und das Gesetz zur Reform der Sachaufklärung – führten zwar vordergründig zu einem erheblichen Ausbau der Aufgaben des Gerichtsvollziehers, indem dieser nun für die Gläubiger auch als Informationsbeschaffer über das Schuldnervermögen fungiert. Allerdings ging damit auch eine Verlagerung der eigentlichen Zwangsvollstreckung hin zur reinen Informationsbeschaffung einher, an die sich bis heute kaum noch eine Mobiliarvollstreckung anschließt. Genau betrachtet, findet die Zwangsvollstreckung im ursprünglichen Sinne durch den Gerichtsvollzieher somit nur noch in Ausnahmefällen statt, wenn zivilrechtliche Haftbefehle aufgrund des Nichterscheinens des Schuldners zum Termin zur Abgabe der Vermögensauskunft oder aufgrund der Verweigerung der Vermögensauskunft durch das Vollstreckungsgericht erlassen wurden. Der Zuständigkeitsbereich »Mobiliarvollstreckung« wurde also zumindest zum großen Teil durch die »Informationsbeschaffung« ersetzt und lässt daher natürlich die Frage zu, wohin der Weg des Gerichtsvollziehers in Zukunft führen soll.

Der Gerichtsvollzieher: »Schwert der Justiz« und Mediator

In fast allen Ländern der Welt ist die Waage mit dem Schwert ein Markenzeichen der Gerichtsvollzieher. Es symbolisiert, dass die Gerichtsvollzieher als Teil der Judikative Angehörige der Justiz sind. Tatsächlich umfasst ihre Zuständigkeit einerseits die Vollstreckung zivilrechtlicher Titel unter Beachtung der Gläubigerinteressen. Andererseits ist der Gerichtsvollzieher aber auch für die Einhaltung der Vorschriften über den Schuldnerschutz zuständig. Die Gerichtsvollzieher sollen also das Schwert der Zwangsvollstreckung führen, dürfen sich aber keineswegs als reine Handlanger oder Befehlsempfänger der Gläubiger sehen, sondern haben – im Sinne des Symbols der Waage, das dem Schwert zugeordnet ist – die beiderseitigen Interessen der beteiligten Parteien zu berücksichtigen. Hierbei nimmt der Gerichtsvollzieher immer mehr die Rolle eines Mediators ein – erst recht nach dem Inkrafttreten der Reform der Sachaufklärung in der Zwangsvollstreckung, die ihm umfangreiche Möglichkeiten der Gütlichen Erledigung in jedem Verfahrensstand an die Hand gegeben hat.[47] Das Instrument der Gütlichen Erledigung in Form von Zahlungsvereinbarungen jedweder Art mit dem Schuldner darf und soll das Schwert zwar nicht ersetzen, macht dessen Anwendung aber mehr und mehr überflüssig. Denn mittlerweile führt die Gütliche Erledigung eher zu einem Erfolg in der Zwangsvollstreckung und zur Befriedigung der Gläubiger als die früher praktizierte Zwangsvollstreckung durch Pfändung und Verwertung beweglicher Gegenstände. Die Rolle des Gerichtsvollziehers als Mediator ist somit immer wichtiger geworden und stellt trotz der zunehmenden Bedeutungslosigkeit der Mobiliarpfändung ein effektives und erfolgreiches Mittel für die Zwangsvollstreckung dar. Dennoch ist das Schwert dort weiter notwendig, wo der Versuch einer Gütlichen Erledigung mit dem Schuldner scheitert und dieser versucht, sich dem Zugriff des Gerichtsvollziehers zur Durchführung der Zwangsvollstreckung zu entziehen.[48] Deshalb sind hierzu im Anschluss an die Reform der Sachaufklärung weitere Reformen erforderlich, um die Vorschriften über die Zwangsvollstreckung den aktuellen gesellschaftlichen und wirtschaftlichen Gegebenheiten anzupassen und diese entsprechend zu modernisieren.

Gleiches gilt für die Organisation des deutschen Gerichtsvollzieherwesens. Dazu führte der DGVB am 6. November 2009 zu seinem 100. Jubiläum in der Universität Heidelberg ein Symposium mit dem Titel »Zwangsvollstreckung im 21. Jahrhundert« durch.[49] Dabei ging es in erster Linie um eine Reform der Zwangsvollstreckung, aber

Fahne des DGVB.

auch um statusrechtliche Fragen der Gerichtsvollzieher in Deutschland. Zu dem Symposium hatte das Institut für ausländisches und internationales Privat- und Wirtschaftsrecht in Kooperation mit dem Deutschen Gerichtsvollzieher Bund eingeladen. Rund 150 Vertreter aus Justizverwaltung und Vollstreckungspraxis diskutierten gemeinsam mit Experten aus den Rechtswissenschaften über Herausforderungen und Perspektiven eines modernen Vollstreckungsrechts. Der Heidelberger Rechtswissenschaftler und Geschäftsführende Direktor des Instituts für ausländisches und internationales Privat- und Wirtschaftsrecht, Professor Dr. Burkhard Hess, betonte dort, dass das zusammenwachsende Europa und die zunehmende Globalisierung eine Anpassung der nationalen Zwangsvollstreckungssysteme erfordere, um eine effektive Durchsetzung europäischer Titel zu ermöglichen.[50]

Ein weiteres Symposium des DGVB in Zusammenarbeit mit der DGVZ fand am 3. April 2014 im Haus der Technik in Essen statt. Unter der provokanten Fragestellung »Hat der Kuckuck ausgedient?« wurden insbesondere die Auswirkungen der Reform der Sachaufklärung in der Zwangsvollstreckung und die sich daraus ergebenden Folgen für die weitere Reform der Zwangsvollstreckung und den Status der Gerichtsvollzieher diskutiert.[51] Dieses Symposium unter der Schirmherrschaft des damaligen Ministers der

Zum Kuckuck noch mal!

Der Kuckuck als Thema verschiedener Symposien zu Reformen der Zwangsvollstreckung.

Justiz des Landes Nordrhein-Westfalen, Thomas Kutschaty, wurde von etwa 200 Teilnehmern verfolgt und vom Bundesvorsitzenden des DGVB, Walter Gietmann, mit einer Forderung nach weiteren Reformen in der Zwangsvollstreckung und im Gerichtsvollzieherwesen eröffnet. Auch die Vorträge aus der Rechtswissenschaft von Professor Dr. Sabrina Schönrock, Professor Dr. Ekkehard Becker-Eberhard und Professor Dr. Nikolaj Fischer sowie des stellvertretenden Bundesvorsitzenden Karl-Heinz Brunner mahnten nachdrücklich weitere Reformen an.[52]

Nach der Reform ist vor der Reform

Ein zentraler Aspekt der Reformdiskussion ist gegenwärtig das Achte Buch der ZPO.[53] Die Frage, ob es noch zeitgemäß ist, hat in den letzten Jahren bereits zu einigen Reformen geführt, wie zuletzt im Bereich der Sachaufklärung. Ein genauerer Blick auf das Achte Buch zeigt indessen, dass nicht nur einzelne, sondern viele der hier enthaltenen Vorschriften als »antiquiert« bezeichnet werden müssen. Tatsächlich ist das geltende Recht der Zwangsvollstreckung in weiten Teilen noch von den wirtschaftlichen und sozialen

Verhältnissen des 19. Jahrhunderts geprägt, obwohl sich die gesellschaftlichen Strukturen und damit einhergehend die Vermögensverhältnisse und sozialen Umstände der Schuldner grundlegend verändert haben. Schon seit längerem wird daher erörtert, ob die Zweiteilung der Zwangsvollstreckung in Zuständigkeiten der Gerichtsvollzieher und Zuständigkeiten der Vollstreckungsgerichte (gemeint ist hier der Rechtspfleger) einer modernen Zwangsvollstreckung noch entspricht oder aufgehoben werden sollte. Aus Sicht der Gerichtsvollzieher und auch nach Auffassung des DGVB, ihrer größten Berufsvertretung, sollten möglichst viele Zuständigkeiten sinnvollerweise beim Gerichtsvollzieher konzentriert werden, wie es in den meisten europäischen Staaten der Fall ist. Eine weitere Reform des Achten Buches, die seit einiger Zeit im Referat Zwangsvollstreckung des Bundesministeriums der Justiz und für Verbraucherschutz vorbereitet wird, erscheint im Interesse einer effizienteren und erfolgreicheren Zwangsvollstreckung, von der vor allem die Gläubiger profitieren würden, unbedingt erforderlich.

Die Übertragung der Forderungspfändung[54] auf den Gerichtsvollzieher wäre dabei nur eine logische Folge der Reform der Sachaufklärung in der Zwangsvollstreckung und ist längst überfällig. Denn die Reduzierung des Gerichtsvollziehers auf die reine Informationsbeschaffung für die Gläubiger entspricht in keiner Weise einer modernen und effektiven Zwangsvollstreckung. Vielmehr muss der Gerichtsvollzieher in die Lage versetzt werden, die ihm zugegangenen Informationen über das Schuldnervermögen beurteilen und im Zuge einer Forderungspfändung verwerten zu können. Zudem wären die Möglichkeiten zur Einholung von Drittauskünften auszuweiten, um dem Schwert der Justiz mehr Schärfe zu verleihen.[55] Gemeint sind Ansprüche des Schuldners auf Auszahlung von Lebens-, Kapital- und Rentenversicherungen, auf Auszahlungen aus Versorgungswerken sowie auf Aufklärung des schuldnerischen Immobilienbesitzes – allesamt Fälle, in denen Drittauskünfte derzeit nicht möglich sind.

Die Veränderungen, die bereits eingetreten sind oder voraussichtlich in absehbarer Zeit eintreten werden, haben indessen auch Auswirkungen auf den Beruf des Gerichtsvollziehers selbst: sowohl auf den Zugang zu diesem Beruf und seine Ausbildungsstrukturen als auch auf dessen Status. Bisher konnte der Nachwuchs für den Gerichtsvollzieherdienst überwiegend aus den verschiedenen Dienstzweigen der Justiz gedeckt werden, wobei sich die Kandidaten früher ausschließlich aus dem Reservoir des mittleren Justizdienstes rekrutierten. Dieser ist in den meisten Bundesländern allerdings ein auslaufendes Modell. Zeitweise wurden daher auch Rechtspfleger in den Gerichtsvollzieherdienst übernommen. Inzwischen können jedoch Justiz(fach)angestellte und in einigen Ländern sogar Bewerber aus justizfernen Bereichen ebenfalls in den Vorbereitungsdienst für die Gerichtsvollzieherlaufbahn einsteigen. Ob dies der richtige Weg für die Zukunft ist, darf freilich bezweifelt werden, denn die Aufgabenstruktur für die Gerichtsvollzieher hat sich in den letzten Jahren nicht nur gewandelt, sondern auch ständig erweitert. So reichen die bisher üblichen Ausbildungsgänge für die Gerichtsvollzieher im Rahmen von Fortbildungsmaßnahmen bei weitem nicht mehr aus, um Interessierte auf den Beruf vorzubereiten. Das Land Baden-Württemberg hat deshalb einen entscheidenden Schritt in Richtung einer verbesserten Ausbildung unternommen, indem es an der Hochschule für Rechtspflege in Schwetzingen einen »Studiengang Gerichtsvollzieher« einrichtete, der am 1. September 2016 mit der Ausbildung der ersten Gerichtsvollzieher begann.[56]

Aus Sicht des DGVB wäre es auch denkbar, künftig ein gemeinsames Hochschulstudium für juristische Berufe einzurichten, die nicht dem richterlichen Dienst angehören, wie Rechtspfleger, Amtsanwälte und Gerichtsvollzieher. Dieser Studiengang könnte, wie das Gerichtsvollzieherstudium in Baden-Württemberg, dem Bologna-Prozess entsprechend mit Bachelor- und Masterabschlüssen versehen werden. Eine solche Ausbildung ließe es zu, weitere Aufgaben der Zwangsvollstreckung auf die Gerichtsvollzieher zu übertragen. Dafür kämen zum Beispiel die Pfändung in Forderungen und andere Vermögensrechte in Frage, weil die vorläufige Arrestierung von Forderungen gegen Dritte bereits heute durch Gerichtsvollzieher erlassen werden kann.[57] Weitere Aufgabenübertragungen im Bereich der Zwangsvollstreckung in Immobilien wären ebenfalls denkbar, da diese Zuständigkeit bereits heute in vielen Staaten der Europäischen Union bei den Gerichtsvollziehern angesiedelt ist.

Der Gerichtsvollzieher sollte also durch eine größtmögliche Konzentration der Zwangsvollstreckungszuständigkeiten auf seine Person zum Vollstreckungsmanager weiterentwickelt werden, der – im Zentrum der Zwangsvollstreckung stehend – für alle Vollstreckungsbereiche zuständig wäre. Indem die gesamte Zwangsvollstreckung in seine Hand gelegt würde – das heißt in die Hand des originären Organs der Zwangsvollstreckung –, erhielte das Amt des Gerichtsvollziehers eine moderne Prägung.[58] Zugleich würde damit die Zwangsvollstreckung in Europa harmonisiert, da wesentliche Punkte, wie die Aus- und Fortbildung sowie Zuständigkeiten und Ethikfragen, gemeinsame Grundlagen und Standards erhalten würden. Als unabhängiges Vollstreckungsorgan mit umfassenden Zuständigkeiten könnte der Gerichtsvollzieher auf diese Weise die Balance zwischen den berechtigten Gläubigerinteressen und dem ebenso berechtigten, gesetzlich geregelten Schuldnerschutz wahren.[59]

Eine weitere Herausforderung der Zukunft stellt schließlich die Einführung des elektronischen Rechtsverkehrs dar, der weitreichenden Einfluss auf die Bürostrukturen der Gerichtsvollzieher, aber auch auf die Zwangsvollstreckung als solche hat. Bereits heute werden durch die Reform der Sachaufklärung in der Zwangsvollstreckung weite Teile des Vollstreckungsverfahrens elektronisch abgewickelt.[60] Dies ist aber nur der Einstieg in eine weitergehende EDV-gestützte Zwangsvollstreckung bis hin zur papierlosen

Bearbeitung, die spätestens ab 2026 stattfinden wird. Bereits seit dem 1. Januar 2018 können Vollstreckungsaufträge an den Gerichtsvollzieher auf elektronischem Wege erteilt werden.[61] Allerdings müssen derzeit bis zur endgültigen Einführung der elektronischen Akte bei den Gerichten die Vollstreckungsaufträge vom Gerichtsvollzieher noch auf Papier ausgedruckt werden. Auch die Sonderakten des Gerichtsvollziehers sind bis dahin noch in Papierform zu führen. Der Effizienzgewinn, der durch die Möglichkeit der elektronischen Einreichung der Vollstreckungsaufträge besteht, wird dadurch erheblich gemindert. Dies ist umso unverständlicher, als die Software-Programme, die mit Genehmigung der Landesjustizverwaltungen bei den Gerichtsvollziehern schon im Einsatz sind, mit kleinen Modifizierungen bereits jetzt eine elektronische Aktenführung ermöglichen würden.[62] Richtet man den Blick ins benachbarte Ausland, so wird man unschwer feststellen, dass Deutschland bei der Realisierung und Ausgestaltung des elektronischen Rechtsverkehrs, insbesondere im Bereich des Zwangsvollstreckungsverfahrens, noch starke Defizite aufweist. Dennoch ergeben sich aus der Einführung der elektronischen Akte, der revisionssicheren Datenspeicherung und der Weiterentwicklung elektronischer Bearbeitungsweisen bis hin zu elektronischen Zustellungen für die Gerichtsvollzieher reale Zukunftsperspektiven, die sich auch schon vor 2026 umsetzen ließen.

Perspektiven der Organisationsstruktur

Die Grundlagen für den Beruf des Gerichtsvollziehers sind im Gerichtsverfassungsgesetz (GVG) festgeschrieben. In § 154 werden die Gerichtsvollzieher als mit den »Zustellungen, Ladungen und Vollstreckungen« zu betrauende Beamte bezeichnet.[63] Eine genaue Definition des Begriffs »Vollstreckungen« erfolgt jedoch nicht.[64] § 155 regelt danach die Gründe, in welchen Fällen ein Gerichtsvollzieher von der Ausübung seines Amtes kraft Gesetz auszuschließen ist. Die Organisation des Gerichtsvollzieherwesens und die Regelung ihrer Dienst- und Geschäftsverhältnisse obliegt in der Folge des § 154 GVG den einzelnen Bundesländern, wobei diese sich auf eine gemeinsame Struktur in Form der Gerichtsvollzieherordnung (GVO) geeinigt haben.[65] Diese stellt aber keine gesetzliche Grundlage für den Status der Gerichtsvollzieher dar, sondern hat lediglich den Charakter einer Rechtsverordnung. Zusätzlich oder abweichend hiervon können die Länder auch eigenständige Regelungen treffen. Dies geschieht derzeit insbesondere bei den Einstellungs- und Ausbildungskriterien. Über die Frage, ob der § 154 GVG in der vorliegenden Form noch zeitgemäß ist, lässt sich streiten. An der Tatsache, dass der Gerichtsvollzieher das »organisationsrechtliche Stiefkind« der Justiz sei, wie Professor Hans Friedhelm Gaul vor dreißig Jahren erklärte, hat sich jedenfalls trotz aller Reformen

Blick in die digitale Zukunft: Podiumsdiskussion auf dem Bundeskongress zum Thema »Zwangsvollstreckung im Wandel«, 2015.

im Zwangsvollstreckungsrecht und trotz eines Aufgabenzuwachses grundsätzlich nichts geändert.[66] Schon lange fordern die Gerichtsvollzieher und auch der DGVB deshalb ein Statusgesetz in Ergänzung zu § 154 GVG, um die wichtigsten Grundlagen der Dienst- und Rechtsverhältnisse der Gerichtsvollzieher bundeseinheitlich zu regeln. Zumindest der Zugang und die Ausbildung zum Gerichtsvollzieherberuf, der Status als unabhängiges Organ der Rechtspflege sowie die Festlegung auf die Organisationsstruktur des eigenen Geschäftszimmers in Eigenverantwortung und die grundsätzlichen Zuständigkeiten sollten in einem Gesetz verankert werden.

Eine bundesweit geltende gesetzliche Regelung für das Berufsrecht der Gerichtsvollzieher wäre nicht zuletzt im Hinblick auf die angestrebte Harmonisierung der Zwangsvollstreckung in den Mitgliedstaaten der Europäischen Union dringend erforderlich, in denen entsprechende Statusgesetze für die Gerichtvollzieher bereits existieren. Auch der Deutsche Beamtenbund hat die in dieser Hinsicht erhobenen Forderungen des DGVB, der als Fachgewerkschaft Mitglied im DBB ist, aufgegriffen und in ein Positionspapier der Arbeitsgruppe Justiz im DBB integriert, das nach umfangreichen Diskussionen vom Gewerkschaftstag des DBB im November 2017 verabschiedet wurde. Darin wird unter

Spitzentreffen im BMJV am 3. Juli 2018. Von links: Walter Gietmann (Bundesvorsitzender DGVB), Marie Luise Graf-Schlicker (Abteilungsleiterin BMJV), dbb Vize und Fachvorstand Beamtenpolitik Friedhelm Schäfer, Franz Gotsis (Bundesvorsitzender VBGR), Bundesjustizministerin Dr. Katarina Barley, dbb Chef Ulrich Silberbach, Burkhard Will (stv. Bundesvorsitzender DAAV), Mario Blödtner (Bundesvorsitzender BDR), Emanuel Schmidt (Bundesvorsitzender DJG) und René Müller (Bundesvorsitzender BSBD).

anderem festgestellt, die Stellung des Gerichtsvollziehers als unabhängiges Organ der Rechtspflege bedürfe »über § 154 GVG hinaus einer konkretisierenden bundeseinheitlichen Regelung«.[67] Wörtlich heißt es in dem Papier weiter: »Es besteht nur ein Beruf der Rechtspflege, der Aufgaben der Gerichtsvollzieher und Rechtspfleger umfasst, differenziert nach unterschiedlichen Funktionen und Aufgabenstellungen. Gemeinsame Grundlage für die Bereiche der Gerichtsvollzieher und der Rechtspfleger ist ein juristisches Hochschulstudium als Grundqualifikation. Daran schließt sich die weitere Spezialisierung an. Hierfür sind flächendeckend die landesrechtlichen Grundlagen zu schaffen. Sofern landesrechtlich ein Hochschulstudium vorgesehen ist, ist für vorhandene Gerichtsvollzieher ein verkürzter Praxisaufstieg zum gehobenen Dienst einzurichten; geeigneten Justizfachangestellten und Justizfachwirten ist der Zugang zum Gerichtsvollzieherdienst über einen entsprechenden Studiengang/Ausbildung weiter offen zu halten.«[68] Die Umsetzung dieses Papiers, das als Meilenstein auf dem Weg in die Zukunft einer modernen Organisationsstruktur für die Gerichtsvollzieher gesehen wird, ist deshalb eine zentrale Aufgabe des DGVB in den kommenden Jahren. Sie muss allerdings mit der Modernisierung der Vorschriften über die Zwangsvollstreckung im Achten Buch der ZPO und mit einer Erweiterung der Kompetenzen für die Gerichtsvollzieher einhergehen.

Fazit

Blickt man auf die inzwischen 110-jährige Geschichte des DGVB zurück, so ist festzustellen, dass viele der Forderungen, die heute immer noch aktuell sind, im Laufe der zurückliegenden Jahrzehnte so oder ähnlich bereits oft artikuliert und an die Ministerien im Bund und in den Ländern herangetragen wurden. Vieles davon wurde im politischen Raum diskutiert, ohne realisiert zu werden. Man stellt aber auch fest, dass andere Forderungen des DGVB erfolgreich umgesetzt werden konnten und mittlerweile in gesetzliche Bestimmungen eingeflossen sind. Die Zweite Zwangsvollstreckungsnovelle und die Reform der Sachaufklärung in der Zwangsvollstreckung sind dafür markante Beispiele.

Was bleibt, ist die Tatsache, dass das Berufsbild des Gerichtsvollziehers ein Beruf mit vielen Perspektiven ist und auch in Zukunft unverzichtbar für die Durchsetzung gerichtlicher oder sonstiger Schuldtitel bleiben wird. Der beste Titel nützt dem Gläubiger nichts, wenn zu dessen Realisierung kein effizientes Vollstreckungsorgan zur Verfügung steht. Auch für die qualitativ hochwertige Zustellung von Schriftstücken im Parteibetrieb ist der Gerichtsvollzieher nach wie vor das beste Organ – und wird es wohl auch in Zukunft bleiben. Dies gilt selbst dann, wenn nationale oder internationale Zustellungen im Zuge des elektronischen Rechtsverkehrs künftig in elektronischer Form erfolgen sollten.

Bei einer verbesserten Ausbildungsstruktur könnten nach europäischem Vorbild zudem weitere Aufgaben im außergerichtlichen Bereich auf die Gerichtsvollzieher übertragen werden. Dies gilt etwa für den vorgerichtlichen Forderungseinzug oder die Beurkundung von Tatsachenfeststellungen, die in anderen europäischen Ländern bereits sehr erfolgreich durch Gerichtsvollzieher wahrgenommen werden. Der weitere Ausbau des Gerichtsvollzieherwesens in Deutschland und die Stärkung des Gerichtsvollzieherberufs als Vollstreckungsmanager der Zukunft sollte deshalb zentraler Inhalt der Rechtspolitik im Bund und in den Ländern sein. Im Interesse der rechtssuchenden Bürger darf Deutschland auch in der Zwangsvollstreckung den Anschluss an die europäischen und internationalen Entwicklungen nicht verpassen. Daher ist es erforderlich, die deutschen Gerichtsvollzieher auf ein Niveau zu heben, das in Europa inzwischen weitgehend Standard ist. Dazu bedarf es eines effektiven Zusammenwirkens aller verant-

Der Bundesvorstand seit 2015: Bundesgeschäftsführer Detlef Hüermann, stellv. Bundesvorsitzender Karl-Heinz Brunner, Bundesvorsitzender Walter Gietmann und Bundesschatzmeister Martin Graetz (v. l.).

wortlichen Kräfte in Politik und Ministerien mit dem DGVB als der größten beruflichen Interessenvertretung der Gerichtsvollzieher.

Das »Schwert der Justiz« sollte also nicht preisgegeben, sondern den Gegebenheiten und Anforderungen der Zukunft angepasst werden. Gut ausgebildete Gerichtsvollzieher, die als zentrales Vollstreckungsorgan mit umfangreichen Kompetenzen für den gesamten Zwangsvollstreckungsbereich und für Zustellungen im In- und Ausland versehen werden, wären dann auch künftig Garanten für eine rechtsstaatliche Handhabung der spezifischen Vorschriften unter Beachtung der Menschenrechte. Die Ausweitung des elektronischen Rechtsverkehrs und die Digitalisierung weiter Bereiche der Justiz ändern daran nichts. Der »Mensch Gerichtsvollzieher« kann dadurch nicht ersetzt werden, denn Grundrechtseingriffe, die in der Zwangsvollstreckung nicht zu vermeiden sind, bedürfen der staatlichen Kontrolle, die auch in Zukunft durch Beamte durchgeführt werden muss. Dies spricht ebenfalls gegen eine Privatisierung der Zwangsvollstreckung – egal in welcher Form, ob ganz oder teilweise. Zwangsvollstreckungen aller Art gehören, ebenso wie Zustellungen im Parteibetrieb, ob herkömmlich oder in elektronischer Form, in die Hand der Gerichtsvollzieher – jetzt und in der Zukunft.

Rarität aus Großherzoglich Hessischer Zeit: kleiner Taschenuhr-Tischständer ohne Uhr, aber mit Stempelkissen. Der Stempel trägt die Aufschriften »Großh. Hess. Gerichtsvollzieher zu Zwingenberg«, »Gepfändet« und den Namen »Zacheis«.

Zeittafel

ZUSAMMENGESTELLT VON THEO SEIP

1871

18. Jan.   Gründung des Deutschen Kaiserreichs

1879

1. Okt.   Die Reichsjustizgesetze, die im Jahr 1877 im Deutschen Reich verabschiedet wurden, treten in Kraft. Erstmals gelten in ganz Deutschland einheitliche Gesetzesbestimmungen in der Zwangsvollstreckung

1881

Gründung der Fachzeitschrift *Deutsche Gerichtsvollzieher Zeitung* (DGVZ). Diese erscheint mit dem Untertitel *Organ für Gerichtsvollzieher und Gerichtsvollzieher-Anwärter Deutschlands*. Herausgeber und Redakteur ist der frühere Gerichtsassessor Friedrich Büttner aus Charlottenburg

1884

Gründung eines Gerichtsvollzieher-Vereins im Bezirk des Landgerichts Altona

1887

Gründung der *Zeitschrift für Gerichtsvollzieher – Spezialorgan über Vollstreckungsrecht und Zustellungswesen* (ZfGV), die der Rechtsanwalt und Notar a. D. Heinrich Walter herausgibt.

1896

Gründung eines Gerichtsvollzieher-Vereins im Bezirk des Oberlandesgerichts Hamm

1898

Im Oberlandesgerichtsbezirk Breslau werden mehrere Gerichtsvollziehervereine gebildet

1900

1. März — Systemwechsel in Preußen: Einführung der Gerichtsvollzieherbezirke und eines festen Gehalts, mit welchem sowohl der Lebensunterhalt als auch Büro- und Personalkosten bestritten werden müssen

ab Herbst — Gründung von Gerichtsvollzieherverbänden in allen Bundesstaaten, so auch im OLG-Bezirk Köln

1901

Gründung des Preußischen Gerichtsvollzieher-Verbandes. In der Folgezeit gründeten sich Gerichtsvollzieherverbände in allen Bundesstaaten; teilweise auf Landesebene, zum Teil auch vorerst nur in Landgerichts- und Oberlandesgerichtsbezirken. Die Verbände kümmerten sich nunmehr um Fragen der Besoldung, der Bürokostenabgeltung, der Ausbildung und der Gestaltung der Dienstvorschriften. Soweit die Gerichtsvollzieher der anderen Bundesstaaten im Amtssystem oder noch im freien System tätig waren, strebten sie weitgehend das preußische System mit Gehalt und festen Bezirken an

1904

Sommer — In Hamburg und in Bayern entstehen Gerichtsvollzieher-Vereine

1905

Die *Zeitschrift für Vollstreckungs-, Zustellungs- und Kostenwesen,* die unmittelbar nach Gründung des preußischen Landesverbandes dessen Verbandsorgan wurde, vereint sich mit der DGVZ. Der zweite Untertitel der neuen DGVZ lautete nun *Publikationsorgan für den Preußischen Gerichtsvollzieher-Verband und für andere Gerichtsvollzieher-Verbände.* Die seit 1879 bestehende Uniformpflicht für preußische Gerichtsvollzieher wird abgeschafft

1908

13.–15. Aug. — Auf dem preußischen Verbandstag in Berlin wird der Beschluss gefasst, den Hamburger Gerichtsvollzieherverein zu bitten, den Gründungsaufruf für einen Reichszusammenschluss – einen Deutschen Gerichtsvollzieherbund – zu verfassen

Nov. – Dez. — Der Gründungsaufruf erscheint dreimal in der DGVZ

1909

15. Jan.	In Frankfurt gründen die von rund 3.000 Gerichtsvollziehern entsandten 16 Delegierten den Deutschen Gerichtsvollzieherbund (DGVB). Geleitet wird die Gründungsversammlung von Gerichtsvollzieher Christian Koch aus Hamburg, der auch den ersten Aufruf zur Gründung unterzeichnet hatte. In den ersten Bundesvorstand werden gewählt: Gerichtsvollzieher Koch zum I. Vorsitzenden; Gerichtsvollzieher Prössl (Bayern) zum II. Vorsitzenden; Gerichtsvollzieher Wenger (Baden) zum I. Schriftführer; Gerichtsvollzieher Trippen (Els. Lothr.) zum II. Schriftführer; Gerichtsvollzieher Beul (Preußen) zum I. Kassierer; Gerichtsvollzieher Hemer (Hessen)zum II. Kassierer
18.–20. Sep.	Die erste reguläre Bundestagung des DGVB findet statt. Christian Koch wird zum neuen I. Vorsitzenden gewählt, nachdem der preußische Gerichtsvollzieher Peter Arens sein Amt niedergelegt hat. In der Versammlung wird beschlossen, dass die Gestaltung der *Deutschen Gerichtsvollzieher Zeitung* künftig durch Gerichtsvollzieher vorgenommen wird. Ein Presseausschuss wird gewählt. Koch wird zusätzlich zum Schriftleiter bestimmt

1910

Januar	Die Redaktion der DGVZ wird vom Presseausschuss des DGVB übernommen

1911

10. Okt.	Mit einer mehrseitigen Petition wendet sich der hessische Gerichtsvollzieherverband an die Großherzogliche Regierung in Darmstadt und ersucht das in Preußen seit dem Jahr 1900 bestehende System auch im Großherzogtum Hessen einzuführen. Der Petition wird nicht stattgegeben. Erst 1938 erhalten die dortigen Gerichtsvollzieher ein festes Gehalt und Gebührenanteile

1912

	Der Deutsche Gerichtsvollzieherbund zählt 28 Länder- und Bezirksverbände zu seinen Mitgliedern. Die *Deutsche Gerichtsvollzieherzeitung* veröffentlicht ein Verzeichnis, aus dem die Verbände einschließlich Namen und Wohnorte ihrer Vorstände hervorgehen

1914

1. August	Generalmobilmachung und deutsche Kriegserklärung an Russland
August	Die Arbeit des DGVB ist durch den Ausbruch des Ersten Weltkriegs unmittelbar betroffen. Eine für den 14. bis 16. August in Braunschweig geplante Bundestagung muss verschoben werden; der Bundesvorsitzende Christian Koch wird, wie zahlreiche andere Gerichtsvollzieher auch, eingezogen

| ab Herbst | Die DGVZ druckt kaum noch Titelseiten mit professionspolitischen oder fachlichen Aspekten. Ersetzt werden diese durch nationalistisch gefärbte Erörterungen zum Krieg und später durch Durchhalteparolen |

1916

| 3. April | Gerichtsvollzieher können nunmehr auch zu anderen Tätigkeit im Umfang der »Geschäfte eines vollbeschäftigten Bureauhilfsarbeiters […] unter Entbindung von ihren Gerichtsvollziehergeschäften« verpflichtet werden |

1918

| | Die den deutschen Kriegskurs bis dato vorbehaltlos unterstützende DGVZ druckt nun auch Klagen über die eingetretene Teuerung und die unzureichende Abgeltung der Bürokosten |
| 9. Nov. | Abdankung Kaiser Wilhelm II. und Ausrufung der Republik |

1920

| 23.–25. Juli | Auf der Bundestagung in Gera wird der Gerichtsvollzieher Otto Gamm, Berlin-Neukölln, zum I. Vorsitzenden des DGVB gewählt. Der bisherige Bundesvorsitzende Christian Koch gehört als Mitbegründer der Deutschen Demokratischen Partei 1919/20 der Weimarer Nationalversammlung an |

1922

| 11. Juli | Per Reichsgesetz werden nun auch Frauen zu den Ämtern und Berufen der Rechtspflege zugelassen, darunter auch zum Gerichtsvollzieherdienst. Der DGVB steht dieser Änderung skeptisch gegenüber |
| Sommer | Das Reichsjustizministerium beruft eine Kommission ein, die sich mit einer Reform der Zivilprozessordnung befasst |

1924

| 30. Aug. | Ende der Inflation, die am 15. November 1923 eingeführte Rentenmark wird durch die Reichsmark ersetzt |

1928

| | Der DGVB fordert, die Dienstbezeichnung »Gerichtsvollzieher« in »Gerichtskommissar« zu ändern |

1929

25. Okt.	Zusammenbruch der New Yorker Börse und Beginn der Weltwirtschaftskrise
	Die Bundestagung des DGVB nimmt eingehend Stellung gegen die damals in Aussicht genommene Einführung des Amtssystems

1931

Das Reichsjustizministerium veröffentlicht den neuen ZPO-Entwurf. Dieser sieht unter anderem eine Zusammenfassung aller Vollstreckungsmaßnahmen bei dem Vollstreckungsgericht sowie den Übergang vom Parteibetrieb zum Amtsbetrieb vor. Die Abwehr des ZPO-Entwurfs wird für den DGVB zur Bewährungsprobe. Die DGVZ druckt Eingaben, Denkschriften sowie Abhandlungen über den Entwurf

1932

14.–16. Juli	In Hamburg finden sich 39 Delegierte von 16 Landesverbänden mit insgesamt 2.725 Mitgliedern zum 21. Bundestag des DGVB zusammen. Es sollte vorerst die letzte Versammlung des DGVB werden

1933

30. Jan.	Adolf Hitler wird zum Reichskanzler ernannt
24. März	Das Ermächtigungsgesetz wird vom Reichstag beschlossen und tritt am 1. April in Kraft; der Bundesvorsitzende des DGVB, Gerichtsvollzieher Gamm, legt am 10. April sein Amt nieder
20. Mai	In einer außerordentlichen gemeinsamen Tagung des Bundesverbandes und des Landesverbandes Preußen in Berlin wird der Vorsitzende des preußischen Verbandes, Obergerichtsvollzieher Schneider, zum I. Bundesvorsitzenden »ernannt«. Der DGVB folgt dem nationalsozialistischen »Führerprinzip«

1934

Januar	Die Gerichtsvollzieher werden eine Untergruppe in der Gruppe Rechtspfleger im Bund Nationalsozialistischer Juristen
Mai	Nach der Zwangsauflösung des DGVB wird die Arbeitsgemeinschaft Gerichtsvollzieher in der »Deutschen Rechtsfront« gegründet. Aufgabe der Reichsarbeitsgemeinschaft ist zunächst die Motivation aller Gerichtsvollzieher zum Zwecke der »Mitarbeit an der Neugestaltung des Deutschen Rechts« nach deren Ausgestaltung im nationalsozialistischen Sinn
	Zensur der DGVZ durch das politisch geleitete Zeitschriftenamt der Deutschen Rechtsfront. Hakenkreuz und Reichsadler zieren ab jetzt das Titelblatt der Zeitung

1937

1. Juli	Das Deutsche Beamtengesetz tritt in Kraft

1938

8. Juli	Einführung einer neuen Gerichtsvollzieherausbildung, ausschließliche Rekrutierung der Bewerber aus dem mittleren Justizdienst

1939

1. Sept.	Überfall auf Polen und Beginn des Zweiten Weltkriegs
3. Nov.	Die »Änderung der Ausbildungsordnung für die Gerichtsvollzieher« stuft die Anforderung der Vorbildung und Laufbahn von »mittleren« auf »einfachen« Justizdienst herab

1945

7./8. Mai	Kapitulation der deutschen Wehrmacht in Reims und Berlin-Karlshorst
30. Aug.	Errichtung des Alliierten Kontrollrats

1947

9. Nov.	In Hamburg wird der Deutsche Gerichtsvollzieher-Bund für den Bereich der britischen Zone neu gegründet. Die Schirmherrschaft für die Gründungsversammlung hatte der frühere I. Vorsitzende Christian Koch übernommen. Initiator Willy Haagen aus Hamburg wird zum I. Vorsitzenden gewählt. Der weitere Vorstand: 2. Vorsitzender Hansen, Köln; 1. Schriftführer Schulze, Hamburg; 2. Schriftführer Diestelhorn, Bielefeld, 1. Kassenführer Facklam, Hamburg; 2. Kassenführer Groth, Hamburg; Beisitzer Bildes, Dortmund, und Rahlfs, Hannover

1948

20. März	Die Sowjetunion verlässt den Alliierten Kontrollrat
20. Juni	Währungsreform in den Westzonen
23. Juni	Währungsreform in der SBZ
22.–24. Okt.	Der erste ordentliche Bundestag des neu gegründeten DGVB findet in Hannover statt. Dieser fasst den Beschluss, bis zum Wiedererstehen der *Deutschen Gerichtsvollzieher Zeitung* ein Mitteilungsblatt herauszugeben. In der Folge wird in diesem bis Ende 1949 über Aktivitäten des DGVB sowie über neu ergangene Vorschriften und Rechtsprechungen berichtet. Darüber hinaus werden fachliche Beiträge veröffentlicht

1949

8. Mai	Annahme des Grundgesetzes
23. Mai	Verkündung des Grundgesetzes
Juli	Gründung der neuen *Westdeutschen Gerichtsvollzieher-Zeitung*. Herausgeber ist Obergerichtsvollzieher Alfred Packheuser, Niederlahnstein. Die erste Ausgabe bringt auf den Seiten 2–5 unter der Überschrift »150 Jahre Gerichtsvollzieherwesen« einen Überblick über die Geschichte desselben von 1801 bis 1949. Mit Wiederbeleben der DGVZ wird sie 1950 eingestellt
7. Okt.	Gründung der Deutschen Demokratischen Republik
Herbst	Zusammenschluss des in der Britischen Zone bereits bestehenden Verbandes mit dem Berufsverband der Gerichtsvollzieher im Lande Hessen, dem Landesverband der Gerichtsvollzieher in Baden und der Gerichtsvollzieher-Vereinigung Württemberg-Hohenzollern zum 1. Januar 1950

1950

Januar	Die im Jahr 1881 begründete *Deutsche Gerichtsvollzieher-Zeitung* (DGVZ) wird wieder gedruckt und ausgeliefert. Der erste Jahrgang enthält zahlreiche zeitgemäße Abhandlungen, aktuelle Rechtsprechungen sowie Verwaltungsanordnungen und die neue Ausbildungsordnung für Gerichtsvollzieher
18.–25. Aug.	In Frankfurt am Main findet eine Bundestagung des DGVB statt, an der die Gerichtsvollzieherverbände aller westdeutschen Länder und Berlins teilnehmen

1951

21. März	Das Amtssystem wird in Hamburg durch das System des Gerichtsvollziehers mit eigenem Geschäftszimmer abgelöst und ersetzt

1952

23. Juli	Auflösung der Länder der DDR

1953

17. Juni	Volksaufstand in der DDR

1954

1. Januar	Der DGVB ist wieder Herausgeber der DGVZ. Amtierender Schriftleiter und Herausgeber ist Ernst Kasischke, Berlin-Neukölln

1955

1. Januar	Die überarbeitete Gerichtsvollzieherordnung und Geschäftsanweisung für Gerichtsvollzieher tritt in der Bundesrepublik in Kraft
5. Mai	Das seit Kriegsende am 8. Mai 1945 bestehende Besatzungsstatut der Alliierten wird aufgehoben

1956

1.–3. Sept.	Auf der Bundestagung des DGVB in Bingen wird einstimmig beschlossen, die Vereinigung der Gerichtsvollzieher des Saarlandes in den DGVB aufzunehmen und u. a. die Vereinheitlichung der Gerichtsvollziehersysteme in allen Bundesländern anzustreben
27. Okt.	Noch vor der Rückgliederung des Saarlandes an Westdeutschland am 1. Januar 1957 nimmt der DGVB die Vereinigung der Gerichtsvollzieher des Saarlandes in seinen Verband auf

1957

September	In Hamburg findet eine Bundestagung statt, an der auf Einladung erstmals Vertreter der im Jahre 1952 in Paris gegründeten Internationalen Vereinigung der Gerichtsvollzieher – Union Internationale des Huissiers de Justice et Officiers Judiciaires (UIHJ) – teilnehmen. Die Delegierten des DGVB stimmen einstimmig dem Beitritt zu dieser Organisation zu

1958

1. Juli	Das Gleichberechtigungsgesetz vom 18. Juni 1957 tritt in Kraft. Die Bundestagung des DGVB wird in »Bundesvertretertag« umbenannt
9.–11. Aug.	Der Bundesvertretertag findet unter Beteiligung zahlreicher Gäste in Saarbrücken statt. Es wird vorgeschlagen, die Bezeichnung Gerichtsvollzieher in »Rechtsvollzieher« zu ändern

1959

12.–13. Sept.	Der Bundesvertretertag findet in Hannover statt. Der DGVB erhält eine neue Satzung, die u. a. ein Arbeitsgremium einrichtet, das aus Vertretern der Landesverbände besteht und zweimal im Jahr zusammentritt. Der Bundesvertretertag findet nach dieser und weiteren Satzungsänderungen zunächst nur noch alle zwei, ab 1965 alle drei und ab 1983 alle vier Jahre statt, was sich auf die Dauer der Wahlperiode des Bundesvorstandes auswirkt
21.–22. Nov.	Die Ländervertreterversammlung (LVV) findet zu einer ersten Arbeitssitzung in Frankfurt a. M. zusammen. Hier beschließen die anwesenden Vertreter aller Bundesländer und Westberlins den Beitritt des DGVB zum Deutschen Beamtenbund

1960

5. Sept.	Der Bayerische Landtag beschließt die Einführung des Geschäftszimmersystems für die Gerichtsvollzieher in Bayern zum 1. Januar 1961

1961

April	Mit der Einführung des eigenen Geschäftszimmers in Baden-Württemberg und dem Oberlandesgerichtsbezirk Karlsruhe wird das jahrzehntelang angestrebte Ziel des DGVB erreicht: Für die Gerichtsvollzieher gilt in allen Ländern der Bundesrepublik Deutschland das System des Bezirksgerichtsvollziehers mit eigenem Geschäftszimmer
13. Aug.	Bau der Berliner Mauer
8.–9. Sept.	Der 13. Bundesvertretertag findet in Wiesbaden statt. Die Wahl des Bundesvorstandes wird mit folgendem Ergebnis durchgeführt: 1. Vorsitzender: Kersten, Münster/Westfalen; stellvertretender Vorsitzender: Petersen, Hannover; Schriftführer: Linneweh, Münster/Westfalen. Hier erfolgt eine Wiederwahl. Zum neuen Schatzmeister wird Lensing, Nordrhein-Westfalen, gewählt

1962

	Der DGVB bildet eine Arbeitsgruppe, die Vorschläge zur Reform der Zwangsvollstreckung erarbeiten soll
Juli	Der DGVB richtet an alle Bundesländer den Antrag, die Laufbahn der Gerichtsvollzieher der Laufbahngruppe des gehobenen Dienstes zuzuordnen. Dem Antrag wird nicht stattgegeben
Nov.	Obergerichtsvollzieher Karl Matheis wird bei der Ausübung seines Amtes vom Schuldner erschlagen

1963

6.–8. Sept.	Der Bundesvertretertag des DGVB in Düsseldorf steht im Zeichen der Verbesserung der Zwangsvollstreckung: Anpassung der für diese geltenden Gesetze und Dienstvorschriften an die veränderten wirtschaftlichen Verhältnisse, eine einheitliche und qualitativ verbesserte Ausbildung sowie die Einrichtung einer Gerichtsvollzieherschule für das gesamte Bundesgebiet einschließlich Westberlin

1964

8.–11. Juni	Der internationale Kongress der UIHJ findet in Nizza statt. Insgesamt nehmen ca. 600 Gerichtsvollzieher aus insgesamt 15 Ländern teil

1965

28.–31. Okt. Die *Deutsche Gerichtsvollzieher Zeitung* blickt im Jahr 1965 auf 80 Jahre ihres Bestehens zurück, was in einem geschichtlichen Rückblick unter Einbeziehung des Nachdrucks der DGVZ-Titelblätter vom 1. Januar 1887 und vom 1. Mai 1905 gewürdigt wird
In Berlin findet der Bundesvertretertag des DGVB statt, auf dem auch das 80-jährige Bestehen der DGVZ gewürdigt wird. Es wird u. a. eine Reform der Zivilgerichtsbarkeit und die gerechte Bewertung des Berufsstandes Gerichtsvollzieher diskutiert

1967

15.–20. Mai Der Internationale Kongress der UIHJ findet erstmals auf deutschem Boden in Bad-Godesberg in Nordrhein-Westfalen statt. Am Kongress nehmen zahlreiche Teilnehmer aus 13 europäischen und überseeischen Ländern teil. Den Festvortrag zur Eröffnung hält der Justizminister von NRW, Dr. Dr. Neuberger, der die Aufgaben des Gerichtsvollziehers würdigt und sich beeindruckt zeigt von den freiberuflichen Gerichtsvollziehersystemen in vielen anderen Ländern

28. Okt. Aus Anlass des Zusammenschlusses des Verbandes Badischer Gerichtsvollzieher und des Verbandes Württembergischer Gerichtsvollzieher findet eine Festversammlung in Stuttgart statt. Der Justizminister des Landes Baden-Württemberg, Rudolf Schieler, versicherte in seiner Rede, dass sich das Justizministerium den Fragen der Ausbildung und Fortbildung der Gerichtsvollzieher zuwenden wird

1969

Zur Beschaffung der erforderlichen Vordrucke und Büromaterialien wird die Deutsche Gerichtsvollzieher-Genossenschaft eGmbH mit Sitz in Lippstadt gegründet

1970

ab 15. Jan. Ab 1970 wird für einige Bundesländer der theoretische Lehrgang in der neu geschaffenen Justizausbildungs- und Fortbildungsstätte Monschau (NRW) durchgeführt. Am ersten Lehrgang nehmen insgesamt 38 Teilnehmer (nur Männer) teil

1972

1. Januar Bundesweite Einführung des neuen Buchwerks. In der DGVZ wird erstmals eine Übersicht über die Geschäftstätigkeit und den Personalbestand der in der Bundesrepublik tätigen Gerichtsvollzieher veröffentlicht, die seitdem jährlich erscheint

1974

9.–11. Mai	Der Bundesvertretertag findet in Aachen statt. Diskutiert wird u. a., welche sozialen Gesichtspunkte und Grundsätze der Gerichtsvollzieher in seiner Tätigkeit berücksichtigen kann

1975

15. Sept.	Inkrafttreten verschiedener Gesetze, u. a.: Änderung des Gerichtskostengesetzes, des Gesetzes über Kosten der Gerichtsvollzieher, der Bundesgebührenordnung für Rechtsanwälte mit direkten Auswirkungen auf die Tätigkeit der Gerichtsvollzieher. Änderung des § 49 des Bundesbesoldungsgesetzes, die eine neue Grundlage für die Vergütung und die Bürokostenabgeltung der Gerichtsvollzieher schafft

1976

1. Jan.	Die neue ZPO der DDR tritt in Kraft. Sekretäre an den Kreisgerichten ersetzen Gerichtsvollzieher

1977

12.–14. Mai	Unter Schirmherrschaft des Bundesministers der Justiz, Dr. Hans-Jochen Vogel, findet in Ansbach der Bundesvertretertag statt. Unter anderem geht es um einen durch die Bundesregierung eingebrachten Gesetzentwurf, der den § 845 ZPO dahin ergänzen soll, dass der Gerichtsvollzieher im Auftrag des Gläubigers eine Vorpfändung selbst bewirken könnte.
1. Juli	Das Gesetz zur Vereinfachung und Beschleunigung gerichtlicher Verfahren tritt in Kraft, die damit erfolgte Änderung des Mahnverfahrens ist für den Gerichtsvollzieher von besonderem Interesse. Die Umgestaltung bewirkt eine Rationalisierung des Verfahrens und schafft zugleich die Rechtsgrundlagen für die Bearbeitung des Mahnverfahrens durch automatische EDV-Anlagen

1978

10. Februar	Bundespräsident Walter Scheel verleiht mit Urkunde das Verdienstkreuz am Bande dem Vorsitzenden des Deutschen Gerichtsvollzieherbundes, Obergerichtsvollzieher a. D. Karl Baltin

1979

1. Juli	Das Gesetz zur Änderung zwangsvollstreckungsrechtlicher Vorschriften tritt in Kraft. Es enthält zahlreiche Gesetzesänderungen, die für die Gerichtsvollzieher von Bedeutung sind

1980

8.–10. Mai Der Bundesvertretertag des DGVB findet in Düsseldorf statt. In seiner Ansprache lässt der Parlamentarische Staatssekretär beim Bundesminister der Justiz, Dr. Hans de With, die zuletzt durchgeführten Reformen Revue passieren und deutet auch zusätzliche Gesetzesänderungen an

1982

Der Internationale Kongress der UIHJ findet erneut in Deutschland statt. Tagungsort ist Berlin

1983

5.–7. Mai Der Bundesvertretertag beschließt in Braunlage/Harz eine Satzungsänderung dergestalt, dass der Bundesvertretertag nur noch alle vier Jahre stattfinden soll. Es wird die Untätigkeit des Gesetzgebers gerügt, der es dabei belasse, dass § 154 GVG seit über 100 Jahren die Rechtsgrundlage für den Beruf des Gerichtsvollziehers ist

1985

Der DGVB würdigt das Erscheinen des 100. Jahrgangs der DGVZ

1986

Nach und nach werden mit Genehmigung der Landesjustizverwaltungen in Gerichtsvollzieherbüros Computer mit speziellen Dienstprogrammen eingesetzt

1987

Der Bundesvertretertag findet in Konstanz statt. Es wird ein Beschluss gefasst, wonach der DGVB sich dafür einsetzen soll, den § 154 GVG mit mehr Inhalt zu füllen und in fünf bereits ausformulierten Sätzen eine gesetzliche Grundlage für die Ausbildung und die Aufgaben der Gerichtsvollzieher zu schaffen

1989

21. April Der DGVB gedenkt anlässlich einer Ländervertreterversammlung in Frankfurt am Main der Gründung des DGVB im Jahre 1909

1990

Herbst	Der DGVB begrüßt die Wiedervereinigung Deutschlands und unterstützt die Gerichtsvollzieher in den ostdeutschen Ländern bei der Gründung von Landesverbänden, die sich dem DGVB anschließen. Bald darauf sind im wiedervereinigten Deutschland erstmals die Gerichtsvollzieher aller Bundesländer im System des Bezirksgerichtsvollziehers mit eigenem Geschäftszimmer tätig
3. Okt.	Vereinigung Deutschlands
17. Dez.	Durch das Rechtspflegevereinfachungsgesetz (2. Zwangsvollstreckungsnovelle) wird die Bestimmung des § 806a neu in die ZPO eingeführt. Es handelt sich um eine langjährige Forderung des DGVB, die es dem Gerichtsvollzieher nunmehr erlaubt, den Schuldner auch nach seinem Arbeitgeber oder sonstigen Geldforderungen zu befragen

1991

1. April	Das Rechtspflegevereinfachungsgesetz vom 17. Dezember 1990 tritt in Kraft.

1994

28.–30. Nov.	Der 15. Kongress der UIHJ findet in Warschau statt. Themen des Kongresses sind neben der Darstellung der Aufgaben der Gerichtsvollzieher in anderen Ländern auch die gütliche Eintreibung von Forderungen und die Beurkundung von Tatsachenfeststellungen nach französischem Vorbild

1995

3. März	Ehrung für den stellvertretenden Bundesvorsitzenden des Deutschen Gerichtsvollzieher Bundes, Eduard Beischall. Der Bundespräsident verleiht ihm das Verdienstkreuz am Bande des Verdienstordens der Bundesrepublik Deutschland
8. Juni	Der Bundesvertretertag des DGVB findet in Saarbrücken statt. Unter dem Motto »Der Gerichtsvollzieher auf dem Weg ins 21. Jahrhundert« finden insgesamt 104 Delegierte aus allen 16 im DGVB vereinigten Landesverbänden zusammen. U. a. wird die in der parlamentarischen Beratung befindliche 2. Zwangsvollstreckungsnovelle besprochen. Als dringend notwendig wird die Möglichkeit gesehen, nach erfolgloser Vollstreckung von dem zahlungsbereiten Schuldner Teilzahlungen entgegenzunehmen. Ebenso wichtig sei es, den Gerichtsvollzieher zu ermächtigen, von dem offenbarungswilligen Schuldner selbst die eidesstattliche Versicherung entgegenzunehmen

1996

3. Mai	Auf der Feier zum 100-jährigen Bestehen der Vereinigung der Gerichtsvollzieher im OLG-Bezirk Hamm stellt Prof. Dr. Peter Schlosser aus München das berufliche Profil der Gerichtsvollzieher im europäischen Ausland vor und regt an, Überlegungen für eine Reform einzuleiten, die über Einzelkorrekturen am bestehenden deutschen System hinausgeht

1997

10.–13. Juni	Der 16. Kongress der UIHJ findet in Stockholm statt. Der Einladung zum Kongress sind 286 Gerichtsvollzieher aus 28 Nationen gefolgt. Probleme des Berufsstandes werden diskutiert. Die Vertreter aller Länder stellen ihre Gerichtsvollzieher-Systeme vor
16. Okt.	Obergerichtsvollzieher Bernd Dietermann wird im Alter von 49 Jahren in Ausübung seines Amtes erschossen
17. Dez.	Der Deutsche Bundestag nimmt aufgrund der Beschlussempfehlung und des Berichts des Rechtsausschusses den vom Bundesrat eingebrachten Entwurf eines Zweiten Gesetzes zur Änderung zwangsvollstreckungsrechtlicher Vorschriften (2. Zwangsvollstreckungsnovelle) an

1998

9. Februar	Der Bundesminister der Justiz, Schmidt-Jorzig, empfängt den Bundesvorstand des DGVB zu einem Gespräch über die Umsetzung der Zweiten Zwangsvollstreckungsnovelle
18. Dez.	Die zweite Zwangsvollstreckungsnovelle enthält neben den erheblichen Änderungen der ZPO auch Änderungen des Gerichtsvollzieherkostengesetzes und der Bundesrechtsanwaltsgebührenordnung mit unterschiedlichen Zeitpunkten des Inkrafttretens

1999

1. Januar	Die 2. Zwangsvollstreckungsnovelle vom 17. Dezember 1997 tritt in Kraft. Hierdurch werden u. a. das Verfahren zur Abnahme der eidesstattlichen Offenbarungsversicherung auf die Gerichtsvollzieher übertragen und die Ratenzahlungsbefugnisse erweitert. Diese Reform ist ein wichtiger Schritt in eine moderne Zwangsvollstreckung
9. Juni	Erstmals findet in Magdeburg ein Bundesvertretertag in einem der neuen Bundesländer statt. Es wird u. a. beschlossen, den Begriff Bundesvertretertag zukünftig durch »Bundeskongress« zu ersetzen

2001

1. Mai	Das neue Gerichtsvollzieherkostengesetz vom 19. April 2001 tritt in Kraft, das sogleich viele Diskussionen aufwirft

2002

1. Jan.	Das Gesetz zur Reform des Zivilprozesses (ZPO-Reformgesetz) vom 27. Juli 2001 tritt in Kraft. Ebenso das Gewaltschutzgesetz, ein vom Bundestag verabschiedetes Gesetz zur Verbesserung des zivilgerichtlichen Schutzes bei Gewalttaten und Nachstellungen sowie zur Erleichterung der Überlassung der Ehewohnung bei Trennung
	Der Euro wird als Bargeld eingeführt und ersetzt die bisherige D-Mark. Für die Gerichtsvollzieher kommt es zu Schwierigkeiten bei der Umrechnung von D-Mark-Titeln in Euro

7. Dez.	Der Gerichtsvollzieher Paul Spürk aus Köln stirbt an den schweren Verletzungen, die er durch eine Gasexplosion bei einem Attentat eines Schuldners anlässlich einer Zwangsräumung erlitten hatte

2003

15.–16. Mai	Der Bundeskongress des DGVB findet in Stuttgart statt. Es wird mit überwältigender Mehrheit der Beschluss gefasst, eine Systemänderung vorzuschlagen, sodass in Verbindung mit der Übertragung weiterer Aufgaben und unter Aufrechterhaltung fester Amtsbezirke der sich nur aus den vereinnahmten Gebühren finanzierende Gerichtsvollzieher wieder eingeführt wird (»Freies Gerichtsvollziehersystem«). Die Diskussionen hierüber werden die nächsten Jahre der Verbandspolitik des DGVB bestimmen
14. Nov.	Gründung des Sozialwerkes des DGVB e.V. in der Folge des Attentates auf Paul Spürk im Oktober 2012, Winfried Pesch wird zum Vorsitzenden des Sozialwerkes gewählt

2004

Die Justizministerkonferenz setzt eine Länderarbeitsgruppe ein, die einen Gesetzentwurf zur Privatisierung des Gerichtsvollzieherwesens erarbeiten soll

2005

21.–22. Okt.	Die 80. Landesvertreterversammlung des Deutschen Gerichtsvollzieherbundes findet in Koblenz statt. In einer Podiumsdiskussion steht der Entwicklungsstand zu den Themen »Organisation des Gerichtsvollzieherwesens« und »Modernisierung der Zwangsvollstreckung« im Mittelpunkt

2006

Winter	Wenige Jahre, nachdem die am 1. Januar 1999 in Kraft getretene Zweite Zwangsvollstreckungsnovelle 1 umfassend ausgelotet und verinnerlicht ist, steht eine weitere Änderung des Zwangsvollstreckungsrechts zur Diskussion, mit erheblichen Auswirkungen auf die Tätigkeit der Gerichtsvollzieher. Eine von der Justizministerkonferenz hierzu eingesetzte Arbeitsgruppe erstellt einen Gesetzentwurf

2007

Januar	Die DGVZ feiert 200 Jahre modernes Gerichtsvollzieherwesen. Dazu wird ein Beitrag von Dr. Andreas Deutsch, Johann Wolfgang-Goethe-Universität, Frankfurt am Main, mit dem Titel *Die »Huissiers« des französischen Code de procédure civile (1807) und ihre Bedeutung für Deutschland* veröffentlicht

27. April	In Stuttgart-Bad Cannstatt findet ein Symposium mit dem Thema *Die Privatisierung des Gerichtsvollzieherwesens – Reform ohne Alternative* statt
11. Mai	Die von der Justizministerkonferenz beauftragte Arbeitsgruppe hat Gesetzentwürfe erstellt, die vorsehen, den Gerichtsvollzieher aus dem Beamtenstatus herauszunehmen und ihn sodann mit dem Amt des Gerichtsvollziehers zu beleihen. Der Bundesrat bringt die Gesetzentwürfe zu dem Beleihungsmodell für die Gerichtsvollzieher in den Bundestag ein
13.–15. Juni	Bundeskongress des DGVB in Berlin. Die Bundesjustizministerin Brigitte Zypries stellt sich in ihrer Ansprache gegen ein »freies Gerichtsvollziehersystem« und die Übertragung weiterer Aufgaben. Die Gesetzentwürfe des Bundesrates zu einem Beleihungsmodell für die Gerichtsvollzieher werden intensiv und kontrovers diskutiert und im Ergebnis vom DGVB abgelehnt

2008

25. Juli	Professor Dr. Burkhard Hess erstellt im Auftrag des DGVB ein wissenschaftliches Gutachten zur Neuorganisation des Gerichtsvollzieherwesens in Deutschland, das im Nomos Verlag veröffentlicht wird
6. Nov.	Tagung einer Arbeitsgruppe der Staatssekretäre der Länder mit dem Titel *Zwischenlösungen bis zur Umsetzung des Beleihungssystems im Gerichtsvollzieherwesen* unter Beteiligung des DGVB
4. Dez.	Der Entwurf zum Beleihungsmodell, der vom DGVB in der vorliegenden Form abgelehnt wurde, wird vom Bundesrat beim Bundestag eingebracht und von diesem am 4. Dezember zur Beratung an die Ausschüsse überwiesen, dort aber nie behandelt

2009

8. Mai	Der Deutsche Gerichtsvollzieherbund blickt auf 100 Jahre seines Bestehens zurück und würdigt dieses Jubiläum in einem Festakt in Berlin mit ca. 200 Teilnehmern in Anwesenheit von zahlreichen Vertretern aus dem BMJ und der Rechtspolitik
27. Mai	Anhörung im Rechtsausschuss des Bundestages zum Gesetzentwurf zur Reform der Sachaufklärung in der Zwangsvollstreckung unter Beteiligung des DGVB
18. Juni	Der Deutsche Bundestag verabschiedet das Gesetz zur Reform der Sachaufklärung in der Zwangsvollstreckung, das aber erst zum 1. Januar 2013 in Kraft treten soll. Die Entwicklung der Geschäftsbelastung der Gerichtsvollzieher in den Jahren von 1993 bis 2007 wird in der DGVZ umfassend dargestellt
6. November	Symposium des DGVB in der altehrwürdigen Ruprecht-Karls-Universität Heidelberg unter dem Motto *Zwangsvollstreckung im 21. Jahrhundert – Vom Forderungseinzug zum Forderungsmanagement?* Vor über 150 Teilnehmern diskutierten zahlreiche Vertreter aus Ministerien und Rechtspflege über die Möglichkeiten einer Modernisierung der Zwangsvollstreckung

2010

	Die *Deutsche Gerichtsvollzieher Zeitung* erscheint im 125. Jahrgang und bringt im Januarheft einen Rückblick auf die Geschehnisse in der Zeit ihres bisherigen Bestehens. Auch die Geschichte des Zwangsvollstreckungsrechts in der ehemaligen DDR wird in einer besonderen Abhandlung dargestellt
12. Februar	Die Gesetzentwürfe des Bundesrates zum Beleihungsmodell für die Gerichtsvollzieher werden erneut in den Bundestag eingebracht, dort aber wiederum nicht behandelt

2011

23.–26. Juni — Bundeskongress des DGVB in Berlin. Die Gesetzentwürfe des Bundesrates zu einem Beleihungsmodell für Gerichtsvollzieher, die dem Bundestag zugeleitet wurden, werden erneut vom DGVB abgelehnt. Stattdessen wird beschlossen, sich vorrangig für Verbesserungen im bestehenden beamteten System einzusetzen

2012

Im Vordergrund der weiteren Bestrebungen standen nun die Verbesserung der Ausbildung und Besoldung sowie die Übertragung der Forderungspfändung. Der DGVB führt in Eigenregie in den Ländern zahlreiche Fortbildungsveranstaltungen für seine Mitglieder durch zur Erläuterung des Gesetzes zur Reform der Sachaufklärung in der Zwangsvollstreckung

4. Juli — Obergerichtsvollzieher Wolfgang Person aus Karlsruhe wird bei einer Zwangsräumung mit weiteren vier Personen durch den Lebensgefährten der Schuldnerin, der sich anschließend auch selbst richtet, erschossen. Dies führt in den folgenden Jahren zu zahlreichen Diskussionen über die Sicherheit der Gerichtsvollzieherinnen und Gerichtsvollzieher

31. Dez. — Die Landesverbände Bayern, Hamburg und Schleswig-Holstein treten aus dem DGVB aus

2013

Die im Mai 2009 vom Bundestag verabschiedeten Gesetzesänderungen zur Reform der Sachaufklärung in der Zwangsvollstreckung treten am 1. Januar 2013 in Kraft und bringen zahlreiche Neuerungen für die Gerichtsvollzieher mit sich. Mit dieser Reform werden u. a. elektronische Abfragemöglichkeiten für die Gerichtsvollzieher bei Drittbehörden zur Aufklärung des Schuldnervermögens geschaffen und das Schuldnerverzeichnis elektronisiert

2014

3. April — Symposium des DGVB in Essen mit dem Titel *Zwangsvollstreckung, Gerichtsvollzieher und Reformen – hat der Kuckuck ausgedient?* Etwa 200 Teilnehmer verfolgen Vorträge und Diskussionen zur Zukunft der Zwangsvollstreckung und des Gerichtsvollzieherwesens in Deutschland

1. Juli — Die Reform des Rechts der Verbraucherentschuldung tritt in Kraft. In der DGVZ wird hierzu berichtet, ebenso wird die amtsangemessene Besoldung in einer Abhandlung der DGVZ mit ausführlicher Begründung erneut gefordert

2015

13.–15. Juni — Beim Bundeskongress des DGVB stehen der Nachwuchsmangel im Gerichtsvollzieherdienst und die falsche dienst- und besoldungsrechtliche Einstufung der Gerichtsvollzieher im Vordergrund der Diskussionen. Es werden erneut Verbesserungen im bestehenden System sowie die Einführung einer Hochschulausbildung für Gerichtsvollzieher gefordert

2016

	Die amtsangemessene Besoldung der Gerichtsvollzieherinnen und Gerichtsvollzieher wird unter den vom Bundesverfassungsgericht hervorgehobenen vier großen A des Alimentationsprinzips – Ansehen, Amt, Anspruch und Attraktivität – des Beamtentums betrachtet
1. Sept.	Im Land Baden-Württemberg beginnt das erste Hochschulstudium für Gerichtsvollzieher an der Hochschule für Rechtspflege in Schwetzingen
23. Nov.	Gründung der »Union Européenne des Huissiers de Justice« (UEHJ) als europäische Unterorganisation der UIHJ mit Sitz in Brüssel. Der Bundesvorsitzende des DGVB, Walter Gietmann, wird für Deutschland in den Vorstand der UEHJ gewählt

2017

27. April	Festakt zur 100. Ländervertreterversammlung des DGVB in Berlin unter dem Motto *Gerichtsvollzieher als Vollstreckungsmanager – Neue Perspektiven für Gläubiger und Schuldner?* Der DGVB fordert mehr Kompetenzen für die Gerichtsvollzieher und die bundesweite Einführung einer Hochschulausbildung nach dem Vorbild Baden-Württembergs
6.–10. Nov.	Tagung des BMJV in der Richterakademie in Wustrau zu dem Thema »Zwangsvollstreckung und Zwangsversteigerung aktuell« unter Beteiligung des Bundesvorsitzenden des DGVB als Referent zur Darstellung des deutschen Gerichtsvollzieherwesens

2018

2.–5. Mai	Internationaler Kongress der UIHJ in Bangkok, der die Bedeutung der Gerichtsvollzieher für ein Funktionieren der Rechtsstaatlichkeit in den Mitgliedsländern der UIHJ beleuchtet und Weichen für die Zwangsvollstreckung im Zeitalter der Globalisierung und der Digitalisierung stellt
	Zum 1. Mai tritt der Landesverband Hamburg wieder in den DGVB ein, der Landesverband Bayern folgt am 1. Oktober

Anhang

Anmerkungen

Wolfgang Rose
Gerichtsvollzieher in Deutschland 1800–1933

1 Zum Begriff der Staatsverdichtung vgl. Heinz Duchhardt, Barock und Aufklärung, 4., neu bearb. und erw. Aufl., München 2007, S. 53.
2 Vgl. hier und nachfolgend Allgemeine Gerichtsordnung für die Preußischen Staaten. Erster Theil. Prozeßordnung, Berlin 1822, S. 550–590 (http://reader.digitale-sammlungen.de/de/fs1/object/display/bsb10555019_00564.html bis _00604.html, letzter Zugriff 19.9.2018).
3 Zit. bei Baptist Lentz, Das Gerichtsvollzieherwesen. Dargestellt an den preußischen Verhältnissen (Referat auf der Tagung der Justizverwaltungen der Länder in Dresden vom 28. und 29. September 1928), in: Zeitschrift für deutschen Zivilprozeß, Bd. 54, H. 6, S. 481–499, hier S. 481.
4 Christian Grahl, Die Abschaffung der Advokatur unter Friedrich dem Großen, Göttingen 1993.
5 Zur historischen Entwicklung des französischen *Huissier de justice* vgl. Der französische Gerichtsvollzieher (Huissier de Justice). Report der Nationalen Kammer der Gerichtsvollzieher in Frankreich, aus dem Französischen übertragen von Rechtsanwalt Rainer E. Morgenstern, Kleinblittersdorf, in: DGVZ 111.1996, Nr. 7–8, S. 97–112, hier insbes. S. 97 ff.
6 Leopold August Warnkönig/Th. A. Warnkönig/Lorenz von Stein, Französische Staats- und Rechtsgeschichte, Bd. 1: Französische Staatsgeschichte, Neudruck der 2. Ausg. von 1875, Aalen 1968, S. 350. Im Folgenden: Warnkönig-Stein.
7 Vgl. Alexander Eich, Die Vollstreckungspersonen der Volksrechte. Ein Beitrag zur Entwicklung und Geschichte des Gerichtsvollziehers, Jur. Diss., Bonn 1983, S. 130.
8 Warnkönig-Stein, S. 568 f.
9 Ebd., S. 569. Siehe auch Der französische Gerichtsvollzieher. Report der Nationalen Kammer der Gerichtsvollzieher in Frankreich, S. 4.
10 Vgl. etwa Unbek. Verf., Das Gerichtsvollzieher-Institut in seinen für das rechtsrheinische Bayern bisher ungekannten Eigenthümlichkeiten, Würzburg 1869, S. 22.
11 Vgl. hier und nachfolgend Andreas Deutsch, Gerichtsvollzieher, in: Handwörterbuch zur Deutschen Rechtsgeschichte, Bd. 2, 2. Aufl., Berlin 2012, Sp. 220.
12 Wolfgang Bach, 190 Jahre Gerichtsvollzieher in Deutschland, in: DGVZ 108.1993, Nr. 4, S. 51–55, hier S. 52. Vgl. auch Eich, Die Vollstreckungspersonen, S. 133 f.
13 Constitution du 15 Novembre 1807, Titre XI, Art. 46, in: Bulletin des lois et décrets, No. 1, S. 22 f. (http://www.lwl.org/westfaelische-geschichte/txt/normal/txt368.pdf, letzter Zugriff 16.1.2018).
14 Hans-Peter Haferkamp, Rheinisches Recht, in: Friedrich Jaeger (Hrsg.), Enzyklopädie der Neuzeit, Bd. 11, Stuttgart und Weimar 2010, Sp. 227 ff. mit entsprechenden Literaturverweisen.

15 Später im Reichsgericht oblag die Anwendung des Code civil dem zweiten, »rheinischen« Senat.
16 Eberhard von Künßberg, Die Entwicklung der deutschen Rechtssprache, Baden-Baden 2017, S. 128.
17 Vgl. etwa für Preußen C. Strack, Der Gerichtsvollzieher in der königl. Preußischen Rheinprovinz, Reuß 1840.
18 Deutsch, Gerichtsvollzieher, Sp. 220.
19 Gerhard J. Dahlmanns (Hrsg.), Neudrucke zivilprozessualer Kodifikationen und Entwürfe des 19. Jahrhunderts. Materialien zur Entwicklungsgeschichte der ZPO, Bd. 1: Bürgerliche Prozeßordnungen für das Kgr. Hannover von 1847 und 1850, Aalen 1971, S. 268 f.
20 Ebd., S. 682 f.
21 Deutsch, Gerichtsvollzieher, Sp. 220.
22 Vgl. Staatsministerium der Justiz, bearb. v. Gottfried Schmitt, Der Gerichtsvollzieher-Dienst nach der bayerischen Civilprozeßordnung vom 29. April 1869, München 1869 (http://www.mdz-nbn-resolving.de/urn/resolver.pl?urn=urn:nbn:de:bvb:12-bsb10378254-6, letzter Zugriff 3.3.2019).
23 Unbek. Verf., Das Gerichtsvollzieher-Institut für das rechtsrheinische Bayern, S. 5.
24 Ebd., S. 3.
25 Ebd., S. 4.
26 Ebd.
27 Ebd., S. 5.
28 Staatsministerium der Justiz, Der Gerichtsvollzieher-Dienst nach der bayerischen Civilprozeßordnung vom 29. April 1869, S. III (http://www.mdz-nbn-resolving.de/urn/resolver.pl?urn=urn:nbn:de:bvb:12-bsb10378254-6, letzter Zugriff 3.3.2019).
29 Zum Gesetzgebungsprozess vgl. etwa Carl Hahn (Hrsg.), Die gesamten Materialien zu den Reichs-Justizgesetzen, Bd. 1, Abt. 1, Berlin 1883 (Neudr. der 2. Ausg., hrsg. von Eduard Stegemann, Aalen 1983).
30 So etwa Lentz, Das Gerichtsvollzieherwesen, S. 482. Dort heißt es: »Die Vorzüge des Instituts [hier des rheinischen Gerichtsvollziehers – d. Verf.] hatten vergessen lassen, daß es feindlichen Ursprungs war.«
31 Vgl. Dieter Langewiesche, Liberalismus in Deutschland, Frankfurt am Main 1988.
32 Das GVG datiert vom 27. Januar 1877 (RGBl, S. 41–76), die ZPO vom 30. Januar 1877 (RGBl, S. 83–243).
33 Lentz, Das Gerichtsvollzieherwesen, S. 482.
34 Hier und nachfolgend ebd., S. 483 f.
35 Ebd., S. 484.
36 Verordnung vom 6.9.1879 die Gerichtsvollzieherordnung betreffend, in: Bayerisches Gesetz- und Verordnungsblatt, S. 1091 ff.
37 Urte Nesemann, Gerichtsvollzieher in Vergangenheit und Zukunft, in: ZZP, 119. Bd., H. 1, 2006, S. 87–108, hier S. 101, mit Verweisen auf die einschlägigen Ausführungsregelungen zur ZPO in Hamburg und Sachsen.
38 Lentz, Das Gerichtsvollzieherwesen, S. 484 f.
39 Theo Seip, Aus der Geschichte der unterbliebenen ZPO-Reformen, in: DGVZ 97.1982, Nr. 4, S. 64; Werner Schubert, Das Zwangsvollstreckungsrecht im Entwurf einer Zivilprozessordnung von 1931 und in der rechtspolitischen Diskussion unter dem Nationalsozialismus, in: Zeitschrift der Savigny-Stiftung für Rechtsgeschichte. Germanistische Abteilung, Bd. 121 (2004), H. 1, S. 360.
40 Ebd.
41 Schreiben Justizminister Heinrich von Friedberg an Reichskanzler Otto von Bismarck vom Juli 1885, zit. nach: Seip, Aus der Geschichte, S. 64.
42 Schubert, Das Zwangsvollstreckungsrecht, S. 360.
43 Vgl. ZfGV 3.1889, Nr. 3, S. 19.
44 Lentz, Das Gerichtsvollzieherwesen, S. 485.

45 Siehe hierzu auch den nächsten Abschnitt.
46 Lentz, Das Gerichtsvollzieherwesen, S. 485.
47 Zum Modernisierungsbegriff und zum Ausmaß der Transformationsprozesse während der »erweiterten Jahrhundertwende« von 1880 bis 1930 vgl. etwa August Nitschke/Rüdiger vom Bruch/Gerhard A. Ritter (Hrsg.), Jahrhundertwende. Der Aufbruch in die Moderne 1880–1930, 2 Bde., Reinbek bei Hamburg 1990.
48 Gerichtsvollzieherordnung vom 31. März 1900, insbesondere § 17 Gerichtsvollzieherbezirke, Geschäftsverteilung, § 22 Dienstbezüge und §§ 23, 24 Besondere Vergütung für Parteien- und Amtliche Aufträge, in: PrGS 1900, S. 345–383, hier S. 350, 352.
49 Nesemann, Gerichtsvollzieher in Vergangenheit und Zukunft, S. 101.
50 Charlottenburg war bis zur Eingemeindung nach Berlin im Oktober 1920 eine selbstständige Stadt. Vgl. Gesetz über die Bildung einer neuen Stadtgemeinde Berlin vom 27. April 1920, in: PrGS 1920, Nr. 19, S. 123 f.
51 Heinrich Walter, Der preußische Gerichtsvollzieher. Systematisch geordnete Zusammenstellung aller das Gerichtsvollzieheramt in Preußen betreffenden reichs- und landesrechtlichen Gesetzesvorschriften und Ausführungsbestimmungen. Mit Erläuterungen, Berlin 1885. Das Werk erschien in mehreren Auflagen.
52 An unsere Leser, in: DGVZ 7.1887, Nr. 2, S. 9 f., hier S. 3.
53 Theo Seip, Zum 125. Jahrgang der Deutschen Gerichtsvollzieher Zeitung, in: DGVZ 125.2010, Nr. 1, S. 2–6, hier S. 2.
54 ZVZK 16.1902, Nr. 1, S. 1. Zuletzt wurden Haupt- und Untertitel vertauscht, so dass sie 1903/04 als »Zeitschrift für den Preußischen Gerichtsvollzieher-Verband – Organ für Vollstreckungs-, Zustellungs- u. Kostenwesen« herausgegeben wurde.
55 Vgl. etwa DGVZ 5.1885, Nr. 5, S. 146 f., 17.1897, Nr. 18, Titelseite f., 25.1905, Nr. 3, S. 32 f., 27.1907, Nr. 21, S. 231 ff., hier S. 232.
56 Theo Seip, 100 Jahre Deutscher Gerichtsvollzieher Bund, in: DGVZ 124.2009, Nr. 9, S. 137–145, hier S. 139. Vgl. Preußische Gerichtsvollzieherordnung von 1885, § 31, 2.
57 DGVZ 18.1898, Nr. 7, S. 55.
58 Vgl. DGVZ 5.1885, Nr. 5, S. 145, Petition an den preußischen Innenminister, oder DGVZ 17.1897, Nr. 18, Titelseite, Aufruf zu einer Petition an den preußischen Justizminister.
59 Zu Kulemann siehe u. a. Bernd Haunfelder, Die liberalen Abgeordneten des deutschen Reichstags 1871–1918. Ein biographisches Handbuch, Münster 2004, S. 246 f.
60 Zur Reform der Civilprozeß-Ordnung, in: DGVZ 9.1889, Nr. 1, S. 1 f., sowie Reformbestrebungen, in: ZfGV 3.1889, Nr. 1, S. 1 f.
61 DGVZ 9.1889, Nr. 1, S. 1 f.; ZfGV 3.1889, Nr. 3, S. 17–20.
62 ZfGV 3.1889, Nr. 4, S. 25 f.
63 Ebd., Nr. 5, S. 35–39.
64 DGVZ 9.1889, Nr. 3, S. 18.
65 ZfGV 7.1889, Nr. 7, Titelseite.
66 Auf der Titelseite der DGVZ vom 1. Februar 1889 ist eine Eloge auf den neuen Kaiser veröffentlicht. Anlass war dessen Geburtstag. Siehe DGVZ 9.1889, Nr. 3, S. 17.
67 Albert Himpler, Die Wurzel des Uebels, in: DGVZ 25.1905, Nr. 2, S. 15 f.
68 Ein Gegenbeispiel bietet die Entwicklung zum Rechtspfleger. Mit der ZPO-Novelle von 1909 wurden den vormaligen Justizsekretären oder Gerichtsschreibern die Kostenfestsetzung und die Erteilung des Vollstreckungsbefehls, die zuvor Richtersache gewesen waren, übertragen. Ab 1928 waren die Rechtspfleger bereits teilweise dem »gehobenen mittleren Dienst« zugeordnet, später vollständig dem gehobenen Dienst. Vgl. 100 Jahre Bund Deutscher Rechtspfleger. Chronik einer Erfolgsgeschichte, in: Rechtspflegerblatt. Zeitschrift des Bundes Deutscher Rechtspfleger, 55. Jg., H. 2, Bielefeld 2009, S. 15.

69 Albert Himpler, Reform des Gerichtsvollzieherwesens? (Motto: »Laßt alle Hoffnung fahren!«), in: DGVZ 25.1905, Nr. 3, S. 27 f., hier S. 28. Vgl. auch Unbek. Verf., Die Verleihung des Allgemeinen Ehrenzeichens an Gerichtsvollzieher, in: Ebd., S. 31 f.
70 Schulz (Göttingen), Erhöhung der Pension der Gerichtsvollzieher, mit ergänzender Bemerkung von Gamm (Berlin), in: DGVZ 25.1905, Nr. 3, S. 32 f., sowie Petition des Preußischen Gerichtsvollzieher-Verbandes an das Preußische Abgeordnetenhaus, in: Ebd., Nr. 4, S. 37 ff.
71 Seip, Zum 125. Jahrgang, S. 2.
72 Vgl. DGVZ 25.1905, Nr. 1, Titelseite.
73 Reinhold Kühn, An unsere Leser, in: DGVZ 25.1905, Nr. 1, S. 1.
74 Simon Hirsekorn, Die Deutsche Gerichtsvollzieher Zeitung im Lichte der Kritik, in: DGVZ 26.1906, Nr. 2, S. 19 ff., hier S. 19.
75 Vgl. Felix Vierhaus, Literatur über Gerichtsvollzieherwesen, in: Zeitschrift für deutschen Zivilprozess, Bd. 35 (1906), H. 2, S. 308–312.
76 Hirsekorn, Die Deutsche Gerichtsvollzieher Zeitung, S. 21 f.
77 Ebd., S. 22.
78 BayHStA, MJu 9225: Ueber die künftige Gestaltung des Gerichtsvollzieher-Instituts in Bayern, Denkschrift der Gerichtsvollzieher Bayerns, S. 3.
79 Ebd., S. 1 (Titelseite).
80 Unbek. Verf., Die Wirksamkeit des Gerichts-Vollzieher-Instituts nach den Reichs- und Preußischen Landesgesetzen. Ein Beitrag zur Justiz-Reform, Hanau 1884.
81 Ebd., S. 1.
82 Das Berliner Kammergericht war das zuständige Oberlandesgericht für Berlin und die preußische Provinz Brandenburg.
83 Schreiben des Kammergerichtspräsidenten vom 30.11.1898 an den Präsidenten des Landgerichts Guben, in: BLHA, Rep. 5E AG Forst, Nr. 1149, Bl. 17.
84 Vgl. Seip, 100 Jahre, S. 137.
85 DGVZ 5.1885, Nr. 1, S. 13 f. Altona war bis zur Eingemeindung nach Hamburg im Jahr 1937 eine selbstständige Stadt in der preußischen Provinz Schleswig-Holstein.
86 ZfGV 3.1889, Nr. 4, S. 25 f. Das Gründungsdatum dieses Vereins ist nicht bekannt.
87 Landesarchiv NRW, Abt. Westfalen, OLG Hamm, Nr. 2065: Satzung des Vereins, Wilken 1913, S. 3.
88 DGVZ 18.1898, Nr. 7, S. 54 f. Der OLG-Bezirk Breslau umfasste die preußische Provinz Schlesien.
89 Verband der Gerichtsvollzieher im Oberlandesgerichtsbezirk Köln (Hrsg.), Festschrift zum 100jährigen Bestehen des Verbandes der Gerichtsvollzieher im Oberlandesgerichtsbezirk Köln e. V. am 16. November 2000 in Köln, Köln 2000, S. 11. Im Folgenden: Festschrift Köln.
90 Taschenkalender für Deutsche Gerichtsvollzieher, 1906, T. 1, o. S., Bl. 3v. Siehe auch Seip, Zum 125. Jahrgang, S. 2.
91 Vgl. DGVZ 25.1905, Nr. 1, Titelseite.
92 Bayerischer Gerichtsvollzieherbund e. V. (Hrsg.), 100 Jahre Bayerischer Gerichtsvollzieherbund e. V., Festschrift zum Festakt am 22. April 2004, München 2004.
93 Hier und nachfolgend Seip, 100 Jahre, S. 138.
94 Hier und nachfolgend Deutscher Gerichtsvollzieherbund, in: DGVZ 29.1909, Nr. 3, S. 25 f.
95 Bayern: 2 Delegierte/294 Mitglieder, Baden: 3/160, Elsaß-Lothringen: 1/84, Hessen: 1/74, Hamburg: 3/75, Braunschweig: 1/39, Thüringen: 1/39, Württemberg: 1/32, Oldenburg (17 Mitglieder) hatte schriftlich seinen Beitritt zum Bund erklärt.
96 DGVZ 29.1909, Nr. 3, S. 26. Welche Gründe das waren, konnte nicht ermittelt werden.
97 Vgl. Festschrift Köln, S. 11, 15 f.

98 Seip, 100 Jahre, S. 139, sowie ders., 125. Jahrgang, S. 2.
99 Ebd.
100 Deutscher Gerichtsvollzieher-Bund. Preßausschuß. An die Mitglieder!, in: DGVZ 29.1909, Nr. 24, Titelseite.
101 Dafür wurden Themen wie die »Trennung von Gerichtsvollzieheramt und Unterbeamtendienst, Gleichstellung mit den mittleren Beamten erster Klasse in Rang und Gehalt, Erweiterung der sachlichen Zuständigkeit usw.« formuliert. Siehe DGVZ 27.1907, Nr. 21, S. 232.
102 Deutscher Gerichtsvollzieherbund. An die Mitglieder des Deutschen Gerichtsvollzieherbundes, in: DGVZ 34.1914, Nr. 15, Titelseite.
103 Vgl. etwa DGVZ 35.1915, Nr. 2, 4, 5, 6, 11, 15, 16 und 21.
104 Vgl. ebd., Nr. 2, S. 10.
105 Ebd., Nr. 11, S. 83.
106 Ebd, Nr. 12, Titelseite.
107 Allgemeine Verfügung (des preußischen Justizministers) vom 3. April 1916 über die Verwendung der Gerichtsvollzieher in einem anderen Zweige des Justizdienstes, in: PrGS 1916, S. 70.
108 DGVZ 38.1918, Nr. 1, S. 2.
109 Zur Biographie Kochs siehe etwa Helmut Stubbe da Luz, Christian Koch (1878–1955), in: Verein für Hamburgische Geschichte (Hrsg.), Die Beamten und Gewerkschafter Karl Raue, Carl Grevsmühl, Christian Koch (= Hamburgische Lebensbilder, Bd. 14), Hamburg 2007, S. 65–102.
110 Arbeitskommission an Vorstand des Vereins der Gerichtsvollzieher Bayerns, 21.11.1919, in: BayHStA, MJu 9253, o. Bl.
111 Ab 1920 Verband der Vollstreckungssekretäre Bayerns. Vgl. Bayerischer Gerichtsvollzieherbund, 100 Jahre, o. S.. Zum Preußischen Verband der Obergerichtsvollzieher siehe etwa DGVZ 46.1926, Nr. 12.
112 Seip, 100 Jahre, S. 140.
113 RGBl. 1922, S. 573.
114 DGVZ 42.1922, Nr. 16, S. 174.
115 Vorsitzender des Vereins der Gerichtsvollzieher des OLG-Bezirks Hamm i. W. an den OLG-Präsidenten in Hamm, 6.5.1920, in: Landesarchiv NRW, Abt. Westfalen, OLG Hamm, Nr. 1983.
116 Vgl. etwa Reichstagsprotokolle Bd. 306, 20. August 1915, S. 224 (https://www.reichstagsprotokolle.de/Blatt_k13_bsb00003402_00235.htm, letzter Zugriff 12.12.2018). Siehe u. a. Carl-Ludwig Holtfrerich, Die deutsche Inflation 1914–1923. Ursachen und Folgen in internationaler Sicht, Berlin/New York 1980.
117 DGVZ 42.1922, Nr. 16, S. 174.
118 Vertrauensmann der Gerichtsvollzieher des Landgerichts Hagen i. W., Müller, an Landgerichtspräsidenten, 24.3.1922, in: Landesarchiv NRW, Abt. Westfalen, OLG Hamm, Nr. 1962, Bl. 203 f.
119 Zum Jahreswechsel!, in: DGVZ 46.1926, Nr. 1 f., hier S. 1.
120 Ebd., S. 2.
121 Schreiben eines Nürnberger Gerichtsvollziehers an das Bayerische Justizministerium, 20.1.1928, in: BayHStA, MJu 9250, o. Bl.
122 Hier und nachfolgend GV König an Bayerisches Justizministerium, 15.12.1927, in: BayHStA, MJu 9303, o. Bl.
123 Ebd. sowie nachfolgende Stellungnahme Amtsgericht Laufen, 17.12.1927, o. Bl.
124 Ebd., Bayerisches Justizministerium an OLG-Präsidenten München, 10.7.1928 (Abschrift vom 16.5.1934), o. Bl. Die preußischen Bestimmungen für diesen Fall waren ähnlich, allerdings konnte der Gehaltsvorschuss eine Höhe von bis zu 4.000 RM erreichen. Vgl. Verfügung des preußischen Justizministers, 23.4.1928, in: BLHA, Rep. 5 E AG Gransee, Nr. 212, Bl. 184 r.
125 Seip, 100 Jahre, S. 140.

126 Hier und nachfolgend Landesarchiv NRW, Münster, OLG Hamm, Nr. 2025, Bl. 117 f. Ebenso BLHA, Rep. 5 E AG Forst, Nr. 1149, Bl. 58.
127 Siehe etwa Malte Hagener, Die Drei von der Tankstelle, in: Heinz-B. Heller und Matthias Steinle (Hrsg.): Filmgenres. Komödie, Stuttgart 2005, S. 89–92.
128 Aus der überbordenden Literatur siehe etwa Charles P. Kindleberger, Die Weltwirtschaftskrise 1929–1939, München 1973.
129 Die Münchener Stadtchronik (https://www.muenchen.de/rathaus/Stadtverwaltung/Direktorium/Stadtarchiv/Chronik/1930.html, letzter Zugriff 12.12.2018).
130 Vgl. etwa zu Angriffen der schleswig-holsteinischen Landvolkbewegung auf Gerichtsvollzieher Reinhard Sturm, Die Zerstörung der Demokratie 1930–1932, in: Bundeszentrale für politische Bildung (http://www.bpb.de/geschichte/nationalsozialismus/dossier-nationalsozialismus/39537/zerstoerung-der-demokratie, letzter Zugriff 12.12.2018).
131 Vgl. Seip, 100 Jahre, S. 140.
132 Landgericht-Präsident Hagen an OLG-Präsident Hamm, betr. Senkung des Auslagensatzes der Gerichtsvollzieher, 7.4.1932, in: Landesarchiv NRW, Abt. Westfalen, OLG Hamm, Nr. 4013, Bl. 99.
133 Vgl. etwa den Artikel »Forderungen der preußischen Gerichtsvollzieher«, der anlässlich des Verbandstages des preußischen Landesverbandes in Dortmund vom 12. bis 14. Juni 1930 in der »Hagener Zeitung« vom 19.6.1930 erschien, in: Landesarchiv NRW, Abt. Westfalen, OLG Hamm, Nr. 2032, Bl. 346.
134 Ebd.
135 Ordnung des 21. Bundestages, in: StaHH, 241-1 I/1976, o. Bl. Das Verhältnis von Mitgliederzahlen der Landesverbände und Mandaten stellte sich wie folgt dar: Lübeck 8/1; Hamburg 161/3; Bremen 12/1; Mecklenburg 49/1; Braunschweig 32/1; Thüringen 69/2; Lippe-Detmold 10/1; Anhalt 17/1; Hessen 69/2; Baden 150/3; Württemberg 105/3; Bayern 350/5; Preußen 1 622/12; Oldenburg 19/1; Sachsen 31/1; Danzig 21/1; gesamt 2 725/39.
136 Zur politischen Entwicklung vom »Preußenschlag« bis zur Errichtung der NS-Diktatur siehe etwa Karl Dietrich Bracher, Die Auflösung der Weimarer Republik. Eine Studie zum Problem des Machtverfalls in der Demokratie, Unveränderter, mit einer Einleitung zur Taschenbuchausgabe und einer Ergänzung zur Bibliographie versehener 2. Nachdruck der 5. Aufl. 1971, Düsseldorf 1984.
137 Hamburgischer Correspondent, Nr. 330 vom 16.7.1932, in: StaHH, 241-1 I/1976, o. Bl. Zur ZPO-Novelle siehe den Beitrag von Naghme Zare-Hamedani in diesem Band.

Naghme Zare-Hamedani
Gerichtsvollzieher im »Dritten Reich«

1 Vgl. Norbert Frei, Der Führerstaat. Nationalsozialistische Herrschaft 1933–1945, München 2013, S. 165 ff.
2 Zu den Funktionseliten im NS-Regime vgl. Gerhard Hirschfeld/Tobias Jersak (Hrsg.), Karrieren im Nationalsozialismus. Funktionseliten zwischen Mitwirkung und Distanz, Frankfurt am Main u. a. 2004; Konrad H. Jarausch u. a. (Hrsg.), Gebrochene Wissenschaftskulturen. Universität und Politik im 20. Jahrhundert, Göttingen 2010; Robert Jütte u. a. (Hrsg.), Medizin und Nationalsozialismus. Bilanz und Perspektiven der Forschung, 2. Aufl., Göttingen 2011; Konrad H. Jarausch, The Conundrum of Complicity. German Professionals and the Final Solution, in: Alan E. Steinweis/Robert D. Rachlin (Hrsg.), The Law in Nazi Germany. Ideology, Opportunism, and the Perversion of Justice, New York 2013, S. 15–35.
3 Brief vom 7. März 1922, verfasst vom Schuldner Haeusser an den Gerichtsvollzieher Gladel, in: StaHH, 241-1 I_2256, o. Bl.

4 Götz Aly, Hitlers Volksstaat. Raub, Rassenkrieg und nationaler Sozialismus, 4. Aufl., Frankfurt am Main 2005, S. 12 ff.
5 Vorläufiges Gesetz zur Gleichschaltung der Länder mit dem Reich vom 31. März 1933, in: RGBl. 1933 I, S. 153, und Zweites Gesetz zur Gleichschaltung der Länder im Reich vom 7. April 1933, in: Ebd., S. 173.
6 RGBl. 1934 I, S. 91.
7 RGBl. 1933 I, S. 175.
8 Vgl. Michael Grüttner, Brandstifter und Biedermänner. Deutschland 1933–1939, Stuttgart 2015, S. 40.
9 Zur Biographie von Hans Frank und seinem Wirken vor und nach 1933 vgl. Ernst Klee, Personenlexikon zum Dritten Reich. Wer war was vor und nach 1945, Frankfurt am Main 2003, S. 160; Dieter Schenk, Hans Frank. Hitlers Kronjurist und Generalgouverneur, Frankfurt am Main 2006.
10 Dr. Hans Frank wurde am 22. April 1933 auf Vorschlag Adolf Hitlers von Reichspräsident Hindenburg zum Reichskommissar »für die Gleichschaltung der Justiz in den Ländern und für die Erneuerung der Rechtsordnung« ernannt, vgl. Lothar Gruchmann, Justiz im Dritten Reich 1933–1940. Anpassung und Unterwerfung in der Ära Gürtner, München 2001, S. 86–87.
11 1936 wurde der »Bund Nationalsozialistischer Deutscher Juristen« in »Nationalsozialistischer Rechtswahrerbund« umbenannt. Dieser wurde bis 1942 von Frank geleitet, später dann von Otto Georg Thierack. Vgl. Angelika Königseder, Bund Nationalsozialistischer Deutscher Juristen, in: Wolfgang Benz/Brigitte Mihok (Hrsg.), Handbuch des Antisemitismus. Judenfeindschaft in Geschichte und Gegenwart. Bd. 5: Organisationen, Institutionen, Bewegungen, Berlin 2012, S. 86 ff., hier S. 87.
12 Wilhelm Heuber, Der Bund Nationalsozialistischer Deutscher Juristen und die Deutsche Rechtsfront, in: Hans Frank (Hrsg.), Nationalsozialistisches Handbuch, München 1935, S. 1566–1571, hier S. 1569.
13 Brief vom 30. März 1933 von Adolf Hitler an Dr. Hans Frank, abgedruckt in: Gruchmann, Justiz, S. 87.
14 Heuber, Der Bund, S. 1565.
15 Ebd., S. 1569. Siehe auch den Zeitungsartikel »Pflichtmitgliedschaft im BNDSJ für alle rechts- und staatswissenschaftlich vorgebildete Beamte«, in: StaHH, NS/5/VI/6688, S. 1.
16 Vgl. Heuber, Der Bund, S. 1566.
17 Hansen, Der Gerichtsvollzieher als Rechtswahrer, in: DGVZ 56.1936, Nr. 12, S. 177–181, hier S. 177.
18 Ebd., S. 178.
19 Ebd.
20 Schröter (Gerichtsvollzieher und Bezirksfachberater Leipzig), Der Gerichtsvollzieher der Vergangenheit und Zukunft, in: DGVZ 55.1935, Nr. 6, S. 85–87; Wiemes (Obergerichtsvollzieher), Der Gerichtsvollzieher im Dritten Reich, in: Ebd., S. 117 f.
21 Ebd., S. 118.
22 Hansen, Der Gerichtsvollzieher als Rechtswahrer, in: DGVZ 56.1936, Nr. 12, S. 177 ff.
23 Ebd.
24 Ebd.
25 Gaufachberater Restorff, Rundschreiben vom 26. Juli 1934 4/ 34 zur Reichsarbeitsgemeinschaft der Gerichtsvollzieher der Deutschen Rechtsfront, in: StaHH, 241-1 I_2256 (Anlage 1), o. Bl.
26 Ebd., Ziffer 1 der Anordnung.
27 Die Akademie für Deutsches Recht war die wissenschaftliche Zentralstelle für die Arbeit an der Neugestaltung des deutschen Rechtslebens. Ihre Hauptaufgabe bestand in der Verwirklichung des nationalsozialistischen Programms auf dem gesamten Gebiet des Rechts. Siehe hierzu § 1 der Satzung der Akademie für Deutsches Recht, abgedruckt in: Deutsche Justiz, Zentralorgan des Bundes Nationalsozialistischer Deutscher Juristen, 4. Jg. (1934), S. 339.
28 Gaufachberater Restorff, Rundschreiben vom 26. Juli 1934 4/ 34 zur Reichsarbeitsgemeinschaft der Gerichtsvollzieher der Deutschen Rechtsfront, in: StaHH, 241-1 I_2256 (Anlage 1), o. Bl.

29 Ebd.
30 Ebd.
31 Ebd.
32 Ders., Schreiben an den Gauleiter des Bundes Nationalsozialistischer Deutscher Juristen (Hanseatischer Gaubezirk) Senator Dr. Rothenberger vom 3. November 1934, in: ebd., o. Bl.
33 Schreiben Restorff an Oberregierungsrat Dr. Baritsch, in: StaHH, 241-1 I_2256, o. Bl.
34 Vgl. Otmar Schneider, Rechtsgedanken und Rechtstechniken totalitärer Herrschaft. Aufgezeigt am Recht des öffentlichen Dienstes im Dritten Reich und der DDR, Berlin 1988, S. 77; Hermann Oberpaul, Die Pflichten der öffentlichen Amtsträger im völkischen Führerstaat, Eichendorf 1937, S. 66.
35 Vgl. Hans Fabricius, Der Beamte einst und im neuen Reich, Berlin 1933, S. 107.
36 Zum Reichsbund Deutscher Juristen vgl. ausführlich Hermann Neef, Der Beamte im nationalsozialistischen Führerstaat. Rede gehalten auf dem Reichsparteitag in Nürnberg am 8.9.1934 (= Schriftenreihe »Das Dritte Reich«, Bd. 6), Berlin 1934, S. 15 ff., sowie ders., Das Beamtenorganisationswesen im nationalsozialistischen Staat. Vortrag, gehalten an der Verwaltungs-Akademie Berlin am 29.1.1935 im Rahmen der Vortragsreihe »Das Dritte Reich« (= Schriftenreihe »Das Dritte Reich«, Bd. 8), Berlin 1935, S. 25 f.
37 Satzung des RDB in: BArch Berlin, R 43 I/2651, Bl. 62 ff. Hier § 5.
38 Gaufachberater Restorff, Rundschreiben vom 26. Juli 1934 4/ 34 zur Reichsarbeitsgemeinschaft der Gerichtsvollzieher der Deutschen Rechtsfront, in: StaHH, 241-1 I_2256 (Anlage 1), o. Bl.
39 Ziffer 5 der Anordnung, in: ebd.
40 Vgl. hierzu den Beitrag von Wolfgang Rose in diesem Band.
41 Ebd.
42 Restorff, Rundschreiben vom 26. Juli 1934 4/ 34 zur Reichsarbeitsgemeinschaft der Gerichtsvollzieher der Deutschen Rechtsfront, in: StaHH, 241-1 I_2256 (Anlage 1), o. Bl.
43 Vgl. exemplarisch Albert Himpler, Abhandlungen. Die Wurzel des Uebels, in: DGVZ 25.1905, Nr. 2, S. 15 f. Himpler vergleicht darin die Institution des Gerichtsvollziehers mit einem »kranken Menschen, an dem sich bisher alle ärztliche Kunst machtlos erwiesen« habe. Siehe auch ders., Die Eigenschaft des Gerichtsvollziehers als öffentliche Behörde, in: DGVZ 30.1910, Nr. 18, S. 288–290. Beispiele sind ebenfalls Diskussionsartikel über die Frage, ob der Gerichtsvollzieher in seiner Eigenschaft als öffentliche Behörde angesehen werden kann und welche materiell rechtlichen Argumente dafür und dagegen sprechen; Die Redaktion des DGVZ, Mißstände im Gerichtsvollzieherwesen. Ihre Ursachen und die Möglichkeit ihrer Beseitigung, in: DGVZ 48.1928, Nr. 9, S. 129–131. Kritik an den preuß. Justizminister. Ursachen der Missstände im Gerichtsvollzieherwesen werden in der Verwaltung gesehen.
44 Dr. Hans Frank, Preisausschreiben der Akademie für Deutsches Recht, in: DGVZ 54.1934, Nr. 2, S. 17. Einsendungen wurden zu nachfolgenden Themen erwartet: »1. Wandlungen des Eigentumsbegriffes in der deutschen Rechtsauffassung und Gesetzgebung; 2. Der Begriff des Standes und seine Funktionen in Staat und Volk; 3. Wandlungen im strafrechtlichem Schutz von Staat, Volk und staatstragender Bewegung, insbesondere in Deutschland, Italien, Rußland und den nordischen Staaten; 4. Wie müssen die Unternehmensformen des geltenden Deutschen Rechts umgestaltet werden, um den Grundsatz verantwortlicher Führung zu verwirklichen?«
45 Rede Schneiders auf dem Außerordentlichen Bundestag des DGVB am 11. März 1934 in Berlin, abgedr. in: DGVZ 54.1934, Nr. 6, S. 81–84, hier S. 83. Schneider war bis dahin Gruppenleiter der Untergruppe Gerichtsvollzieher in der Gruppe der Rechtspfleger im Bund Nationalsozialistischer Deutscher Juristen, danach ist er Leiter der Arbeitsgemeinschaft Gerichtsvollzieher in der deutschen Rechtsfront. Siehe hierzu auch Elisabeth Volquardts, Beamtenverbände im Nationalsozialismus. Gleichschaltung zum Zwecke der Ausschaltung aufgrund politischer oder weltanschaulicher Gegnerschaft. Dargestellt am Beispiel

des Deutschen Beamtenbundes, des Verbandes preußischer Polizeibeamten e.V. und der Gewerkschaft Deutscher Lokomotivführer e.V., Kiel 2001, S. 48 ff.

46 Rede Schneiders auf dem Außerordentlichen Bundestag des DGVB am 11. März 1934 in Berlin, abgedr. in: DGVZ 54.1934, Nr. 6, S. 81–84, hier S. 83.
47 Schneemelcher, Bund und Verbände sind aufgelöst. Was nun?, in: DGVZ 54.1934, Nr. 7, Titelblatt.
48 Wiemes, Der Gerichtsvollzieher im Dritten Reich, 54.1934, Nr. 8, S. 117 f.
49 Unbek. Autor, Gedanken zur Neugestaltung des Vollstreckungsrechts, in: DGVZ 54.1934, Nr. 10, S. 147–152, hier S. 147.
50 Ziehe, Das neue Zwangsvollstreckungsrecht seit Kriegsbeginn, in: DGVZ 60.1940, Nr. 5, S. 33–35.
51 Vgl. Reinhard Greger, Vom »Kampf ums Recht« zum Zivilprozeß der Zukunft, Juristenzeitung (JZ) 1997, S. 1077–1083; Franz Wieacker, Privatgeschichte der Neuzeit, Göttingen 1996, S. 465 ff.
52 Greger, Vom »Kampf ums Recht«, S. 1077.
53 Vgl. Werner Schubert, Die Reform der Zwangsvollstreckung im ZPO-Entwurf von 1931 unter besonderer Berücksichtigung der Stellung des Gerichtsvollziehers, in: DGVZ 125.2010, Nr. 6, S. 123–128.
54 Reichsjustizministerium (Hrsg.), Entwurf einer Zivilprozeßordnung, Berlin 1931, S. 242.
55 Ebd.
56 Im Entwurf § 769. Vgl. Werner Schubert, Das Zwangsvollstreckungsrecht im Entwurf einer Zivilprozessordnung von 1931 und in der rechtspolitischen Diskussion unter dem Nationalsozialismus, in: Zeitschrift der Savigny-Stiftung für Rechtsgeschichte. Germanistische Abteilung, Bd. 121 (2004), S. 350–414, hier S. 362.
57 Ebd., S. 367.
58 Vgl. Krusch, Ein kritischer Beitrag zum Entwurf der in Aussicht genommenen ZPO, in: DGVZ 52.1932, Nr. 2, S. 17–19; Friedrich Straßner, Die Not der Gerichtsvollzieher, in: DGVZ 52.1932 Nr. 4, S. 49–51; Restorff, Der Referentenentwurf zur ZPO und das System im Gerichtsvollzieherwesen, in: DGVZ 52.1932, Nr. 11, S. 162–165.
59 Restorff, Der Referentenentwurf, S. 162.
60 Vgl. Schubert, Das Zwangsvollstreckungsrecht, S. 369.
61 Die Redaktion des DGVZ, Der Fall Köppen und seine Lehren, in: DGVZ 54.1934, Nr. 22, S. 341–343, hier S. 341.
62 Ebd.
63 Ebd., S. 342.
64 Erich Volkmar, Kommentar zum Gesetz zur Verhütung mißbräuchlicher Ausnutzung von Vollstreckungsmöglichkeiten vom 18. Dezember 1934 (RGBl. 1934 I, S. 1234), in: Deutsche Justiz, Rechtpflege und Rechtspolitik, 96. Jg. (1934), Ausg. A Nr. 51/52, S. 1622–1625.
65 Ebd., S. 1623.
66 Ebd.
67 RGBl. 1934 I, S. 1234.
68 Ebd., Abs. 1.
69 Schubert, Zwangsvollstreckungsrecht, S. 402.
70 RGBl. 1934 I, S. 1234, Abs. 1.
71 Ebd., Abs. 2.
72 RGBl. 1933 I, S. 302.
73 Ebd.
74 Schubert, Zwangsvollstreckungsrecht, S. 352.
75 Ebd.
76 Ders., Reform, S. 128

77 Beschluss des LG Berlin (9. ZK) vom 16.5.1934, 209 T 6849/34, abgedr. in: DGVZ 54.1934, Nr. 21, S. 330–332.
78 Ebd., S. 330.
79 Vgl. Hans Wrobel, Die Pfändbarkeit des Volksempfängers […], in: Kritische Justiz, 18/1985, S. 57–67.
80 Ebd., S. 62.
81 Ebd., S. 64.
82 Verfügung von Hans Frank vom 6. Oktober 1939, in: BArch, R 3001/8515 2344, S. 14 f.
83 Unbek. Verfasser, Rundfunkgerät ist unpfändbar, in: DGVZ 54.1934, Nr. 21, S. 331 f.
84 Anschreiben des Reichsministers der Finanzen an die Schriftleitung des Reichssteuerblattes und des Reichszollblattes, Berlin, 3. Juli 1935, in: BArch, R2/ 56.320 (Fiche 1-6), S. 22–26.
85 Schröder (Amtsrat), Die fachliche Schulung und Fortbildung der Gerichtsvollzieher, DGVZ 56.1936, Nr. 10, S. 145–147.
86 Frank wird in Artikeln der DGVZ und Literatur oftmals als Reichsjuristenführer bezeichnet. Siehe z. B. DGVZ 54.1934, Nr. 1, »Die Deutsche Rechtsfront proklamiert den Deutschen Rechtsstand«, S. 2; in Klee, Das Personenlexikon, S. 160, wird Frank als »Reichsrechtsführer« bezeichnet.
87 Buder, Kommentar und Bezugnahme auf Hans Franks Rede »Erhaltet die schöpferische Kraft unseres Nachwuchses«, in: DGVZ 54.1934, Nr. 23, S. 357 f.
88 Ders., Das Deutsche Beamtengesetz, in: DGVZ 57.1937, Nr. 12, S. 177 f.
89 Ausbildungsordnung für die Gerichtsvollzieher, Reichsjustizministerium vom 8.7.1938, in: BArch, R/2301/6587 o. Bl., und BArch, R3001/ 24551 S. 2–13.
90 BArch, R/2301/6587 o. Bl.
91 § 6 der Ausbildungsordnung.
92 § 8 der Ausbildungsordnung.
93 Vgl. Detlev Humann, Arbeitsschlacht. Arbeitsbeschaffung und Propaganda in der NS-Zeit 1933–1939, Göttingen 2011, S. 38 ff.
94 Avraham Barkai, Das Wirtschaftssystem des Nationalsozialismus. Ideologie, Theorie, Politik 1933–1945, erw. Neuaufl., Frankfurt am Main 1988, S. 164 ff.
95 Ebd.
96 Frank Bajohr, Interessenkartell, personale Netzwerke und Kompetenzausweitung. Die Beteiligten bei der »Arisierung« und Konfiszierung jüdischen Vermögens, in: Gerhard Hirschfeld/Tobias Jersak (Hrsg.), Karrieren im Nationalsozialismus. Funktionseliten zwischen Mitwirkung und Distanz, Frankfurt am Main u. a. 2004, S. 45–57, hier S. 51 f.
97 RGBl. 1931 I, S. 699–745.
98 Vgl. Bajohr, Interessenkartell, S. 52.
99 Ebd. Das Reichsbürgergesetz wurde am 15.9.1935 erlassen. Bis 1943 wurden dazu vom Reichsinnenministerium stetig erweiterte Verordnungen verabschiedet, welche die Rechte von Juden systematisch einschränkten. Vgl. RGBl. 1935 I, S. 1146.
100 Bajohr, Interessenkartell, S. 70.
101 Schreiben des Steuersekretärs des Oberfinanzpräsidenten Kassel vom 27. September 1938, in: BArch, R2/ 56.320, (Fiche 1–6) S. 29.
102 Verfügung vom Oberfinanzpräsidenten Berlin über die Handhabung bei der Beschlagnahmung wertvoller Kunstschätze von November 1940, in: BArch, R2/ 56.320, (Fiche 1–6) S. 143.
103 Vgl. Wolfgang Dreßen, Betrifft: »Aktion 3«. Deutsche verwerten jüdische Nachbarn, Berlin 1998. Siehe ebenfalls Martin Friedenberger u. a. (Hrsg.), Die Reichsverwaltung im Nationalsozialismus. Darstellung und Dokumente, Bremen 2002.
104 Vgl. Christiane Kuller, Finanzverwaltung und Judenverfolgung, in: Zeitenblicke, Bd. 3, Nr. 2, 2004.

105 Vgl. Hans-Dieter Schmidt, Finanztod. Die Zusammenarbeit von Gestapo und Finanzverwaltung bei der Ausplünderung der Juden in Deutschland, in: Gerhard Paul/Klaus-Michael Mallmann (Hrsg.), Die Gestapo im Zweiten Weltkrieg. Heimatfront und besetztes Europa, Darmstadt 2000, S. 141–154, hier S. 143.
106 RGBl. 1941 I, S. 303. In diesem Erlass erklärte Hitler den Fiskus zum Hauptprofiteur der Raubaktionen und verdrängte damit alle anderen staatlichen Stellen und NSDAP-Stellen aus dem Verfahren. Vgl. Christiane Kuller, Bürokratie und Verbrechen. Antisemitische Finanzpolitik und Verwaltungspraxis im nationalsozialistischen Deutschland, München 2013, S. 100.
107 Verfügung abgedr. in: Kurt Schilde, Bürokratie des Todes. Lebensgeschichten jüdischer Opfer des NS-Regimes im Spiegel von Finanzamtsakten (= Reihe Dokumente, Texte, Materialien des Zentrums für Antisemitismusforschung, Bd. 45), Berlin 2002, S. 121.
108 Vgl. Walter Rummel, Die Enteignung der Juden als bürokratisches Verfahren. Funktion und Grenzen der pseudolegalen Formalisierung eines Raubes, in: Katharina Stengel, Vor der Vernichtung. Die staatliche Enteignung der Juden im Nationalsozialismus (= Wissenschaftliche Reihe des Fritz Bauer Instituts, Bd. 15), Frankfurt am Main und New York 2007, S. 61–79, hier S. 66, 73.
109 Vgl. Schilde, Bürokratie, S. 47–52.
110 Die Akte »Fenichel, Horst Israel« besteht aus über 120 abgelegten Aktenblättern. Vgl. ausführlich zu diesem Fall ebd., S. 77–188.
111 Ebd., S. 150.
112 RGBl. 1939 I, S. 1656.
113 Artikel 6 der Verordnung über die »Unterbrechung und Aussetzung von Prozessen, an denen Kriegsteilnehmer beteiligt sind«, in: BArch, R 3001 / 22578, S. 4.
114 Auszug aus: Deutsche Justiz, Nr. 37, vom 15. September 1939, in: ebd., S. 106.
115 Ziehe, Das neue Zwangsvollstreckungsrecht seit Kriegsbeginn, in: DGVZ 60.1940, Nr. 5, S. 33–35.
116 Schreiben des Ministerialdirektors Sommer aus dem Stab der NSDAP vom 30. September 1939 an den Reichsminister der Justiz, in: BArch, R 3001 / 22758, S. 181.
117 Ebd.
118 Ebd.
119 Ebd.
120 Ebd, S. 182.
121 Ebd.
122 Auszug aus: Deutsche Justiz, Nr. 45, RGBl. 1939 I, S. 2139 vom 10. November 1939, in: BArch, R 3001/22758, S. 178b.
123 Ebd., S. 1451. Siehe auch Aly, Hitlers Volksstaat, S. 22.
124 Ebd.
125 Schreiben des Reichsjustizministeriums an sämtliche Oberlandesgerichtspräsidenten in Berlin, BArch, R 3001/2344, S. 10.
126 Zeitungsausschnitt über die Änderung der Ausbildungsordnung für die Gerichtsvollzieher. SB. D. RJM v. 3.11.1939 aus Deutsche Justiz, S. 91, in: BArch, R3001/24551, S. 32.
127 Schreiben des Justizangestellten Schneider des Oberlandesgerichts Hamm vom 25. April 1940 an den Reichsminister der Justiz über die Zulassung von Gerichtsvollzieheranwärtern, in: BArch, R3001/24551, S. 105 f.
128 Stengel, Vernichtung, S. 14.
129 Susanne Meinl/Jutta Zwilling (Hrsg.), Legalisierter Raub. Die Ausplünderung der Juden im Nationalsozialismus durch die Reichsfinanzverwaltung in Hessen, Frankfurt am Main 2004, S. 337.
130 Martin Friedenberger, Die Rolle der Finanzverwaltung bei der Vertreibung, Verfolgung und Vernich-

tung der deutschen Juden, in: Ders. und Eberhard Schönknecht (Hrsg.), Die Reichsfinanzverwaltung, S. 10–94, hier S. 14.
131 Vgl. Aly, Hitlers Volksstaat, S. 13.
132 Unbek. Autor, Gedanken zur Neugestaltung des Vollstreckungsrechts, in: DGVZ 54.1934, Nr. 10, S. 147–152, hier S. 147.
133 Reichsarbeitergemeinschaft, Stellungnahme der Reichsarbeitergemeinschaft zur Neugestaltung des Vollstreckungsrechts, in: DGVZ 54.1934, Nr. 16, S. 245 ff., hier S. 246.

Jeremias Weigle
Die Organisation des Gerichtsvollzieherwesens 1945–1949

1 Siehe ausführlich hier und nachfolgend Hermann Wentker, Justiz in der SBZ/DDR 1945–1953. Transformation und Rolle ihrer zentralen Institutionen (= Quellen und Darstellungen zur Zeitgeschichte, Bd. 51), München 2001, S. 17–78. Vgl. ebenso Matthias Uhl, Die Teilung Deutschlands. Niederlage, Ost-West-Spaltung und Wiederaufbau 1945–1949 (= Deutsche Geschichte im 20. Jahrhundert, Bd. 11), Berlin 2009 sowie Manfred Görtemaker und Christoph Safferling, Die Akte Rosenburg. Das Bundesministerium der Justiz und die NS-Zeit, München 2016, S. 33–44.
2 Ebd., S. 33.
3 Hans Georg Knothe, Die Geschichte des Zwangsvollstreckungsrechts in der ehemaligen DDR, in: DGVZ 125.2010, Nr. 9/10, S. 71.
4 Görtemaker und Safferling, Die Akte Rosenburg, S. 34.
5 Vgl. Knothe, Die Geschichte des Zwangsvollstreckungsrechts, S. 162.
6 Joachim Perels, Das juristische Erbe des Dritten Reiches. Beschädigung der demokratischen Rechtsordnung, Frankfurt am Main 1999, S. 79.
7 Carl Heyland, Das Berufsbeamtentum im neuen demokratischen Staat, Berlin 1949, S. 33.
8 Perels, Das juristische Erbe des Dritten Reiches, S. 80.
9 Zur Rolle der Wehrmachtjustiz vgl. die kritische Untersuchung von Manfred Messerschmidt und Fritz Wüllner, Die Wehrmachtjustiz im Dienste des Nationalsozialismus. Zerstörung einer Legende, Baden-Baden 1987.
10 Siehe Simone von Hardenberg, Eberhard Schmidt (1891–1977). Ein Beitrag zur Geschichte des Rechtsstaats, Berlin 2009.
11 Vgl. hierzu Heyland, Karl Ludwig, in: Ludwigs-Universität, Justus Liebig-Hochschule, 1607–1957. Festschrift zur 350-Jahrfeier, Gießen 1957, S. 465. Siehe auch Hellmuth Günther, Carl Heyland und das »Deutsche Beamtenrecht«, in: Der öffentliche Dienst, 2013, S. 166–175.
12 Vgl. Wolfgang Benz, Potsdam 1945. Besatzungsherrschaft und Neuaufbau im Vier-Zonen-Deutschland, München 1986, S. 37.
13 Vgl. hierzu ausführlich Manfred Görtemaker, Geschichte der Bundesrepublik Deutschland. Von der Gründung bis zur Gegenwart, München 1999, S. 15–118.
14 Siehe hierzu ausführlich Görtemaker und Safferling, Die Akte Rosenburg, S. 74 f.
15 Vgl. Dienstvorschriften für die Vollstreckungsbeamten der Reichsjustizverwaltung, hrsg. vom Reichsjustizministerium, o. O. (1938), S. 2 ff.
16 Siehe ausführlich Maren Bedau, Entnazifizierung des Zivilrechts. Die Fortgeltung von NS-Zivilrechtsnormen im Spiegel juristischer Zeitschriften aus den Jahren 1945 bis 1949, Berlin 2003.
17 Vgl. ebd., S. 58.
18 Ebd., S. 60.

19 Ebd., S. 56.
20 Vgl. hierzu Edith Raim, Justiz zwischen Diktatur und Demokratie. Wiederaufbau und Ahndung von NS-Verbrechen in Westdeutschland 1945–1949, München 2013, S. 80.
21 Clemens Vollnhals, Entnazifizierung. Politische Säuberung und Rehabilitierung in den vier Besatzungszonen 1945–1949, München 1991, S. 24.
22 Bedau, Entnazifizierung des Zivilrechts, S. 59 ff.
23 Vollnhals, Entnazifizierung, S. 34.
24 Joachim Groß, Die deutsche Justiz unter französischer Besatzung 1945–1949, Baden-Baden 2007, S. 39.
25 Anne Martin, Die französische Besatzungspolitik und die Gründung der CDU in Rheinland Pfalz; in: Historisch-politische Mitteilungen. Archiv für christlich-demokratische Politik, 2 (1995), S. 132 f.
26 Vgl. Brief Section de la Justice an Délégué Supérieur, Wurtemberg, 27.12.1945, AOFAA, AJ 805, p. 605, Dossier 17, in: Raim, Justiz zwischen Diktatur und Demokratie, S. 30, hier Fußnote 62.
27 BArch Berlin, DP/1/Nr. 7: Neuaufbau der Justizorgane in der SBZ: Funktionsaufgaben der DJV, 1945–1946; ebenso DP/1/Nr. 7: Neuaufbau der Justizorgane in Brandenburg 1945–1946 und DP/1/Nr. 8: Neuaufbau der Justizorgane in Sachsen (Justiz v. 1.8.1945). Siehe auch BArch, DX/1/ Nr. 562: ZSTA Sammlung SMAD-Befehle 16. Aug. 1947; Wentker, Justiz in der SBZ/DDR 1945–1953; Petra Weber, Justiz und Diktatur. Justizverwaltung und politische Strafjustiz in Thüringen 1945–1964 (= Veröffentlichungen zur SBZ/DDR-Forschung im Institut für Zeitgeschichte, Bd. 46), München 2000, und Dieter Pohl, Justiz in Brandenburg 1945–1955. Gleichschaltung und Anpassung in einer Landesjustiz (= Quellen und Darstellungen zur Zeitgeschichte, Bd. 50), München 2001, sowie Ruth-Kristin Rössler, Justizpolitik in der SBZ/DDR 1945–1956 (= Studien zur Europäischen Rechtsgeschichte, Bd. 136), Frankfurt am Main 2000.
28 Diese Realitäten waren allerdings vor allem von der späteren DDR-Führung nur als Übergangslösung bis zur Schaffung einer sozialistischen Rechtsordnung vorgesehen.
29 Vgl. Inspektion AG Naumburg, 31.8.1948, Bayerisches Justizministerium OMGH 17/209-1/2, Fußnote 314 bei Edith Raim, Justiz zwischen Diktatur und Demokratie. Wiederaufbau und Ahndung von NS-Verbrechen in Westdeutschland 1945–1949, München 2013, S. 76; siehe auch BArch Berlin, DP/1/Nr. 468.
30 Bericht über die Konferenz von Jalta (Krimkonferenz) (4.–11. Februar 1945), Amtsblatt des Kontrollrats in Deutschland, Ergänzungsblatt Nr. 1, Berlin 1946, S. 4-5; abgedruckt in Theo Stammen (Hrsg.), Einigkeit und Recht und Freiheit: westdeutsche Innenpolitik 1945-1955.München 1965, S. 24-26.
31 Kontrollratsdirektive Nr. 24 vom 12.1.1946 zur »Entfernung von Nationalsozialisten und Personen, die den Bestrebungen der Alliierten feindlich gegenüberstehen, aus Ämtern und verantwortlichen Stellungen.« Vgl. auch Joseph F. Napoli, Die Entnazifizierung vom Standpunkt eines Amerikaners; in: »Denazification«. Zur Entnazifizierung in Bremen, Bremen 1992, S. 69.
32 Hier und nachfolgend Kurt G. A. Jeserich u. a. (Hrsg.): Deutsche Verwaltungsgeschichte, Bd. 5: Die Bundesrepublik Deutschland, Stuttgart u. a. 1987, S. 80–85.
33 Raim, Justiz zwischen Diktatur und Demokratie, S. 281.
34 Vgl. Staatsarchiv Hamburg, Nr. 131-11_1011.
35 Vgl. Staatsarchiv Hamburg, Nr. 213-1_989.
36 Vgl. BayHStA, Nr. MSo 0637, Bl. 8.
37 Vgl. ebd., Bl. 1.
38 Vollnhals, Entnazifizierung, S. 51 f.
39 Wentker, Justiz in der SBZ/DDR 1945–1953, S. 17–67.
40 Ausführlich hier und nachfolgend Rainer Schröder, Der Wiederaufbau der Ziviljustiz in der sowjetischen Besatzungszone, in: Ders., Zivilrechtskultur der DDR, Bd. 4: Vom Inkasso- zum Feierabendprozess. Der DDR-Zivilprozess (= Zeitgeschichtliche Forschungen, Bd. 2/4), Berlin 2007, S. 14 f. Die Entnazifizierung der Justiz oblag den Justizverwaltungen.

41 BArch Berlin, DP/1/Nr. 7: Neuaufbau der Justizorgane in der SBZ: Funktionsaufgaben der DJV, 1945–1946, Bl. 6–14.
42 Ebd., Bl. 15–20.
43 Siehe Rainer Schröder, Der Wiederaufbau der Ziviljustiz in der sowjetischen Besatzungszone, in: Zivilrechtskultur der DDR, Bd. 4, S. 11–14. Es gab bis Ende 1948 nur noch sehr wenige »Alte« im Staatsdienst. Mit den Ende 1945 bzw. Anfang 1946 wiedereröffneten Universitäten in Berlin, Leipzig, Halle, Jena und Greifswald bildeten die dort angesiedelten juristischen Fakultäten wieder Juristen aus. Allerdings entsprachen weder die Professoren noch die Studenten häufig den geforderten Klassenansprüchen; viele von ihnen verließen zudem in den ersten Jahren die SBZ/DDR.
44 Vgl. ebd. Die SMAD hatte bereits am 17. Dezember 1945 eine Anordnung über die Ausbildung von Richtern und Staatsanwälten in abgekürzten Lehrgängen erlassen, die sich an ein Bildungsprogramm in der Sowjetunion orientierte, dass dort 1938 eingeführt worden war. Diese sah unter anderem einen sechsmonatigen Kurs für »aktive Antifaschisten« mit Volksschulbildung und einem Mindestalter von 25 Jahren vor.
45 Schröder, Der Wiederaufbau der Ziviljustiz in der sowjetischen Besatzungszone, S. 16 f.
46 Vgl. Hilde Benjamin (Leiterin des Autorenkollektivs), Zur Geschichte der Rechtspflege der DDR 1945–1949, Berlin (Ost) 1976.
47 Siehe Wentker, Justiz in der SBZ/DDR 1945–1953, S. 223 ff.
48 Die Verbandsarbeit wurde mehr und mehr eingeschränkt, jede Betätigung in beamtenorganisatorischer Hinsicht musste eingestellt werden. Der DGVB ging im Reichsbund der Deutschen Beamten e. V. (RDB) auf. Siehe Elisabeth Volquardts, Beamtenverbände im Nationalsozialismus. Gleichschaltung zum Zwecke der Ausschaltung aufgrund politischer oder weltanschaulicher Gegnerschaft, München 2001. Vgl. auch den Beitrag von Naghme Zare-Hamedani in diesem Band.
49 Vgl. StaHH, Nr. 213-1_284, o. Bl.
50 Vgl. ebd., o. Bl.
51 Vgl. StaHH, Nr. 213-1_284, o. Bl.
52 Vgl. StaHH, Nr. 131-11_3677.
53 Siehe u. a. Christoph Buchheim, Die Währungsreform 1948 in Westdeutschland, in: Vierteljahrshefte für Zeitgeschichte, 36. Jg. (1988), H. 2, S. 189–231, und Siegfried Freick, Die Währungsreform 1948 in Westdeutschland. Weichenstellung für ein halbes Jahrhundert, Schkeuditz 2001. Im Tausch gegen 40 Reichsmark sollte jeder Einwohner der Westzonen 40 neue Deutsche Mark erhalten. Ein paar Wochen später konnten weitere 20 Reichsmark pro Kopf im Verhältnis 1:1 getauscht werden. Erspartes wurde weitgehend entwertet: 100 Reichsmark schrumpften zu 6,50 Mark.
54 Vgl. Landesarchiv NRW, Abt. Westfalen, OLG Hamm Nr. 8865.
55 Siehe hier den Beitrag von Wolfgang Rose in diesem Band.
56 Vgl. Landesarchiv NRW, Abt. Westfalen, OLG Hamm Nr. 8865.
57 Vgl. Landesarchiv NRW, Abt. Westfalen, OLG Hamm Nr. 4013.
58 Hier und nachfolgend vgl. BayHStA, Nr. MJu 181, Bl. 6.
59 Ebd.
60 Vgl. ebd., Bl. 2.
61 Vgl. hier und nachfolgend Görtemaker und Safferling, Die Akte Rosenburg, S. 154–172, Zitat S. 154. Schon das erste Straffreiheitsgesetz vom 31. Dezember 1949. Siehe Gesetz über die Gewährung von Straffreiheit, in: BGBl. 1949, S. 37. Das Gesetz trat am 1. Januar 1950 nach Genehmigung durch die Alliierten in Kraft. Es amnestierte unter bestimmten Voraussetzungen alle vor dem 15. September 1949 begangenen Straftaten und Ordnungswidrigkeiten, die mit Gefängnis bis zu sechs Monaten beziehungsweise bis zu einem Jahr auf Bewährung bestraft werden konnten. Nicht alle Bundesländer waren damit einverstanden und Gegenstimmen wurden laut, weil befürchtet wurde, dass durch dieses Gesetz auch »schwer-

wiegende nazistische Gewalttaten« ungesühnt bleiben würden. Siehe hierzu Andreas Eichmüller, Keine Generalamnestie. Die Strafverfolgung von NS-Verbrechen in der frühen Bundesrepublik, Oldenburg 2012, S. 36–41; ebenso Norbert Frei, Vergangenheitspolitik. Die Anfänge der Bundesrepublik und die NS-Vergangenheit, München 1997, S. 100 ff.
62 Bundesministerium der Justiz (Hrsg.), Im Namen des Deutschen Volkes. Justiz und Nationalsozialismus. Katalog zur Ausstellung des Bundesministers der Justiz, Köln 1989, S. 361.
63 Siehe ausführlich Görtemaker und Safferling, Die Akte Rosenburg, S. 154–172.
64 Vgl. BayHStA, Nr. MSo 0012.
65 Vgl. BayHStA, Nr. MSo 0637.
66 Görtemaker und Safferling, Die Akte Rosenburg, S. 155 f. Ebenso zur Entstehungsgeschichte des Artikels 131 GG und seinem Entstehungsprozess Udo Wengst, Beamtentum zwischen Reform und Tradition. Beamtengesetzgebung in der Gründungsphase der Bundesrepublik Deutschland 1948-1953, Düsseldorf 1988.
67 Joachim Perels, Die Übernahme der Beamtenschaft des Hitler-Regimes, in: Kritische Justiz. Vierteljahresschrift für Recht und Politik, H. 2/2004, S. 186.
68 Vgl. Landesarchiv NRW, Abt. Westfalen, OLG Hamm Nr. 8864.

Kristina Hübener
Vollstreckungsrechtlicher Erziehungsauftrag in der DDR 1949 bis 1989/90

1 Thomas Thaetner, Die Zwangsvollstreckung in der DDR (= Berliner Juristische Universitätsschriften, Grundlagen des Rechts, Bd. 25), Berlin 2003, S. 22–25.
2 Hermann Wentker, Justiz in der SBZ/ DDR 1945–1953. Transformation und Rolle ihrer zentralen Institutionen (= Quellen und Darstellungen zur Zeitgeschichte, Bd. 51), München 2001, S. 580 f., Zitat S. 580.
3 Ausführlicher bei Thaetner, Die Zwangsvollstreckung in der DDR, S. 31.
4 Ebd., S. 28 f. Siehe Helmut Hausschild, Über die Tätigkeit der Gerichtsvollzieher, in: NJ 1957, S. 185 ff.; Alfred Kutschke, Die allgemeine Beschwerde in der Justizverwaltung. Kritik an einer mangelhaften Arbeitsweise einzelner Gerichtsvollzieher, in NJ 1955S. 110 ff.; Ders., Die Briefe der Werktätigen an die Justizorgane – ein wichtiges Mittel zur Entwicklung des sozialistischen Arbeitsstils. Beschwerden über die Tätigkeit des Gerichtsvollziehers, in: NJ 1959, S. 475.
5 Vgl. Thaetner, Die Zwangsvollstreckung in der DDR, S. 31. Dabei lag die Erledigungsdauer zwischen drei Wochen und acht Monaten.
6 Hier und nachfolgend Rainer Schröder, Der Wiederaufbau der Ziviljustiz in der sowjetischen Besatzungszone, in: Ders., Zivilrechtskultur der DDR, Bd. 4: Vom Inkasso- zum Feierabendprozess. Der DDR-Zivilprozess (= Zeitgeschichtliche Forschungen, Bd. 2/4), Berlin 2007, S. 131 f.
7 Siehe u. a. Dierk Hoffmann, Von Ulbricht zu Honecker. Die Geschichte der DDR 1949–1989 (= Deutsche Geschichte im 20. Jahrhundert, Bd. 15), Berlin 2013, S. 31 ff.
8 Die Kreisgerichte übernahmen die Funktion der früheren Amtsgerichte.
9 Vgl. hierzu ausführlich Rainer Schröder, Der Wiederaufbau der Ziviljustiz in der sowjetischen Besatzungszone, in: Ders., Zivilrechtskultur der DDR, Bd. 4: Vom Inkasso- zum Feierabendprozess. Der DDR-Zivilprozess (= Zeitgeschichtliche Forschungen, Bd. 2/4), Berlin 2007, S. 21–26 und S. 131 ff.
10 Die Thematik der Justiz in der SBZ/DDR sowie die Vollstreckungspraxis und das Zwangsvollstreckungsrecht in der DDR sind inzwischen gut erforscht. Grundlegend hierzu unter anderem Thaetner, Die Zwangsvollstreckung in der DDR; Ders., Bis zum Bitteren Ende. Zwangsvollstreckung in der DDR, in: Rainer Schröder (Hrsg.), Zivilrechtskultur der DDR (= Zeitgeschichtliche Forschungen, Bd. 2/2), Berlin

2000, S. 151–176; Schröder), Zivilrechtskultur der DDR, Bd. 4: Vom Inkasso- zum Feierabendprozess; Hans Georg Knothe, Die Geschichte des Zwangsvollstreckungsrechts in der ehemaligen DDR, in: DGVZ 125.2010, Nr. 9/10, S. 161–172; Wentker, Justiz in der SBZ/DDR 1945–1953; Petra Weber, Justiz und Diktatur. Justizverwaltung und politische Strafjustiz in Thüringen 1945–1964 (= Veröffentlichungen zur SBZ-/DDR-Forschung im Institut für Zeitgeschichte, Bd. 46), München 2000; Dieter Pohl, Justiz in Brandenburg 1945–1955. Gleichschaltung und Anpassung in einer Landesjustiz (= Quellen und Darstellungen zur Zeitgeschichte, Bd. 50), München 2001; Ruth-Kristin Rössler, Justizpolitik in der SBZ/DDR 1945–1956 (= Studien zur Europäischen Rechtsgeschichte, Bd. 136), Frankfurt am Main 2000. Neben diesen Veröffentlichungen wurden für den Zeitabschnitt bis 1952 Quellen des Bundesarchivs, die einen spezifischen Blick auf Provinz Mark Brandenburg und Sachsen erlauben, ausgewertet: BArch Berlin, DP/1/Nr. 7: Neuaufbau der Justizorgane in der SBZ: Funktionsaufgaben der DJV, 1945–1946; ebenso DP/1/Nr. 7: Neuaufbau der Justizorgane in Brandenburg 1945–1946 und DP/1/Nr. 8: Neuaufbau der Justizorgane in Sachsen (Justiz v. 1.8.1945). Siehe auch BArch, DX/1/ Nr. 562: ZSTA Sammlung SMAD-Befehle 16. Aug. 1947.

11 Rainer Schröder, Vollstreckung. Ausgangssituation und Modifikation, in: Zivilrechtskultur der DDR, Bd. 4, S. 131–135. Siehe auch Thaetner, Die Zwangsvollstreckung in der DDR, S. 22 f.

12 Schröder, Der Wiederaufbau der Ziviljustiz in der sowjetischen Besatzungszone, in: Ders., Zivilrechtskultur der DDR, Bd. 4, S. 23.

13 Vgl. Ebd., S. 21–27. Die Bezirksgerichte waren als Gerichte erster Instanz für Straf- und Zivilsachen von großer Bedeutung zuständig. Das Oberste Gericht war auch nach dem neuen GVG Gericht erster und letzter Instanz für Strafsachen von überragender Bedeutung. Als Gericht zweiter Instanz entschied es über die Rechtsmittel des Protestes, der Berufung und der Beschwerde gegen erstinstanzliche Entscheidungen der Bezirksgerichte und in Patentsachen. Bedeutend war seine Kassationsbefugnis rechtskräftiger Straf-, Zivil- und Arbeitsgerichtsurteile. Das Vertragsgericht hatte neben seiner streitentscheidenden auch eine wirtschaftsleitende Funktion. Es konnte ohne Antrag Verfahren einleiten, wenn es dies aus volkswirtschaftlichen Gründen für erforderlich hielt.

14 Die Richter wurden bis zur Einführung der Wahl aller Richter 1960 nach § 14 GVG vom Minister der Justiz auf drei Jahre ernannt.

15 Schröder, Der Wiederaufbau der Ziviljustiz in der sowjetischen Besatzungszone, in: Ders., Zivilrechtskultur der DDR, Bd. 4, S. 132 f.

16 Siehe ebd., S. 133. Hans Nathan (2.12.1900, † 12.9.1971), damals Leiter der Hauptabteilung Gesetzgebung im Ministerium für Justiz u. Präsident des Justizprüfungsamts, forderte auf einer Tagung am 14. Juni 1951 sogar eine vollständige Neuregelung der Lohnpfändungsverordnung. Allerdings zogen sich die Arbeiten daran in die Länge. Biographische Angaben aus dem Handbuch »Wer war wer in der DDR?«: https://www.bundesstiftung-aufarbeitung.de/wer-war-wer-in-der-ddr-%2363%3B-1424.html?ID=2455 (letzter Zugriff 23.3.2019).

17 Hier und nachfolgend Schröder, Der Wiederaufbau der Ziviljustiz in der sowjetischen Besatzungszone, in: Ders., Zivilrechtskultur der DDR, Bd. 4, S. 134. Schröder weist hier darauf hin, das »an der Vollstreckung in bewegliche Sachen und Grundstücke sich grundsätzlich nur wenig« änderte. Allerdings wurden Zwangsversteigerungen immer seltener; die Versteigerung von Grundstücken war durch die Erfordernis einer Bietergenehmigung des Rates des Kreises stark reglementiert. Ebd., S. 135.

18 Wentker, Justiz in der SBZ/DDR 1945–1953, S. 567 f.; Thaetner, Die Zwangsvollstreckung in der DDR, S. 132.

19 Schröder, Der Wiederaufbau der Ziviljustiz in der sowjetischen Besatzungszone, in: Ders., Zivilrechtskultur der DDR, Bd. 4, S. 134 f.

20 Thaetner, Die Zwangsvollstreckung in der DDR, S. 137.

21 Ebd.

22 Siehe ausführlich den Abschnitt Zivilrechtsverwirklichung, Erziehungsauftrag und Individualanspruch, in: Ebd., S. 138–141, Zitat S. 138.
23 Das Zivilgesetzbuch trat am 19. Juni 1975 in Kraft und löste das Bürgerliche Gesetzbuch (BGB) ab.
24 Hier und nachfolgend Thaetner, Die Zwangsvollstreckung in der DDR, S. 143 ff. Ebenso Schröder, Der Wiederaufbau der Ziviljustiz in der sowjetischen Besatzungszone, in: Ders., Zivilrechtskultur der DDR, Bd. 4, S. 137–141, sowie Knothe, Die Geschichte des Zwangsvollstreckungsrechts in der ehemaligen DDR, S. 167–170.
25 1. Grundsätze des Verfahrens | 2. Vollstreckung wegen einer Geldforderung | 3. Vollstreckung wegen sonstiger Ansprüche | 4. Vollstreckbarkeitserklärung von Beschlüssen gesellschaftlicher Gerichte. Siehe Thaetner, Die Zwangsvollstreckung in der DDR, S. 144.
26 Es fand ausdrückliche Berücksichtigung im Programm der »Einheit von Wirtschafts- und Sozialpolitik«, das Erich Honecker auf dem VIII. Parteitag der SED im Juni 1971 verkündete. Kernpunkt war die »weitere Erhöhung des materiellen und kulturellen Lebensniveaus des Volkes auf der Grundlage eines hohen Entwicklungstempos der sozialistischen Produktion, der Erhöhung der Effektivität, des wissenschaftlich-technischen Fortschritts und des Wachstums der Arbeitsproduktivität«. Siehe u. a. Protokoll der Verhandlungen des VIII. Parteitages der Sozialistischen Einheitspartei Deutschlands vom 15.–19. Juni 1971 in Berlin. Vgl. hierzu auch Hoffmann, Von Ulbricht zu Honecker. Die Geschichte der DDR 1949–1989, S. 111–126.
27 Hier und nachfolgend Rainer Schröder, Vollstreckung. Ausgangssituation und Modifikation, in: Zivilrechtskultur der DDR, Bd. 4, S. 137–141.
28 Thaetner, Die Zwangsvollstreckung in der DDR, S. 138.
29 Das Vollstreckungsrecht beruhte auf dem gleichzeitig mit dem neuen Zivilgesetzbuch in Kraft getretenen Gesetz über das gerichtliche Verfahren in Zivil-, Familien- und Arbeitsrechtssachen – ZPO – vom 19. Juni 1975 und dessen Nebengesetzen. Siehe Knothe, Die Geschichte des Zwangsvollstreckungsrechts in der ehemaligen DDR, S. 167.
30 Thaetner, Bis zum Bitteren Ende. Zwangsvollstreckung in der DDR, S. 168.
31 Ebd., S. 169 f. Das Strafrecht konnte über eine Anzeige nach § 249 bzw. § 141 StGB als Druckmittel durch die Sekretäre funktionalisiert werden. Siehe ebd., S. 163.
32 Thaetner, Bis zum Bitteren Ende. Zwangsvollstreckung in der DDR, S. 174.
33 Die Vollstreckungspraxis in der DDR wird ausführlich bei Thaetner, Knothe und Schröder behandelt. Hier und nachfolgend Thaetner, Die Zwangsvollstreckung in der DDR, S. 144–148, sowie Schröder, Der Wiederaufbau der Ziviljustiz in der sowjetischen Besatzungszone, in: Ders., Zivilrechtskultur der DDR, Bd. 4, S. 137–141, hier S. 137 f. Gegenstand gerichtlicher Vollstreckung waren Ansprüche auf Zahlung fälliger Geldbeträge, ggf. auch auf Gesetz über das gerichtliche Verfahren in Zivil-, Familien- und Arbeitsrechtssachen – ZPO – vom 19. Juni 1975 und dessen Nebengesetzen. Siehe Knothe, Die Geschichte des Zwangsvollstreckungsrechts in der ehemaligen DDR, S. 167.
34 Siehe Schröder, Der Wiederaufbau der Ziviljustiz in der sowjetischen Besatzungszone, in: Ders., Zivilrechtskultur der DDR, Bd. 4, S. 137.
35 Ausführlich bei Thaetner, Bis zum Bitteren Ende. Zwangsvollstreckung in der DDR, S. 152–162.
36 Hier und nachfolgend Schröder, Der Wiederaufbau der Ziviljustiz in der sowjetischen Besatzungszone, in: Ders., Zivilrechtskultur der DDR, Bd. 4, S. 138 f.
37 Ebd., S. 139. Die Vollstreckung von Gebührenforderungen, von Steuerforderungen usw. sowie von Geldstrafen und von Ordnungsstrafen anderer Staatsorgane oblag nicht den gerichtlichen Vollstreckungsorganen, sondern den Vollstreckungsstellen, die bei den Räten der Kreise sowie bei den Organen des Ministeriums des Innern und der Zollverwaltung bestanden. Auch die Deutsche Post vollstreckte bestimmte Gebührenforderungen selbst.

38 Thaetner, Bis zum Bitteren Ende. Zwangsvollstreckung in der DDR, S. 155 ff.
39 Ebd., S. 156 f.
40 Ebd., S. 157.
41 Ebd.
42 Ebd.
43 Knothe, Die Geschichte des Zwangsvollstreckungsrechts in der ehemaligen DDR, S. 170.
44 Thaetner, Bis zum Bitteren Ende. Zwangsvollstreckung in der DDR, S. 158.
45 BArch DPIVA5128, Belastungsstatistik des MdJ, Stand 1980, in: Ebd.
46 BArch DPIVA5128, Belastungsstatistik des MdJ, Stand 1990, in: Ebd.
47 Die Gerichte wären dann nur noch bei Widerspruch des Schuldners in Erscheinung getreten. Siehe ebd., S. 160.
48 Thaetner, Die Zwangsvollstreckung in der DDR, S. 264.
49 Thaetner, Bis zum Bitteren Ende. Zwangsvollstreckung in der DDR, S. 160.
50 Schröder, Der Wiederaufbau der Ziviljustiz in der sowjetischen Besatzungszone, in: Ders., Zivilrechtskultur der DDR, Bd. 4, S. 139 ff.
51 Hier und nachfolgend Thaetner, Bis zum Bitteren Ende. Zwangsvollstreckung in der DDR, S. 153.
52 Ebd., S. 154.
53 Schröder, Der Wiederaufbau der Ziviljustiz in der sowjetischen Besatzungszone, in: Ders., Zivilrechtskultur der DDR, Bd. 4, S. 140.
54 Ebd.
55 Thaetner, Die Zwangsvollstreckung in der DDR, S. 264 f., Zitat S. 265. Siehe auch Knothe, Die Geschichte des Zwangsvollstreckungsrechts in der ehemaligen DDR, S. 170.

Theo Seip
Die Entwicklung des Gerichtsvollzieherwesens in der Bundesrepublik Deutschland

1 Vgl. hierzu den Beitrag von Jeremias Weigle in diesem Band.
2 Die Behandlung des Abschnitts erfolgte unter besonderer Berücksichtigung der Veröffentlichungen in der Deutschen Gerichtsvollzieherzeitung (nachfolgend DGVZ). Ebenso konnten Archivalien aus dem Archiv des DGVB, aus dem Staatsarchiv Hamburg, dem Landesarchiv NRW Münster sowie dem Staatsarchiv München und dem Hauptstaatsarchiv München ausgewertet und in die Darstellung einbezogen werden.
3 DGVZ 70.1955, Nr. 2, S. 30. Änderung der GVO, S. 12, 13 f., 15, 30, 46.
4 Änderung der GVGA in: DGVZ. 70.1955, Nr. 1, S. 13 f., 15, und DGVZ 70.1955, Nr. 2, S. 30.
5 Erich Holzweg, Die neuen Dienstvorschriften für Gerichtsvollzieher, in: DGVZ, 69.1954, Nr. 6, S. 100–104, und in Nr. 7, S. 114 ff.
6 Vgl. Kleybolte, Unser Zwangsvollstreckungswesen, Neue Juristische Wochenschrift (nachfolgend NJW) 1954, S. 1097 ff. und 1469 ff. Der erstgenannte Beitrag wurde in der DGVZ 69.1954, Nr. 11, S. 166–171 nachgedruckt.
7 Adolf Schumacher, Zur Kritik des Zwangsvollstreckungsrechts, in: DGVZ 70.1955, Nr. 1, S. 2 f.
8 Wilhelm Noack, Der selbständige Bezirks-Gerichtsvollzieher mit privatem Büro, in: DGVZ 70.1955, Nr. 6, S. 81 ff. Bei Wilhelm Noack handelt es sich nicht nur um den Autor zahlreicher Abhandlungen in der DGVZ, sondern auch um den Verfasser des Handbuches »Die Vollstreckungspraxis«, das vielen Gerichtsvollziehern eine wertvolle Hilfe war. Vgl. hierzu die Buchbesprechung in: DGVZ 70.1955, Nr. 1, S. 16.

9   ZZP 54, S. 484.
10 Bericht vom Bundestag 1955 des DGVB, in: DGVZ 70.1955, Nr. 10, S. 145–156.
11 Kleybolte, Recht gegen Unrecht. Ein Schlusswort, in: DGVZ, 70.1955, Nr. 12, S. 177–179. Nachdruck aus: NJW 1955, S. 1140. Kleybolte griff das Thema in der Folgezeit aber noch mehrfach auf. Siehe etwa Kleybolte, Durften die Justizverwaltungen die freie Wahl des Gerichtsvollziehers ausschließen? in: DGVZ, 71.1956, Nr. 1, S. 1–6. Nachdruck aus: NJW 1955, S. 1169. Bereits im nächsten Heft ist noch ein Beitrag desselben Verfassers zu derselben Frage enthalten, der für den Gerichtsvollzieherdienst einen Überblick über die Zeit vor und nach Inkrafttreten der ZPO gibt. Das war allerdings nicht der letzte Versuch, die Rechtsstellung des Gerichtsvollziehers zu ändern. Vielmehr war damit inzwischen eine Diskussion in Gang gesetzt, die sich noch länger hinzog. Vgl. Hans Ludwig Rieken, Die Bewährung des selbstständigen Gerichtsvollziehers und Gedanken zur Reform des Vollstreckungsrechts, in: DGVZ 81.1966, Nr. 5, S. 65–69.
12 Günther Dannapfel, Gerichtsvollzieherprobleme in Vergangenheit, Gegenwart und Zukunft, in: DGVZ 83.1968, Nr. 5/6, S. 68–71. Fortsetzung in: DGVZ 83.1968, Nr. 7, S. 97–100.
13 DGVZ-Schriftleitung, Bericht vom Bundestag 1956, in DGVZ 71.1956 Nr. 10, S. 145–157.
14 Ebd., S. 154.
15 Siehe Staatsarchiv München, OLG München Nr. 1498, o. Bl.
16 DGVZ-Schriftleitung, Abschaffung des Amtssystems in Bayern, in: DGVZ 73.1958, Nr. 11, S. 162.
17 Siehe DGVZ 76.1961, Nr. 11, S. 118.
18 Alfred Mümmler, Erfahrungen mit dem Geschäftszimmersystem der Gerichtsvollzieher in Bayern, in: DGVZ 77.1962, Nr. 8, S. 117–122.
19 Ministerialrat Henn, Die Umstellung des Gerichtsvollziehersystems in Baden-Württemberg, in: DGVZ 77.1962, Nr. 12, S. 179–182.
20 DGVB-Bundesvorstand, Vereinigung der Gerichtsvollzieher des Saarlandes im Deutschen Gerichtsvollzieher-Bund, in: DGVZ 71.1956, Nr. 12, S. 189 ff.
21 Bericht von der ersten Ländervertreterversammlung (LVV), in: DGVZ 74.1959, Nr. 12, S. 178; DGVZ 75.1960, Nr. 6, S. 81.
22 BGH, Urteil vom 10. Januar 1957 – III. ZR. 108.55 -, in: DGVZ 72.1957, Nr. 6, S. 91 ff.
23 Stehle, »Eigenmächtige« Abstandnahme des Gerichtsvollziehers von Vollstreckungsmaßnahmen gegen Abschlagzahlungen, in: DGVZ 72.1957, Nr. 12, S. 177–182.
24 Wilhelm Noack, Vortrag zum Bundesvertretertag 1959, in: DGVZ 74.1959, Nr. 11, S. 161 ff. Siehe auch Monatsschrift für Deutsches Recht (MDR) 1959, S. 161 ff. Ebenso Sigmar Sebode, Vorpfändungen durch den Gerichtsvollzieher, in: DGVZ 74.1959, Nr. 12, S. 180 ff.
25 Stehle, Lohnpfändung in die Hand des Gerichtsvollziehers, in: DGVZ 74.1959, Nr. 2, S. 17–20; Willy Haagen, Die Lohnpfändung in der Hand des Gerichtsvollziehers, in: DGVZ 74.1959, Nr. 3, S. 33 f.; Bauer, Lohnpfändung durch den Gerichtsvollzieher, in: DGVZ 74.1959, Nr. 5, S. 65–68 und Quardt, in: DGVZ 74.1959, Nr. 8, S. 118 f.
26 Helmuth Bauer, Ratenbewilligung durch den Gerichtsvollzieher, in: DGVZ 74.1959, Nr. 7, S. 97–100, und Hanke zum gleichen Thema, in: Ebd. S. 100 ff.
27 Siehe BGBl. I S. 609. Ebenso Kasischke, Das Gleichberechtigungsgesetz, in: DGVZ 73.1958, Nr. 7, S. 98–102; Bobrowski, Änderung der Geschäftsanweisung für Gerichtsvollzieher und der Gerichtsvollzieherordnung, in: DGVZ 73.1958, Nr. 7, S. 102 ff. sowie in DGVZ 1958, Nr. 8, S. 119 f.; Wilhelm Noack, Pfändung gegen Ehegatten nach dem Gleichberechtigungsgesetz, in: DGVZ 74.1960, Nr. 4, S. 56–61.
28 Albrecht Wegener, Die Gültigkeitsdauer des Haftbefehls im Offenbarungseidverfahren (§§ 899 ff. ZPO), in: DGVZ 76.1961, Nr. 5, S. 67–71.
29 Mager, Der Auftrag zur ratenweisen Vollstreckung, in: DGVZ 79.1964, Nr. 7–8, S. 103–108.

30 Theo Seip, Die Gewaltanwendung gemäß §§ 758,759 ZPO. in: DGVZ 80.1965, Nr. 1, S. 3–6.
31 BGBl. I, 1979, S. 127 ff. Zu den unterschiedlichen Gutachten siehe u. a. Herbert Burkhardt, Zur Frage der Auslegung des § 845 ZPO, in: DGVZ 87.1972, Nr. 2, S. 17–19; Wilhelm Noack, Zur Auslegung des § 845 ZPO, in: DGVZ 87.1972, Nr. 2, S. 19–21; Josef Polzius, Zur Auslegung des § 845 ZPO, in: DGVZ, 87,1972, Nr. 2, S. 21–22. Ebenso Theo Seip, Zur Auslegung des § 845 ZPO, eine Stellungnahme zum Gutachten des OLG Frankfurt/Main, in: DGVZ 87.1972, Nr. 7–8, S. 104–112.
32 Herbert Bastian, Zur Frage der Auslegung des § 845 ZPO unter Berücksichtigung der geplanten Gesetzesänderung, in: DGVZ 90.1975, Nr. 9, S. 110–113.
33 VG Frankfurt/Main vom 26.5.1970, in: DGVZ 88.1973, Nr. 3, S. 42; VG Frankfurt vom 8.11.1971, in. Ebd., S. 43, und VG Stuttgart vom 26.4.1974, in: DGVZ 89.1974, Nr. 12, S. 191.
34 Theo Seip, Benötigt der Gerichtsvollzieher zur Durchsuchung oder zwangsweisen Öffnung der schuldnerischen Wohnung eine richterliche Anordnung?, in: DGVZ 88.1973, Nr. 3, S. 36–40.
35 Muster für Zahlungsaufforderung, in: DGVZ 88.1973, Nr. 3, S. 41.
36 Egon Schneider, Die zwangsweise Wohnungsöffnung durch den Gerichtsvollzieher, in: DGVZ 92.1977, Nr. 5, S. 72–74, und Hans Hermann Bowitz, Zur Bedeutung des Art. 13 für die Vollstreckungspraxis, in: DGVZ 93.1978, Nr. 4, S. 49–55.
37 Dieter Eickmann, Die Quittung des Gerichtsvollziehers im Grundbuchverfahren, in: DGVZ 93.1978, Nr. 10, S. 145–149.
38 LG München zwangsweise Wohnungsöffnung nur mit richterlichem Beschluss, in: DGVZ 92.1977, Nr. 5, S. 76.
39 OLG Düsseldorf, zwangsweise Wohnungsöffnung ohne richterlichen Beschluss möglich, in: DGVZ 91.1977, Nr. 12, S. 187.
40 BVerfG, Beschl. v. 3.4.1979 – 1 BvR 994/76 -, abgedruckt in: DGVZ 94.1979, Nr. 7–8, S. 115–121.
41 Art. 13 Abs. 2 GG; § 758 ZPO; §§ 107, 131 GVGA. Auch bei der Zwangsvollstreckung gemäß § 758 ZPO erfordert Artikel 13 Abs. 2 GG, außer bei Gefahr im Verzuge, eine – besondere – richterliche Anordnung für die Durchsuchung der Wohnung des Schuldners zum Zwecke der Pfändung beweglicher Sachen. Siehe BVerfG., Beschl. v. 3.4.1979 – 1 BvR 994/76. Zur Frage der Umsetzung der Entscheidung in der Praxis siehe ausführlich Theo Seip, Die Durchsuchung der Wohnung des Schuldners nach der Entscheidung des Bundesverfassungsgerichts vom 3.4.1979, in: DGVZ 94.1979, H. 7–8, S. 97 ff.
42 Vgl. hierzu Heinz Kersten, Neue Entscheidungsaufgaben für den Gerichtsvollzieher in NRW, in: DGVZ 84.1969, Nr. 4, S. 52–55, sowie Alfred Mümmler, Änderungen der GVGA und der GVO, in: DGVZ 86.1971, Nr. 5, S. 65–68.
43 DGVZ 87.1972. Nr. 4, S. 52, linke Spalte. Mümmler führt hierzu u. a. aus: »Wenn ihm, wie angestrebt, auch die Entscheidungsbefugnis im Verwertungsmoratorium nach Paragraf 813a ZPO übertragen werden sollte, so würde dies eine ganz erhebliche Ausweitung seines bisherigen Funktionsbereichs bedeuten. Er würde damit neben seinen bisherigen Aufgaben auch eine nachweisbar frühere richterliche Tätigkeit (die nunmehr dem Rechtspfleger zugeordnet ist) übertragen bekommen, die durch eine kontradiktorische Ermessensentscheidung beendet wird. Dies wiederum würde die besondere Festlegung dieses Status des GV im GVG oder – nach Art des RpflG 1969 – in einer besonderen Kodifikation bedeuten, wobei sich im Übrigen unter Beachtung des richterlichen Rechtsprechungsmonopols in Art. 92 GG noch verfassungsrechtliche Schwierigkeiten ergeben könnten.«
44 Theo Seip, Verlegung des Versteigerungstermins unter Bewilligung von Teilzahlungen durch den Gerichtsvollzieher, in: DGVZ 89.1974, Nr. 2, S. 17–22.
45 Johannes Behr, Immer wieder aktuell: Ratenzahlungen durch den Gerichtsvollzieher, in: DGVZ 92.1977, Nr. 11, S. 162–169.
46 Siehe BGBl. I S. 3281.

47 Theo Seip, Die Änderung des Mahnverfahrens durch die Vereinfachungsnovelle vom 3.12.1976, in: DGVZ 92. 1977, Nr. 3, S. 36–39.
48 Theo Seip, Die am 1. Juli 1979 in Kraft tretenden Änderungen zwangsvollstreckungsrechtlicher Vorschriften, in: DGVZ 94.1979, Nr. 3, S, 33–40.
49 Vgl. hierzu die bilanzierende und zugleich wertende Untersuchung von Manfred Hanke, Erfolge oder Rückschläge? Zur Entwicklung des Zwangsvollstreckungsrechts seit 1974 und zur Rechtsstellung des Gerichtsvollziehers, in: DGVZ 101.1986, Nr. 2, S. 17–26.
50 Hier und nachfolgend Manfred Görtemaker, Geschichte der Bundesrepublik Deutschland. Von der Gründung bis zur Gegenwart, München 1999, S. 641–645, hier S. 643. Ebenso Jürgen Bacia und Klaus-Jürgen Scherer, Passt bloß auf! Was will die neue Jugendbewegung?, Berlin 1981. Siehe auch Werner Lindner, Jugendprotest seit den fünfziger Jahren. Dissens und kultureller Eigensinn, Opladen 1996.
51 Görtemaker, Geschichte der Bundesrepublik, S. 643.
52 Günter Christmann, Der »namenlose« Besitzstörer als Verfügungsbeklagter, Zustellungsadressat und Vollstreckungsschuldner, in: DGVZ 99.1984, Nr. 7–8, S. 101–105.
53 Dagmar Kube, Verbesserung der Auswahl von Anwärtern für den Gerichtsvollzieherdienst – Eine mittelfristige Perspektive, in: DGVZ 104.1989, Nr. 2, S. 17–19.
54 Hannes Graudenz, Bewerberauswahl für den Gerichtsvollzieherdienst unter Anwendung psychologischer Verfahren, in: DGVZ 104.1989, Nr. 2, S. 20–23.
55 Bundesvorstand des DGVB zur Einordnung der Laufbahn Gerichtsvollzieher in die Laufbahngruppe des gehobenen Dienstes, in: DGVZ 77.1962, Nr. 11, S. 163–171.
56 Wilhelm Noack, Die Bedeutung der Tätigkeit des Gerichtsvollziehers für die Zwangsvollstreckung, die Notwendigkeit einer gründlichen Ausbildung und Fortbildung und das Erfordernis einheitlicher Richtlinien hierfür für das Bundesgebiet, in: DGVZ 78.1963, Nr. 4, S. 49–52.
57 Bericht vom Bundesvertretertag 1963 des DGVB in Düsseldorf, in: DGVZ 78.1963, Nr. 10, S. 161–175.
58 Henry Petersen, 1945–1965 und danach?, in: DGVZ 80.1965, Nr. 3, S. 33–37. Petersen war seinerzeit stellvertretender Bundesvorsitzender des DGVB. Vgl. auch Heinrich Mager, Ausbildung und Verantwortung des Gerichtsvollziehers, in: DGVZ 81.1966, Nr. 10, S. 145–152.
59 Siehe hierzu exemplarisch die Rede von Rudolf Schieler anlässlich des Zusammenschlusses des Verbandes Badischer Gerichtsvollzieher und des Verbandes Württembergischer Gerichtsvollzieher am 28. Oktober 1967, in: Rudolf Schieler, Standespolitische Fragen der Gerichtsvollzieher, in: DGVZ 83.1968, Nr. 1, S. 1–5. Vgl. auch Heinrich Mager, Ausbildung und Verantwortung des Gerichtsvollziehers, in: DGVZ 81.1966, Nr. 10, S. 145–152.
60 Siehe hierzu ausführlich Staatsarchiv Münster, OLG Hamm Nr. 4013, Bl. 11, 58, 71. Ebenso Staatsarchiv Hamburg, Hanseatisches OLG, 213–1999, Bl. 2–28.
61 Walter Jakobs, Justizausbildungs- und Fortbildungsstätte Monschau, in: DGVZ 86.1971, Nr. 4, S. 54–57.
62 Josef Polzius und Walter Jakobs, Ausbildung und Schulung der Gerichtsvollzieher, in: DGVZ 87.1972, Nr. 12 S. 178–183.
63 Siehe hierzu ausführlich den Beitrag von Walter Gietmann und Horst Hesterberg in diesem Band. Ob und wann die anderen Bundesländer dem Beispiel von Baden-Württemberg folgen, wird sich zeigen und auch davon abhängen, wie sich die dort vorgenommene Änderung der Eingangsvoraussetzungen und der Ausbildung auswirken.
64 Landesarchiv NRW Münster, OLG Hamm Nr. 4013, Bl. 4v+r, sowie ebd., Bl. 5v.
65 Siehe hierzu die Ausführungen von Wolfgang Rose in diesem Band.
66 Hauptstaatsarchiv München, MJu, Abt. A, Abgabe 2018, Generalakten, vorl. Nr. 182 (Weibliche Anwärter für den Gerichtsvollzieherdienst 23.10.1968 bis 10.7.1980), o. Bl.

67 Ebd.
68 Ebd. Siehe hierzu auch die Paragrafen 758, 759, 761 ZPO.
69 Ebd.
70 Ebd.
71 Ebd.
72 Siehe dazu Zeitzeugen-Interview Horst Hesterberg mit Marita Ziemann vom 18. Februar 2019.
73 Ebd. Die Bild-Zeitung berichtete am 23. Juli 1976 unter der Rubrik »Die klügsten Frauen Deutschlands« über sie mit der Schlagzeile »Die Kunst, einem Nackten etwas aus der Tasche zu holen«.
74 Hier und nachfolgend einschließlich Zitat: Archiv DGVB, Aktionsgemeinschaft der Gerichtsvollzieher-Ehefrauen Baden-Württembergs, 1971–1973.
75 Ebd.
76 Bild, Nr. 287, 10. Dezember 1971, in: Ebd.
77 Badische Neueste Nachrichten, 14. Dezember 1971, in: Ebd.
78 Entscheidung Verw. Ger. Sigmaringen betr. Überlastung des GV, in: DGVZ 91.1976, Nr. 7–8, S. 122–127.
79 Weil ihm eine dienstliche Anordnung oder Genehmigung zur Mehrarbeit nicht erteilt worden ist, besteht eine solche Verpflichtung auch nicht nach § 83 Abs. 2 und Satz 3 LBG. Siehe ebd., S. 125, linke Spalte.
80 Theo Seip, Die Änderung des Gerichtsvollzieherkostengesetzes und die vorgesehene Neuregelung der GV-Entschädigung, in: DGVZ 90.1975, Nr. 9, S. 139.
81 Art. 34 GG; § 839 BGB; § 46 BRRG und Reichsgericht, Urteil v. 10.12.1929 – 107/29 III –, in: DGVZ 89.1974, Nr. 7/8, S. 112 ff.
82 Vgl. hierzu Josef Polzius, Die Stellung des Gerichtsvollziehers als Beamter und als Vollstreckungsorgan gegenüber den Parteien, dem Vollstreckungsgericht und der Dienstaufsicht, in: DGVZ 88.1973, Nr. 11, S. 161–167.
83 Siehe Walter Jacobs, Bericht zur Tagung in Loccum, in: DGVZ 101.1986, Nr. 4, S. 41.
84 Alexander Eich, Mehr als eine Notwendigkeit: Die Reform der Gerichtsvollzieherzwangsvollstreckung, in: DGVZ 104.1989, Nr. 4, S. 49–54. Als Verbesserungen der Praxis regte Eich an, der Gerichtsvollzieher solle den Schuldner nach Einkünften befragen und ihm nach erfolgloser Pfändung auf Antrag des Gläubigers auch die eidesstattliche Offenbarungsversicherung abnehmen können. Vgl. hierzu auch Wilhelm Stolte, Der Gerichtsvollzieher – Vollstreckungsorgan zwischen Selbstständigkeit und Weisungsgebundenheit, in: DGVZ 102.1987, Nr. 7–8, S. 97–110.
85 Ralf Grawert, Die Ordnung des Gerichtsvollzieheramtes vor dem Grundgesetz, in: DGVZ 104.1989, Nr. 7, S. 97–119.
86 Siehe u. a. Theo Seip, Die Vollstreckungsordnung des Sachsenspiegels, in: DGVZ 98.1983, Nr. 4., S. 51–55; Henrich, Der französische Gerichtsvollzieher, in: DGVZ 77.1962, Nr. 6, S. 86 f., und in: DGVZ 77.1962, Nr. 7, S. 104 f. Ebenso Jürgen Burghardt, Die Rechtsstellung des Huissier de Justice in Frankreich, in: DGVZ 94.1979, Nr. 5, S. 65–72.
87 Günther Dannapfel, Der belgische Gerichtsvollzieher, in: DGVZ 79.1964, Nr. 4, S. 51–54; Peter Heidenberger, Zwangsvollstreckung in den USA, in: DGVZ 94.1979, Nr. 10, S. 148–153; Horst Raabe, Die japanische Zivilprozessordnung und die Zwangsvollstreckung in Japan, in: DGVZ 102.1987, Nr. 1, S. 5–7. Die Abhandlung von Horst Raabe befasst sich mit Fragen der gegenseitigen Anerkennung, dem Aufbau der japanischen Justiz, dem Zwangsvollstreckungsverfahren und der Rolle der Gerichtsvollzieher. Besonders interessant ist die vergleichende Statistik über die Vollstreckungsaufträge pro Einwohner anhand von Zahlen für das Jahr 1972. Demnach hatte Japan rund 120 Millionen Einwohner, die lediglich 165 830 Vollstreckungsaufträge erteilten. Deutschland dagegen kam im gleichen Jahr mit rund 62 Millionen Einwohnern auf rund 5,5 Millionen Vollstreckungsaufträge.

88 Jörg Pirrung, Grundzüge des französischen Zwangsvollstreckungsrechts, in: DGVZ 90.1975, Nr. 1, S. 1–8. Der Hinweis des Verfassers, der Zuständigkeitsbereich des Huissiers gehe beträchtlich weiter als derjenige des deutschen Gerichtsvollziehers, dürfte mittlerweile nicht mehr zutreffen, weil die Zuständigkeit des Gerichtsvollziehers für den Erlass vorläufiger Zahlungsverbote, die Gewährung von Teilzahlungen und die Vermögensoffenbarung inzwischen erheblich erweitert wurde. Eine wesentliche Abweichung vom deutschen Recht besteht darin, dass in Frankreich die Übergabe des Schuldtitels durch den Gläubiger an den Gerichtsvollzieher für diesen den generellen Vollstreckungsauftrag darstellt, der zu allen Vollstreckungshandlungen ermächtigt, für die es nicht aufgrund besonderer Vorschriften einer speziellen Ermächtigung bedarf. Einen zusätzlichen Einblick in die Zwangsvollstreckung in Frankreich gibt ein Interview der DGVZ-Schriftleitung mit einem Huissier, das Einzelfragen behandelt. Siehe DGVZ-Schriftleitung, Interview zur Vollstreckungspraxis in Frankreich, in: DGVZ 90.1975, Nr. 2, S. 17 ff.

89 Siehe M. Wietek und Peter Müssig, Die privilegierte Vollstreckung wegen der Kaufpreisforderung im französischen Recht, in: DGVZ 95.1980, Nr. 1, S. 1 ff.

90 W. Münzberg, W. Brehm und H. Alisch, Die privilegierte Sachpfändung nach französischem Vorbild, in: DGVZ 94.1980, Nr. 5–6, S. 72–79.

91 Jürgen Burghardt, Zwangsvollstreckungsorgane in der Schweiz und in Österreich in rechtsvergleichender Sicht, in: DGVZ 92.1977, Nr. 12, S. 177–182, und in: DGVZ 93.1978, Nr. 1, S. 1–5.

92 Die Bestellung der Betreibungsbeamten erfolgt nicht auf Lebenszeit, da ein geschlossener beamteter Berufsstand mit dem demokratischen Prinzip aller Kantonsverfassungen unvereinbar ist. Die Amtszeit beträgt daher zwischen einem und zehn Jahren mit der Möglichkeit der Wiederwahl.

93 Vgl. Burghardt, Zwangsvollstreckungsorgane in der Schweiz und in Österreich, S. 1–5.

Walter Gietmann | Horst Hesterberg
Das deutsche Gerichtsvollzieherwesen nach 1990

1 Vgl. Der Einigungsvertrag zwischen der Bundesrepublik Deutschland und der Deutschen Demokratischen Republik (Berlin, 31. August 1990), in: Bundesgesetzblatt 1990 II, nachfolgend Einigungsvertrag. Vgl. auch Alexander Bruns, Zwangsvollstreckungsrecht, 13., neu bearb. Aufl., Heidelberg 2006, S. 44 f.

2 Siehe hierzu ausführlich den Beitrag von Kristina Hübener in diesem Band mit grundlegenden Literaturangaben.

3 Gesetz zur Änderung und Ergänzung der Zivilprozessordnung vom 29.6.1990, in: GBl. DDR I, S. 547.

4 Einigungsvertrag Anlage I, Kap. III, Sachgeb. A, Abschn. III Nr. 5 k.

5 Vgl. hier und nachfolgend Alexander Bruns, Zwangsvollstreckungsrecht, 13., neu bearb. Aufl., Heidelberg 2006, S. 44 f.

6 Siehe Grußwort des Bundesvorstandes »Zur Deutschen Einheit«, in: DGVZ 105.1990, Nr. 10, S. 145 f. Die Ausgabe enthält zudem einen ausführlichen Bericht über die Zwangsvollstreckung in den 1990 entstandenen Ländern der Noch-DDR nach der »Wende« von 1989/90. Der Bericht informierte über die für die Zwangsvollstreckung relevanten Bestimmungen des Einigungsvertrages und berücksichtigte dabei das besondere Informationsinteresse der Interessenten für den Gerichtsvollzieherdienst im inzwischen beigetretenen Teil Deutschlands, in dem es bereits Bezieher der DGVZ gab. Vgl. Theo Seip, Zwangsvollstreckung in den Ländern der bisherigen DDR – Gründung von Gerichtsvollzieherverbänden, in: Ebd., S. 146–150.

7 Vgl. Ulrich Vultejus, Zwangsvollstreckung in der DDR, in DGVZ, 115.1990, Nr. 7/8, S. 102 ff. Der Autor hebt zwei Regelungen hervor: 1. die Zuständigkeit der Vollstreckungsstelle (des Gerichtsvollziehers) für alle Arten der Vollstreckung und 2. die Verteilung des Versteigerungserlöses nicht nach dem Zeitpunkt

des Vollstreckungsantrages, sondern nach der Dringlichkeit mit einem Vorrang der Unterhaltsforderungen und der Miete. Zitat ebd., S. 103.
8 Archiv des DGVB, Ländervertreterversammlung, Oktober 1990.
9 Ebd., S. 103.
10 Diesen Mangel mussten die neuen Bundesländer legislatorisch beheben. Vgl. Einigungsvertrag Anlage I, Kap. III, Sachgeb. A, Abschn. III Nr. 3 (Rechtspfleger) und Nr. 1 q (Gerichtsvollzieher). Siehe auch Alexander Bruns, Zwangsvollstreckungsrecht, 13., neu bearb. Aufl., Heidelberg 2006, S. 44 f.
11 »Gerichtsvollzieher. Wir sind die Popel. Den ehemaligen DDR-Bürgern droht eine Welle von Pfändungen. Noch fehlen der Justiz aber die Gerichtsvollzieher«, in: Der Spiegel, H. 51, 1990, S. 89.
12 Ebd.
13 Ebd.
14 Zu den Aufbauhelfern im Bezirksgericht Potsdam gehörte seit Ende 1990 für rund 18 Monate auch Winfried Pesch. Siehe dazu das Zeitzeugen-Interview Horst Hesterberg mit Winfried Pesch vom 16.7.2018, ebenso für das Amtsgericht Oranienburg das Zeitzeugen-Interview Horst Hesterberg mit Hannelore Weichsel vom 18.7.2018 sowie das Zeitzeugen-Interview Horst Hesterberg mit Ines Hillebrecht und Rainer Bartsch vom 22.7.2018. Das Interview mit Hillebrecht und Bartsch gibt genauere Einblicke in die Hospitationen in den alten Bundesländern.
15 Bernd Winterstein, Das Gerichtsvollzieherwesen in Sachsen nach zwei Jahren Aufbauhilfe, in: DGVZ 108.1993, Nr. 2, S. 21 ff., Zitat S. 21 f.
16 Ebd., S. 22.
17 Ebd.
18 Ebd., S. 23.
19 Ebd.
20 Zeitzeugen-Interview Horst Hesterberg – Hannelore Weichsel.
21 Vgl. hierzu 100 Jahre DGVB 1909–2009, Sonderheft, Füssen 2009, S. 26.
22 Der Bundesvorstand hatte bis dahin keinerlei Initiativen ergriffen, um den Berufsstand der Gerichtsvollzieher auf künftige Entwicklungen vorzubereiten. Reformdiskussionen waren deshalb unbedingt erforderlich, um eine Änderung des § 154 GVG zu erreichen, die bisher nicht möglich war.
23 DGVZ 82.1967, Nr. 7–8, S. 120. Ebenso Archiv des DGVB, Bericht über den VI. Internationalen Kongress der Gerichtsvollzieher in Bad Godesberg 1967.
24 Archiv des DGVB, Unterlagen zum »Neuberger Modell«.
25 Ebd.
26 Dokumentiert bei Theo Seip, DGVZ 112.1997, Nr. 7–8, S. 103; siehe auch das Schreiben des DGVB an den Justizminister NRW vom 11.November 1968, abgedruckt in DGVZ 112.1997, Nr. 7–8, S. 111 als Anlage 8.
27 Archiv DGVB.
28 BGBl 1997 T. I Nr. 85 v. 22.12.1997.
29 DGVZ 113.1998, Nr. 1, S. 1–8.
30 Archiv DGVB, Gutachten Roland Berger Strategy Consultans, München 2001.
31 Im Polizeidienst erfolgte durch den prüfungsfreien Aufstieg in den gehobenen Dienst ebenso eine Anpassung. Das Laufbahnverlaufsmodell des Polizeivollzugsdienstes dürfte nach dem Gutachten auch auf den Gerichtsvollzieherdienst übertragbar sein.
32 Dieses ist inzwischen in Baden-Württemberg, insbesondere auch wegen der Einführung der Reform der Sachaufklärung, seit dem 1. September 2016 erfolgt. http://www.fh-schwetzingen.de/pb/,Lde/Startseite/Studiengaenge/Gerichtsvollzieher_in+_LL_B_ (letzter Zugriff 26.12.2018).
33 Inzwischen haben die meisten Bundesländer eine Reform der Bürokostenentschädigung umgesetzt, allerdings mit unterschiedlichen Ergebnissen. So wurde in einigen Ländern ein pauschaliertes Gesamt-

vergütungsmodell eingeführt, in anderen ein Modell der Bürokostenentschädigung, teilweise auf Nachweis, verbunden mit einer Vollstreckungsvergütung.

34 Siehe Rupert Scholz, Freies Gerichtsvollziehersystem und Verfassung. Rechtsgutachten zur Verfassungsmäßigkeit einer Neuordnung von Status und Funktion des Gerichtsvollziehers nach Maßgabe der Empfehlungen der Kommission »Strukturelle Änderung der Justiz« des Deutschen Gerichtsvollzieherbundes e. V. in der Fassung vom 10./12. März 2001 (Beschluß der 72. Ländervertretung des DGVB), in: DGVZ, Sonderdruck, 118.2003, Nr. 7–8, S. 97–110. Vgl. auch Rupert Scholz, Freies Gerichtsvollziehersystem und Verfassung. Rechtsgutachten zur Verfassungsmäßigkeit einer Neuordnung von Status und Funktion des Gerichtsvollziehers nach Maßgabe der Empfehlungen der Kommission »Strukturelle Änderung der Justiz« des Deutschen Gerichtsvollzieherbundes e. V. in der Fassung vom 10./12.3.2001 (Beschluß der 72. Ländervertretung), Berlin im Februar 2003 (Maschinenschriftl., 64 S.), und Schilken, in: DGVZ 118.2003, Nr. 5, S. 65–73.

35 An der neuen Kommission »Strukturelle Änderungen« arbeiteten mit: Horst Hesterberg, Detlef Hüermann und Winfried Pesch vom Landesverband NRW, Raimund Geiger vom Landesverband Bayern, Andreas Zedel vom Landesverband Thüringen, Andreas Günther vom Landesverband Berlin, Rainer Jung vom Landesverband Hessen, Karl-Heinz Brunner vom Landesverband Baden-Württemberg, Wolfgang Küssner vom Landesverband Niedersachsen sowie Roswitha Weinrich vom Landesverband Mecklenburg-Vorpommern.

36 Vgl. Frühjahrskonferenz 2005 der Justizministerkonferenz, in: https://www.mj.niedersachsen.de/wir_ueber_uns/justizministerkonferenz_jumiko/links/10281.html (letzter Zugriff 13.01.2019).

37 Allerdings sollten bei der Wahrnehmung hoheitlicher Aufgaben Ausnahmen gelten.

38 Dem Abschlussbericht wurden deshalb folgende Anlagen beigefügt: (1) Forderungseinzug durch den Gerichtsvollzieher im vorgerichtlichen Abwendungsverfahren und Sachaufklärung, da nur nach Übernahme solcher Verfahren ein Gerichtsvollzieherbüro neuer Prägung finanzierbar sein dürfte; (2) Kostenaufstellung für ein Gerichtsvollzieherbüro in einem freien Systemwechsel; (3) mögliche Einnahmen aus dem Kostenmodell (Finanzierbarkeit eines solchen Gerichtsvollzieherbüros); (4) Status und Ausbildung; (5) Übergangsregelungen; (6) ein überarbeitetes Gerichtsvollziehergesetz. Weitere Beschlüsse der Justizministerkonferenz vom Frühjahr 2006 bis Juni 2007 bekräftigten die Reformbestrebungen.

39 BR-Drucksachen 149/07 und 150/07.

40 BR-Drucksachen 48 und 49/10.

41 DGVZ 124.2009, Nr. 9, S. 137/146.

42 DGVZ 125. 2010, Nr. 1, S. 7–10.

43 Ebd., S. 1–6.

44 BGBl 1997 Teil I Nr. 85 v. 22.12.1997; DGVZ 113.1998 Nr. 1, S. 1–8.

45 BGBl 2009 Teil I Nr. 48 v. 31.07.2009.

46 Gleichzeitig wurde eine weitere elektronische Datei bei den Zentralen Vollstreckungsgerichten eingerichtet, in der die durch die Gerichtsvollzieher aufgenommenen Vermögensverzeichnisse der Schuldner gespeichert werden. Auch zu dieser Datei übermittelt der Gerichtsvollzieher die Vermögensverzeichnisse elektronisch.

47 § 802b ZPO.

48 Hierbei ist für Deutschland festzustellen, dass im europäischen Vergleich dieses Schwert schon einige Scharten aufweist und dringend nachgeschliffen werden müsste, um den Umfang und den Standard in der Zwangsvollstreckung zu erreichen, wie er in vielen europäischen Staaten obligatorisch ist.

49 DGVZ 125.2010, Nr. 2, S. 21–32.

50 Archiv des DGBV, Burkhard Hess unter Mitwirkung von Björn Laukemann und Marcus Mack, Die Neuorganisation des Gerichtsvollzieherwesens in Deutschland. Wissenschaftliches Gutachten erstellt im Auf-

trag des Deutschen Gerichtsvollzieherbundes (Maschinenschriftl., 112 S.), Heidelberg 2006. Siehe auch Burkhard Hess (unter Mitwirkung von Björn Laukemann und Marcus Mack), Die Neuorganisation des Gerichtsvollzieherwesens in Deutschland. Wissenschaftliches Gutachten erstellt im Auftrag des Deutschen Gerichtsvollzieherbundes, Baden-Baden 2006.

51 Archiv des DGVB, Zwangsvollstreckung, Gerichtsvollzieher und Reformen: »Hat der Kuckuck ausgedient?«. Texte und Reden zum Symposium am 3. April 2014 in Essen, Duisburg 2014.
52 DGVZ 129.2014, Nr. 6, S. 157–160.
53 Zivilprozessordnung Buch 8: Zwangsvollstreckung §§ 704–945b ZPO, siehe https://dejure.org/ (letzter Zugriff 13.01.2019).
54 Siehe hierzu die §§ 829 ff. ZPO.
55 Vgl. § 802 l ZPO.
56 Nach Auffassung der Gerichtsvollzieher – auch in den anderen Bundesländern – war dieser Schritt längst überfällig, insbesondere, wenn man den Blick nach Europa richtet und feststellen muss, dass Deutschland neben Österreich hinsichtlich der Struktur der Ausbildung der Gerichtsvollzieher die rote Laterne trägt. Erfolgreich arbeitende und effiziente Gerichtsvollzieher setzen jedoch eine optimale Ausbildung voraus. Ein (Fach-) Hochschulstudium nach dem Vorbild Baden-Württembergs scheint dafür der richtige Weg zu sein. Für Baden-Württemberg siehe http://www.mit-recht-in-die-zukunft.de/gerichtsvollzieher/ (letzter Zugriff 14.12.2018).
57 Gemeint ist das vorläufige Zahlungsverbot gemäß § 845 ZPO.
58 Mit dieser Forderung entspricht der DGVB auch dem, was auf europäischer Ebene seit einigen Jahren diskutiert und vom Europäischen Rat in der European Commission on the Efficiency of Justice (CEPEJ) entwickelt worden ist. Hierbei handelt es sich um »Guidelines for a better Implementation of the Existing Council of Europe's Recommendation on Enforcement«, die 2009 vom Europäischen Rat verabschiedet wurden. Siehe https://rm.coe.int/16807473cd (letzter Zugriff: 13.01.2019).
59 Der DGVB steht voll und ganz hinter diesen Richtlinien der CEPEJ und wird als Mitglied sowohl der Internationalen Union der Gerichtsvollzieher (UIHJ) als auch der Europäischen Union der Gerichtsvollzieher (UEHJ) daran mitwirken, die Zukunft der deutschen Gerichtsvollzieher entsprechend zu gestalten.
60 Dies gilt für den Bereich der Drittauskünfte gemäß § 802 l ZPO ebenso wie für das Verfahren auf Abgabe der Vermögensauskunft durch die Schuldner, für die Speicherung der Vermögensverzeichnisse und für das anschließende Eintragungsverfahren zum Schuldnerverzeichnis.
61 Hierbei gilt die Regelung, dass im Rahmen des § 754 a ZPO bei einem elektronisch erstellten Vollstreckungsbescheid bis zu einer Forderungshöhe von 5.000 EUR auf die Vorlage des Originaltitels verzichtet werden kann, sofern von diesem eine Kopie als PDF-Dokument erstellt und dem Vollstreckungsauftrag beigefügt wird.
62 Die Gerichtsvollzieher setzen sie in ihren Büros teilweise bereits seit 1985 Computer ein, als im Bereich der allgemeinen Justiz noch kaum über den Einsatz elektronischer Mittel nachgedacht wurde. Der Einsatz von Computern erfolgte zunächst nur für den Schriftverkehr, nach und nach aber auch für andere Bereiche der Bürostrukturen und reichte von Registrierungs- und Buchungsarbeiten bis zur elektronischen Führung der Dienstkonten und den weiteren elektronischen Bearbeitungsweisen im Rahmen der Reform der Sachaufklärung in der Zwangsvollstreckung.
63 Vgl. § 154 und 155 GVG.
64 Eine Einschränkung erfolgt in § 753 ZPO, der besagt, dass die Zwangsvollstreckung von Gerichtsvollziehern durchgeführt wird, soweit sie nicht den Gerichten zugewiesen ist. Diese Bestimmung ist somit die Grundlage für die Zweiteilung der Zuständigkeiten in der Zwangsvollstreckung, die einerseits den Gerichtsvollziehern, andererseits den Vollstreckungsgerichten obliegen.

65 GVO im Ursprung vom 11.Mai 1870, letzte Änderung am 16. Oktober 2018
66 Hans Friedhelm Gaul, ZZP 87, S. 241. Siehe ebenso Eberhard Schilken u. a. (Hrsg.), Festschrift für Hans Friedhelm Gaul zum 70. Geburtstag am 19. November 1997 und Laudatio anläßlich der Verleihung der Ehrendoktorwürde an Herrn Professor Dr. Hans Friedhelm Gaul durch die Universität Athen. Vorgetragen in der Aula der Universität Athen am 22. April 1999. Erste Veröffentlichung in hellenischer Sprache: Dike 30 [1999] 736 ff.
67 Positionspapier der Arbeitsgruppe Justiz im DBB (AG Justiz), verabschiedet vom Gewerkschaftstag des DBB im November 2017. Siehe www.dbb.de/teaserdetail/news/rechtsstaat-und-justiz-gemeinsame-verantwortung-von-bund-und-ländern (letzter Zugriff 30. März 2019).
68 Ebd.

Quellen- und Literaturverzeichnis (Auswahl)

Ungedruckte Quellen

Bundesarchiv Berlin-Lichterfelde (BArch)
R 87	Reichskommissar für die Behandlung feindlichen Vermögens
R 2301	Rechnungshof des Deutschen Reiches
R 3001	Reichsjustizministerium
NS 5-VI	Deutsche Arbeitsfront – Zentralbüro, Arbeitswissenschaftliches Institut
NS 16	Nationalsozialistischer Rechtswahrerbund
DX 1	Sammlung SMAD-Befehle
DP 1	Ministerium der Justiz

Bayerisches Hauptstaatsarchiv (BayHStA)
MJu	Justizministerium
MJu	Abt. A, Abgabe 2018, Generalakten (mit vorl. Nr.)
MSo	Sonderministerium

Staatsarchiv München (StAM)
OLG München
Bestand GenStA (Generalstaatsanwalt)
Amtsgericht Starnberg

Staatsarchiv Hamburg (StaHH)
131-11	Personalamt (-Gesamtregistratur)
135-1 I-IV	Staatliche Pressestelle
213-1	Hanseatisches Oberlandesgericht Hamburg - Verwaltung
214-1	Gerichtsvollzieherwesen
313-4	Steuerverwaltung
424-112	Amtsgericht Blankenese
621-1	Firmenarchive

Hessisches Staatsarchiv, Darmstadt (HStAD)
G 21	Justizministerium
G 23 H	OLG Darmstadt
G 24	Generalstaatsanwalt beim Oberlandesgericht Darmstadt
G 28	Amtsgerichte
R 1 B	Verordnungssammlungen: Ausschreiben der Landesbehörden ab 1805

Landesarchiv NRW, Abt. Westfalen
Q 101   OLG Hamm
Q 211   Generalstaatsanwalt Hamm, General- und Verwaltungsakten
Q 131-1   Justizverwaltung des Landes NRW, Generalstaatsanwaltschaft Hamm

Brandenburgisches Landeshauptarchiv (BLHA)
Rep. 5 E   Amtsgerichte

Archiv des DGVB
div. unverzeichnete Bestände

Zeitzeugen-Interviews

Horst Hesterberg mit
– Winfried Pesch, 16. Juli 2018
– Hannelore Weichsel, 18. Juli 2018
– Rainer Bartsch, 22. Juli 2018
– Ines Hillebrecht, 22. Juli 2018
– Marita Ziemann, 18. Februar 2019

Gedruckte Quellen

Allgemeine Gerichtsordnung für die Preußischen Staaten. Erster Theil. Prozeßordnung, Berlin 1822.
Buder, Konrad: Kommentar und Bezugnahme auf Hans Franks Rede »Erhaltet die schöpferische Kraft unseres Nachwuchses«, in: DGVZ 54.1934, Nr. 23, S. 357–358.
Ders.: Das Deutsche Beamtengesetz, in: Ebd., 57.1937, Nr. 12, S. 177–178.
Dahm, Georg/Huber, Ernst Rudolf/Larenz, Karl/Michaelis, Karl/Schaffstein, Friedrich/Siebert, Wolfgang (Hrsg.): Grundfragen der neuen Rechtswissenschaft, Berlin 1935.
Frank, Hans: Nationalsozialistisches Handbuch für Recht und Gesetzgebung, München 1935.
Fabricius, Hans: Der Beamte einst und im neuen Reich, Berlin 1933.
Freisler, Roland: Nationalsozialistisches Recht und Rechtsdenken, Berlin 1943.
Frosthoff, Ernst: Staatsrechtswissenschaft und Weltkrieg, in: Blätter für Deutsche Philosophie, Zeitschrift der Deutschen Philosophischen Gesellschaft, 5. Bd., 1931e, S. 292–301.
Hahn, Carl (Hrsg.): Die gesamten Materialien zu den Reichs-Justizgesetzen, Bd. 1, Abt. 1, Neudr. der 2. Ausg., hrsg. von Stegemann, Eduard, Berlin 1883, Aalen 1983.
Hansen: Der Gerichtsvollzieher als Rechtswahrer, in: DGVZ 56.1936, Nr. 12, S. 177–181.
Heuber, Wilhelm: Der Bund Nationalsozialistischer Deutscher Juristen und die Deutsche Rechtsfront, in: Hans Frank (Hrsg.), Nationalsozialistisches Handbuch, München 1935, S. 1566–1571.
Hildebrandt, Heinz: Rechtfindung im neuen deutschen Staate, Berlin [u. a.] 1935.
Himpler, Albert: Abhandlungen. Die Wurzel des Uebels, in: DGVZ 25.1905, Nr. 2, S. 15–16.
Ders.: Die Eigenschaft des Gerichtsvoliehers als öffentliche Behörde, in: Ebd., 30.1910, Nr. 18, S. 288–290.
Hoke, Rudolf/Reiter, Ilse: Quellensammlung zur österreichischen und deutschen Rechtsgeschichte, Wien u. a. 1993.
Huber, Ernst Rudolf: Verfassungsrecht des Großdeutschen Reiches, 2. Aufl., Hamburg 1939.

Krusch: Ein kritischer Beitrag zum Entwurf der in Aussicht genommenen ZPO, in: DGVZ 52.1932, Nr. 2, S. 17–19.

Künßberg, Eberhard von: Die Entwicklung der deutschen Rechtssprache, Baden-Baden 2017.

Larenz, Karl: Rechtsperson und subjektives Recht. Zur Wandlung der Rechtsgrundbegriffe, in: Dahm, Georg/Huber, Ernst Rudolf/Larenz, Karl/Michaelis, Karl/Schaffstein, Friedrich/Siebert, Wolfgang (Hrsg.): Grundfragen der neuen Rechtswissenschaft, Berlin 1935, S. 225.

Neef, Hermann: Der Beamte im nationalsozialistischen Führerstaat. Rede gehalten auf dem Reichsparteitag in Nürnberg am 8.9.1934 (= Schriftenreihe »Das Dritte Reich«, Bd. 6), Berlin 1934.

Ders.: Das Beamtenorganisationswesen im nationalsozialistischen Staat. Vortrag gehalten an der Verwaltungs-Akademie Berlin am 29.1.1935 im Rahmen einer Vortragsreihe »Das Dritte Reich«. Schriftenreihe »Das Dritte Reich«, Bd. 8, Berlin 1935.

Oberpaul, Hermann: Die Pflichten der öffentlichen Amtsträger im völkischen Führerstaat, Eichendorf 1937.

Radbruch, Gustav: Rechtsphilosophie. Studienausgabe herausgegeben von Ralf Dreier und Stanley L. Paulson, 2. Aufl., Heidelberg 2003.

Raim, Edith: Justiz zwischen Diktatur und Demokratie. Wiederaufbau und Ahndung von NS-Verbrechen in Westdeutschland 1945–1949, München u. a. 2013.

Redaktion der Deutschen Gerichtsvollzieher-Zeitung: Der Fall Köppen und seine Lehren, in: DGVZ 54.1934, Nr. 22, S. 341–343.

Ders.: Gedanken zur Neugestaltung des Vollstreckungsrechts, in: Ebd., 54.1934, Nr. 10, S. 147–152.

Ders.: Mißstände im Gerichtsvollzieherwesen. Ihre Ursachen und die Möglichkeit ihrer Beseitigung, in: Ebd., 48.1928, Nr. 9, S. 129–131.

Ders.: Rundfunkgerät ist unpfändbar, in: Ebd., 54.1934, Nr. 21, S. 331–332.

Reichsarbeitergemeinschaft (Hrsg.): Stellungnahme der Reichsarbeitergemeinschaft zur Neugestaltung des Vollstreckungsrechts, in: Ebd., 54.1934, Nr. 16, S. 245–247

Reichsjustizministerium (Hrsg.), Entwurf einer Zivilprozeßordnung, Berlin 1931.

Restorff, Ernst: Der Referentenentwurf zur ZPO und das System im Gerichtsvollzieherwesen, in: Deutsche Gerichtsvollzieher-Zeitung (DGVZ), 52.1932, Nr. 11, S. 162–165.

Rosenberg, Alfred (Hrsg.): Das Parteiprogramm. Wesen, Grundsätze und Ziele der NSDAP, 20. Aufl., München 1939.

Schlink, Heinrich: Commentar über die französische Civil-Proceß-Ordnung. 1 Bd, Koblenz 1843.

Schmitt, Carl: Nationalsozialismus und Rechtsstaat, in: Juristische Woche 63 (1934), S. 713–718.

Schmitt, Gottfried: Der Gerichtsvollzieher-Dienst nach der bayerischen Civilprozeßordnung vom 29. April 1869, München 1869.

Ders.: Über die drei Arten des rechtswissenschaftlichen Denkens, Hamburg 1934.

Schneemelcher: Bund und Verbände sind aufgelöst. Was nun?, in: Deutsche Gerichtsvollzieher-Zeitung (DGVZ), 54.1934, Nr. 7, Titelblatt.

Schröter: Der Gerichtsvollzieher der Vergangenheit und Zukunft, in: Ebd., 55.1935, Nr. 6, S. 85–87.

Ders.: Die fachliche Schulung und Fortbildung der Gerichtsvollzieher, in: Ebd., 56.1936, Nr. 10, S. 145–147.

Siebert, Wolfgang: Die Volksgemeinschaft im bürgerlichen Recht, in: Frank, Hans (Hrsg.): Nationalsozialistisches Handbuch für Recht und Gesetzgebung, München 1935, S. 957–970.

Strack, C.: Der Gerichtsvollzieher in der königl. Preußischen Rheinprovinz, Reuß 1840.

Straßner, Friedrich: Die Not der Gerichtsvollzieher, in: DGVZ 54.1932 Nr. 4, S. 49–51.

Volkmar, Erich: Die Neugestaltung des Zivilprozeßrechts im Geiste nationalsozialistischer Auffassung, in: Frank, Hans (Hrsg.): Nationalsozialistisches Handbuch für Recht und Gesetzgebung, München 1935, S. 1498–1524.

Ders.: Kommentar zum Gesetz zur Verhütung mißbräuchlicher Ausnutzung von Vollstreckungsmöglichkeiten vom 18. Dezember 1934 (RGBl. 1934 I, S. 1234), in: Deutsche Justiz, Rechtpflege und Rechtspolitik, 1934, 96. Jg. Ausg. A Nr. 51/52, S. 1622–1625.

Wiemes: Der Gerichtsvollzieher im Dritten Reich, in: DGVZ 55.1935, Nr. 6, S. 117 f.

Ziehe: Das neue Zwangsvollstreckungsrecht seit Kriegsbeginn, in: Ebd., 60.1940, Nr. 5, S. 33 ff.

Periodika

Der Spiegel
Deutsche Juristen-Zeitung
Deutsche Justiz
Deutsche Gerichtsvollzieher Zeitung
Deutsches Recht
Juristische Rundschau
Juristische Wochenschrift
Neue Juristische Wochenschrift
Neue Justiz
Zeitschrift der Akademie für Deutsches Recht

Ausgewählte Darstellungen

Aly, Götz: Hitlers Volksstaat. Raub, Rassenkrieg und nationaler Sozialismus, 5. Aufl., Frankfurt am Main 2005.

Bajohr, Frank: Interessenkartell, personale Netzwerke und Kompetenzausweitung. Die Beteiligten bei der »Arisierung« und Konfiszierung jüdischen Vermögens, in: Hirschfeld, Gerhard/Jersak, Tobias (Hrsg.), Karrieren im Nationalsozialismus. Funktionseliten zwischen Mitwirkung und Distanz, Frankfurt am Main u. a. 2004, S. 45–57.

Barkai, Avraham: Das Wirtschaftssystem des Nationalsozialismus. Ideologie, Theorie, Politik 1933–1945, erw. Neuauflage, Frankfurt am Main 1988.

Bedau, Maren: Entnazifizierung des Zivilrechts. Die Fortgeltung von NS-Zivilrechtsnormen im Spiegel juristischer Zeitschriften aus den Jahren 1945 bis 1949, Berlin 2003.

Benz, Wolfgang: Geschichte des Dritten Reiches, München 2000.

Benz, Wolfgang/Mihok, Brigitte (Hrsg.): Handbuch des Antisemitismus. Organisationen, Institutionen, Bewegungen, Bd. 5, Berlin u. a. 2012.

Braun, Johann: Einführung in die Rechtsphilosophie. Der Gedanke des Rechts, Tübingen 2006.

Bruns, Alexander: Zwangsvollstreckungsrecht, 13., neu bearb. Aufl., Heidelberg 2006.

Dreßen, Wolfgang: Betrifft. »Aktion 3«. Deutsche verwerten jüdische Nachbarn, Berlin 1998.

Eich, Alexander: Die Vollstreckungspersonen der Volksrechte. Ein Beitrag zur Entwicklung und Geschichte des Gerichtsvollziehers, Diss. jur., Bonn 1983.

Ellscheid, Günter: Strukturen naturrechtlichen Denkens, in: Kaufmann, Arthur/Hassemer, Winfried/Neumann, Ulfrid (Hrsg.): Einführung in Rechtsphilosophie und Rechtstheorie der Gegenwart, Heidelberg 2011, S. 148–213.

Etzel, Matthias: Die Aufhebung von nationalsozialistischen Gesetzen durch den Alliierten Kontrollrat 1945–1948 (= Beiträge zur Rechtsgeschichte des 20. Jahrhunderts, Bd. 7), Tübingen 1992.

Fraenkel, Ernst: Der Doppelstaat. Recht und Justiz im »Dritten Reich«, Frankfurt am Main 1984.

Frei, Norbert: Der Führerstaat. Nationalsozialistische Herrschaft 1933–1945, München 2013.

Friedenberger, Martin/Gössel, Klaus-Dieter/Schönknecht, Eberhard (Hrsg.): Die Reichsverwaltung im Nationalsozialismus. Darstellung und Dokumente, Bremen 2002.

Ders.: Die Rolle der Finanzverwaltung bei der Vertreibung, Verfolgung und Vernichtung der deutschen Juden, in: ders./Eberhard Schönknecht (Hrsg.): Die Reichsfinanzverwaltung im Nationalsozialismus. Darstellung und Dokumente, Bremen 2002, S. 10–94.

Görtemaker, Manfred/Safferling, Christoph (Hrsg.): Die Akte Rosenburg. Das Bundesministerium der Justiz und die NS-Zeit, München 2016.

Görtemaker, Manfred: Geschichte der Bundesrepublik Deutschland. Von der Gründung bis zur Gegenwart, München 1999

Grahl, Christian: Die Abschaffung der Advokatur unter Friedrich dem Großen, Göttingen 1993.

Groß, Joachim: Die deutsche Justiz unter französischer Besatzung 1945–1949, Baden-Baden 2007.

Gruchmann, Lothar: Justiz im Dritten Reich 1933–1940. Anpassung und Unterwerfung in der Ära Gürtner, 3. Aufl., München 2001.

Grüttner, Michael: Brandstifter und Biedermänner. Deutschland 1933–1939, Stuttgart 2015.

Grziwoz, Herbert: Legale Machtergreifung. Juristenmythos oder Verfassungsdefizit, in: Hermann, Hans-Georg u. a. (Hrsg.): Von den leges barbarorum bis zum ius barbarum des Nationalsozialismus. Festschrift für Hermann Nehlsen zum 70. Geburtstag, Köln u. a. 2008, S. 378–398.

Gusy, Christoph: Die Weimarer Reichsverfassung, Tübingen 1997.

Handwörterbuch zur Deutschen Rechtsgeschichte, Bd. 2, 2. Aufl., Berlin 2012.

Heyland, Carl: Das Berufsbeamtentum im neuen demokratischen Staat, Berlin 1949.

Hirschfeld, Gerhard/Jersak, Tobias (Hrsg.): Karrieren im Nationalsozialismus. Funktionseliten zwischen Mitwirkung und Distanz, Frankfurt am Main u. a. 2004.

Hoffmann, Dierk: Von Ulbricht zu Honecker. Die Geschichte der DDR 1949–1989 (= Deutsche Geschichte im 20. Jahrhundert, Bd. 15), Berlin 2013.

Humann, Detlev: Arbeitsschlacht. Arbeitsbeschaffung und Propaganda in der NS-Zeit 1933–1939, Göttingen 2011.

Jarausch, Konrad H./Middell, Matthias/Grüttner, Michael/Hachtmann, Rüdiger/John, Jürgen (Hrsg.): Gebrochene Wissenschaftskulturen. Universität und Politik im 20. Jahrhundert, Göttingen 2010.

Ders.: The Conundrum of Complicity. German Professionals and the Final Solution, in: Steinweis, Alan E./Rachlin, Robert D. (Hrsg.), The Law in Nazi Germany. Ideology, Opportunism, and the Perversion of Justice, New York 2013, S. 15–35.

Jütte, Robert/Eckart, Wolfgang/Schmuhl, Hans-Walther/Süß, Winfred (Hrsg.): Medizin und Nationalsozialismus. Bilanz und Perspektiven der Forschung, 2. Aufl., Göttingen 2011.

Keiner, Heribert: Der Mann mit dem Kuckuck. Als Gerichtsvollzieher 39 Jahre im Dienst der Justiz in Leverkusen, Norderstedt o. J.

Klee, Ernst: Personenlexikon zum Dritten Reich. Wer war was vor und nach 1945, Frankfurt am Main 2003.

Kluth, Winfried/Augsberg, Steffen (Hrsg.): Gesetzgebung. Rechtsetzung durch Parlamente und Verwaltungen sowie ihre gerichtliche Kontrolle, Hamburg u. a. 2014.

Königseder, Angelika: Bund Nationalsozialistischer Deutscher Juristen, in: Wolfgang Benz/Brigitte Mihok, (Hrsg.): Handbuch des Antisemitismus. Judenfeindschaft in Geschichte und Gegenwart. Bd 5: Organisationen, Institutionen, Bewegungen, Berlin 2012, S. 86–88.

Kuller, Christiane: Bürokratie und Verbrechen: Antisemitische Finanzpolitik und Verwaltungspraxis im nationalsozialistischen Staat, München 2013.

Lepsius, Oliver: Die gegensatzaufhebende Begriffsbildung, München 1994.

Luz, Helmut Stubbe da: Christian Koch (1878–1955), in: Verein für Hamburgische Geschichte (Hrsg.), Die

Beamten und Gewerkschafter Karl Raue, Carl Grevsmühl, Christian Koch (= Hamburgische Lebensbilder, Bd. 14), Hamburg 2007, S. 65–102.

Mallmann, Dieter: Kuckuck: Ein Gerichtsvollzieher erzählt, Reinbek b. Hamburg 1996.

Meinl, Susanne/Zwilling, Jutta (Hrsg.): Legalisierter Raub. Die Ausplünderung der Juden im Nationalsozialismus durch die Reichsfinanzverwaltung in Hessen, Frankfurt am Main 2004.

Martin, Bernd: Die Versteigerungen des Eigentums deportierter Juden durch die Gerichtsvollzieherei Hamburg zwischen 1941 und 1945, Mag.-Arbeit, Hamburg 2000.

Merten, Detlef: Rechtsstaat und Gewaltmonopol, Tübingen 1975.

Mühl-Benninghaus, Sigrun: Das Beamtentum in der NS-Diktatur bis zum Ausbruch des Zweiten Weltkrieges. Zu Entstehung, Inhalt und Durchführung der einschlägigen Beamtengesetze (= Schriften des Bundesarchivs, Bd. 48), Düsseldorf 1996.

Otto, Petra: Die Entwicklung der Verfassungslehre in der Weimarer Republik, Frankfurt am Main 2002.

Paul, Gerhard/Mallmann, Klaus-Michael (Hrsg.): Die Gestapo im Zweiten Weltkrieg. »Heimatfront« und besetztes Europa, Darmstadt 2000.

Perels, Joachim: Das juristische Erbe des Dritten Reiches. Beschädigung der demokratischen Rechtsordnung, Frankfurt am Main 1999.

Pichinot, Hans-Rainer: Entartetes Recht. Rechtslehren und Kronjuristen im Dritten Reich, München 1988.

Pohl, Dieter: Justiz in Brandenburg 1945–1955. Gleichschaltung und Anpassung in einer Landesjustiz (= Quellen und Darstellungen zur Zeitgeschichte, Bd. 50), München 2001

Popp, Hans: Die nationalsozialistische Sicht einiger Institute des Zivilprozeß- und Gerichtsverfassungsrechts. Dargestellt am Beispiel des Gesetzes über die Mitwirkung des Staatsanwalts in bürgerlichen Rechtssachen vom 15.7.1941, Frankfurt am Main 1986.

Raim, Edith: Justiz zwischen Diktatur und Demokratie. Wiederaufbau und Ahndung von NS-Verbrechen in Westdeutschland 1945–1949, München 2013.

Rössler, Ruth-Kristin: Justizpolitik in der SBZ/DDR 1945–1956 (= Studien zur Europäischen Rechtsgeschichte, Bd. 136), Frankfurt am Main 2000.

Rummel, Walter: Die Enteignung der Juden als bürokratisches Verfahren. Funktion und Grenzen der pseudolegalen Formalisierung eines Raubes, in: Katharina Stengel, Vor der Vernichtung. Die staatliche Enteignung der Juden im Nationalsozialismus (= Wissenschaftliche Reihe des Fritz Bauer Instituts, Bd. 15), Frankfurt am Main/New York 2007, S. 61–79.

Rüthers, Bernd: Die heimliche Revolution vom Rechtsstaat zum Richterstaat. Verfassung und Methoden, Tübingen 2014

Ders.: Die unbegrenzte Auslegung. Zum Wandel der Privatrechtsordnung im Nationalsozialismus, Heidelberg 1991.

Schenk, Dieter: Hans Frank. Hitlers Kronjurist und Generalgouverneur, Frankfurt am Main 2006.

Schilde, Kurt: Bürokratie des Todes. Lebensgeschichten jüdischer Opfer des NS-Regimes im Spiegel von Finanzamtakten (= Reihe Dokumente – Texte – Materialien. Veröffentlicht vom Zentrum für Antisemitismusforschung der Technischen Universität Berlin, Bd. 45), Berlin 2002.

Schmid, Hans-Dieter: »Finanztod«. Die Zusammenarbeit von Gestapo und Finanzverwaltung bei der Ausplünderung der Juden in Deutschland, in: Paul, Gerhard/Mallmann, Klaus-Michael (Hrsg.): Die Gestapo im Zweiten Weltkrieg. »Heimatfront« und besetztes Europa, Darmstadt 2000, S. 141–154

Schneider, Erich: Die rechtliche Stellung des Gerichtsvollziehers, jur. Diss. Erlangen 1910.

Schneider, Otmar: Rechtsgedanken und Rechtstechniken totalitärer Herrschaft. Aufgezeigt am Recht des öffentlichen Dienstes im Dritten Reich und der DDR, Berlin 1988.

Schröder, Rainer: Zivilrechtskultur der DDR, Bd. 4: Vom Inkasso- zum Feierabendprozess. Der DDR-Zivilprozess (= Zeitgeschichtliche Forschungen, Bd. 2/4), Berlin 2007.

Schubert, Werner: Ausschüsse für Vergleichs- und Konkursrecht sowie für Bürgerliche Rechtspflege. Zwangsvollstreckungsrecht 1934–1938), Nachtrag: Beratungen über das Immissionsschutzrecht im Bodenrechtsausschuss 1938, in: ders.: Akademie für Deutsches Recht 1933–1945. Protokolle der Ausschüsse, Frankfurt am Main u. a. 2008.

Schorn, Hubert: Die Gesetzgebung des Nationalsozialismus als Mittel der Machtpolitik, Frankfurt am Main 1963.

Thaetner, Thomas: Die Zwangsvollstreckung in der DDR (= Berliner Juristische Universitätsschriften, Grundlagen des Rechts, Bd. 25), Berlin 2003.

Thaetner, Thomas: Bis zum Bitteren Ende. Zwangsvollstreckung in der DDR, in: Rainer Schröder (Hrsg.), Zivilrechtskultur der DDR (= Zeitgeschichtliche Forschungen, Bd. 2/2), Berlin 2000, S. 151–176.

Uhl, Matthias: Die Teilung Deutschlands. Niederlage, Ost-West-Spaltung und Wiederaufbau 1945–1949 (= Deutsche Geschichte im 20. Jahrhundert, Bd. 11), Berlin 2009.

Vollnhals, Clemens: Entnazifizierung. Politische Säuberung und Rehabilitierung in den vier Besatzungszonen 1945–1949, München 1991.

Volquardts, Elisabeth: Beamtenverbände im Nationalsozialismus. Gleichschaltung zum Zwecke der Ausschaltung aufgrund politischer oder weltanschaulicher Gegnerschaft, München 2001.

Walther, Manfred: Hat der juristische Positivismus die deutschen Juristen im »Dritten Reich« wehrlos gemacht? Zur Analyse und Kritik der Radbruch-These, in: Dreier, Ralf/Sellert, Wolfgang (Hrsg.): Recht und Justiz im »Dritten Reich«, Frankfurt am Main 1989, S. 323–354.

Weber, Petra: Justiz und Diktatur. Justizverwaltung und politische Strafjustiz in Thüringen 1945–1964 (= Veröffentlichungen zur SBZ/DDR-Forschung im Institut für Zeitgeschichte, Bd. 46), München 2000.

Wengst, Udo: Beamtentum zwischen Reform und Tradition. Beamtengesetzgebung in der Gründungsphase der Bundesrepublik Deutschland 1948–1953, Düsseldorf 1988.

Wentker, Hermann: Justiz in der SBZ/DDR 1945–1953. Transformation und Rolle ihrer zentralen Institutionen (= Quellen und Darstellungen zur Zeitgeschichte, Bd. 51), München 2001.

Wieacker, Franz: Privatgeschichte der Neuzeit, Göttingen 1996.

Wille, Manfred: Entnazifizierung in der Sowjetischen Besatzungszone Deutschlands 1945–1948, Magdeburg 1993.

Zwangsvollstreckung und Zwangsversteigerung aktuell. Tagung des Bundesministeriums der Justiz und für Verbraucherschutz bei der Deutschen Richterakademie in Wustrau im November 2017, hrsg. v. Bundesministerium der Justiz und für Verbraucherschutz, Berlin 2018.

Abbildungsnachweis

Archiv des dbb: 195

Archiv des DGVB: 10, 15, 20, 25, 31, 39, 63, 67, 105, 149, 152 l., 152 r., 154, 164 l., 168, 182, 183, 185, 189, 190, 194, 197, Umschlagvorderseite, Umschlagrückseite r. o.

Ausbildungszentrum der Justiz Nordrhein-Westfalen: 157

Bayerisches Hauptstaatsarchiv: 50, 51, 115, 125, 146, 159

Bayerische Staatsbibliothek: 45

Beischall, Eduard: 35, 128, 175

BMJV: 60

Brandenburgisches Landeshauptarchiv: 117

Bundesarchiv Berlin: 70, 84, 93, 94, 97, 98, 110, 112, 118

Bundesarchiv Koblenz: 56 (Plak 002-016-047), 58 (Bild 102–14899), 131 (Bild 183-15410-0425, Foto: Heinz Junge), 136 (Plak 100-014-051)

Bundesregierung: 170 (B 145 Bild 00166841, Foto: Engelbert Reineke)

Deutsche Nationalbibliothek: 135

Deutsches Historisches Museum: 69 (Bildagentur Schostal), 87 (S. Ahlers), 100 (S. Ahlers), 132 l. (I. Desnica), 142 (Pressebild-Verlag Schirner)

Flüß, Martin: 42

Friedrich-Wilhelm-Murnau-Stiftung: 54

Hauptstaatsarchiv Hamburg: 75, 120 o., 120 u., 121

Hesterberg, Horst: 18, 47, 151, 172 o., 172 u., 177, 179, Umschlagrückseite u. l., u. r.

Landesarchiv NRW, Abt. Westfalen: 127

Landesmedienarchiv Hamburg: 123

picture alliance: 164 r. (dpa/dpaweb, Foto: Peter Endig)

Schmitz, Marc: 28

Seip, Theo: 38, 198

Süddeutsche Zeitung Photo: 83 (Scherl), 113 (ap/dpa/picture alliance), 155 (ap/dpa/picture alliance)

ullstein bild: 48 (Süddeutsche Zeitung Photo/Scherl), 61, 65, 80 (Archiv Gerstenberg), 89, 160 (imageBROKER/Helmut Meyer zur Capellen), Umschlagrückseite o. l. (imageBROKER/Christian Ohde)

Abkürzungsverzeichnis

AG	Amtsgericht
ALR	Allgemeines Landrecht für die preußischen Staaten
a. F.	Alte Fassung
AGO	Allgemeine Gerichtsordnung für die preußischen Staaten
BArch	Bundesarchiv Berlin
BayHStA	Bayerisches Hauptstaatsarchiv
BDR	Bund Deutscher Rechtspfleger
BGBl.	Bundesgesetzblatt
BGH	Bundesgerichtshof
BLHA	Brandenburgisches Landeshauptarchiv
BMJ	Bundesministerium der Justiz
BMJV	Bundesministerium der Justiz und für Verbraucherschutz
BNSDJ	Bund Nationalsozialistischer Deutscher Juristen
BRRG	Beamtenrechtsrahmengesetz
BSBD	Bund der Strafvollzugsbediensteten Deutschland
BVerfG	Bundesverfassungsgericht
CDU	Christlich Demokratische Union Deutschlands
DAAV	Deutscher Amtsanwaltsverein
DBB	Deutscher Beamtenbund
DDP	Deutsche Demokratische Partei
DDR	Deutsche Demokratische Republik
DGVB	Deutscher Gerichtsvollzieher Bund
DGVZ	Deutsche Gerichtsvollzieher-Zeitung
DJ	Deutsche Justiz (Zeitschrift)
DJG	Deutsche Justiz-Gewerkschaft
DJV	Deutsche Zentralverwaltung der Justiz
EAC	European Advisory Commission
ERP	European Recovery Program
GESTAPO	Geheime Staatspolizei
GG	Grundgesetz für die Bundesrepublik Deutschland
GGVB	Deutscher Gerichtsvollzieher – Bund innerhalb der britischen Zone
GMZFO	Gouvernement Militaire de la Zone Francaise d'Occupation
GStA	Generalstaatsanwaltschaft
GV	Gerichtsvollzieher
GVGA	Geschäftsanweisung für Gerichtsvollzieher

GVG	Gerichtsverfassungsgesetz
GVO	Gerichtsvollzieherordnung
JAFS	Justizausbildungs- und Fortbildungsstätte
JZ	Juristenzeitung
KO	Konkursordnung
KPD	Kommunistische Partei Deutschlands
LBG	Landesbeamtengesetz
LDPD	Liberaldemokratische Partei Deutschlands
LG	Landgericht
LLV	Ländervertreterversammlung
MDJ	Ministerium der Justiz
MDR	Monatsschrift für Deutsches Recht
NS	Nationalsozialismus
NJ	Neue Justiz
NJW	Neue Juristische Wochenschrift
NÖSPL	Neues Ökonomisches System der Planung und Leitung
NRW	Nordrhein-Westfalen
NSDAP	Nationalsozialistische Deutsche Arbeiterpartei
OG	Oberstes Gericht der DDR
OLG	Oberlandesgericht
PrGS	Preußische Gesetzessammlung
RDB	Reichsbund Deutscher Beamter
RGBl.	Reichsgesetzblatt
SA	Sturmabteilung
SBZ	Sowjetische Besatzungszone
SED	Sozialistische Einheitspartei Deutschlands
SHAEF	Supreme Headquarters Allied Expeditionary Forces
SMAD	Sowjetische Militäradministration in Deutschland
SPD	Sozialdemokratische Partei Deutschlands
SS	Schutzstaffel
StaHH	Staatsarchiv Hamburg
StPO	Strafprozessordnung
UIHJ	Union Internationale des Huissiers de Justice et Officiers Judiciaires
UEHJ	Union Européenne des Huissiers de Justice
USFET	US Forces, European Theater
VBGR	Verband der Beschäftigten des Gewerblichen Rechtsschutzes
VO	Verordnung
ZfGV	Zeitschrift für Gerichtsvollzieher
ZGB	Zivilgesetzbuch (DDR)
ZJA	Zentral-Justizamt
ZPO	Zivilprozessordnung
ZStA	Zentrales Staatsarchiv der DDR
ZVG	Gesetz über die Zwangsversteigerung und die Zwangsverwaltung
ZVZK	Zeitschrift für Vollstreckungs-, Zustellungs- und Kostenwesen
ZwEG	Zwangsvollstreckungsergänzungsgesetz
ZZP	Zeitschrift für Zivilprozess

Die Autorinnen und Autoren

Walter Gietmann, Jg. 1953. Von 1969 bis 1971 Ausbildung zum mittleren Justizdienst, in diesem tätig zwischen 1971 und 1977. Danach Ausbildung zum Gerichtsvollzieher, seit 1978 bis September 2018 im Beruf tätig. Seit 1991 in verschiedenen Funktionen im DGVB tätig; 2003 in den Bundesvorstand gewählt. Seit 2008 Bundesvorsitzender des DGVB.

Horst Hesterberg, Jg. 1944. 1964 Aufnahme einer Ausbildung als Justizbeamter. Sodann von 1972 bis 2009 als Gerichtsvollzieher tätig. 1997 bis 2006 Vorsitzender des Deutschen Gerichtsvollzieher Bundes (DGVB) des Landes NRW. Daneben Publikationen und Lehrtätigkeit zum Gerichtsvollzieherwesen.

Kristina Hübener, Dr. phil., Jg. 1956. Wissenschaftliche Mitarbeiterin am Historischen Institut der Universität Potsdam. Geschäftsführerin der Brandenburgischen Historischen Kommission e. V. Veröffentlichungen zur brandenburgischen Landesgeschichte im 19. und 20. Jahrhundert, zur Verwaltungsgeschichte sowie zur brandenburgischen Medizingeschichte.

Wolfgang Rose, Jg. 1962. Historiker, wissenschaftlicher Mitarbeiter der Stiftung Wredowsche Zeichenschule Brandenburg/Havel und am Charité-Institut für Geschichte der Medizin Berlin. Veröffentlichungen zur Medizingeschichte, Geschichte der Fürsorge und zur brandenburgischen Regionalgeschichte.

Theodor Seip, Jg. 1934. Nach Schulabschluss 1948 folgte ab 1. April 1948 eine Ausbildung zum Rechtsanwalts- und Notariatsgehilfen mit anschließender Tätigkeit. Ab März 1955 Angestellter bei den Amtsgerichten Idstein und Limburg. Ausbildungsgänge zum Gerichtsvollzieher bis 1960. Mitgliedschaft im hessischen Berufsverband der Gerichtsvollzieher und Mitarbeit in dessen Vorstand, zunächst als Schriftführer und von 1974 bis zum Jahr 2000 als erster Vorsitzender. Von 1972 bis 2003 Schriftleiter der Deutschen Gerichtsvollzieher Zeitung (DGVZ).

Jeremias Weigle, Jg. 1990. Nach Schulabschluss zunächst Ausbildung in der Hotellerie. Seit dem Wintersemester 2015 Bachelor-Student der Allgemeinen Geschichte sowie der Volkswirtschaftslehre an der Universität Potsdam, studentischer Projektmitarbeiter.

Naghme Zare-Hamedani, M.A., Jg. 1986. Bachelor-Studium der Allgemeinen Geschichte sowie des öffentlichen Rechts an der Universität Potsdam. Anschließend Master-Studium »Public History« an der Freien Universität Berlin. Organisatorin des studentischen Ausstellungsprojekts »unRECH§ELITE«. Ab Mai 2019 Mitarbeiterin im Projekt »Grenzregime« an der Universität Potsdam.